21世纪法学系列教材

宪法行政法系列

国家赔偿法学

（第三版）

房绍坤　毕可志　鲁鹏宇　著

图书在版编目(CIP)数据

国家赔偿法学/房绍坤,毕可志,鲁鹏宇著. —3 版. —北京:北京大学出版社,2021.8
21 世纪法学系列教材
ISBN 978-7-301-32328-1

Ⅰ.①国… Ⅱ.①房… ②毕… ③鲁… Ⅲ.①国家赔偿法—法的理论—中国—高等学校—教材 Ⅳ.①D922.111

中国版本图书馆 CIP 数据核字(2021)第 138567 号

书　　　名	国家赔偿法学(第三版) GUOJIA PEICHANGFAXUE（DI-SAN BAN）
著作责任者	房绍坤　毕可志　鲁鹏宇 著
责 任 编 辑	李　倩
标 准 书 号	ISBN 978-7-301-32328-1
出 版 发 行	北京大学出版社
地　　　址	北京市海淀区成府路 205 号　100871
网　　　址	http://www.pup.cn
电 子 邮 箱	编辑部 law@pup.cn　总编室 zpup@pup.cn
新 浪 微 博	@北京大学出版社　@北大出版社法律图书
电　　　话	邮购部 010-62752015　发行部 010-62750672　编辑部 010-62752027
印 刷 者	北京圣夫亚美印刷有限公司
经 销 者	新华书店
	730 毫米×980 毫米　16 开本　20.75 印张　395 千字 2004 年 7 月第 1 版　2011 年 4 月第 2 版 2021 年 8 月第 3 版　2024 年 6 月第 3 次印刷
定　　　价	59.00 元

未经许可,不得以任何方式复制或抄袭本书之部分或全部内容。
版权所有,侵权必究
举报电话：010-62752024　电子邮箱：fd@pup.cn
图书如有印装质量问题,请与出版部联系,电话：010-62756370

作者简介

房绍坤,法学博士,吉林大学法学院卓越教授,烟台大学法学院教授,教育部"长江学者奖励计划"特聘教授,博士生导师。国家级教学名师、国家"万人计划"哲学社会科学领军人才、新世纪"百千万人才工程"国家级人选、中宣部文化名家暨"四个一批"人才,享受国务院政府特殊津贴,兼任教育部高等学校法学类专业教学指导委员会副主任委员、中国法学会法学教育研究会副会长。代表性著作有《用益物权基本问题研究》《公益征收法研究》《物权法的变革与完善》等,代表性论文有《民事法律的正当溯及既往问题》《标表型人格权的构造与人格权商品化批判》《导致物权变动之法院判决类型》《国有土地上房屋征收的法律问题与对策》等。

毕可志,法学博士,烟台大学法学院教授,硕士生导师,兼任中国法学会宪法学研究会理事、中国法学会立法学研究会理事、中国廉政法制研究会理事。代表性著作有《地方立法的民主化与科学化构想》,代表性论文有《论完善行政诉讼的举证责任制度》《关于完善不作为行政违法司法救济的思考》《论建立地方立法的立法助理制度》等。

鲁鹏宇,法学博士,吉林大学法学院副教授,硕士生导师,兼任吉林省行政法学研究会副会长。代表性著作有《预算权的宪法规制研究》,代表性论文有《法政策学初探——以行政法为参照系》《法治主义与行政自制》《论行政法权利的确认与功能——以德国公权理论为核心的考察》《行政分配的构造与程序》《行政介入的形态》等。

第三版说明

自本书第二版出版以来,国家赔偿法的理论研究取得了长足进展,涌现出一批较高水平的理论著述,《国家赔偿法》的实施也积累了丰富的实践经验,最高人民法院、最高人民检察院根据修订后的《国家赔偿法》出台了一系列司法解释,进一步丰富了国家赔偿法的理论和实践。为反映国家赔偿法的理论研究成果和实践经验,我们对本书进行了修订。此外,我们还对第二版中存在的不妥之处进行了更正,并更新和补充了相关文献资料。

借本次修订工作,作者进行了调整,具体分工为:房绍坤负责第一编第一章和第三章、第四编,毕可志负责第一编第二章、第二编,鲁鹏宇负责第三编。修订稿完成后,由房绍坤教授负责统稿、定稿。

作者
2021 年 2 月

第二版说明

  2010年4月29日,第十一届全国人民代表大会常务委员会第十四次会议通过了《关于修改〈中华人民共和国国家赔偿法〉的决定》,进一步完善了国家赔偿制度,这是我国国家赔偿制度的一次重要改革,对于更好地保护公民、法人和其他组织的合法权益,约束和监督国家机关依法行使职权必将产生积极的影响。为了及时反映国家赔偿法的最新立法动态,我们根据修改后的《中华人民共和国国家赔偿法》对本书进行了全面的修订。此外,我们还对第一版中存在的不妥之处做了更正,并对使用的文献资料进行了更新。

  本次修订工作由第一版的作者承担。修订稿完成后,由房绍坤教授负责统稿、定稿。

作　者

2011年2月

第一版说明

本书以《国家赔偿法》的规定为主线，吸收了国内外国家赔偿法的最新理论研究成果，对国家赔偿法的基本原理、行政赔偿、司法赔偿以及国家赔偿法的适用问题作了系统的阐述，内容全面、资料翔实，适合大学法学本科学生阅读使用。

本书由房绍坤、毕可志共同创作完成，具体分工为：房绍坤：第一编第一章和第三章、第四编；毕可志：第一编第二章、第二编、第三编。本书初稿完成后，由房绍坤教授负责统稿、定稿。

由于我们对《国家赔偿法》学习和研究得不够，加之水平有限，书中不当之处在所难免，希望广大读者批评指正。

作　者
2004 年 4 月

目 录

第一编　国家赔偿法总论

第一章　国家赔偿法概述 …………………………………………（1）
 第一节　国家赔偿法的概念和立法例 ………………………（1）
 第二节　国家赔偿法的历史发展 ……………………………（3）
 第三节　国家赔偿法的渊源 …………………………………（11）
 第四节　国家赔偿法的结构 …………………………………（17）
 第五节　国家赔偿法的性质和法律地位 ……………………（25）
 第六节　国家赔偿法的功能 …………………………………（30）

第二章　外国国家赔偿制度概要 …………………………………（33）
 第一节　英国的国家赔偿制度 ………………………………（33）
 第二节　美国的国家赔偿制度 ………………………………（41）
 第三节　法国的国家赔偿制度 ………………………………（49）
 第四节　德国的国家赔偿制度 ………………………………（57）
 第五节　日本的国家赔偿制度 ………………………………（63）

第三章　国家赔偿一般原理 ………………………………………（70）
 第一节　国家赔偿的概念 ……………………………………（70）
 第二节　国家赔偿的性质 ……………………………………（74）
 第三节　国家赔偿的理论根据 ………………………………（79）
 第四节　国家赔偿的归责原则 ………………………………（83）
 第五节　国家赔偿的构成要件 ………………………………（86）

第二编　行政赔偿

第四章　行政赔偿的基本原理 ……………………………………（97）
 第一节　行政违法与行政侵权 ………………………………（97）
 第二节　行政赔偿的含义 ……………………………………（103）
 第三节　行政赔偿的构成要件 ………………………………（110）

第五章　行政赔偿的范围 (118)
第一节　行政赔偿范围概述 (118)
第二节　行政赔偿范围的确定 (121)
第三节　行政赔偿的免责范围 (132)
第四节　行政赔偿范围的拓展 (143)

第六章　行政赔偿关系的主体 (146)
第一节　行政赔偿请求人 (146)
第二节　行政赔偿义务机关 (151)
第三节　行政追偿 (159)

第七章　行政赔偿的程序 (168)
第一节　行政赔偿程序概述 (168)
第二节　行政赔偿的先行处理程序 (172)
第三节　行政赔偿的复议程序 (181)
第四节　行政赔偿的诉讼程序 (188)
第五节　行政追偿的程序 (195)

第三编　司法赔偿

第八章　司法赔偿的基本原理 (199)
第一节　司法侵权行为 (199)
第二节　司法赔偿的含义 (204)
第三节　司法赔偿的归责原则与构成要件 (211)

第九章　司法赔偿的范围 (214)
第一节　司法赔偿范围概述 (214)
第二节　刑事赔偿的范围 (218)
第三节　民事、行政诉讼中的赔偿范围 (224)
第四节　司法赔偿的免责范围 (228)

第十章　司法赔偿关系的主体 (236)
第一节　司法赔偿请求人 (236)
第二节　司法赔偿义务机关 (237)
第三节　司法追偿 (241)

第十一章 司法赔偿的程序 …………………………………………(244)
- 第一节 司法赔偿程序概述 …………………………………………(244)
- 第二节 司法赔偿的先行处理程序 …………………………………(247)
- 第三节 司法赔偿的复议程序 ………………………………………(250)
- 第四节 司法赔偿的决定程序 ………………………………………(253)

第四编 国家赔偿法的适用

第十二章 国家赔偿的方式、标准及费用 ………………………(260)
- 第一节 国家赔偿的方式 ……………………………………………(260)
- 第二节 国家赔偿的计算标准 ………………………………………(268)
- 第三节 国家赔偿费用 ………………………………………………(284)

第十三章 国家赔偿法的时效和效力 ………………………………(287)
- 第一节 国家赔偿法的时效 …………………………………………(287)
- 第二节 国家赔偿法的效力 …………………………………………(290)

附录 最高人民法院发布 25 起国家赔偿法颁布实施二十五周年典型案例 ……………………………………………………………………(295)

主要参考书目 …………………………………………………………(323)

第一编 国家赔偿法总论

第一章 国家赔偿法概述

第一节 国家赔偿法的概念和立法例

一、国家赔偿法的概念

考察各国的国家赔偿法,尽管它们规定的范围有所不同,但就基本内容而言,都是关于国家赔偿的规定。所以,国家赔偿法是关于国家赔偿关系的法律规范的总称。在我国,根据1994年5月12日由第八届全国人民代表大会常务委员会第七次会议通过的《中华人民共和国国家赔偿法》(以下简称《国家赔偿法》,该法于2010年4月和2012年10月进行了两次修改)第2条的规定,国家赔偿法是关于国家机关和国家机关工作人员行使职权侵犯公民、法人和其他组织[①]的合法权益造成损害的,国家依法予以赔偿的法律规范的总称。

国家赔偿法和其他法律一样,有形式意义的国家赔偿法和实质意义的国家赔偿法、狭义的国家赔偿法和广义的国家赔偿法之分。

形式意义的国家赔偿法,是指专门规定国家赔偿的法律规范。形式意义的国家赔偿法主要是指各国所制定的具有法典性质的国家赔偿法,如美国的《联邦侵权求偿法》、日本的《国家赔偿法》、英国的《王权诉讼法》等。我国的《国家赔偿法》是关于国家赔偿的专门法律,属于形式意义的国家赔偿法。实质意义的国家赔偿法,是指所有关于国家赔偿的法律规范。实质意义的国家赔偿法除形式意义上的国家赔偿法之外,还包括宪法、民法、诉讼法、判例法等法律规范中有关国家赔偿的法律规范。例如,在日本,实质意义上的国家赔偿法,不仅包括《国家赔偿法》,还包括《刑事补偿法》《民法典》以及《宪法》中有关国家赔偿的规定。在我

[①] 《中华人民共和国民法典》已经用"非法人组织"的概念取代了以往立法中的"其他组织"的概念,但为了保持与国家赔偿法律规定的一致性,本书仍使用"其他组织"的用语。

国,实质意义的国家赔偿法主要由宪法中的国家赔偿规范、《国家赔偿法》《中华人民共和国行政诉讼法》(以下简称《行政诉讼法》)、《中华人民共和国监察法》(以下简称《监察法》)及各单行的行政法规中的国家赔偿规范、有关国家赔偿的司法解释等构成。可见,一国有形式意义的国家赔偿法,就一定有国家赔偿法律制度。但没有形式意义的国家赔偿法,并不意味着没有国家赔偿法律制度。法国没有《国家赔偿法》,但其国家赔偿法律制度却十分发达。所以,理论上都是从实质意义上研究国家赔偿法的。

国家赔偿法的狭义与广义之分,在不同国家有不同的表现。最广义的国家赔偿法是指包括行政赔偿、司法赔偿、监察赔偿、立法赔偿、军事赔偿、公有公共设施的致害赔偿以及国家补偿在内的国家赔偿法;最狭义的国家赔偿法仅指行政赔偿法。从各国的国家赔偿法来看,一般都不是最广义的国家赔偿法,也不是最狭义的国家赔偿法,而是包括两种以上国家赔偿类型的国家赔偿法。可以说,各国的国家赔偿法所采取的基本上都是介于最广义和最狭义的国家赔偿法之间的立法例。即各国的国家赔偿法基本上都包含了两种以上的赔偿类型。这里涉及国家赔偿法的结构问题,详见本章第四节"国家赔偿法的结构"。

二、国家赔偿的立法例

由于国家赔偿所涉及的社会关系极其复杂和繁多,因而,各国在国家赔偿的立法上都采取了灵活的、适应本国国情的立法体例。概括起来,主要有以下三种立法例:

一是判例法式。判例法式立法例是以判例法为主规范国家赔偿问题。法国是实行判例式立法例的代表。法国本是实行成文法的国家,但在国家赔偿问题上却例外地采取了判例法。法国的国家赔偿制度就是由行政法院依据公法理论而逐渐发展起来的以判例法为核心的立法体系。当然,法国的国家赔偿法的判例法体例,只是就行政赔偿而言的,其司法赔偿采取的仍是成文法。

二是成文法式。成文法式立法例是以专门的国家赔偿法规范国家赔偿问题。采取这种立法例的国家很多,如美国、英国、奥地利、日本、韩国等。这些国家都制定了专门的《国家赔偿法》。我国在国家赔偿问题上亦采取了成文法式立法例。应当指出的是,美国、英国本是判例法国家,但在国家赔偿问题上,却例外地采取了成文法的形式,与法国形成了鲜明的对比。

三是综合式。综合式立法例是以多种法律规范国家赔偿问题。综合式立法例没有专门的国家赔偿法典,而是用许多单行的法律、法规具体规范国家赔偿问题。如德国、俄罗斯、澳大利亚等。虽然联邦德国于1981年曾公布过《国家赔偿法》,但实施不到一年,就被宪法法院宣布因与基本法相抵触而无效。所以,德国目前在国家赔偿问题上,所采取的仍是综合式立法例。

从各国国家赔偿的立法来看,尽管存在不同的立法例,但自国家赔偿制度建立以来,特别是自第二次世界大战以来,各国在国家赔偿的立法上,呈现出了从判例法向成文法过渡、从特别法向一般法过渡的发展趋势。① 但这并不是说,国家赔偿法只有采取成文法、一般法的形式才是最好的。由于国家赔偿法是涉及内容广泛、实用性极强的法律,所以,"没有哪一个国家是单纯依靠成文法确立国家赔偿制度的。"② 在进行国家赔偿的立法时,成文法、一般法需要判例法、特别法予以补充。

第二节 国家赔偿法的历史发展

从现代的法律观点来看,损害赔偿责任的承担者可以是自然人,也可以是法人,还可以是国家。但是,若从历史上考察,国家承担损害赔偿责任,则是近代以后才确立和发展起来的一项法律制度。

一、古代社会对国家赔偿的否定

古代社会,即奴隶制社会和封建社会,是专制的社会。在这种社会制度下,国王或君主具有至高无上的地位和权威,统揽国家立法权、行政权和司法权,"朕即国家""王言即法""君命即令""国王不可能为非""国王不可能授权为非"。因此,国王可以为所欲为,且永远是正确的,绝无责任可言。不仅如此,就是执行国家职务的官吏也享有各种诉讼豁免权,因为官吏是国王的仆人,视为国王的手足。在罗马法中,没有国家承担赔偿责任的规定,仅"有审判员做出一项错误的判决或者以其他方式疏忽了自己的义务,他应当向受害方按照争讼的价值进行赔偿"的规定。③ 但这只是审判员自己承担赔偿责任,而不是国家承担赔偿责任。在封建社会中,更看不到国家承担赔偿责任的规定。间或有国家为受害人补偿的规定,也只不过是国王的一种恩赐。但在有的国家的司法实践中,有官吏承担赔偿责任的规定。

古代社会之所以否定国家赔偿,实缘于国家主权观念,是绝对主权主义的产物。为此,法学家们提出了种种学说,为其寻找理论根据,主要有以下五种学说④:

一是主权者无拘束论。该说认为,主权者有权创制及废止法律,而且主权者

---

① 参见马怀德:《国家赔偿法的理论与实务》,中国法制出版社1994年版,第51—52页。
② 马怀德:《国外国家赔偿制度的建立》,载《人民公安》2015年第1期。
③ 参见〔意〕彼德罗·彭梵得:《罗马法教科书(第二版)》,黄风译,中国政法大学出版社2005年版,第311页。
④ 参见曹竞辉:《国家赔偿法实用》,我国台湾地区五南图书出版公司1984年版,第16—17页。

在必要时，得废止其所被困扰的法律，并制定新的法律，使自己不受拘束。所以，国王根本不受任何拘束。

二是人民利益论。该说认为，国王的权力实系因人民利益而存在，其当然无侵害人民利益之可能。故国王居政治最高地位，其行为应属绝对正确。

三是绝对权力论。该说认为，国王即主权者，是在万人之上、一神之下。主权者本身已有最高性，故其上不容有法官的存在，以审判其行为是否正确。也就是说，若主权者服从裁判，则系已假定国王之上尚有更高超的人存在，这是不可能的。

四是主权命令论。该说认为，法律乃是主权者意思的表现形态，主权者的权力虽然受实定法的限制，但"法的专制主义"实无法避免。事实上，主权者权力之上有更上级之主权者。如此递升而上，其最高主权者当不受实定法的限制而绝对自由。

五是个人责任论。该说认为，国王虽有服从法律的义务，但国王的行为，法律上已设有负责的人，故政府的行为应完全合法。依命令的违法侵害行为，应认为系个人行为，应由个人承担赔偿责任。所以，国家的不法行为观念是不可能存在的。

二、资本主义国家对国家赔偿的态度

资本主义国家对国家赔偿的态度，随着人类社会的不断进步而发生了重要变化，经历了从否定到相对肯定、最后全面肯定的三个历史阶段。

（一）对国家赔偿的否定

封建社会末期，黑暗的封建专制统治严重阻碍了生产力的发展。因此，推翻封建的专制统治、争取人权成为新兴资产阶级的迫切任务。17、18世纪，资产阶级启蒙思想家，如洛克、孟德斯鸠、卢梭等，提出了"天赋人权"理论。这一理论适应了资产阶级革命的需要，为资产阶级所接受。资产阶级夺取政权、建立了资本主义专政之后，"人权"即上升为法律权利，在法律上得到了具体确认。尽管如此，在资本主义发展的初期，作为保护人权重要手段之一的国家赔偿，仍没有得到法律上的承认。究其原因，主要是受产生于封建专制时代的"主权无责任"思想的影响。这是资产阶级法律不可避免地带有封建法律残余的一个重要反映。这一时期，法学家们又提出了一些新的国家不负赔偿责任的理论根据，主要有：(1) 国家行为系以法规为根据，其违反了法律的规定，已非国家意志所在，应由为侵权行为的公务员负其责任。这种观点实为个人责任说的进一步阐发；(2) 若对国家行为须负责赔偿责任，势必使代表国家执行职务的公务员畏首畏尾，减少其服务的勇气及精神，足以妨碍社会政治的进步；(3) 国家之施政浩繁，若将过失归于国家，使其负担赔偿责任，势必加重国库负担，增加财政困难；

(4)国家赔偿的支出,乃由人民纳税之所得,若将之赔偿少数受害人,不啻使多数人负担其过失责任,于理究有不洽。①

(二)对国家赔偿的相对肯定

从历史渊源上考察,国家赔偿系发端于冤狱赔偿。早在18世纪末期,就有学者提出了冤狱赔偿的思想,有的国家还在立法中做了规定。如1786年意大利《赖奥普法典》规定:"因司法机关审判错误而受损害的人,依法均得申请国家赔偿。"1790年的法国《刑事诉讼法(草案)》也曾规定了国家对冤狱赔偿的条款。但这时的冤狱赔偿,由于受"主权无责任"思想的影响,尚未形成确定的法律制度,只是国家采取的权宜之计。

自19世纪中叶以后,"主权无责任"思想越来越遭到全社会的非议,国家无责任原则开始发生动摇。许多国家在立法、司法及法学研究中,已开始放弃国家无责任的思想。这不仅表现在建立了冤狱赔偿制度,而且反映在有条件的国家赔偿的采用上,即相对肯定了国家赔偿。所谓有条件的国家赔偿,就是将国家行为分为权力行为和非权力行为(法国称权力行为与管理行为,德国称权力领域的行为与国库领域的行为),对国家权力行为致人损害,国家不负赔偿责任,而对于国家非权力行为致人损害,国家应承担赔偿责任。也就是说,国家应否负赔偿责任,应视公务员代表国家所执行的职务之性质、国家在法律上所处地位而定:若国家处于行使统治权的地位,仍不发生负赔偿责任的问题;而若国家处于准私人的地位,则应依民法规定负赔偿责任。② 法国于1873年"布朗戈案"的判决中,率先确定了行政赔偿。布朗戈的女儿被国有烟草公司工人驾驶的翻斗车撞伤,布朗戈以该公司所在地的纪龙德省省长为被告,向普通法院提起民事赔偿诉讼。普通法院受理后,被告对此案管辖权提出异议,认为应当由行政法院管辖。权限争议法庭对此案作出判决,由此确立了三项重要原则:一是国家应对其公务员的过错负责;二是行政赔偿应当适用不同于民法的特殊法规则;三是行政赔偿的诉讼属于行政法院管辖。由此,法国形成了一整套独具特色的国家赔偿法理论,并开创了现代国家赔偿理论的先河。

(三)对国家赔偿的全面肯定

在20世纪初期,即第一次世界大战后,一般学者觉悟到国家与人民之间的关系已非权力服从关系,而系权利义务关系。同时,更认识到:(1)国家行使公权力虽无损害人民之本意,然其假手于机关成员从事各种活动,事实上难免使人民遭受损害;(2)国家对其行为若不负赔偿责任,则公务员执行职务时将毫无顾忌,为所欲为,实非修明政治之道;(3)由国家负赔偿责任,正可以减少公务员过

---

① 参见曹竞辉:《国家赔偿法实用》,我国台湾地区五南图书出版公司1984年版,第18页。
② 参见叶百修:《国家赔偿法》,我国台湾地区2017年作者自版,第19页。

失的发生,加重其责任感,足以提高政府的威信,加强人民的向心力;(4) 以人民之税收赔偿人民的损害,符合"取之于民,用之于民"之旨;(5) 国家为公法人,在法律上有意思能力及行为能力,系权利义务主体,因行使公权力致人损害的,自应负赔偿责任;(6) 保障人民权利为法治国家基本任务之一,负担损害赔偿系法治国家无可旁贷之责。① 由于上述理由,无论学说、立法及实务上都承认了国家赔偿,许多国家在宪法中规定了国家赔偿的原则,并制定了国家赔偿的专门法律,特别是在第二次世界大战以后,国家赔偿法得到了全面发展。日本、意大利、奥地利、韩国等都制定了国家赔偿法。就连实行判例法的国家,也都制定了国家赔偿法,如美国《联邦侵权求偿法》,英国的《王权诉讼法》等。

国家赔偿法之所以在资本主义国家产生并迅速发展起来,其历史原因主要有以下四点:

第一,人权思想的启迪。

人权观念早在古代社会就已经萌发了,但是作为一种政治制度和法律权利确立下来,乃是资产阶级革命胜利之后的事情。在欧洲中世纪及其以前,人民的权利观念很不发达,绝对主权主义思想盛行。一般的学者认为:国家是统治者,人民是被统治者,人民只有服从的义务。这种学说以法国学者布丹为代表,他说:"主权是一个国家的绝对的和永久的权力,是处理国家和庶人的无上的权力,不受法律的限制。"②这种"主权命令说"不仅为封建法律学者所承认,就是早期的资产阶级法律学者也持同样的观点。英国法学家奥斯汀说:"主权是人类社会内所指定之人,对普通人有最高权力,其在习惯上得有一定社会多数人的服从,所以主权者的意志,为一切法律的渊源,其性质为绝对的超乎一切法律的限制,脱离一切法律上权利义务的关系。"③而主权者就是国家,主权不受法律的限制,就是国家不受法律的限制。因而,国家赔偿自然没有存在的理由。17、18 世纪是资产阶级革命风起云涌的时代。资产阶级启蒙思想家们为适应资产阶级反对封建专制斗争的需要,提出了人权理论。人权理论在资产阶级革命中起了非常重要的作用,具有一定的历史进步意义。但是,这种人权实际上是资产阶级的权利,特别是私有财产的权利。因此,人权理论完全符合资产阶级利益的要求。在资产阶级革命胜利后,人权便被确立为一项政治制度和法律权利。资产阶级人权理论的提出,特别是 19 世纪以后,人权思想的发达,使人们的思想认识发生了重大变化。进步的学者开始认识到,国家和人民之间不是权力服从关系,而是建立在"社会契约"基础上的权利义务关系,国家主权应受法律的限制。法国著名

---

① 参见曹竞辉:《国家赔偿法实用》,我国台湾地区五南图书出版公司 1984 年版,第 27 页。
② 转引自谷春德、吕世伦:《西方政治法律思想史》,辽宁人民出版社 1986 年版,第 188 页。
③ 转引自刘清波:《冤狱赔偿法》,我国台湾地区商务印书馆股份有限公司 1973 年版,第 23 页。

学者狄骥指出:"法律上有一个重要的原则,就是国家也须受法律的限制。国家主权命令说之不足取,不但因其可攻击点太多,而且也与法学上的最重要原则过于相反。"①这种进步的法律思想动摇了传统的绝对主权主义观念,并且逐渐为大多数人所接受。因此,国家无责任的思想日益没落,国家有责任思想开始出现,国家赔偿随之产生。可以说,人权思想的发达是国家赔偿产生的原始动力。

第二,社会责任观念的确立。

所谓社会责任观念,简单地说,就是国家对人民负责,人民亦对国家负责。这种观念是在欧洲产业革命之后形成和发展起来的。欧洲产业革命后,大规模工商企业的兴起,使传统的经营方式不能适应生产发展的需要,仅靠个人力量发展生产、创造社会财富已不可能。因此,客观上要求必须将个人的力量联合起来,用集体的力量去推动社会的进步,保障国家的安全。这样,个人对于社会的进步,必然要承担一定的责任,履行应尽的义务。同时,社会要发展、进步,必须对受到影响的特定个人负责。于是,社会责任观念逐渐形成。随着社会的发展,这种观念日渐发达,成为确立国家赔偿的一个有力依据。社会的发展、人民生活的安定,依赖于国家对社会的管理。这种管理只能通过国家机关或公务员执行国家职务、行使国家权力的途径来实现。如果国家机关或公务员在执行职务时侵犯了他人权益,造成了损害,就违背了国家对人民负责的宗旨。因此,对这种损害,应解释为社会的损害,国家不能不负担赔偿责任。因为,从国家本身来说,保障人民利益是民主、法治国家的最重要义务。国家机关或公务员执行职务,行使国家权力,必须保障人民利益。因此,对因执行职务所造成的损害,国家承担赔偿责任,表明了国家对人民负责的精神。同时,从人民本身来讲,受害人是国家的公民,对社会的进步、国家的安全也有一定的责任,对其所受损害给予赔偿,实在情理之中。

第三,社会公平正义的要求。

在资产阶级看来,公平正义是人类社会的基础,也是人类为之奋斗的目标。由于社会制度的不同,公平正义观念所反映的阶级实质亦不同。在封建专制时代,封建国王具有绝对权威,处于至高无上的地位,国王成了公平正义的化身,一切违背国王旨意的行为都被认为是不公平的、非正义的。资产阶级反对封建专制的斗争,打破了封建的公平正义观念,确立了资产阶级的公平正义观念。资产阶级的公平正义观念虽然是资产阶级意志的反映,但它符合历史的发展趋势,在某种程度上反映了整个社会的要求。基于公平正义观念,无论任何行为,都必须符合社会公平正义的要求,国家也不例外。国家作为统治阶级的工具,为了保障社会的进步,实现国家的职能,从不同方面行使国家权力,人民负有服从这种国

---

① 转引自曹竞辉:《国家赔偿法实用》,我国台湾地区五南图书出版公司1984年版,第3页。

家权力的义务。从整个社会来看,这是公平的、正义的。但是,当国家行使权力侵犯了人民合法权益造成损害时,如果国家不向受害人承担赔偿责任,使受害人无辜受害而不能得到赔偿,就完全违背了社会公平正义观念,为整个社会所不能接受。况且,国家从其民事法律地位上看,与自然人、法人处于平等地位。自然人、法人致人损害的,国家以法令责令其承担赔偿责任,为何国家自己致人损害,反而不承担赔偿责任了呢?因此,为满足社会公平正义的要求,国家赔偿便应运而生,成为近现代各民主国家的一项进步法律制度。

第四,社会保险的兴起和发展。

社会保险是对社会成员在生、老、病、死、伤残、失业等情况下给予物质帮助的各种措施的总称,是实行社会保障的一种手段。社会保险起源于19世纪80年代的德国。当时,由于工业的急速发展,工人阶级力量逐渐壮大,工人阶级要求提高地位和待遇的呼声也日益高涨。德国政府为挽救社会危机,便决定利用当时已在德国各地自动发展起来的、用于疾病、养老、失业等互助补助基金,使之"国家化"为国家的保险制度,并在19世纪80年代至90年代相继颁布了一系列社会保险法令,社会保险制度遂首先在德国确立起来。之后,欧洲其他国家也纷纷效仿,至第一次世界大战后,社会保险已由欧洲遍及全球,成为世界范围内的一种制度。社会保险与商业保险不同,它是国家为解决大多数人的社会问题而采取的社会政策,其费用来源于国家的财政收入。可见,社会保险思想不外就是以团体的力量,填补个人不幸之灾害。这种思想对国家赔偿产生了深远的影响。近代以来,由于国家机能的日益扩大,社会关系越来越复杂,国家机关或公务员在行使职权时致人损害的现象也日益增多。这种损害,对国家来说,是不可避免的;对受害人来说,是一种意外灾害。如果从社会保险的角度来考虑,将这种损害看做是一种社会灾害,由国家给予补偿,则个人的损害可能得到迅速恢复,对国家安定也不无好处。建立国家赔偿法律制度,由国家赔偿受害人的个人损害,这实质上就是社会保险思想的反映。因此,国家赔偿与社会保险在本质上具有内在的联系,社会保险有力地推动了国家赔偿的产生和发展。

三、社会主义国家对国家赔偿的肯定

1917年11月,列宁领导俄国人民建立了人类历史上第一个社会主义国家。第二次世界大战以后,东欧的捷克斯洛伐克、民主德国、罗马尼亚、匈牙利、波兰、南斯拉夫等国分别走上了社会主义道路。尽管这些国家在20世纪80年代末期以后,纷纷背离了社会主义道路,但是,其法律制度作为一种历史现象仍有加以研究的必要。

1922年,在列宁的主持下,苏联制定了人类历史上第一部社会主义的民法典——《俄罗斯苏维埃联邦社会主义共和国民法典》(以下简称《苏俄民法典》)。

该法第 407 条对国家赔偿问题作了明确规定:"国家机关对于所属工作人员由于职务上的不正当行为所造成的损害,……只有在法律规定的情况下,始负责任。"这是社会主义法律首次对国家赔偿问题的成文法规定。尽管这一规定似乎是要大大限制政府承担其侵权行为责任的范围,但它毕竟开创了社会主义国家赔偿的立法先例。1964 年的《苏俄民法典》对国家赔偿作了更为明确的规定。该法第 446 条规定:"国家机关对其公职人员在行政管理范围内由于不正当的公务行为给公民造成的损害,如果专门法律没有别的规定,依照一般根据(第 444 条和第 445 条)承担责任。"第 447 条规定:"对调查、预审、检察机关和法院的公职人员由于不正当公务行为所造成的损害,相应的国家机关在法律特别规定的情况下和范围内,承担财产责任。"1977 年的《苏联宪法》第 58 条又规定了公民有请求国家赔偿的权利,即"苏联公民对于国家机关和社会团体及公职人员在他们执行公务时,因非法行为造成的损失,有要求赔偿的权利"。

民主德国在 1968 年 4 月通过的《宪法》中明确规定了国家赔偿。该法第 104 条规定:"由于国家机关工作人员的违法措施,使公民或其个人财产受到损失时,由该工作人员所在的国家机关对此损失承担责任;国家赔偿的条件和程序,由法律规定之。"根据宪法规定的原则,民主德国于 1969 年通过了《国家赔偿法》,对国家赔偿的必要条件、赔偿范围和种类等都做了详细规定。捷克斯洛伐克在其《民法典》中规定了国家赔偿。该法第 426 条规定:"国家机关或者被授予行使国家职能的机关,对于非法的决定所造成的损害,应当依照专门法规的规定承担责任。"为此,1969 年捷克通过了《国家机关的决定和不适当公务行为的损害责任法》,规定了包括行政赔偿和司法赔偿在内的国家赔偿制度。匈牙利、波兰、保加利亚等国家也都在民法典中规定了国家赔偿。

四、我国国家赔偿法的演进

与其他国家一样,中国古代的奴隶制社会和封建社会也根本不存在国家赔偿问题,其中原因自不必多论。当然,在我国古代,统治阶级为了维护自己的统治,在个别情况下,也会对有些冤狱进行赔偿,如复官、封爵、赐钱、赐地、赠谥号等。但这不是冤狱赔偿制度,而只是统治阶级所采取的统治手段,也是当时的皇帝施行所谓"仁政"的体现。直至清王朝灭亡,建立了中华民国,中国才开始建立国家赔偿法律制度。第一次世界大战后,国家赔偿法律制度在西方一些国家开始逐步确立,这对中国产生了重要影响。中华民国南京政府开始在某些法规中规定国家赔偿内容,如 1930 年的《土地法》、1932 年的《行政诉讼法》、1933 年的《警械使用条例》、1934 年的《戒严法》等等。1944 年 12 月通过的《中华民国宪法》第 24 条规定了国家赔偿的原则:"凡公务员违法侵害人民之自由或权利者,除依法律受惩戒外,应负刑事及民事责任。被害人就其所受损害,并得依法律向国家请求赔偿。"目前,这些法律、法规基本上还在我国台湾地区适用。1959 年,我国台湾地区公布了"冤狱赔偿法",规定了赔偿请求权的范围和限制、赔偿程序、赔偿金支付等内容,历经1966年、1967年、1983年、1991年和2007年五次修订,于2011年变更名称为"刑事补偿法"重新施行。新的"刑事补偿法"扩大了赔偿范围,限缩了免责情形,细化了程序规定,并完善了过渡性条款的设定。①1980年,我国台湾地区又公布了"国家赔偿法",规定了赔偿范围、赔偿主体、赔偿方式、赔偿时效、赔偿程序、法律的适用等内容。

新中国成立后,在继承和发扬中国共产党领导的革命根据地的优良传统的基础上,我国开始了建立中国社会主义国家赔偿法的艰苦历程。在革命根据地时期,中国共产党本着实事求是、坚持真理、修正错误的原则,对于自己的失误给人民所造成的损害,敢于承认错误,并采取可能的措施使人民受到的损害能够得到相应的补救。但这种补救主要的并不是金钱赔偿,而是恢复名誉、职务或工作等。新中国成立后,我国在一个很长的时期内,对于冤假错案,也是本着恢复名誉、职务、工作以及给予适当的金钱赔偿的原则,予以平反昭雪。例如,对于"三反""五反""文化大革命"等运动中造成的冤假错案,国家都给予了平反,并采取诸如补发工资、返还财物、恢复名誉、安排工作等措施进行补救。这些都带有国家赔偿的性质。当然,这并不是真正意义的国家赔偿,不能说明我国已经建立了国家赔偿法律制度。

从立法上看,我国最早规定国家赔偿内容的当属1954年1月的《海港管理暂行条例》。该条例第20条规定:"港务局如无任何法令根据,擅自下令禁止船舶离港,船舶得向港务局要求赔偿由于禁止离港所受之直接损失,并保留对港务局的起诉权。"同年9月颁布的我国第一部《宪法》第97条对国家赔偿做了原则性规定:"由于国家机关工作人员侵犯公民权利而受到损失的人,有取得赔偿的权利。"这就从宪法上确立了国家赔偿制度。但是,1957年以后,特别在"文化大革命"期间,我国的整个法制建设遭到破坏,国家赔偿制度被否定,1975年宪法和1978年宪法都没有规定国家赔偿问题,其他的法律、法规更无国家赔偿的内容。直到党的十一届三中全会之后,国家进行拨乱反正,迎来了法制建设的春天,人们又开始注意到了国家赔偿问题。于是,在1982年的《宪法》中,重新规定了国家赔偿。《宪法》第41条规定:"由于国家机关和国家工作人员侵犯公民权利而受到损失的人,有依照法律规定取得赔偿的权利。"由于这一规定,实践中不好适用。所以,在之后的几年中,我国实际上并没有处理过国家赔偿案件。为具体落实宪法规定的精神,1986年颁布的《中华人民共和国民法通则》(以下简称《民法通则》)对国家赔偿问题作了较为明确的规定。《民法通则》第121条规定:

---

① 参见廖天虎:《我国台湾地区刑事赔偿制度评介——以台湾"刑事赔偿法"的修正要点为中心》,载《国家行政学院学报》2013年第4期。

"国家机关或者国家机关工作人员在执行职务中,侵犯公民、法人的合法权益造成损害的,应当承担民事责任。"这是一项十分重要的规定,对于建立我国的国家赔偿法律制度具有重要的意义。在此后的一些法规中,也都有国家赔偿内容的规定。其中,1989年4月通过的《中华人民共和国行政诉讼法》(以下简称《行政诉讼法》)具有特别重大的意义,因为它用专章规定了行政机关的侵权赔偿责任,对行政赔偿的主体、承担赔偿责任的条件、赔偿义务机关、赔偿程序、赔偿经费等问题都做了规定,这标志着我国的国家赔偿制度在立法上已经初具规模。但是,这些法律、法规的规定,毕竟很简单、分散,没有形成一个完整的国家赔偿法体系。所以,制定统一的、专门的国家赔偿法就成为我国国家赔偿法律制度建设的必然趋势。可以说,我国的国家赔偿法的制定工作始于1989年。《行政诉讼法》颁布后,全国人大法制工作委员会便着手国家赔偿法的起草工作,成立了有法律专家参加的起草小组。起草小组在总结实践经验的基础上,借鉴外国有关国家赔偿的规定,于1992年10月起草了《国家赔偿法(试拟稿)》,印发有关部门、各地方和法律专家征求意见。在此基础上,起草小组进一步调查研究和修改,于1993年12月拟定《国家赔偿法(草案修改稿)》,提交全国人大审议。1994年5月12日第八届全国人民代表大会常务委员会第七次会议通过了《国家赔偿法》。《国家赔偿法》的颁布,是我国法制建设中的一件大事,标志着我国国家赔偿制度正式建立。

随着我国社会经济的发展变化,《国家赔偿法》在实施中逐渐暴露出一些问题,某些制度在设置上也不尽合理和完善,国家赔偿制度的合理性与实现性引起社会广泛关注。为了有效实施法律,切实保护公民、法人和其他组织的合法权益,社会各界强烈呼吁修改《国家赔偿法》。经过各方的共同努力,历时5年时间经过全国人民代表大会常务委员会4次审议,2010年4月29日,第十一届全国人民代表大会常务委员会第十四次会议终于通过了《关于修改〈中华人民共和国国家赔偿法〉的决定》。这次修改是对国家赔偿制度的一次重要改革,在许多方面都有所突破,如拓宽了国家赔偿范围、明确了精神损害赔偿、完善了赔偿程序、改革了赔偿金的支付办法等,这对于更好地救济国家侵权的受害人,监督国家机关依法行使职权将产生积极的影响。为适应《中华人民共和国刑事诉讼法》2012年3月14日第二次修正所产生的条文变化,第十一届全国人民代表大会常务委员会第二十九次会议于2012年10月26日表决通过了《国家赔偿法》的第二次修正。

第三节 国家赔偿法的渊源

法律渊源是指法律的表现形式。国家赔偿法的渊源就是国家赔偿法的表现形式。明确国家赔偿法的渊源,对于我们正确适用国家赔偿法、认识国家赔偿法的法律地位以及明确国家赔偿法与其他法律之间的关系都有重要的意义。"由于国家赔偿所涉及的社会关系极其复杂和繁多,因而各国在立法上都采取了灵活的、适应于本国国情的立法体例。"①所以,各国国家赔偿法的渊源也不同。如法国国家赔偿法以判例法为主要渊源,英美以单独的国家赔偿法为主要渊源,德国则以民法特别法为主要渊源。② 我们这里主要是研究我国国家赔偿法的渊源,同时兼顾其他国家。

一、宪法

宪法是一国的根本大法,具有最高法律效力,是制定国家赔偿法的法律根据。因此,许多国家的宪法都有国家赔偿的原则性规定。1919年德国的《魏玛宪法》首次以宪法的形式规定了国家赔偿。该法第131条规定:"公务员行使法律所委任的职权,对于第三者若违反职务上应尽的义务,其损害赔偿,原则上由任用该公务员的国家或公共团体承担。"此后,各国宪法纷纷效仿,《日本宪法》第17条、《意大利宪法》第28条、《德国基本法》第34条、《美国宪法》第5条等都明确规定了国家赔偿的原则。当然,也有的国家宪法中没有规定国家赔偿原则,如法国等。宪法关于国家赔偿的原则性规定,是制定国家赔偿法的根本依据。我国早在1954年的《宪法》中就规定了国家赔偿,现行《宪法》第41条第3款亦作了明确规定:"由于国家机关和国家机关工作人员侵犯公民权利而受到损失的人,有依照法律规定取得赔偿的权利。"这一宪法规定,是我国《国家赔偿法》的一个重要渊源,是《国家赔偿法》的立法依据。我国《国家赔偿法》第1条明确规定:"为保障公民、法人和其他组织享有依法取得国家赔偿的权利,促进国家机关依法行使职权,根据宪法,制定本法。"

二、国家赔偿法等专门法

在国家赔偿法律制度中,《国家赔偿法》《刑事赔偿法》等专门法律,是国家赔偿法的基本渊源和核心内容。随着现代社会民主生活的发展,制定专门的国家赔偿法已成为现代民主法治国家的一个重要标志,也是国家赔偿法律制度的发展趋势。所以,许多国家都制定了专门的国家赔偿法或冤狱赔偿法等,将国家赔偿通过立法形式确定下来,如美国的《联邦侵权求偿法》、英国的《王权诉讼法》和《刑事伤害赔偿方案》、日本的《国家赔偿法》和《刑事补偿法》、瑞士的《国家责任法》、韩国的《国家赔偿法》等。我国也于1994年5月12日通过了《国家赔偿法》。尽管各国国家赔偿法的构成有所不同,如有的国家的国家赔偿法仅限于行政赔偿,而有的国家则包括行政赔偿和刑事赔偿。但基本内容大致相同,都包括国家赔偿的主体、赔偿的范围、赔偿计算标准、赔偿程序等内容。

---

① 上官丕亮主编:《国家赔偿法研究述评》,法律出版社2017年版,第71页。
② 参见应松年主编:《国家赔偿法研究》,法律出版社1995年版,第19页。

三、民法

民法是调整平等主体之间的人身关系和财产关系的法律规范的总称,是保护民事主体合法权益的最重要法律之一。民法是否为国家赔偿法的渊源,民法在国家赔偿法体系中的地位如何,这一直是一个有争论的问题。一种观点认为,国家赔偿法与民法是特别法与一般法的关系,民法典对国家赔偿起辅助作用。日本《国家赔偿法》第4条就明确规定,国家赔偿除国家赔偿法的规定外,适用民法的规定。另一种观点认为,国家赔偿法并不是民法的特别法,而是将国家侵权行为适用于普通民事侵权责任的一个结果。就是说,国家赔偿法只是民法的一个部分,而不是特别法。这是英、美等国的通行观点。还有一种观点认为,国家赔偿法是在借鉴民法一些原理的基础上发展起来的独立法律部门,与民法没有特别法与一般法的关系,只是民法的某些原则适用于国家赔偿。

我们认为,尽管国家赔偿法与民法的关系有各种不同的观点,但民法对国家赔偿法的作用是绝不容忽视的。因而,民法也就是国家赔偿法的一个重要渊源。有学者指出,就具体赔偿制度而言,民法在以下方面对国家赔偿法发生作用:第一,民法中的平等、有侵权必有责任等原则是将国家豁免原则、国王不能为非等逐出国家赔偿领域的武器之一,也是确立国家承担侵权责任的主要法律支柱。第二,全面保护民事权利需要国家赔偿法。尽管在国家赔偿法确立之前民法确认了公民、法人有大量私权利,然而由于受到国家不负侵权责任的观念和制度的影响,这些个人权利始终得不到全面保护。就这点而言,民法是促使以保护公民权利为宗旨的国家赔偿法出台的原动力。第三,民法中的侵权赔偿制度成为制定国家赔偿法的范本。民事赔偿制度已经形成了丰富而实用的赔偿原则、方式、范围、标准等具体制度,这对国家赔偿立法来说,无疑是一份巨大而宝贵的财富。这也是众多国家赔偿法规定适用民法的原因之一。① 这些观点无疑是正确的,但应补充以下几点:第一,国家赔偿法与民法具有相同的目的。民事主体的民事权利,不仅可能会受到其他民事主体的侵害,而且也可能会受到国家机关及其工作人员行使职权的侵害。对这些侵害,任何国家都应给予保护,但法律保护的途径不同。对前者的侵害,是通过民法予以保护的;而对后者的侵害,是通过国家赔偿法予以保护的。尽管保护的途径不同,但它们的目的是相同的,都是为了保障民事主体的合法权益。第二,国家赔偿法的原则基本上来源于民法。"有侵权,必有责任",这是侵权责任法的一项基本原则,国家侵权也不例外。在国家赔偿法中,许多原则都源于民法。尽管这些原则有所改变,但其基本原理并没有质的改变,如赔偿范围、赔偿标准、损益相抵等。所以,许多国家的国家赔偿法都规

---

① 参见马怀德:《国家赔偿法的理论与实务》,中国法制出版社1994年版,第70页。

定,在国家赔偿法没有规定的情况下,适用民法的规定。第三,国家赔偿法中若干问题的解决只能依赖于民法。从各国的国家赔偿法的规定来看,绝大多数法律所规定的内容都很简单,大量的问题都没有规定,如人身权、财产权、继承人、扶养关系的含义和界定等。这些问题只有依靠民法予以解决。可以断言,没有民法,国家赔偿法则难以适用。2020年5月28日第十三届全国人大第三次会议通过了《中华人民共和国民法典》(以下简称《民法典》),这必将对《国家赔偿法》的适用起到积极的促进作用。

四、行政法

行政法是调整国家行政机关在履行其职能过程中所发生的各种社会关系的法律规范的总称,是规范国家行政机关及其工作人员的组织及活动原则的基本法。尽管通说认为行政法是一个独立的法律部门,但因行政法所调整的社会关系的复杂性、多变性、专业性,到目前为止,各国都还没有统一的、完整的行政法典。所以,我们这里所说的行政法是对个别独立的无数的行政法规而言的。由于国家赔偿法所规范的国家赔偿主要是行政赔偿,故国家赔偿法与行政法必然发生一定的联系,使行政法成为国家赔偿法的一个重要渊源。行政法作为国家赔偿法的渊源,主要表现为三个方面:第一,国家赔偿法中的某些具体问题,需要由行政法加以解决。例如,行政机关及其工作人员的范围、行政强制措施的意义以及查封、扣押、冻结的具体条件等,都需要由行政法确定。第二,许多行政法规都规定了具体的行政赔偿的内容。例如,《中华人民共和国治安管理处罚法》(以下简称《治安管理处罚法》)第117条规定:"公安机关及其人民警察违法行使职权,侵犯公民、法人和其他组织合法权益的,应当赔礼道歉;造成损害的,应当依法承担赔偿责任。"第三,某些行政法规专门规定了行政赔偿问题。在《国家赔偿法》公布之后,行政机关为了更好地贯彻执行,制定了许多专门规范行政赔偿的法规,如原国家工商行政管理总局的《工商行政管理机关行政赔偿实施办法》(1995年8月发布,2011年12月修正)、司法部的《司法行政机关行政赔偿刑事赔偿办法》(1995年9月发布)、公安部的《公安机关办理国家赔偿案件程序规定》(2014年4月发布,2018年8月修订)、《国家赔偿费用管理条例》等。

五、监察法

2018年3月20日通过并施行的《中华人民共和国监察法》(以下简称《监察法》)规定,各级监察委员会是独立行使国家监察职能的专责机关,不受行政机关和社会团体及个人干涉的专责机关。同时,《监察法》第67条专门规定:"监察机关及其工作人员行使职权,侵犯公民、法人和其他组织的合法权益造成损害的,依法给予国家赔偿。"这为解决监察机关及其工作人员行使职权侵犯公民、法人和其他组织的合法权益造成损害依法给予国家赔偿提供了法律依据。

六、判例法

判例法在国家赔偿法的发展过程中,起了相当重要的作用,至今仍具有重要的意义,成为国家赔偿法的一种主要渊源。判例法之所以是国家赔偿法的主要渊源,并非是一个国家的法律传统使然,而是由国家赔偿制度本身的需要所决定的。国家赔偿不是传统的法律制度,而是新兴的综合性法律制度,它因各国政治体制和政治传统的不同而存在差异。如法国是一个不崇尚判例法的国家,但国家侵权的特殊性及立法的滞后性决定了必须采用判例去解决此类问题。尤其在一个新制度建立之初,这种"法官立法"的方式就更具简便快捷的特性了。[①] 在以成文法著称的法国,判例法对国家赔偿法的产生和发展起了非常重要的作用,其中"布郎戈案"首开现代国家赔偿的先河,成为后世国家赔偿法律制度的典范。而以判例法为主要渊源的英、美等国家,许多重要的判例成为国家赔偿立法的直接动因。例如,英国法院关于"亚当斯诉内勒"一案的判决,就促成了《王权诉讼法》的出台;而美国1891年的"米勒诉霍顿"案的判决,也促成了《联邦侵权求偿法》的最终面世。德国、日本乃至印度,国家赔偿的许多制度也都源于法院的判例。在我国,虽有学者主张实行判例法,但实践中还没有实行判例制度。但我们不能就此否定判例的作用。一个成功的判例,对适用法律、指导司法实践具有不可估量的作用。我国最高人民法院所公布的许多案件是指导性案例,实际上都起到了判例的作用。就国家赔偿法而言,由于该法规定的内容比较简单,同时又是新的法律制度,所以大部分实务操作问题都需要人民法院来解决,以确立具体适用国家赔偿法的规则。这对正确适用国家赔偿法、建立完备的国家赔偿法律制度都有着重要的意义。

七、诉讼法

诉讼法是司法机关行使审判权的有关程序方面的法律规范。诉讼法也是保障民事主体合法权益的重要法律,在一国法律体系中占有重要地位。由于行使审判权的司法机关及其工作人员违反诉讼法,会侵犯民事主体的合法权益造成损害,所以,诉讼法与国家赔偿法有着密切的联系,成为国家赔偿法的又一渊源。

诉讼法包括民事诉讼法、行政诉讼法和刑事诉讼法。从国外的情况看,与国家赔偿法有关的一般只是刑事诉讼法,而且规定的赔偿范围也都限于冤狱赔偿。如意大利1913年的《刑事诉讼法》就对冤狱赔偿问题做了规定,在1988年9月22日通过的新《刑事诉讼法》中,对冤狱赔偿做了更为详细的规定。该法第643

[①] 参见应松年主编:《国家赔偿法研究》,法律出版社1995年版,第31页。

条第1项规定,在再审中被开释的人,如果未因故意或严重过失而造成司法错误,有权要求根据服刑或收容的时间以及处罚对其个人和家庭所造成的后果获得赔偿。同时该法第644条至第647条对在死亡情况下的赔偿、赔偿的要求、程序的裁决等问题都作了规定。法国等国的《刑事诉讼法》对冤狱赔偿问题也都作了较详细的规定。之所以这些国家将诉讼法中的国家赔偿问题限于冤狱赔偿,其原因主要是冤狱是发生在刑事诉讼的各个环节中的,如侦查、起诉、审判等过程,这种国家侵权行为只能通过刑事再审程序加以纠正。同时,由于各国对民事行政审判等司法侵权行为和民事行政司法侵权行为应否由国家承担赔偿责任认识不一,所以,目前还没有哪一个国家在民事诉讼法或行政诉讼法中规定司法损害赔偿。

在我国,国家赔偿法不仅与刑事诉讼法有密切联系,而且与行政诉讼法、民事诉讼法也都密切相关。一方面,我国的《国家赔偿法》规定了刑事赔偿;另一方面,《国家赔偿法》又规定了民事诉讼、行政诉讼中的司法损害赔偿,即法院违法采取对妨害诉讼的强制措施、保全措施或者对判决、裁定及其他生效的法律文书执行错误,造成损害的国家赔偿。特别应当指出的是,我国的《行政诉讼法》在《国家赔偿法》公布以前就对国家赔偿中的行政赔偿问题做了具体规定,这对我国的国家赔偿法律制度的建立起到了不可磨灭的作用,成为国家赔偿法的一个重要渊源。

八、有关国家赔偿的司法解释

司法解释是最高司法机关(包括最高人民法院和最高人民检察院)在适用法律的过程中,对具体应用法律问题的解释。这是一种有权解释,具有法律效力。《国家赔偿法》通过后,最高司法机关为了贯彻执行该法,颁布了许多司法解释。例如,最高人民法院《关于〈中华人民共和国国家赔偿法〉溯及力和人民法院赔偿委员会受案范围问题的批复》(法复[1995]1号)、《关于审理行政赔偿案件若干问题的规定》(法发[1997]10号)、《关于适用〈中华人民共和国国家赔偿法〉若干问题的解释(一)》(法释[2011]4号)、《关于人民法院赔偿委员会审理国家赔偿案件程序的规定》(法释[2011]6号)、《关于国家赔偿案件立案工作的规定》(法释[2012]1号)、《关于人民法院赔偿委员会适用质证程序审理国家赔偿案件的规定》(法释[2013]27号)、《关于人民法院赔偿委员会审理国家赔偿案件适用精神损害赔偿若干问题的意见》(法发[2014]14号)、《关于进一步加强刑事冤错案件国家赔偿工作的意见》(法[2015]12号)、《关于审理民事、行政诉讼中司法赔偿案件适用法律若干问题的解释》(法释[2016年]第20号)、《关于国家赔偿监督程序若干问题的规定》(法释[2017]9号)、《关于审理国家赔偿案件确定精神损害赔偿责任适用法律若干问题的解释》(法释[2017]3号),最高人民检察院

《人民检察院国家赔偿工作规定》（高检发［2010］29号），最高人民法院、最高人民检察院联合发布的《关于办理刑事赔偿案件适用法律若干问题的解释》（法释［2015］24号）等。

这些司法解释对于正确适用《国家赔偿法》具有十分重要的意义，是国家赔偿法的重要渊源。

第四节 国家赔偿法的结构

一、国家赔偿法的体例结构

考察各国国家赔偿法，在体例结构上存在着三种立法例：一是国家赔偿法由实体法构成，如日本。日本《国家赔偿法》只规定了行使公权力的公务员加害之损害赔偿责任和求偿权、基于公共营造物设置管理瑕疵之损害赔偿责任和求偿权、费用负担之损害赔偿责任和求偿权、民法之适用、其他法律之适用和相互保证主义等实体法内容；二是国家赔偿法由实体法和程序法构成。这是大多数国家所采取的体例结构，如奥地利、美国、英国、瑞士等；三是国家赔偿法由实体法、程序法和组织法构成，如韩国。韩国《国家赔偿法》规定了赔偿责任、赔偿标准等实体法内容，规定了审议先行、申请复议等程序法内容，还规定了赔偿审议会的设立、权限等组织法内容。

在我国《国家赔偿法》的制定过程中，对《国家赔偿法》采取何种体例结构存在着不同的看法。我们认为，基于国家赔偿的特殊性，其在处理程序上亦有特殊要求。因此，我国的国家赔偿法宜采取实体法和程序法合一的体例结构。即在规范国家赔偿的同时，对处理国家赔偿案件的程序作出专门规定。采取这种体例结构有利于保障实体法规范的实施，有利于正确、及时地解决国家赔偿案件。我国于1994年5月颁布的《国家赔偿法》就采取了实体法和程序法合一的体例。《国家赔偿法》除了规定赔偿范围、赔偿请求人和赔偿义务机关、赔偿方式和赔偿计算标准等实体法内容外，还就赔偿程序做了专门规定。

二、国家赔偿法的内容结构

由于各国对国家赔偿的含义理解不同，因而国家赔偿法的内容结构也不同。如日本《国家赔偿法》仅规定了行政赔偿和公有公共设施致害的赔偿；而奥地利《国家赔偿法》除规定了行政赔偿外，还规定了司法赔偿。如前所述，最广义的国家赔偿法包括行政赔偿、司法赔偿、监察赔偿、立法赔偿、军事赔偿、公有公共设施致害的赔偿以及国家补偿。我们试对这些问题做一分析，以明确国家赔偿法的内容结构。

（一）国家赔偿法与行政赔偿

从各国国家赔偿法的内容来看，行政赔偿是构成国家赔偿法的主要部分，是国家赔偿的核心。所以，有的学者将行政赔偿与国家赔偿看成是同一个概念，某些国家的立法也是如此。如日本《国家赔偿法》所指的国家赔偿基本上就是行政赔偿。从各国的立法来看，尽管行政赔偿是国家赔偿的主要部分，但还没有哪个国家制定单独的行政赔偿法，而是以行政赔偿为主制定国家赔偿法。我国在《国家赔偿法》颁布以前，曾有学者主张，我国应单独就行政赔偿制定国家赔偿法，但这种观点没有被立法机关所采纳。在我国《国家赔偿法》中，行政赔偿只是国家赔偿的一部分。

（二）国家赔偿法与司法赔偿

司法赔偿有狭义和广义之分。狭义的司法赔偿仅指刑事司法赔偿，即冤狱赔偿；广义的司法赔偿则包括刑事司法赔偿和民事行政司法赔偿。对于司法赔偿，大多数国家的法律是承认的，但也有的国家法律不予承认。如英国《王权诉讼法》第2条第5款规定，对于任何人在履行或试图履行赋予由他的司法性质的职责或与执行司法程序相联系的职责时的作为或不作为，不应以本条为依据对政府提起诉讼。即使有司法侵权赔偿问题，也是通过议会立法，由个案加以解决的。① 在承认司法赔偿的国家中，司法赔偿与国家赔偿法的关系有两种立法体例：一是在《国家赔偿法》中规定司法赔偿，即国家赔偿法包括行政赔偿和司法赔偿。如奥地利《国家赔偿法》第1条就规定，官署之机关执行法令故意或过失违法侵害他人之财产或人格权时，依民法规定由官署负损害赔偿责任。这里所规定的机关是指所有执行法令的司法及行政人员。二是在《国家赔偿法》中不规定司法赔偿，而是单独立法。如日本在《国家赔偿法》之外，专门制定了《刑事补偿法》，我国台湾地区也是分别制定了"国家赔偿法"和"刑事补偿法"。

在我国，司法赔偿应如何立法，在《国家赔偿法》颁布之前，学者间存在不同的看法。有人认为，从各国经验看，对司法赔偿单独立法是可行的；有人认为，应将刑事司法赔偿规定于刑事诉讼法中。有学者指出，西方国家之所以很少在国家赔偿法中规定司法赔偿而单独立法，是由于在这些国家中，司法赔偿仅限于刑事损害赔偿，可以放在刑事诉讼法中解决，或者由于冤狱赔偿事关重大，往往在国家赔偿立法之前就已经规定了司法赔偿，或者囿于司法豁免原则，根本不作任何司法赔偿的规定。因而，我们不能忽视各国立法背景及特点而照搬外国的经验。② 这种看法是正确的。我们认为，我国的国家赔偿立法应当将行政赔偿与司法赔偿统一规定于国家赔偿法中。否则，会造成法律之间的重复或不协调，或

---

① 参见马怀德：《国家赔偿法的理论与实务》，中国法制出版社1994年版，第73页。
② 同上。

者会造成缺乏可资遵循的共同原则。我国《国家赔偿法》采取了行政赔偿与司法赔偿统一立法的体例，这是可取的。

（三）国家赔偿与监察赔偿

《国家赔偿法》第2条规定，国家机关和国家机关工作人员行使职权，有本法规定的侵犯公民、法人和其他组织合法权益的情形，造成损害的，受害人有依照本法取得国家赔偿的权利。监察机关作为行使国家监察职能的专责机关，属于国家机关，其工作人员属于国家机关工作人员。因而监察机关及其工作人员在行使职权过程中，侵犯公民、法人和其他组织的合法权益并造成损害的，国家应承担赔偿责任。据此，《监察法》第67条专门规定，监察机关及其工作人员行使职权，侵犯公民、法人和其他组织的合法权益造成损害的，依法给予国家赔偿，从而正式确立了我国监察领域的国家赔偿制度。

"监察委员会作为行使国家监察职能的专责机关，与党的纪律检查机关合署办公，从而实现党对国家监察工作的领导，是实现党和国家自我监督的政治机关，不是行政机关、司法机关。"[1]因此，监察机关行使职权所产生的赔偿既不属于行政赔偿，也不属于司法赔偿，而应当是一种独立的监察赔偿责任。有学者提出："建议修改《国家赔偿法》，设专章规定监察赔偿，包括监察赔偿的范围、赔偿请求人和赔偿义务机关、监察赔偿的程序等内容。至于监察赔偿的方式、标准和费用，应当适用《国家赔偿法》第四章"赔偿方式和计算标准"和第五章的规定。"[2]这种看法是合理的。

（四）国家赔偿法与立法赔偿

立法赔偿是指国家立法机关的立法行为侵犯了公民、法人和其他组织的合法权益造成损害时产生的国家赔偿。立法赔偿能否成为国家赔偿的一种类型，各国有不同的主张。大多数国家坚持国家主权豁免原则，规定立法机关不承担国家赔偿，但也有少数国家（如法国、德国、俄罗斯等）有条件地承认立法赔偿。

法国规定，立法上所生的国家赔偿，仅以经济性立法致他人损害者为限，其他立法行为发生损害者，不得请求国家赔偿。在法国，国家对立法行为负赔偿责任首先出现于20世纪初的行政合同中。行政合同的当事人因国家法律而遭受特别损害时，如果法律没有排除赔偿的规定，行政法院即应根据统治者行为原则，判决国家对合同的对方当事人负补偿责任。从行政合同的观念出发，法国最高行政法院1938年1月13日在La Fleurette案件的判决中正式承认，国家对合同外的行为，即使法律没有规定，也对立法行为负赔偿责任。6年后，在1944

---

[1] 中共中央纪律检查委员会、中华人民共和国国家监察委员会法规室编：《〈中华人民共和国监察法〉释义》，中国方正出版社2018年版，第62页。
[2] 张红：《监察赔偿论要》，载《行政法学研究》2018年第6期。

年1月21日Caucheteux et Desmont案件中,最高行政法院重申了1938年判决中所确立的原则。20世纪60年代期间,最高行政法院又在两个判决中规定国家应对其立法行为负赔偿责任。①

在德国,现行法上并没有规定立法赔偿问题。但联邦德国司法部与内政部共同制定的1973年《国家赔偿法草案》第6条曾规定,因立法机关制定的法律违反宪法造成的损害,国家不负赔偿责任。但立法机关于宪法法院确认其违法后的18个月内,未有其他立法者,受害者得请求国家赔偿。1981年7月公布的《国家赔偿法》第5条也曾规定:"如果损害为立法者的违法行为所致,只有在法律有规定并在规定的范围内,发生赔偿责任。本法不涉及完全基于立法者行为而发生的行政或司法的权力违反义务的责任。"但该法第二年即被德国宪法法院以违反《基本法》而宣布无效。1991年德国《国家赔偿法草案》仍然规定了立法赔偿问题,但该草案目前还没有完成立法程序。可见,德国现行法虽未有立法赔偿的明确规定,但学说上和立法倾向上对此持肯定态度。②

俄罗斯《民法典》第1069条规定:国家机关、地方自治机关或该机关的公职人员因违法行为致人损害,包括发布不符合法律或不符合国家机关或者地方自治机关文件的其他法规而给公民或法人造成的损害,应负赔偿责任。可见,在俄罗斯,立法赔偿是得到法律承认的。

在我国《国家赔偿法》的制定过程中,对应否规定立法赔偿问题曾有过很大的争论。肯定者认为,法治社会的基本特点要求国家机关包括立法机关享有权力的同时必须承担相应义务,负相当责任。那种认为行使国家主权的行为不负赔偿责任的理论已被抛弃,而且由于立法行为给少数公民、法人和其他组织的合法权益造成损害的,按照公平负担原则,也应由国家予以赔偿。反对者则认为,立法机关是权力机关,司法机关只是国家权力机关制定的法律的执行机关,无权审查立法机关的立法行为,也无权判令立法机关的立法赔偿。而且行政诉讼法对于司法审查的范围明确界定为具体行政行为,不包括抽象行政行为。更何况,世界各国中确定立法赔偿的规定和判例还不是很多。③ 我国《国家赔偿法》最终采纳了否定说,没有规定立法赔偿。之所以如此,原全国人大常委会法制工作委员会主任顾昂然同志提出了四点理由:第一,各级人民代表大会是权力机关,不具体行使行政权和审判权。第二,全国人民代表大会是最高国家权力机关,全国人大及其常委会制定的法律,是代表全国各族人民的意志的,一切国家机关、企事业单位、社会团体和公民都必须遵守。第三,地方人民代表大会制定的地方性

---

① 参见刘静仑:《比较国家赔偿法》,群众出版社2001年版,第23页。
② 同上书,第23—24页。
③ 参见皮纯协、冯军主编:《国家赔偿法释论》(修订本),中国法制出版社1996年版,第53页。

法规,如果与宪法、法律、行政法规相抵触应当纠正。如果还没有执行,不发生损害赔偿问题。如果地方政府已经执行了,给公民造成损失,可以通过行政赔偿得到救济。第四,各国多没有对议会规定赔偿。① 我们认为,国家赔偿法应当规定立法赔偿,主要理由在于:其一,我国《宪法》第41条规定的国家机关应当包括国家立法机关;其二,从国家立法机关的性质和职能上看,国家立法机关既然是人民的代表机关,就应忠实地代表人民,坚决维护人民的利益,切实保障人民的财产权利、人身权利不受侵犯,其侵犯公民、法人和其他组织合法权益的行为是不应当豁免的,否则,国家立法机关就成了凌驾于法律和其他国家机关之上的特权者;其三,国家立法机关虽然不参与国家事务的具体管理活动,但在实际生活中,国家立法机关也有侵犯公民、法人合法权益的可能性。在《国家赔偿法》颁布之后,有学者指出,目前立法赔偿不作为我国国家赔偿的一种类型是合理的选择,但从长远的观点来看,立法赔偿应当成为我国国家赔偿的类型之一,并提出了三点理由:一是设立立法赔偿符合我国社会主义国家的性质要求;二是立法机关的立法活动虽有一定的探索性,但其"违法"性却不可避免;三是立法机关行使的其他职权虽然一般不与公民、法人和其他组织发生直接关系,但其损害他们合法权益的可能性却是存在的,随着立法机关权力的强化,这种可能性也会逐渐增加。②

(五) 国家赔偿法与军事赔偿

军事赔偿是指军事机关及其组成人员在执行职务中侵犯公民、法人和其他组织的合法权益造成损害,国家所应承担的赔偿责任。在一些国家中,军事赔偿是国家赔偿法的一个组成部分。如英国《王权诉讼法》第10条第1款规定了政府的武装部队成员在执行公务时的作为或不作为造成他人死亡或人身伤害的侵权赔偿责任。美国《联邦侵权求偿法》第2671条规定,联邦行政机关包括美国联邦政府所设置的各行政单位、军事单位等,政府人员包括联邦机关的官员、合众国陆军或海军官兵。但各国在规定军事赔偿的同时,也规定了相当多的例外情形,即只在非战争状态、非行使国家行为的情形下,国家才对军事机关及其人员在执行职务中的违法行为承担普通的国家赔偿责任。而对国防行为、战争行为,则赋予军事机关免责特权,以保证军队正常履行其职务,维护国家主权、领土完整和安全,抵御外来侵略和防止颠覆。③

在我国,军事赔偿应否纳入国家赔偿法的范围之内,这是我国国家赔偿立法中有争议的一个问题,最后《国家赔偿法》没有规定军事赔偿。之所以如此,是因

---

① 参见顾昂然:《国家赔偿法制定情况和主要问题》,载《中国法学》1995年第2期。
② 参见张正钊主编:《国家赔偿制度研究》,中国人民大学出版社1996年版,第102—103页。
③ 参见马怀德:《国家赔偿法的理论与实务》,中国法制出版社1994年版,第74—75页。

为当前主要是军队在演习、训练过程中,公民受到损失,需要采取适当方式予以补偿,但由于这不是因违法行为造成的损害,故不宜列入国家赔偿的范围。但《国家赔偿法》的这种规定,并没有得到学者的普遍赞同。有学者认为,将军事赔偿纳入国家赔偿是十分必要的,但由于军事赔偿较为复杂,包括对执行职务造成的损害赔偿责任、对合法的征用、危险牺牲等行为造成的损失承担补偿责任、对以国家名义作出的国防行为造成的损失予以负责。所以,将这三类军事赔偿纳入统一的国家赔偿法几乎是不可能的,有必要就军事赔偿单独立法。① 也有学者详细论述了将军事赔偿作为国家赔偿的一种类型而规定进国家赔偿法的必要性和现实性:(1)这是中国军事机关的性质得以体现的必然要求;(2)这是完善中国社会主义法制的必然要求;(3)军事机关违法职务造成损害的行为是现实存在的,并非一切行为都必然合法;(4)把军事赔偿纳入国家赔偿的类型之中,既有利于军民关系的发展,也有利于军队的建设。② 我们认为,军事赔偿应纳入统一的国家赔偿法中,待将来时机成熟时,将军事赔偿纳入《国家赔偿法》或者制定单行的《军事赔偿条例》。

(六) 国家赔偿法与公有公共设施致害的赔偿

公有公共设施因设置或管理有欠缺造成他人损害的赔偿,在许多国家属于国家赔偿的范围,如日本、韩国、法国等。日本《国家赔偿法》第 2 条规定,因道路、河川或其他公共营造物之设置或管理有瑕疵,致使他人受损害者,国家或公共团体,对此应负赔偿责任。韩国《国家赔偿法》也作了类似的规定。在英美法系国家,对于公有公共设施因设置或管理有欠缺造成他人损害的赔偿,虽然没有在法律中明确规定,但判例均认定应由国家承担赔偿责任。一般认为,公有公共设施因设置或管理有欠缺造成他人损害的国家赔偿,须具备下列条件:第一,须有公有公共设施。所谓公有公共设施,是指政府或公共团体设置管理,以供社会公众利用为目的的营造物,包括公路、铁路、桥梁、隧道、堤防、上下水道、运动场馆、学校公园的设施等等。第二,公有公共设施须设置或管理有欠缺。所谓欠缺,是指公有公共设施存在着致人损害的危险性,即缺乏公共设施通常所应具有的安全性。设置欠缺者,如设计错误、建筑不良、材料不合格等;管理欠缺者,如维护不周、保护不当、疏于修缮等。至于设置者或管理者是否具有过错,在所不问。所以,公有公共设施因设置或管理有欠缺造成损害的国家赔偿是一种无过错责任。第三,公有公共设施因设置或管理的欠缺而造成他人人身或财产损害,即受害人的损害与公有公共设施的欠缺之间须有因果关系。

在我国,公有公共设施因设置或管理有欠缺造成他人损害的,是否属于国家

---

① 参见马怀德:《国家赔偿法的理论与实务》,中国法制出版社 1994 年版,第 74—75 页。
② 参见张正钊主编:《国家赔偿制度研究》,中国人民大学出版社 1996 年版,第 104—105 页。

赔偿的范围,学者间一直存在着不同的看法。在《国家赔偿法》颁布之前,就有许多学者主张,公有公共设施因设置或管理有欠缺造成他人损害的,应属于国家赔偿的范围。① 而实务中则认为,这属于普通的民事赔偿责任。② 在《国家赔偿法》的制定过程中,这也是有争议的问题。《国家赔偿法》没有规定公有公共设施因设置或管理有欠缺造成他人损害的赔偿属于国家赔偿,其立法理由是:这类赔偿问题,并不属于违法行使职权的问题,不宜列入国家赔偿的范围。受害人可以依照民事法律的有关规定,向负责管理的企业、事业单位请求赔偿。③ 我们认为,《国家赔偿法》的这种选择是恰当的。否定这种规定的学者认为,公有公共设施因设置或管理有欠缺所造成的损害应当纳入国家赔偿的范围,至少也应当在一定范围内,将其纳入国家赔偿。其理由为:第一,若不实行国家赔偿的话,势必造成许多损害实际上得不到赔偿的后果;第二,若不实行国家赔偿的话,则不利于促使国家行政机关增强责任心;第三,尽管这种赔偿不一定都与违法行使职权有关,但其中也存在着因违法行使职权而造成的设置或管理的欠缺;第四,对这种损害,若只以民事赔偿形式赔偿,则会因管理单位或人员的财力有限等原因而不能合理弥补受害人的损失,也会影响他们的工作积极性,不利于保障国家权力的行使。④ 尽管这些理由有一定的道理,但并没有从根本上说明问题。因为,从根本上说,国家赔偿的目的在于保护在国家权力行使过程中处于弱者地位的当事人的合法权益,而不在于保护处于平等主体地位的当事人的合法权益。

(七)国家赔偿法与国家补偿

国家补偿是指国家机关及其工作人员在实施合法行为造成损害时,国家依照法律的规定对损害所给予的补偿。国家补偿是世界各国法律普遍规定的一种制度,是对私有权利的一种保护措施。我国也在许多法律、法规中规定了国家补偿。国家之所以要对因合法行为而受到损害的人予以补偿,学者间有不同的解释,主要有两种观点:一是特别牺牲说。即为了社会公共利益,在必要时,个人必须牺牲其权益。同时,社会必须从其设立的公共资金中对个人予以补偿。二是公共负担平等说。即如果个别人作出某种牺牲是为了公共利益,就可以向政府请求补偿。二者相比较,公共负担平等说更能说明国家补偿的理论根据。因为,它不仅适用于解释合法行为的补偿,而且也适用于解释其他危险行为及特别损害行为的补偿。⑤

---

① 参见梁慧星:《道路管理瑕疵的赔偿责任》,载《法学研究》1991年第5期。
② 参见"王烈风诉千阳县公路管理段人身损害赔偿案",载《最高人民法院公报》1990年第2期。
③ 参见胡康生:《关于〈中华人民共和国国家赔偿法(草案)〉的说明》(1993年10月22日在第八届全国人大常委会第四次会议上)。
④ 参见张正钊主编:《国家赔偿制度研究》,中国人民大学出版社1996年版,第106—107页。
⑤ 参见马怀德:《国家赔偿法的理论与实务》,中国法制出版社1994年版,第41—42页。

国家补偿具有如下特点：第一，国家补偿产生的原因是合法行为造成的损害。国家机关及其工作人员在行使职权时，即使其行为合法，也有可能造成他人的人身或财产损害。对于这种损害，国家应当给予补偿。除合法行为造成损害需国家补偿外，基于其他一些特殊的行为，如危险行为、特别损害行为等所造成的损害，国家也应当给予补偿。第二，国家补偿以法律有规定为前提。只有在法律有规定的情况下，国家才对合法行为等所造成的损害给予补偿。因为，没有法律根据即给予补偿，不仅损害了国家利益，也损害了全社会其他绝大多数成员的利益。第三，国家补偿只是适当补偿，而不是全额补偿。由于国家补偿只是对受害人损害的填补，不涉及对非法行为的非难，所以，国家在补偿时，只是根据损害的程度支付公正或相应的补偿金。这种适当补偿一方面只涉及直接损失的补偿，而对间接损失和精神损害一般不予补偿；另一方面，对直接损失也不是全额补偿，一般根据法律规定的标准进行补偿。第四，国家补偿可以采取事先补偿的方式。由于国家补偿涉及合法行为、危险行为等，而这些行为的实施所造成的损害，可以在事先预见。所以，国家补偿就可以在事先进行，即在行为还没有实施前，根据法律的规定，对将来发生的损害予以补偿。事先支付补偿金，有利于受害人及时填补损害，恢复生产和生活。

从发展上看，国家补偿早于国家赔偿。但自国家赔偿出现后，国家补偿与国家赔偿就有着密切的关系。那么，国家补偿能否成为国家赔偿法的构成部分呢？对此，学者们有不同的看法。有人认为，从法律构成角度看，广义的国家赔偿法应当包括一部分国家补偿责任。① 也有人认为，社会主义国家对公民承担的责任应当是全面的，也就是说，国家赔偿立法应该有一个总体考虑。不论是国家机关违法行为还是国家机关合法行为造成的损失，国家都应负责填补。我国的国家赔偿法不仅要规定国家赔偿，也应该规定国家补偿。② 还有的学者对我国的《国家赔偿法》没有规定国家补偿责任表示遗憾。③ 我们认为，这种观点是不可取的，当然也没有被《国家赔偿法》所采纳。首先，我们认为，学者们所主张的国家补偿责任的提法是不准确的。众所周知，所谓责任是违反义务的结果，亦即违法行为的结果。因此，没有违法行为，自无责任可言。国家机关及其工作人员实施合法行为造成损害，应当说，国家没有责任可言，但国家可以给予补偿。这种补偿并不是一种责任，而是国家对受害人损害的填补。从法理上而言，国家补偿应当是一种义务。其次，国家补偿与国家赔偿是两种根本不同的制度，其根本的区别在于，国家补偿是合法行使职权造成的，而国家赔偿是违法行使职权造成

---

① 参见马怀德：《国家赔偿法的理论与实务》，中国法制出版社1994年版，第76页。
② 参见应松年等：《国家赔偿立法探索》，载《中国法学》1991年第5期。
③ 参见肖峋：《中华人民共和国国家赔偿法理论与实用指南》，中国民主法制出版社1994年版，第261页。

的。不仅如此,它们在对象、范围、标准、程序上等都存在不同。所以,《国家赔偿法》不能包容国家补偿。最后,国家补偿也是保护公民、法人和其他组织合法权益的重要制度,法律上也应当予以规定,但并不是在《国家赔偿法》中规定。我们认为,由于国家补偿对象的多样性,决定了目前只能在单行法规中规定国家补偿。当然,在条件具备时,我国也可以制定统一的国家补偿法,对国家补偿问题作出统一的规定。

第五节 国家赔偿法的性质和法律地位

一、国家赔偿法的性质

关于国家赔偿法的性质,理论上存在着不同的认识,主要有公法说、私法说和折中说,各国的立法也基本上将国家赔偿法归入上述三类之中。

(一)公法说

公法说从公权力作用与民法上私经济作用的性质不同为出发点,认为国家赔偿法系规定有关公权力致人损害而国家应负赔偿责任的法律,而民法系规定私经济作用的法律,二者截然不同。故国家赔偿法与民法之间不构成特别法与普通法的关系,而是与民法各自独立的法律,国家赔偿法属于公法的范畴。这种观点以日本、法国、德国的一些学者为代表。在日本学者中,杉树敏正认为:日本《国家赔偿法》第1条第1项的规定,与日本《民法》第715条的规定不同,而排除了雇用人的免责条款;而且同法第2条第1项的规定,亦与日本《民法》第717条的规定有异,扩大了占有人赔偿责任的范围,并排除占有人的免责条款。因此,在理论上虽似可认为系私法之特别法,实际上国家赔偿法的适用范围较私法法规为广,并尽量对受害人予以救济,故不可否认国家赔偿法系一种超乎调整私人相互间利害关系的特殊法律;有仓辽吉亦主张:公权力之作用与民法上之私经济作用,其性质有显著区别。国家赔偿法系规定因公权力的行使与公共营造物设置或管理的瑕疵所发生的损害应予赔偿的独立法律,其与规定私经济作用的民法相对立,两者间不能成立一般法与特别法的关系;杉村章三郎、松岛谆吉等学者亦赞同公法说。[①] 我国台湾地区学者曹竞辉先生主张,从国家赔偿法的性质及存立的地位而言,国家赔偿法采取公法说为当,其立论根据有如下两点:一是各国于宪法中明文规定国家赔偿,借以贯彻保护人民权利的目的。国家赔偿法既系基于宪法的规定而制定,则人民依国家赔偿法的规定请求赔偿的权利,自系公法上的权利。此与私法关系中的赔偿请求权并不相同。二是国家承担赔偿责

---

① 参见叶百修:《国家赔偿法》,我国台湾地区2017年作者自版,第52页。

任,系以公务员行使公权力的职务行为违法侵害人民的权利为要件。易言之,被害人因公务员行使公权力的职务行为违法侵害其权利而致其受损害,始得依国家赔偿法的规定要求国家赔偿。如果因公务员执行私经济作用的职务行为而致损害,被害人只能依民法雇用人责任的规定,请求国家赔偿。由此可见,依国家赔偿法所发生的请求权,与依私法关系所发生的请求权,两者责任主体不同,故国家赔偿法为公法,应无疑问。① 叶百修先生也认为,国家之所以承担赔偿责任,系以公务员执行公权力的职务行为违法侵害人民权利为必要;而就公务员执行私经济作用的行为侵害人民权利时,被害人仅得依民法规定请求赔偿。可见,国家赔偿法的适用显然着重在公务员的职务行为系属于"公权力"作用,目的在于履行国家对人民的生存照顾义务,据此,国家赔偿法的性质自系公法。②

从国家赔偿法的立法来看,有的国家将国家赔偿法置于公法体系之中,如法国、瑞士等。在法国,自1873年"布朗戈案"确立国家赔偿制度以来,一直坚持行政赔偿应当适用于不同于民法赔偿责任的特殊规则,且行政赔偿诉讼属于行政法院管辖。在瑞士,公法人的侵权赔偿责任由公法调整,而不受民法调整。1958年瑞士《联邦与其雇员赔偿责任法》明确规定:联邦对公务员执行公务、行使公权力的行为,承担赔偿责任。其赔偿责任由公法确定,联邦法院以行政法院的身份行使管辖权。

(二) 私法说

私法说从将国家和私人立于同等地位为出发点,认为国家赔偿法是将国家和私人立于同等地位的法律,所规定的仅是私人或私团体之间的关系,故国家赔偿法属于私法。日本有些学者持私法说,我国台湾地区也有学者持私法说。③ 有学者认为,国家赔偿从不同的角度观之,可以看出其特殊性。以此种不同的观点研究国家赔偿法的性质,当然会产生不同的见解。虽然如此,国家赔偿的研究应在一般侵权行为的理论中研究其特殊性,而不应从公法上的特有理论着眼。因此,国家赔偿法在私法制度中,系居于民法特别法的地位,以无特别规定者为限,得适用民法的规定。如日本《国家赔偿法》第5条的规定就是如此。学者还认为,对于国家所进行的赔偿诉讼,系基于国家赔偿法的规定,起因于公权力的行使而受侵害,此种诉讼具有民事诉讼的性质,非公法上的当事人诉讼,与行政处分的效果无直接关系,仅止于保护私益之问题而已。目前,私法说已成为通说。④ 日本实务上亦采私法说,认为国家赔偿请求权虽然依国家赔偿法行使,但却与公法上的损害补偿不同,与成为其原因的侵权行为的性质无关,完全属于私

---

① 参见曹竞辉:《国家赔偿法实用》,我国台湾地区五南图书出版公司1984年版,第54页。
② 参见叶百修:《国家赔偿法》,我国台湾地区作者2017年自版,第56页。
③ 参见刘春堂:《国家赔偿法》,我国台湾地区作者1982年自版,第13页。
④ 参见叶百修:《国家赔偿法》,我国台湾地区作者2017年自版,第53页。

法上的请求权。①

从国家赔偿法的立法来看,有的国家将国家赔偿法置于私法体系之中,如英国、美国等。在英美法系中,由于传统上不存在公私法之间的正式划分,所以,假定一般的侵权法既适用于个人,同样也适用于公共机关。因国家发生的侵权行为属于民事法院管辖。法院在这种情形下的管辖权有两个:一是审查行政决定并确定其合法性及有效性;二是要求构成侵权的国家(公共被告)向受害人支付损害赔偿费。尽管行为有效性和损害赔偿问题属于同一个民事法院管辖,但通常适用不同的程序。也就是说,两种诉讼请求是分开的。撤销一个非法决定不能自行导致赔偿损失。赔偿问题需要通过另外一个程序解决。② 英国《王权诉讼法》在第 44 章序言部分指出:"为修订有关政府的民事责任和权利以及由政府提起或对政府提起民事诉讼程序之法规,为修订关于在涉及政府事务或财产的某些案件中政府之外当事人的民事责任的法律,以及修订与上述相关法律事项,特制定本法。"

(三) 折中说

由于公法说与私法说争执不休,于是,有些学者另辟新径,提出折中说。日本学者田中二郎认为,国家赔偿法究竟是公法还是私法,应从该法单纯系市民法原理之规定,或兼含社会性要素及社会政策等规定予以观察。事实上,国家赔偿法并非纯系市民法原理的表现。考察国家赔偿的发生,实导源于近世国家行政权的日益扩大,并对社会介入重大之权力,经常发生滥用情形。于是,国家对其权力滥用所生的损害,谋求公平负担,乃以最后的调解人自居,就该损害予以公平分配。因此,国家赔偿法实具有社会性的倾向,不必拘泥于公法或私法的区别。③

在我国,关于国家赔偿法的性质,学者间有不同的认识。第一种观点认为,对国家赔偿法的性质也不宜以公私法定论。从我国国家赔偿的立法及实践看,它本质上是国家的一项基本法,既包含着许多民法及诉讼法规范,也含有自身所需要的大量特殊规则,无论在实体内容上还是在程序内容上,均是一部集多层次、多领域、多原则规范的特殊法,也是集实体与程序为一体的综合法。我们无须排斥在其他法律中确定国家赔偿内容,也不必顾忌因此造成的不统一和分散,更无须囿于公私法划分理论而将它强行归入某一类部门法。我们应当重视的是通过对国家侵权行为的具体分类,将具有相同原则的特殊规范吸纳于国家赔偿

---

① 参见马怀德:《国家赔偿法的理论与实务》,中国法制出版社 1994 年版,第 59 页。
② 同上。
③ 参见曹竞辉:《国家赔偿法实用》,我国台湾地区五南图书出版公司 1984 年版,第 53 页。

法中,使之成为一个既全面又具体,既分散又统一的国家基本法。① 第二种观点认为,很多国家的国家赔偿法包括实体法部分和程序法部分。赔偿范围、赔偿原则、赔偿金计算这三方面几乎是一部赔偿法实体内容的全部。国家赔偿法既然在这三个方面都有自己特殊的不同于民法的规则,因此,国家赔偿法不属于私法,在中国则不属于民法。如果我们承认公法与私法的划分,那么国家赔偿法在更大程度上应当是公法性质的法律制度。尽管英国、美国等国家将国家赔偿纳入民事诉讼程序,但这种程序途径的选择并不能否认国家赔偿实体内容上的公法性质,它在许多地方不同于私法赔偿。② 持国家赔偿法为私法的观点,只看到了国家赔偿制度同民事赔偿制度的相似之处,而忽视了它们之间的质的区别。而持国家赔偿法既属于公法又属于私法的折中说,不是唯物主义的观点。在唯物辩证法看来,矛盾双方处于一个统一体中,必有一方是矛盾的主要方面,它决定了事物的性质。国家赔偿法既在上述三个方面有了自己的特殊规则,公法上的特点就居于主导地位,它决定了国家赔偿法是公法而不是私法。在公法中,虽然国家赔偿法与行政法有部分重合关系,但它不属于行政法,因为它是规范国家对国家司法机关、行政机关甚至立法机关及其国家工作人员的侵权行为承担赔偿责任的法律。③ 第三种观点认为,国家赔偿法是混合法,既为公法,又为私法。④ 国家赔偿法首先解决的是国家与公民之间赔偿与被赔偿的关系,其目的是保护公民、法人和其他组织的私权益,在这一点上,国家赔偿法与民法相近,但不能因此而认定国家赔偿法就是私法,因为国家赔偿还涉及国家公权力的动作,涉及国家机关行使职权的各个方面,而这必然使其与平等主体之间的民事关系有着根本的区别,而与宪法、行政法发生了联系,从而具有公法的性质。⑤ 第四种观点认为,国家赔偿法在性质上是私法,而且是民法的特别法。其理由在于:首先,从立法规定上说,现行有关立法明确了中国国家赔偿法维护私人利益的立法目的。《国家赔偿法》第 1 条规定,为保障公民、法人和其他组织享有依法取得国家赔偿的权利,促进国家机关依法行使职权,根据宪法,制定本法。这一条非常明确地规定了我国国家赔偿立法的目的就在于保护公民、法人和其他组织受到国家侵犯的民事权利。其次,从中国国家赔偿法的立法史和适用的程序也可以说明中国国家赔偿法的私法性质及其民法特别法的地位。⑥

---

① 参见应松年主编:《国家赔偿法研究》,法律出版社 1995 年版,第 42 页;皮纯协、何寿生:《比较国家赔偿法》,中国法制出版社 1998 年版,第 60 页。
② 参见马怀德:《完善国家赔偿立法基本问题研究》,北京大学出版社 2008 年版,第 25 页。
③ 参见肖峋:《中华人民共和国国家赔偿法理论与实用指南》,中国民主法制出版社 1994 年版,第 41 页。
④ 参见王盼主编:《国家赔偿法学》,中国政法大学出版社 1994 年版,第 17 页。
⑤ 参见上官丕亮主编:《国家赔偿法研究述评》,法律出版社 2017 年版,第 59 页。
⑥ 参见刘静仑:《比较国家赔偿法》,群众出版社 2001 年版,第 19—20 页。

我们认为,对于国家赔偿法性质的认识之所以存在分歧,一方面在于各国法律传统和立法习惯的不同,另一方面也有学者认识问题的角度不同的因素。所以,公法说、私法说及折中说都有合理因素,也都有不尽如人意之处。我们认为,认识国家赔偿法的性质,应当把握以下几个方面:

第一,国家赔偿法包括诸多方面的问题,涉及国家机关行使职权的各个方面,包括立法、行政、司法等领域。因此,它必然与宪法、行政法、刑法、诉讼法等多种法律发生联系。同时,国家赔偿法是解决赔偿问题的,是保护公民、法人和其他组织的合法权益的法律,因而,它必然与民法发生联系。国家赔偿法正是把上述部门法中有关国家赔偿的问题结合在一起,从而形成了国家赔偿法律制度。可以这样说,国家赔偿法是"诸法合体"的产物。因而,国家赔偿法不可能单纯成为某一法律部门的特别法。

第二,我们看待任何问题,都不应局限于某一个范围之内,无论行政法学者还是民法学者,都不应当只从自己学科的角度去认识国家赔偿法的性质,而应当将国家赔偿法放在我国整个法律制度中,从国家赔偿法的全部内容去考虑。在我国,从事国家赔偿法研究的主要是行政法学者,就连《国家赔偿法》的制定也主要是由行政法学者牵头进行的,民法学者对国家赔偿法的研究水平远不及行政法学者。这种情况很容易造成认识上的偏差,也是我国绝大多数行政法学者认为国家赔偿法属于公法的一个原因。

第三,从法律的发展来看,随着经济的发展和国家经济职能的增强,公法与私法的划分已经越来越不明显,甚至出现了"公法私法化""私法公法化"的现象。尽管在大陆法系国家,公法与私法的划分还是存在的,但其意义已远不及从前。在我国,民法中包含刑法规范、行政法规范,行政法中包含民法规范的现象也是比比皆是。尽管我们也赞同公私法的划分,但在国家赔偿法的性质上,我们不一定非要将国家赔偿法定为公法或私法不可,还是实用一点的好。

第四,国家赔偿法的性质,可以说是一个单纯理论问题,它属于公法私法的争议并无多大意义。① 当然,我们并不是说对此问题的研究没有任何意义。明确国家赔偿法的性质,可以使我们更好地理解和适用国家赔偿法。

二、国家赔偿法的法律地位

国家赔偿法的法律地位与其性质紧密相连,因此,关于国家赔偿法在法律体系中的地位主要有三种类型:一是民法体系中的国家赔偿法;二是公法体系中的国家赔偿法;三是介于民法与公法之间的特别法体系中的国家赔偿法。②

---

① 参见肖峋:《国家赔偿法的法律地位》,载《行政法学研究》1993年第1期。
② 参见皮纯协、何寿生:《比较国家赔偿法》,中国法制出版社1998年版,第52页。

在我国,关于国家赔偿法的法律地位,学者间也存在不同的看法。有人认为,国家赔偿法是一个由宪法、行政法、民法、诉讼法交叉形成的独立的法律部门,其理由如下:第一,国家赔偿法具有特殊的调整对象,即国家赔偿关系;第二,将国家赔偿法确定为独立的法律部门有利于法学研究,有利于国家赔偿法本身的发展。从国家赔偿法的发展历程来看,国家赔偿法是一个具有自己特殊内容的规范体系,其他任何法律部门都不可能将国家赔偿法完全包容下来。因此,将国家赔偿法确定为一个独立的法律部门,有利于研究其特殊性,从而最终有利于国家赔偿法本身的发展。[1] 有人认为,国家赔偿法不是一个独立的法律部门,而是属于某一法律部门的特别法,如民法的特别法、行政法的特别法。[2] 有人认为,国家赔偿法不是一个独立的法律部门,而是具有混合性特别的宪法实施法。一方面,国家赔偿法尚不满足构建一个独立法律部门的全部条件;另一方面,其他任一法律部门均无法涵盖国家赔偿法律关系,不能归入某一法律部门下的特别法。同时,从国家赔偿法的功能上看,国家赔偿法从根本上是宪法的实施法,是人权保障之法。[3]

我们认为,首先,国家赔偿法不是一个独立的法律部门。众所周知,某一法律能否成为一个独立的法律部门,主要取决于其有无独立的调整对象。只有具备了独立的调整对象,才能形成一个独立的法律部门。所谓法律的调整对象,就是法律所调整的社会关系。国家赔偿法是关于国家赔偿的法律规范,也就是说,国家赔偿法是规范由于国家侵权行为而引起的赔偿关系的。这种赔偿关系并不是一个独立的社会关系,因而国家赔偿法并不具备独立的调整对象,不能形成一个独立的法律部门。当然,我们不能否认国家赔偿法作为一门独立的法学学科的存在。作为一门独立的学科,它具有自身的一系列规则、制度,有自己的完整体系。其次,国家赔偿法作为规范国家赔偿关系的法律,它既包括民法规范,也包括行政法规范,还包括刑法和诉讼法规范,是一部集多原则、多规范、多层次的特殊法。它既不是一个独立的法律部门,也不是某一个法律部门的特别法,而是规范国家赔偿关系的基本法。

第六节 国家赔偿法的功能

国家赔偿法的功能,也就是实施国家赔偿法产生的社会作用和影响。应当说,国家赔偿法在人类历史上的功绩是不可估量的,其功能也是多方面的,有政

---

[1] 参见高家伟:《国家赔偿法学》,工商出版社2000年版,第43—44页。
[2] 参见周友军、麻锦华:《国家赔偿法教程》,中国人民大学出版社2008年版,第1—2页;高家伟:《国家赔偿法》,商务印书馆2004年版,第74—75页。
[3] 参见上官丕亮主编:《国家赔偿法研究述评》,法律出版社2017年版,第64页。

治方面的功能,有法律方面的功能。就法律方面的功能而言,也是多方面的,我国学者从不同的侧面总结出了许多法律功能。《国家赔偿法》第1条规定,为保障公民、法人和其他组织依法取得国家赔偿的权利,促进国家机关依法行使职权,根据宪法,制定本法。这条规定明确指出了《国家赔偿法》的制定依据和目的。根据这一规定,国家赔偿法的功能在于:

一、保证宪法实施的功能

宪法是我国的根本大法,具有最高的法律效力,是国家一切立法的基础,是制定法律的依据。我国《宪法》第41条第3款规定,由于国家机关和国家工作人员侵犯公民权利而受到损失的人,有依照法律规定取得赔偿的权利。由于这一规定十分原则,且受害人需要"依照法律规定取得赔偿",因而,没有具体法律的规定,国家赔偿就很难落到实处,宪法的规定也就无法实现。尽管我国在《国家赔偿法》颁布前,《民法通则》《行政诉讼法》等法律、法规中规定了国家赔偿的一些内容,但因这些规定或者适用范围有限,或者过于原则,或者过于分散,使宪法规定的国家赔偿精神难以真正贯彻实施。只有制定统一的国家赔偿法,使国家赔偿的原则、义务主体、赔偿范围、赔偿标准、赔偿程序、赔偿经费等有统一和明确的规定,宪法的规定才能得到贯彻执行。我国《国家赔偿法》的颁布,使我国的国家赔偿制度有了可遵循的基本法,宪法所规定的国家赔偿原则得到了真正贯彻。

二、救济受害人的功能

保护公民、法人和其他组织的合法权益,是现代法治国家的重要标志,是各个法律部门的共同任务。一方面,国家要从法律上保障公民、法人和其他组织享有政治、法律等权利,并创造实现权利的环境和条件;另一方面,国家通过法律手段,保证公民、法人和其他组织的合法权益不受侵犯。但是,"由于制度不完善、行使国家权力的公务人员素质上存在个体差异、人的判断力存在局限性,以及权力寻租等原因,使得国家权力行使的时候,总会犯这样或那样的错误,有的时候可能是重大的过错。"[①]因此,必须建立相应的救济制度,在公民、法人和其他组织的合法权益受到侵犯的时候,国家应采取相应的措施使之能够得到恢复和补救。国家赔偿法是具体落实宪法保护公民、法人和其他组织合法权益原则的重要法律,使公民、法人和其他组织因国家机关违法行使职权所造成的损害得到赔偿。所以,制定《国家赔偿法》的目的之一就是为了保障公民、法人和其他组织依法取得国家赔偿的权利。

---

① 王云飞:《国家赔偿是保护个体权利的重要环节》,载《中国审判》2013年第12期。

三、促进依法执行公务的功能

《国家赔偿法》第1条明确规定,制定国家赔偿法是为了"促进国家机关依法行使职权"。国家机关行使职权的行为就是公务行为,是实现国家职能的具体体现。国家机关及其工作人员执行公务的水平如何,直接影响国家与人民之间的关系,影响国家机关的威信。在一个法制健全的国家,国家机关及其工作人员的公务活动都有着严格的法律规范,并存在有效的监督机制,如行政诉讼、行政复议、监察机关及权力机关的监督等。但这些制度往往因缺乏物质上的制裁措施而使其作用大打折扣。国家赔偿法在赔偿受害人损害的同时,也就意味着国家机关及其工作人员执行公务的行为违法。这对国家机关及其工作人员来说,就是对其工作的否定。同时,对有故意违法行使职权的公务员,国家赔偿法还规定了可以责令其支付部分国家赔偿费用。这对于公务员而言,不仅是对其工作的否定,而且是一种物质制裁。通过国家赔偿这种机制,国家机关及其工作人员才能不断提高自己的业务水平,增强依法公务的意识,从而提高整个国家的执法水平。

第二章　外国国家赔偿制度概要

第一节　英国的国家赔偿制度

在英国的法律传统中，没有国家的概念，英王是国家权力的象征，遵循"国王不能为非"的原则。根据这一原则，"英王不可能有侵权行为。英王也和一般的雇佣人不一样，不对受雇人的侵权行为负责。既然英王不能为非，英王也就不可能授权英王的公仆实施侵权行为。一切侵权行为的责任只能由行为人自己承担"①。但是由于人民必须受到切实的法律保障，所以随着时代的发展，才逐渐肯定了国家赔偿。1947年颁布的《王权诉讼法》使代表中央政府的英王放弃了赔偿责任豁免特权，"开始像有责任能力的成年私人一样，按照约束私人间关系的法律规则承担赔偿责任"②，这标志着英国国家赔偿制度在法律上最终得以确立。现今，英国的国家赔偿制度已经发展到一定程度，无论是行政赔偿还是刑事赔偿，都具有自己的特色。

一、一般行政机关的赔偿责任

英国的行政赔偿，主要是指行政机关的侵权行为责任和违反契约的责任。此外还包括返还责任、合法行为引起的补偿以及国会冤情调查委员制度下的赔偿。1947年《王权诉讼法》颁行以前，英国代表国王活动的中央政府的赔偿责任受封建残余法制原则的影响，与地方政府及公法人的赔偿责任不一样，受不同的法制原则和程序所支配。1947年通过的《王权诉讼法》规定作为行政首脑的英王的责任和其他行政机关一样，适用共同的赔偿责任原则。但是，由于行政上的特殊需要和历史遗留的影响，英王的赔偿责任仍然受某些特殊规则支配，和一般的规则有所不同。③ 这里仅简单介绍行政机关的侵权行为责任。

在英国，侵权行为责任是指国家对行政机关的侵权行为所应承担的赔偿责任。它以一般侵权行为责任作为基础，但同时也产生了一些特别规则，主要包括：

---

① 参见王名扬：《英国行政法、比较行政法》，北京大学出版社2016年版，第192页。
② 参见林准、马原主编：《外国国家赔偿制度》，人民法院出版社1992年版，第49页。
③ 参见王名扬：《英国行政法、比较行政法》，北京大学出版社2016年版，第177—178页。

（一）行政机关合法行使权力时的必然侵害不负责任原则

行政机关在行使行政权力的时候，代表社会公共利益，享有私人所没有的许多权力。行政机关只要是在自己的权限范围内所采取的行为，私人所受到的侵害就是行政机关合法行使权力的必然结果，不构成侵权行为，除法律另有规定外，行政机关不负赔偿责任。同时，为了避免行政机关权力的滥用，法律还必须对行政机关行使权力时必然侵害的范围予以明确规定。如果法律对行政机关行使权力的方法或地点作了强制性的规定，行政机关按照法律规定行动时，由于这种行为所产生的不可避免的侵害构成必然的损害，行政机关不负一般的责任。在某些特殊的情况下，法律也可能规定行政机关对合法侵害行为负补偿责任。但是，行政机关对合法行使权力所产生的必然侵害并非绝对不负责任。行政机关由于缺乏必要的注意而加重侵害程度时，必须承担一定的责任。所以，行政机关在行使权力时要尽量减少侵害的程度。法院将根据具体案件和当时的科学技术发展情况，来确定必然侵害程度。①

（二）过失责任原则

所谓过失责任原则，是指行政机关欠缺合理的注意，即有过失存在，应对过失的侵害行为负责。过失责任既适用于行政机关行使权力的时候，又适用于行政机关履行义务的时候。但是，行政机关的一般过失责任与行使自由裁量权的过失责任有所不同。

（1）行政机关的一般过失责任。行政机关对于有过失的行为负责是行政法上的一般赔偿责任。英国普通法对于过失责任一般侧重于保护传统的人身和财产方面的权利。英国法律不仅规定了地方政府和公法人的过失责任，而且也规定了以英王名义活动的中央政府的过失责任。

地方政府和公法人的过失责任和私人的责任一样，除非法律另有规定。然而在理论上，行政机关如果不是出于故意的侵害行为，对于在权限范围以内的执行职务中的过失行为是否也负赔偿责任？这个问题到 1866 年上议院在默西码头和海港管理局诉吉布斯（Mersey Docksand Harbour Board Trustees v. Gibbs）一案的判决中才完全确定。在该案中，上议院确定了地方政府和公法人的过失责任："行政机关从事议会授权的活动时，如果没有过失，即使产生损害也不能被诉；但是虽然是从事议会所授权的活动，如果有过失时可以被诉。"②对代表英王活动的中央政府的过失责任，直到 1947 年《王权诉讼法》通过之后才正式承认。

（2）行政机关行使自由裁量权的过失责任。过失责任原则适用于行政机关

---

① 参见王名扬：《英国行政法、比较行政法》，北京大学出版社 2016 年版，第 179—180 页。
② 同上书，第 180—181 页。

行使自由裁量权时,产生的情况比较复杂。首先,行政机关必须在各种不同的行动中作出选择;其次,一旦作出决定以后,必须按照决定执行。因此,行政机关自由裁量权的行使包括决策和执行两个问题。

在决策阶段,法律出于公共利益的需要,赋予行政机关较大的权力,这种权力是行政机关法定的权力。行政机关只要在权限范围内作出决定,法院就不能因为不同意行政机关的决定而认为行政机关在作出决定时有过失存在。法院只能在行政机关超越权限作出决定时,才有可能认定行政机关具有过失。所以,在行政机关行使自由裁量权作决定阶段,过失和越权互相联系,只在越权时才有过失。但是,也不能认为一切越权都有过失,因为越权的行为不一定都由过失产生。同时,即使越权是由于不注意所产生,也不能要求行政机关对任何有过失的决定都负赔偿责任。因为一个作出决定的权力,是允许包含合理地作出错误决定的可能性的。因此,行政机关行使自由裁量权侵害公民的权利时,只在两种越权情况下才负赔偿责任:第一,行政机关的决定极端不合理,其他任何人在同样情况下不会作出同样的决定;第二,行政机关的决定严重地缺乏事实根据,足以认为没有认真地对待问题。在执行阶段,一切权力和义务在执行的时候都必须有合理的注意程度,因而行政机关在执行阶段的过失责任比在决定阶段严格。一般说,一切执行中的过失都可认为是越权的行为。因为执行中的过失,或者是属于权限以外的执行行为,或者本来是权限内的执行行为,由于缺乏合理的注意侵犯了公民的权利,因而成为越权的执行行为。[①]

(三) 危险责任例外的原则

危险责任原则是指:一个人为了自己的目的而实施危险的行为时,如果侵犯了别人的权利,即使没有过失也应负担赔偿责任。这是私法中的责任,但行政法上,如果没有成文法的规定时,法院很少判决行政机关负担危险责任。上诉法院1964年在邓恩诉西北地区煤气管理局(Dunne v. North Western Gas Board)一案的判决中,认为行政机关的活动是为了公共利益,不是为了自己的目的,所以在没有过失时不负责任。这样就等于在事实上否定了在行政领域适用危险责任的原则。此种做法,一方面,不适应当代行政的实际需要。因为当代行政机关从事很多危险事业,不能再局限于传统的过失责任原则。正因为行政机关所从事的活动是为了公共利益,所以由此所引起的损害也应由公众负担,不能由受害人单独承担。另一方面,英国在某些个别法律中也已经规定了危险责任,1947年《王权诉讼法》第2条第3款也承认了中央政府对财产的所有、占有和控制的危险责任。[②]

---

① 参见王名扬:《英国行政法、比较行政法》,北京大学出版社2016年版,第181—182页。
② 同上书,第182—183页。

(四)故意侵害行为必须负责原则

行政官吏有时故意地侵害公民的权利,作出与职务有关的故意行为。英国法院认为,故意的侵害行为所以构成侵权行为,主要不是由于这个行为违反法律,因为违法的损害行为如果出于诚意,并不全都引起赔偿责任。故意的侵害行为所以负担赔偿责任,主要是因为这种行为是出于恶意。法院对于恶意采取广义解释,不仅包括动机不纯的恶意,而且包括不问动机如何,只要行政官吏明知没有权力并且可能发生损害而仍然采取的行为在内。① 1703 年的阿什比诉怀特(Ashby v. White)案确立了这样的原则:行政官吏利用职务故意侵害公民权利时,构成职务上的故意侵害行为。对于这种侵害,行政机关或官吏必须负担赔偿责任。

(五)违反法定义务的责任原则

按照英国的传统观点,行政机关只要违背法律规定的义务而侵害公民权利,就应负赔偿责任。"当一个人有重要的义务需要履行时,他必须履行义务。如果他忽略或拒绝履行义务,其他人因此受到损害时,受害人对其所受损害有权起诉要求赔偿。"② 但自 19 世纪后期以来,英国法院认为行政机关不履行法定义务不一定都有赔偿责任,其理由是:行政机关的法定义务种类繁多,性质不同,不能由单一的诉讼形式来强制执行。行政机关违反法定义务是否产生赔偿责任受很多因素的影响,每个案件应当根据法律的规定进行解释。受害人必须证明行政机关所负的法定义务是为他所规定的义务;他所受的损害是直接由于行政机关违背义务而产生,而且这种损害是法律有赔偿意图所规定的损害。如果法定的义务是为一般公众所规定的,则受害人不能请求赔偿。对于法定义务是否只是为了一般公众而规定,行政机关应否负责,全由法院的解释决定。③

二、英王的赔偿责任

所谓英王的赔偿责任,就是英国中央政府的赔偿责任。就一般国家而言,中央政府是国家的机关,中央政府的赔偿责任是国家的赔偿责任。但就英国而言,法律上没有国家概念,只有英王是国家权力的象征。中央政府是英王的政府,以英王的名义活动。大臣和各级文武官员都是替英王办事的公仆,主要是行使英王的权力,因此而产生的责任也由英王负担。④ 如同行政机关的赔偿责任一样,英王的赔偿责任也主要是指侵权行为责任和违反契约的责任。这里仅介绍英王的侵权行为责任。

---

① 参见周汉华、何峻:《外国国家赔偿制度比较》,警官教育出版社 1992 年版,第 152 页。
② 参见王名扬:《英国行政法、比较行政法》,北京大学出版社 2016 年版,第 183 页。
③ 同上书,第 184 页。
④ 同上书,第 189 页。

（一）英王侵权行为责任的类型

根据《王权诉讼法》的规定，英王的侵权行为责任主要包括违反普通法的责任和违反法定义务的责任两大类。

1. 违反普通法的责任

英王违反普通法的责任包括以下几种情形：(1) 对英王的公务人员及代理人在执行职务中的侵权行为负替代责任。在这种责任中，公务人员限于由英王直接或间接任命，并由议会拨款或在通常情况下应由议会拨款支付工资的行政人员。据此，因警察以及公法人的职员的工资并不是由议会拨款，故英王对他们的侵权行为不负赔偿责任。(2) 违反普通法上雇主对受雇人或代理人的义务。英王作为最大的雇主，英王必须遵守普通法上的雇主对受雇人的义务。因此，只要是普通法上雇主侵害受雇人的权利应负的责任，英王同样应当承担。(3) 普通法上的财产所有人、占有人就该财产对第三者所造成的损害的赔偿责任。英王的建筑物对周围的环境或使用人产生的侵害、英王的危险物件所产生的侵害，必须由英王负担责任，这其中也包括危险责任在内。①

2. 违反法定义务的责任

英王和其他公共机构一样，对行政人员违反制定法上义务的侵权行为也负赔偿责任。但英王对违反法定的义务负责的规则和其他公共机构不同，只有在符合以下条件时才对违反制定法的义务负赔偿责任：(1) 法律明文规定或默示地包含英王受其拘束；(2) 其他人，包括公民、地方政府、公法人在内也受该法的拘束；(3) 其他人在违反这项法定义务时也负赔偿责任。②

（二）英王赔偿责任的例外

由于英王的特权，也为了公共利益的需要，在某些情况下，即使产生了侵权行为，也可以免除英王的赔偿责任。主要有以下几种情况：(1) 依照法律规定或依特权而采取的行为。《王权诉讼法》规定，英王责任不消除或减少英王根据法律规定或依特权而享有的权力，特别是英王在平时或战时为了保卫国土或者训练和维持有效的军事力量的权力。(2) 军队成员的伤害行为。《王权诉讼法》规定，军队成员在执勤时，或者在供军事目的用的陆地、建筑物、舰艇、飞机、车辆等内部为其他成员所伤害或致死，或者由于上述建筑物、车辆等设备的状况或性质而被伤害或致死时，只要符合特定条件，英王和加害的成员都不负赔偿责任。(3) 邮政传递。按照《王权诉讼法》的规定，英王和邮局职员对邮政传递的损失不负赔偿责任。但是，对国内传递的挂号包裹的损失，按规定的标准赔偿。(4) 司法职务。《王权诉讼法》第 2 条第 5 款规定，英王对司法职务的实施和司

---

① 参见王名扬：《英国行政法、比较行政法》，北京大学出版社 2016 年版，第 198—199 页。
② 同上书，第 199 页。

法程序的执行不负赔偿责任。①

三、行政赔偿的诉讼程序

1947年《王权诉讼法》虽然规定作为行政首脑的英王的责任和其他行政机关一样,适用共同的赔偿责任原则,但由于英王的特殊地位,使其赔偿责任仍然受某些特殊规则所支配,这就必然导致英王在赔偿责任的诉讼程序方面也不能完全适用一般的程序规则。

(一)一般行政机关赔偿责任的诉讼程序

行政机关无效的行为和不履行义务的行为对公民造成损害,受害人为了弥补这种损害可以向法院请求损害赔偿。损害赔偿之诉属于一般的救济手段,可以在申请司法审查程序中附带提起,也可以单独起诉。②"在英国,诉讼程序规则是由法院制定的,1947年《王权诉讼法》仅对国家赔偿案件的管辖法院、诉讼程序和执行程序做了特别规定,其他则适用相应的法院规则。"③

1. 管辖法院

根据《王权诉讼法》的规定,对政府提起的民事诉讼一般由郡法院或高等法院管辖。对于在郡法院提起的诉讼,如果为了政府利益,由政府向高等法院提出申请,并且向法院出示了总检察长的证明,证明该诉讼可能涉及重大的法律问题,或者对其他由于同样事实而引起的案件来说是决定性的,或者由于其他原因,更适合于在高等法院审理,那么该案件就应移送高等法院管辖。但是,对于任何一件在高等法院进行的对抗英政府的诉讼,在未征得英政府同意的情况下,不得由高等法院移送郡法院管辖。

2. 诉讼程序

对政府提起的国家赔偿诉讼,如果由高等法院管辖,则依照高等法院的法院规则开始和进行;如果由郡法院管辖,则依照郡法院的法院规则开始和进行。但是,所适用的高等法院规则或郡法院规则应做必要修改。同时,在对政府提起的民事诉讼中,法院有权像在公民之间的诉讼一样下达命令,而且在案情需要时还可以下达适当的救济令。

3. 判决和执行

在国家赔偿诉讼中,如果高等法院裁决政府应支付费用,那么除了法院另有命令外④,政府应比照债务利息的利率支付此项费用的利息。

---

① 参见王名扬:《英国行政法、比较行政法》,北京大学出版社2016年版,第200—201页。
② 同上书,第201页。
③ 参见刘静仑:《比较国家赔偿法》,群众出版社2001年版,第223页。
④ 依《王权诉讼法》第38条的规定,"命令"包括判决、裁定、裁决、公断书及法院宣告。

(二) 英王赔偿责任的诉讼程序①

英王应负侵权行为责任时,需向普通法院起诉。这种诉讼属于一般的诉讼,和司法审查是两种不同性质的诉讼。同时,对于英王,在民事诉讼程序中也有一些不同于一般的程序规则。

1. 诉讼管辖和当事人

英王赔偿责任的诉讼由高等法院和郡法院管辖,各法院的管辖范围和诉讼程序适用各自的法院规则。英王诉讼的管辖除适用一般的规则外,又有例外的规则。根据普通法的原则,英王有选择审判地点的权利。英王不论作为原告或被告都可要求把案件移归高等法院王座分庭审理。同时,《王权诉讼法》对英王作为民事诉讼当事人的资格也有特别规定,英王不能作为名义上的当事人,英王的民事诉讼案件由有关的部作为原告或被告。财政部必须公布一个名单指出可以作为原告或被告的部的名称。该部不论是否有法人资格都可作为当事人,但部长不能作为当事人。如果没有指定的部可以作为当事人,或者不能确定可以作为当事人的部时,以检察总长作为诉讼中的原告或被告。

2. 判决和执行

根据《王权诉讼法》第21条的规定,不能在民事诉讼中对英王发阻止令,也不能命令英王负担实际的履行义务或交出财产。对英王的官员同样不能发出这种命令。对于英王不利的民事诉讼,法院只能作出确认判决。对于英王的财产不能扣押,不能强制执行。

3. 英王的特权

根据《王权诉讼法》第28条的规定,英王为了公共利益,可以拒绝披露证据和回答问题,这种拒绝通常由部长签字证明。部长为了公共利益甚至可以不透露文件是否存在。行政机关的这种权力称为英王的特权,英国上议院在后来的判决中,认为除中央政府外,其他公共机构也可以有这种权力,甚至私人在特定情况下也可以拒绝披露证据。因此,英王特权实质上是公共利益特权。

四、刑事赔偿

英国的刑事赔偿制度具有自己的特色,不同于通常的冤狱赔偿或司法赔偿,而是一种所谓基于王权的特惠所作的支付,"如同英国的法律家所指出的那样,联合王国的现行法结束了对于提供赔偿的匮乏状态"②。

(一) 侵犯人身自由的赔偿

在英国,宪法保障公民的人身自由不受侵犯。1215年《大宪章》和1816年

---

① 参见王名扬:《英国行政法、比较行政法》,北京大学出版社2016年版,第201—203页。
② 参见张正钊主编:《国家赔偿制度研究》,中国人民大学出版社1996年版,第200页。

《人身保护法》都涉及这一问题。在英国，受到刑事犯罪控诉而被拘留、逮捕和审判的人有权获得所谓最低限度的保护，其内容包括：必须及时对其进行审判，不得有不合理的延迟；如果他们未在合理时间内受审，则应取得保释；他们的人身和财产不能被任意搜查；被非法拘留的人有权获得赔偿。同时，英国政府是《欧洲保护人的权利和基本自由公约》的参加者。根据该公约，如果控诉人针对一个签约国提出了某一项主张，而友好的解决办法又无法寻求和达成，就会诉诸于部长委员会。如有必要，有可能提交欧洲人权法院，该法院可能判决对受损害的当事人由侵犯他的政府作出赔偿。因此，对于人身自由，英国国内法和国际公约提供了救济的办法。英国国内法的救济，一是确保在恰当的条件下人身从被监禁的状态下重新获得自由，二是按照普通法的传统通过侵权之诉向当事人提供赔偿。

为了确保公民的人身自由，对于刑事案件，英国法建立了出庭令状的制度。出庭令状是法院颁发的令状，要求监禁者将被监禁的人移交法院。拘禁者应保证交出的被拘禁者完好无损。移交后经审查其被监禁的理由，认为无正当理由时应立即释放，恢复自由；否则法庭按照法定手续进行审判。出庭令状可由任何人申请并送达于任何人，受送达者必须执行，否则构成"藐视法庭"之罪。

如果实施了错误的监禁，那么被监禁的人根据出庭令状被释放后，他通常有权基于侵权之诉要求获得损害赔偿金，损害赔偿金的要求是针对应对他被拘留负责的人提出的。如果存在法定的事由，如监护人基于良好信念而为限制当事人人身的行为，则应使监护人免于承担损害赔偿之责。

如果一个人在遭受第一次逮捕时，逮捕是错误的，那么即使他后来又被宣布有罪并且不能因获得出庭令状而被释放，他在第一次被错误逮捕时仍然可能有权获得名义上的损害赔偿金。

（二）关于误判的判决

在英国，关于补救误判的制度还不够完善，当上诉失败后，当事人只能设法说服内政部认可上诉人是一起误判的受害人。对于这些案件，内政大臣经过审查，采取两种办法处理。一是根据补充调查和举证的程序后，提出一项建议，给予受误判的人一项授予自由的"原谅"或"宽恕"；二是对该案件指明全部或部分地由上诉法院重审。但内政部的规则过于严格，并且更惊人的事实是，即使获得了"宽恕"，也无权主张赔偿。因为英国传统上对法官独立是严格加以保护的，法官的判决总是得到维持，除非按司法途径推翻。如果发生了误判，也不产生赔偿问题。此时，皇家的特权发挥了作用，提供一种特别的优惠安排，受到误判而经纠正的被告人可以申请"特惠"支付。该种支付由内政大臣作出。实际运作的情况是，由刑事伤害赔偿委员会的主席考虑赔偿数量，再由内政大臣接受该委员会主席的建议而作出支付的决定。

刑事伤害赔偿委员会是为开展对由刑事犯罪活动引起的人身伤害给予特殊优惠支付的工作而设立的委员会，它从议会获得款项开展工作，根据普通法的原则向受到某些刑事伤害的人支付金钱。在考虑对误判案的申请人的特惠支付时，委员会主席也是根据普通法的原则来衡量支付金额的构成和数量。由于按照普通法的原则，以民法上损害赔偿金的概念来框架这种支付，结果往往不利于申请人。"英国人有一种讽刺，说与其要获得误判赔偿还不如通过针眼更容易。"① 从提出申请到得到纠正，再到获得赔偿这三级所构成的金字塔是十分陡峭的，这种情况告诉人们一个严峻的现实就是英国的误判没有得到有效的重视和补救。到目前为止，对于误判赔偿的双重障碍仍然十分难以克服。这就是：首先，获得"宽恕"或经发回重审撤销原判的成功机会极为有限；其次，没有法定的权利制度保证受误判的人取得赔偿，与行政上的赔偿相类似，只能借助普通法上的、民法的损害赔偿的做法才可能作出有关金钱支付的安排，而且这种安排还仅仅是体制外的优惠。

第二节　美国的国家赔偿制度

美国是实行立法、行政、司法三权分立的国家，虽然这三种国家权力都有侵权的可能，但美国的国家赔偿只有行政赔偿和司法赔偿两种。联邦行政侵权赔偿，美国称为"政府责任"或"政府侵权责任"，主要由《联邦侵权求偿法》以及行政侵权特别法规定；联邦司法侵权赔偿，主要由《对于人民受联邦法院错误判决之救济法》规定。但美国是联邦制国家，各州均有自己独立的立法、行政、司法系统。因而，在国家赔偿制度上，联邦与州以及州与州之间，在赔偿的范围、方式、标准、程序上各具特色，它们共同形成了美国的国家赔偿制度。

一、联邦的国家赔偿原则

按照1946年《联邦侵权求偿法》的规定，国家承担赔偿责任应遵循以下原则：

（一）有限的国家责任原则

《联邦侵权求偿法》第2674条第1款规定："合众国应当同非官方的私人在相同条件下一样，以相同的方式和在相同的范围内承担责任。"这就是说，国家在进行"私人也能为的行为"②时，才承担赔偿责任。1976年克里克桑克诉美国一

---

① 参见张正钊主编：《国家赔偿制度研究》，中国人民大学出版社1996年版，第224页。
② 所谓"私人也能为的行为"，是指那些"已失去豁免权的公权力行为"，同时也包括一些与公权力的行使无关的国家职能行为，如学校、医院、道路设施、国有企业、交通工具的管理行为。

案,法院的判决表明了美国联邦政府负普通法上有限侵权赔偿责任的原则。"直到现在,美国联邦法院解释这一原则的严格立场没有大的改变。"①这就把国家的赔偿范围限定得很小,大量的只有国家、政府才能行使的纯粹政府职能侵权,均被排除在国家赔偿范围之外,受害者只能向具体实施侵权行为的公务员个人求偿,而不能向法院提起侵权赔偿诉讼,因此很难得到应有的赔偿。

此外,美国的《联邦侵权求偿法》第 2680 条还列举了大量的免责事项,在这些领域里,并不贯彻过错责任原则,联邦政府并不在同等方式与限度内与私人一样地负民事责任。与此同时,《联邦侵权求偿法》第 2674 条第 1 款还规定对于"判决前的利息和处罚性损失不在此例"。即国家赔偿不赔判决前的利息和处罚性损失。该条第 2 款又规定:"在引起死亡的任何情形中,被控的作为或不作为发生地的法律规定或曾被解释为规定只对性质上是处罚性损害予以赔偿时,那么合众国应当承担实际的或补偿性的赔偿责任,责任根据是导致单独人身死亡的特别伤害,仅对在诉讼中提出的死者的利益负责,而不对由此产生的其他利益负责。"即国家只对诉讼中提出的死亡者利益负责,而对由此产生的其他利益概不负责。

由此可见,美国联邦政府所负的侵权赔偿责任,是一种有限的国家责任。其主要目的是基于保护公权力,维护国家利益。

(二) 过失责任原则

美国联邦政府不承认国家无过失责任,依《联邦侵权求偿法》第 1346 条第 2 款规定,必须是"疏忽或错误的作为或不作为"侵权、造成损害,联邦政府才"如处于私人地位"负侵权赔偿责任;若公务员"已尽相当注意",即主观上无过错,则对侵权行为造成的损害,国家免责。因此,美国国家赔偿强调的是过失责任,实行的是客观上有违法行为和主观上有过错的双重过错原则,"这比起只实行客观上有违法行为的单一过错原则的法国、瑞士、奥地利、德国等,国家赔偿的范围要窄得多"②,因为它排除了大量的"已尽相当注意"的违法行为的国家赔偿。

(三) 对自由裁量行为免责原则

在美国,对公务员行使或不行使自由裁量权所产生的损害,不论该裁量权是否被滥用,联邦政府一律免除赔偿责任。根据《联邦侵权求偿法》第 2680 条的规定,对下列请求,联邦政府不承担赔偿责任:"基于政府雇员以应有的谨慎实施制定法或规章的作为或不作为提起的权利请求,无论该制定法或规章是否有效;或者基于联邦机关或政府雇员行使或执行、未能行使和执行自由裁量作用或职责提起的权利请求,无论该自由裁量是否被滥用。"这实际上使联邦政府的大多数

---

① 参见林准、马原主编:《外国国家赔偿制度》,人民法院出版社 1992 年版,第 181 页。
② 参见张正钊主编:《国家赔偿制度研究》,中国人民大学出版社 1996 年版,第 239 页。

侵权行为均免除了赔偿责任。

二、联邦的国家赔偿条件

依《联邦侵权求偿法》的规定，联邦政府的任何人员在其职务范围内因过失、不法行为或不行为致公民财产、人身损害，若依行为地法，被侵权人应得到联邦政府的赔偿，则联邦政府如处于私人地位，于同等方式与限度内，与私人一样地负民事责任。所以，美国联邦政府负赔偿责任有以下条件：

（一）侵权主体必须是联邦政府里的人员

依《联邦侵权求偿法》第1346条第2款的规定，侵权的主体是在其职务范围内的联邦政府的任何人员。依该法第2671条的定义，联邦行政机关，是指美国联邦政府所设置之各种行政单位、军事单位及主要执行与联邦行政机关相同公务的公司，但不包括与美国联邦政府进行交易的契约人；政府雇员，是指联邦行政机关的官员或雇员，美国陆海军的官兵，正从事训练或执勤的国民警卫队成员，和以联邦机关的名义，暂时地或永久地在合众国的工作部门中根据官方职权活动的人员，而不考虑其是领取还是不领取报偿。

（二）侵权行为必须是职务范围内的过失行为、不法行为或不行为

依《联邦侵权求偿法》第1346条第1款的规定，联邦政府对公务员职务范围内的过失行为、不法行为、不行为致公民的损害承担赔偿责任。对什么是职务范围内的行为，该法只在第2671条第3款中规定："'在职务或雇佣范围内活动'，对于美国陆军或海军官兵、国民警卫队成员，是指进行不超出职责界限的活动。"对于其他侵权主体，具体什么样的行为才算职务范围内的行为，该法则未做规定，由法院在判例中做具体解释认定。

（三）公务员主观上有过错

国家对公务员的自由裁量行为侵权、对公务员"已尽相当注意"（即主观上无过错）的侵权，均免除赔偿责任。但对非自由裁量行为，政府对公务员故意和过失实施的侵权行为均负赔偿责任。当然，政府对于有故意和严重过失的公务员可追究其法律责任，有些州的法律还规定了国家可对公务员实施追偿，如加利福尼亚州。

（四）必须是侵权行为在客观上造成了公民财产或人身的损害

公民请求国家对自己遭受的损害进行赔偿，必须要证明损害事实的存在，否则，其赔偿请求就因缺乏根据而不能成立。这里，因受侵害而请求赔偿的对象，不仅包括本国公民，也包括外国公民。对外国公民不实行对等原则，而实行平等原则，即：外国人可同美国人一样向美国联邦政府提起赔偿请求，享受与美国人同样的法律保护。

(五) 侵权行为与损害之间有直接的因果关系

如果侵权行为与受害者遭受的损害无直接的因果关系,则受害者不能得到联邦政府的赔偿。但是,"由于现代的'风险责任'(又名绝对责任、无过失责任)对传统的'过失责任'的冲击,传统的'直接因果关系说'也受到了现代'相当因果关系说'的挑战"①。

(六) 必须同时符合《联邦侵权求偿法》与侵权行为发生地所在州的赔偿法的规定

在美国,公民要向法院提起请求联邦政府赔偿的诉讼,必须是联邦和州的赔偿法均规定了政府应负赔偿责任。若受害者只在联邦赔偿法中找到了依据而未在州赔偿法中找到依据,或者只在州赔偿法中找到了依据而未在联邦赔偿法中找到依据,则受害公民均同样得不到联邦政府的赔偿。

三、联邦的国家赔偿范围与例外

美国的法律制度深受英国普通法的影响,在国家赔偿制度方面,曾沿袭英国"国王不能为非"的传统,奉行"公法上所建立的政府不受自己法院追诉"的主权豁免原则,国家对其侵权行为不承担赔偿责任。直到1946年,美国国会通过了《联邦侵权求偿法》,才正式宣布放弃国家赔偿豁免权。因而"在美国,国家赔偿的范围较窄"②。

(一) 赔偿责任的范围

实践中,联邦政府负赔偿责任的情形主要有③:

(1) 联邦海岸防卫队因过失没有妥善尽到管理灯塔的义务,致使货轮航行搁浅受损。

(2) 联邦医院实施错误医疗行为,致使病人病情加剧、恶化而受损害。

(3) 国家仓库受寄货物,因管理上有过失,致使该货物受损害。

(4) 联邦林务管理局,在森林发生火灾时从事救火行为,因过失致使第三者的财产遭受损害。

(5) 某空军基地的空中交通管制人员,因过失未向飞行员报告大雷雨或恶劣天气即将来临,致使飞行军机遇难,坠毁地面使第三者遭受损害。

(6) 联邦政府因过失使某处机场设施不良,经常发生空难事件,致使居住于该地区附近的某一居民心脏病加重。

(7) 联邦政府的公务员因为过失未对某凶暴囚犯妥为防范,致该囚犯伤害

---

① 参见张正钊主编:《国家赔偿制度研究》,中国人民大学出版社1996年版,第247页。
② 参见刘静仑:《比较国家赔偿法》,群众出版社2001年版,第163页。
③ 参见张正钊主编:《国家赔偿制度研究》,中国人民大学出版社1996年版,第248—249页。

其他囚犯。

(8) 未在灌溉运河上的桥梁上设置护栏,致被害人掉入水中溺死。

(9) 联邦政府为挖掘河道,致河岸上码头下陷,码头上的货物因此受损。

(10) 在交叉水道上设置暗桩,事后未及时移去或警告航行者,造成损害。

(11) 设置施毒装置,以消灭山狗,而未对来往人群提出警告,致路人受人身损害。

(12) 兴建公路有瑕疵,致公民权利受损。

(13) 邮局进口楼梯未设栏杆,致人摔伤。

(14) 联邦政府将土地租予他人做娱乐场,对该地面仍有控制权,致游客溺毙。

(15) 对公路的建筑或维护不当,如无完备的排水系统,路面结冰致车辆滑行倾覆,造成伤亡者。

(16) 管理人疏忽未在航行水闸上燃灯,致航行者溺毙。

(二) 赔偿的例外

《联邦侵权求偿法》虽然放弃了国家赔偿豁免权,仍然作了一些保留。法律在规定国家赔偿的同时,还规定了若干不赔偿的例外,有些例外的范围很宽。因此,美国的国家赔偿责任和其他国家相比,较为落后。① 《联邦侵权求偿法》第2680条明确列举了14种例外,大致可以分为三类:②

1. 政府行使自由裁量权的例外

按照《联邦侵权求偿法》的规定,政府赔偿责任不适用于政府职员已经尽了适当的注意义务,对其执行法律或法规的行为或不行为而提出的任何请求,无论该法律或法规是否合法成立,以及对联邦机构或政府职员行使、履行自由裁量职权或义务而提出的任何请求,不论有关的自由裁量权是否滥用。这项例外包括两项内容:(1) 美国对政府职员已经尽了适当的注意义务,对执行法律或法规中的行为或不行为不负赔偿责任,不论法律是否违宪、法规是否有效成立;(2) 美国对行政机关或其职员行使自由裁量权的行为或不行为不负赔偿责任,不论自由裁量权是否被滥用。

2. 职员故意侵权行为的例外

美国对政府职员在职务范围内的故意侵权行为,不负赔偿责任。其理由在于:政府职员的故意侵权行为由国家负责赔偿,对政府是一个危险,因为政府对这类赔偿请求,在诉讼中很难防卫,受害人很容易将损害扩大化。职员故意侵权行为的内容主要包括:人身攻击、殴打、非法禁闭、非法逮捕、恶意追诉、滥用诉讼

---

① 参见王名扬:《美国行政法》(下),北京大学出版社2016年版,第551页。
② 同上书,第581—588页。

程序、诽谤、造谣中伤、虚假陈述、欺骗或干涉合同。

3. 其他例外

除上述两种例外,《联邦侵权求偿法》还规定了第三种类型的例外,即在某些特定领域中,由于其他法律已经规定了救济手段或者由于公共政策的考虑,不适用《联邦侵权求偿法》的完全。这些特定的领域主要包括:(1) 邮政运输;(2) 租税、关税、扣留货物;(3) 海事案件;(4) 对敌通商;(5) 检疫;(6) 财政活动;(7) 战斗活动;(8) 外国发生的损害;(9) 田纳西流域管理机构、巴拿马运河公司、联邦土地银行、合作银行的活动。

四、联邦的国家赔偿程序

美国的国家赔偿分行政赔偿和司法赔偿两种,与这两种国家赔偿相对应,就有两种赔偿程序。

(一) 行政赔偿程序

美国行政侵权赔偿的程序,主要由实体规范与程序规范合一的《联邦侵权求偿法》规定,实行行政和司法两种程序。

1. 行政赔偿的行政前置程序

根据《联邦侵权求偿法》第 2675 条规定,联邦行政机关的先行处理是请求司法裁决的前提条件,其中的第 1 款规定:"只有首先向适当的联邦机关提起并被该机关以书面形式最终拒绝,该拒绝以证明或挂号邮件送达时,法院才予受理。"同时,该法还规定,有关行政机关接到请求后,"6 个月内未作出最终处理,那么在那以后申请人选择的任何时间都可以被视为在本条意义上的对申请的最终拒绝",则请求人可径自提起诉讼。也就是说,受害人必须先穷尽行政救济的赔偿手段,只有在提出请求后行政机关逾期不处理的情况下,请求人才享有直接向法院起诉的权利。美国之所以将行政程序作为国家赔偿的前置程序,主要是因为,在 1946 年《联邦侵权求偿法》制定之前,国家赔偿问题几乎都由行政机关处理,法院解决只是例外,因为行政程序比较为当事人所熟悉和容易利用。《联邦侵权求偿法》虽然保留了行政程序,但只是一个次要程序,当事人可以不利用行政程序而直接向法院起诉,这导致法院受理的政府赔偿案件太多,判决的时间太久。为了减轻法院的负担,加速赔偿案件的解决,1966 年修改《联邦侵权求偿法》时,就将履行行政赔偿程序作为取得管辖权的前提,将处理政府赔偿责任的重心移到行政机关。[①]

行政程序主要包括以下环节:(1) 提出赔偿请求。损害赔偿的请求须以书面形式提出,请求人为财产损害和人身损害的受害人或其授权的代理人或法定

---

① 参见王名扬:《美国行政法》(下),北京大学出版社 2016 年版,第 554 页。

代理人,被请求的机关为因其行为而产生损害的机关。同时,请求赔偿必须在损害发生后两年内提出。(2)赔偿数额必须确定。行政赔偿的数额不受限制,但超过2.5万美元的赔偿必须得到司法部长批准。如果请求时没有确定的赔偿数额,则被认定为没有提出赔偿请求,当事人的起诉权也因此受到限制。这个要求被称为赔偿数额确定原则。(3)提供证据。当事人请求赔偿,除必须说明损害的情况和指出确定的数额外,还必须提供支持请求的证据。行政机关也可以要求当事人提供任何其他可能对赔偿责任或赔偿要求有影响的信息或证据。(4)协商解决。经协商,双方达成协议后,为了避免当事人反悔,行政机关必须取得当事人同意的明确表示。若行政机关不遵守协议,当事人可以向法院起诉。(5)行政机关的决定。行政机关收到当事人的赔偿权请求后6个月内不决定时,当事人可以向法院起诉,当事人也可以继续等待行政机关作出决定。行政机关拒绝当事人的书面请求的,必须说明理由。同时,行政机关在拒绝通知书中必须明确说明,当事人不服行政机关的决定时,应行政机关发出通知书之起6个月内向法院起诉。(6)申请复议。行政机关作出拒绝的决定后,当事人在行政机关发出通知之日起6个月内可以申请复议,也可以不申请复议而直接向法院起诉。当事人不服复议决定时,可以在决定发生之日起6个月内向法院起诉。行政机关收到当事人的复议请求6个月不决定时,当事人可以不再等待而直接向法院起诉。(7)行政机关决定的赔偿或者与当事人协商确定的赔偿,如果金额在2.5万美元以下,由行政机关的预算拨款内支付。赔偿金额在2.5万美元以上的,按照法院判决赔偿的方式支付,由财政部判决基金付款。[①]

2. 行政赔偿的诉讼程序

根据《联邦侵权求偿法》的规定,申请人的申请未能在行政机关获得解决,则申请人可以在行政机关拒绝赔偿之日或行政决定送达之日起6个月内,向原告居所地或侵权行为发生地法院提起诉讼。这种诉讼程序适用民事诉讼法,一般由普通法院管辖。但是,美国《联邦侵权求偿法》对申请人就行政赔偿提起诉讼有很多限制性规定。例如,第2675条第2款定:"如果超出在联邦机关申请中提出的数额将不被受理,但是如果发现了新的证据,而不是当时推理性的发现或向联邦机关提出申请时的证据,或者根据关于申请数额的辩解和有关事实的证据,其数额才可以提高。"该条第3款规定:"司法部长或其他联邦机关负责人对申请的处理都不构成关于赔偿责任或赔偿数额的充分证据。"这显然从法律上肯定了行政机关的行政权力具有优越性,公民在诸多方面不得对行政机关提起诉讼。与此同时,美国的"司法复审"制度,不允许法院判决行政行为非法并予以撤销时一并判决赔偿,受害人要获得国家的赔偿,也就只有在奔波完行政诉讼后,再依

[①] 参见王名扬:《美国行政法》(下),北京大学出版社2016年版,第555—559页。

《联邦侵权求偿法》规定的程序去走先行政处理后司法诉讼的长路。

依据《联邦侵权求偿法》第2402条的规定,法院审理行政赔偿案件的方式,一般是进行"无陪审团审理"①。

对于证据,原则上应当依据侵权行为发生地的州的侵权法律处理各种证据问题。② 举证责任原则上与私法相同,由原告负担。首先,原告必须负"初步证明"的举证责任,证明自己符合起诉条件,但此时他只需证明自己遭受的某种损害系某些机关或某些公务员过错所致即可,而不必确指系某个机关或某个公务员所为,这有利于公民行使请求权。其次,在特定情况下,原告还需证明不法行为发生时,其财物是在政府占有之中。同时,因有新事实或新证据,原告主张的请求数额超过原向行政机关请求的数额时,原告还须证明新事实或新证据的存在。除此之外,还有三项特别规定:(1)要求国家提供有关国家机密性质的资料者,国家予以拒绝;(2)侵权行为的发生,确系由于某公务员的过错所致者,应提出确实而具体的证据;(3)原告对其所受特别的损害,应负举证之责,但如果是无形的精神上的损害,则由法官酌情裁定。③ 行政机关的举证责任主要是,必须举证证明原告举证不足或自己无过错(风险责任除外)。

对于行政赔偿的诉讼,《联邦侵权求偿法》规定的起诉原则是一事不再理,即:对已作出判决的支付,请求权人基于同一事实和理由再行提起诉讼,则"构成完全阻却事由",法院不再受理。

对于国家赔偿的时效,依《联邦侵权求偿法》第2401条第2款的规定,被害人"应当在请求权开始累计计算后的两年内,或者被申请侵权赔偿的行政机关最后拒绝以证明或登记邮寄通知日以后的6个月内提起。否则,该诉讼永远不得开始"。

(二)司法赔偿的程序

美国司法侵权赔偿的程序,联邦和各州各不相同。依《对于人民受联邦法院错误判决之救济法》的规定,联邦普通法院的司法侵权案件均由联邦赔偿法院审理;原告证明自己无辜的唯一证据,是法院作出的宣告无罪的判决。州一级普通法院的司法赔偿程序,各州规定不一。例如,纽约州由州赔偿法院审理,威斯康星州由救济无辜判罪委员会审理,北达科他州由错误拘禁救济局审理。在各州,原告要获得司法侵权的赔偿,均要证明自己无辜遭受错误的拘禁。在美国各州,凡赔偿由法院审理的,其审理程序均采用诉讼的方式;由非法院的专门机构裁决的,其裁决程序主要采用评议的方式。受害人对作出的决定不服得上诉于特定

---

① 除非根据《联邦侵权求偿法》第1346条第1款第1项提起的对合众国的诉讼,在参加该诉讼的双方当事人的任何一方要求下,由法院进行陪审团参加的审理。
② 参见林准、马原主编:《外国国家赔偿制度》,人民法院出版社1992年版,第185页。
③ 参见周汉华、何峻:《外国国家赔偿制度比较》,警官教育出版社1992年版,第180页。

法院请求复核,如北达科他州负责上诉审的专门法院为巴兰郡地方法院。

对于赔偿金额,《对于人民受美联邦法院错误判决之救济法》规定了冤狱赔偿的最高限度为不超过 5000 美元,州的赔偿额一般比联邦低,如北达科他州《错误拘禁之救济法》规定:"为赔偿遭受不公平之拘禁其金额每年不得超过 1500 美元,任何一案之赔偿总额不得超过 2000 美元。"

五、联邦的国家赔偿经费

美国的行政赔偿经费由国家和行政机关分担,受害人依《联邦侵权求偿法》获赔的,赔偿金在 2500 美元以下,由实施侵权行为公务员直接隶属的行政机关在拨款项下支付;赔偿额超过 2500 美元,超过部分的赔偿费由国家专项基金中开支。但由国库支付赔偿金,只限于联邦政府对其受雇人或代理人的职务侵权行为承担责任,而不包括对地方政府或自治团体或其他公法人造成损害的赔偿责任。

六、州政府的赔偿责任

美国是由州组成的联邦制国家,各州均有独立的立法权和法院系统,《联邦侵权求偿法》只适用于联邦政府而并不适用于州政府。各州政府承担赔偿责任的依据是各州自己制定的赔偿制度。

尽管美国各州的行政赔偿制度各有千秋,但仍有一些相似之处。例如,在政府在何种情况下负赔偿责任的问题上,各州均规定:政府实施私人也能为的行为时,才负赔偿责任。反之,则享受侵权赔偿豁免权。再如,大多数州政府赔偿责任的确立,是通过法院判例实现的。从现有的立法状况来看,"美国各州的行政侵权赔偿立法,普遍比联邦更保守,州政府的赔偿范围远比联邦窄,……至于冤狱赔偿制度的建立,美国许多州是走在联邦前面的"[①]。

第三节 法国的国家赔偿制度

1873 年法国行政法院通过"布朗戈案",以判例形式确立了三项原则:一是国家应当为其公务员的过错负责;二是行政赔偿应当适用不同于民法的特别规则;三是行政赔偿的诉讼属于行政法院管辖。在其后的许多案件中,法国行政法院依据独特的公法理论,逐渐发展成一套以判例法为中心的完整的国家赔偿法体系。

---

① 参见张正钊主编:《国家赔偿制度研究》,中国人民大学出版社 1996 年版,第 268 页。

一、国家赔偿的类型

在法国,国家赔偿是指国家依照法律或判例对国家公务活动所致损害所给予的赔偿。依据法国行政法院的判例,国家赔偿的目的主要在于调和被害人个人利益与国家公务利益,只要被害人的确受到了损害且这种损害与国家行为有直接关联,国家就应负赔偿责任。所以,自20世纪以来,法国的国家赔偿的范围变得越来越宽,国家赔偿不仅指行政赔偿和司法赔偿,对立法行为和统治行为所产生的损害,国家也负赔偿责任。①

(一) 行政赔偿

当人民受到行政机关违法行政行为的损害时,人民可以按照行政法规向行政法院起诉,并向国家要求赔偿。根据法国国家赔偿制度,国家承担赔偿责任必须具备以下条件:(1) 损害的存在,损害是已经发生的、确实存在的损害,并且这个损害是特定的损害,即为一个人或少数受害人所特有,而非一般人所共有的损害。(2) 损害的发生和行政机关的行为或物体有因果关系,也即这种损害只存在于行政人员的公共服务行为之中。(3) 引起损害的事实必须具备某些法律性质,即只有当引起损害的行为具备能够产生责任的性质时,行为者才负赔偿责任。行政机关在公法上通常只对执行公务的过错负赔偿责任,在特殊情况下,对无过错执行公务的行为所产生的损害,也负赔偿责任。法国的行政赔偿制度与其他国家相比,相对比较完善,体现出如下特点:第一,行政赔偿的原则是由判例产生的。法国最早确定行政赔偿的判例是1873年的"布朗戈案",此后,法国行政法院的判决逐渐发展和完善行政赔偿制度。正是由于行政赔偿制度由判例而产生,其表现出极大的灵活性和适应性,能够根据行政上的需要以确定赔偿原则;第二,行政赔偿的发展迅速。法国通过判例将行政赔偿发展到国家几乎承担全部行政赔偿责任,只在极少数情况才不负赔偿责任。特别是自20世纪以来,行政法院判例在赔偿的对象、责任的根据、赔偿的范围等方面都有较大发展,极大扩展了行政赔偿的适用领域;第三,行政赔偿责任是一种独立的制度。因法国行政赔偿是基于判例而产生的,所以适用行政法的原则,不受普遍法院管辖;第四,行政赔偿责任限于金钱赔偿,不包括恢复原状。②

(二) 立法赔偿

立法赔偿,是指国家对立法机关行使职权行为所造成的损害的赔偿。因立法行为所造成的损害具有普遍性,并且立法机关是主权的行使者,法律来源于

---

① 对国家的立法职能和司法职能使公民受到损害,国家在负担责任的时候,如法律没有特别的规定,也适用行政赔偿的一般原则。参见王名扬:《法国行政法》,北京大学出版社2016年版,第553页。

② 参见王名扬:《法国行政法》,北京大学出版社2016年版,第557—558页。

它,因而世界上许多国家都规定对立法机关不负国家赔偿的责任。自20世纪以来,法国开始承认对立法行为造成的损害负赔偿责任,但国家对立法行为负赔偿责任最初仅限于行政合同。1938年1月14日,最高行政法院在审理"拉法尔特案"(La Fleurette)时,正式确认国家对合同以外的立法行为承担赔偿责任。此后,最高行政法院又在多个判决中承认了国家对立法行为的赔偿责任。但从目前判例来看,立法赔偿责任的适用范围并不广,只有在符合下列条件时,最高行政法院才在法律没有规定赔偿时,判决国家对制定法律负赔偿责任:(1)凡是法律明确或默示禁止赔偿时,不能判决国家负赔偿责任;(2)不道德的利益由于制定法律而受到损害,不能得到赔偿;(3)损害必须具有特定性,只对特定人或少数人发生才能得到赔偿;(4)在国家无过错时,损害必须达到相当严重程度;(5)国家为了保护重大利益而制定的法律,不负赔偿责任。另外,根据1958年11月12日的法令规定,立法赔偿还包括国家对议会中的行政管理行为所产生损害的赔偿责任。①

(三)司法赔偿

司法赔偿,是指国家对司法行为所致损害的赔偿。1895年法国制定了《刑事诉讼法》,列有冤狱赔偿条文,规定被告经高等法院判决无罪确定后,对原审作出的有罪判决所发生的损害可请求赔偿,初步推翻了国家对司法行为不负责任的做法。此后,法国法律在1933年2月进一步规定,国家对司法官有关保释金的行为,有重大诈骗或过失行为时,应负相应的赔偿责任。根据法国《民事诉讼法》第505条的规定,司法官因诈骗、渎职、拒绝裁判或其他职务上的重大过失,而作出错误判决时,受害人可根据民事诉讼法的规定请求国家赔偿。1956年11月,法国最高法院在审理吉里案件的判决中,公开承认国家对司法警察活动负赔偿责任。1970年7月17日的《刑事诉讼法》,对司法职能的赔偿责任又有进一步发展,从司法警察活动扩张到刑事侦察和追诉活动。该法第149条和第150条规定,在刑事诉讼程序中被临时拘禁的被告,预审的结果决定不起诉或起诉以后法院判决无罪释放时,被告如果因此受到重大损害,可以请求赔偿。这种赔偿属于无过错赔偿,因为不起诉的裁决和无罪释放的判决不一定表示拘禁和预审中有过错存在。②

法国现行关于司法赔偿的一般规则,规定在1972年7月5日法国制定的《建立执行法官和关于民事诉讼程序改革法》中,该法第11条规定:"国家必须赔偿由于司法公务活动的缺陷而产生的损害。"该法确定了如下司法赔偿的一般规则:(1)正式承认司法赔偿责任,废除了国家对司法职能不负赔偿责任的传统;

---

① 参见王名扬:《法国行政法》,北京大学出版社2016年版,第576—577页。
② 同上书,第578—579页。

(2)国家对司法公务活动的缺陷负责,包括对法官本人的过错和对没有本人过错的公务过错负责;(3)国家对司法公务过错的责任,限于重过错和拒绝司法时的责任;(4)国家代替法官负责赔偿后,对后者有求偿权。此外,法国最高行政法院的判例认为,上述规则也适用于行政审判,包括一般的行政审判和专门的行政审判。①

(四)统治行为所致损害的赔偿

法国政府在19世纪时,对专制政府不法夺取他人的土地、随意扣押私人信件、禁止发行新闻等,国家均不负赔偿责任。直到1875—1878年,随着专制政治的逐渐衰落,法制的不断健全,民主的不断发展及国家赔偿制度的逐渐形成,对国家统治行为中有些行为所造成的损害,国家也开始负赔偿责任,但下列几种统治行为所致损害除外:其一,召开国会或于国会期间变更的命令;其二,外交行为;其三,因公共安全采取的紧急措施,如对传染病的预防等;其四,战争行为。②

二、国家赔偿的归责原则

只有在公务人员存在公务过错时,国家才负赔偿责任,这是一般原则。但在某些特殊情况下,公务人员并没有公务过错,在这种情况下,国家对公务人员的正常行为给公民造成的损害仍然负有赔偿责任,这就是无过错责任原则。无过错责任是作为过错责任的补充而出现的。然而,在今日之法国,行政判例越来越多地适用无过错责任。

(一)过错责任原则

公务过错可能采取积极方式,也可能采取消极方式,可以表现为行政活动的组织不良和管理不良,也可以表现为行政人员的疏忽、怠情、自私。无论事实行为、抽象行为、具体行为、法律行为,均能产生公务过错。随着行政法院判例的发展,公务过错的数量越来越多,但概括起来大致有三种形式:(1)公务的实施不良。这是行政机关积极活动中的过错。例如,警察追捕犯人,误伤行人和私有财产。(2)不执行公务。行政机关有义务采取行为而不作为,因而引起当事人的损失,这是消极行为的过错。例如,海港当局不维修航行标志,造成船舶损伤、货物毁坏。(3)公务的实施迟缓。行政机关及其工作人员有义务忠实执行职务,不得疏忽、怠情、无故迟缓,即使法律对于某一活动没有具体规定时限,行政机关也必须在合理的期间内作出决定,否则具有过错。③

法国行政法院判断公务过错,是根据具体情况决定是否有过错存在,而不用

---

① 参见王名扬:《法国行政法》,北京大学出版社2016年版,第579—580页。
② 参见张正钊主编:《国家赔偿制度研究》,中国人民大学出版社1996年版,第291页。
③ 参见王名扬:《法国行政法》,北京大学出版社2016年版,第564页。

一个抽象的标准来判断,一般采取以下两种方法:(1)在一般情况下,过错是否成立取决于受害者一方举出的证据是否成立,或者说被害人请求赔偿是否有确凿的证据。如果证据成立,法官判决行政机关承担过错责任。(2)在受害人无法提供证据的情况下,法官可根据执行公务的时间、地点、行政机关所具备的人力物力等多种情况,采取过错推定的原则来确定过错是否成立。在这种情况下,作为被告一方的行政机关应举出证据证实过错的不存在,否则,它将承担对自己判决不利的结果。

(二)无过错责任原则

在法国,行政赔偿责任最初仅限于过错赔偿责任。但自20世纪以来,行政赔偿的根据从过错赔偿责任发展到在很多事项上的无过错赔偿责任。这种无过错责任具有如下特点:(1)受害人请求赔偿,只需证明损害的发生、因果关系,无需证明行政主体具有过错;(2)行政主体只在不可抗力及受害人过错的情况下,才能全部或部分免除赔偿责任;(3)受害人的损害必须达到一定的程度,才能得到赔偿。[1] 无过错责任原则主要适用于基于特殊危险的无过错责任和基于公共负担平等的无过错责任。

1. 基于特殊危险的无过错责任

基于特殊危险的无过错责任包括以下几种情形:(1)行政人员的工伤事故。行政机关的工作人员因工作而受伤或死亡时,行政主体无论是否有过错,均应承担赔偿责任;(2)危险物体所产生的损害。行政机关的物体如果造成特殊危险时,由此而产生的损害不问行政主体是否有过错,应负赔偿责任;(3)危险行为或危险技术所产生的损害。行政机关所使用的技术或所采取的行为,如其本身具有危险,由此而产生的损害不问其是否有过错,必须负赔偿责任。[2]

2. 基于公共负担平等的无过错责任

基于公共负担平等的无过错责任主要有下列事项:(1)公共工程的损害。一个本身没有危险的公共建筑物,如果对周围产生永久性的损害,行政机关应负无过错责任;(2)不执行法院判决的损害。如果执行一个判决可能引起社会骚乱,行政机关因此拒绝执行,公民由此受到损害。此时,尽管行政机关的拒绝执行行为是为了公共利益,不是公务过错,但为了公平起见,国家仍然要赔偿受害人。(3)社会经济措施的损害。政府执行社会经济政策,如果只对特定人产生巨大的损害,行政法院根据情况,可以判决国家负赔偿责任。[3]

---

[1] 参见王名扬:《法国行政法》,北京大学出版社2016年版,第568页。
[2] 同上。
[3] 同上书,第569页。

三、国家赔偿的范围及方法

在当代法国的行政赔偿制度中,赔偿范围同责任范围一样,正在日益扩大。法国行政法院在建立初期,赔偿范围仅限于以金钱或物质计算的损害,对于不能用金钱来衡量的精神损害,如对名誉、感情等的侵害,国家不负赔偿责任。后来,随着法制的完善,判例法确认了对精神损害也给予赔偿。这主要包括:(1)某些能够产生物质后果的精神损害,行政机关应负赔偿责任。例如,某行政机关掌握着某公司的业务秘密,行政机关工作人员在执行公务时,将秘密泄露出去,从而破坏该公司的信誉,使其营业受到了严重损失,该公司因此可以得到国家赔偿。(2)对于那些虽然不产生物质后果,但能引起巨大精神痛苦或破坏个人尊严以及宗教信仰的损害,也要给予赔偿。现在已经发展到"对将来但能确定的损害,只要目前能够估价,也应当予以赔偿"[①]。在1947年3月对法国电力公司案件的判决中,最高行政法院指出:"如果将来的损害是可以立即估价的,则应当对其进行赔偿,因为它是对于现状的直接现实的延伸。"总之,国家赔偿的范围是呈逐步扩大的趋势,国家对行政机关的一切损害,包括物质损害和精神损害在内,都负赔偿责任。

国家赔偿的方法主要是金钱赔偿,"行政法院不能命令行政机关为一定行为或不为一定行为,只能判决行政主体负担金钱赔偿义务,不能判决行政主体采取实际执行行为以恢复物质损害的原状。但行政法院可以在判决行政主体负责赔偿时,指出如果行政机关自愿恢复原状,不用支付赔偿金"[②]。金钱赔偿可以采取本金给付方式和年金给付方式,为了防止受害人由于物价上涨而受到损失,行政法院可以把年金给付按物价指数计算。同时,法院在确定赔偿金的数额时应遵循以下原则:(1)法院只能在受害人请求赔偿的范围内判决行政机关的赔偿责任,赔偿金额不超过受害人的请求;(2)行政机关对由于受害人的过错而产生的损失不负赔偿责任;(3)在符合上述原则的情况下,行政机关的赔偿金额是实际发生的全部损失。但法律预先规定赔偿金额时,受害人只能得到法律规定的金额,不适用实际损失原则;(4)受害人应证明其损失的范围;(5)法律预先规定金额时,受害人只能得到法律规定的金额,不适用实际损失原则;(6)行政机关从受害人提出请求赔偿之日起,支付利息;(7)行政法院因为技术困难,不能确定赔偿金额时,可以判决受害人和行政机关谈判,确定赔偿金额。[③]

[①] 参见张正钊主编:《国家赔偿制度研究》,中国人民大学出版社1996年版,第292页。
[②] 参见王名扬:《法国行政法》,北京大学出版社2016年版,第572—573页。
[③] 同上书,第574页。

四、国家赔偿的程序

由于法国存在这两个独立的法院系统——普通法院和行政法院[1],再加上法国国家赔偿法的判例法特点和国家赔偿范围的广泛性,就使得法国国家赔偿程序具有复杂性的特点。受害人为了使自己所受到的损害得到赔偿,必须清楚了解受理负责赔偿投诉的法院和法院采取的诉讼程序,才能使自己所受到的损害得到合理合法的赔偿。

(一)管辖法院

在一般情况下,立法行为的国家赔偿,由行政法院管辖;行政机关和公共工程的国家赔偿,原则上也由行政法院管辖,适用和民事赔偿责任不同的行政赔偿规则。[2] 而司法赔偿则由普通法院管辖,适用私法上的规定。

按照法国法律规定,行政机关的活动受私法支配时,行政主体按私法的规定负赔偿责任,由普通法院管辖,主要包括:工商业公务中的赔偿之诉、私产管理的赔偿之诉、暴力行为和非法侵占私人不动产的赔偿之诉以及法律特别规定的赔偿之诉。[3]

(二)诉讼程序

如果国家赔偿案件由行政法院管辖,那么,国家赔偿程序就是行政诉讼程序。按照法国的法律规定,受害人要提起行政诉讼,必须先向行政机关请求赔偿;只有在行政机关拒绝赔偿或不能完全满足请求时,才能向行政法院提起诉讼。一般情况下,行政法院要先经过预审,查明案件的真实情况和法律问题,使案件处于可以判决状态的诉讼程序;再经过公开审理和秘密评议之后,由合议庭作出判决;当事人不服判决的,可以向原判决法院以外的其他法院提出申诉,也可以向原判决法院提出申诉。

如果国家赔偿案件由普通法院管辖,那么,国家赔偿程序就是民事诉讼程序,涉及冤狱赔偿时还应同时适用刑事诉讼程序。

五、公务员的行政赔偿

公务员的行政赔偿,是指公务员由于执行行政职务造成损害所负的赔偿责任。这种责任的特点是和执行职务密切联系。公务员和执行职务无关的赔偿责任不是行政上的赔偿责任,而是一般的私人赔偿责任。

---

[1] 普通法院只能审判民事和刑事案件,行政审判权由行政法院行使。普通法院和行政法院各自独立,互不隶属,分别适用不同的法律规则,如果普通法院和行政法院发生管辖上的冲突,由权限争议法庭进行裁决。
[2] 这些规则由权限争议法庭和行政法院判例产生。
[3] 参见王名扬:《法国行政法》,北京大学出版社2016年版,第572页。

根据 1873 年佩尔蒂埃案件的判决,公务员行政赔偿的基本原则是公务员本人的过错。因此,必须明确公务员的公务过错和个人过错。法国区别公务过错行为和个人过错行为的标准一般根据产生损害的事实的性质而定。如果产生损害的事实不能与行政职务分离,它就包含在公务之中,则构成公务过错。如果产生损害的事实可以和行政职务相分离,它就不属于公务活动,而构成公务员的个人过错。根据行政法院和权限争议法庭的判例,公务员个人的过错有以下三种情况:(1) 公务员在执行职务以外和执行职务无关的过错。例如,公务员在私生活中和职务无关的过错。(2) 公务员的故意行为。例如,公务员在执行公务时实行打击报复,或为自己的利益假公济私是公务员个人过错。公务员的故意行为有时不符合法律规定,但仍然是从公共利益着眼时,由此而产生的损害是和职务不可分离的公务过错。(3) 重过错。公务员在执行公务时所犯过错,如果不是出于故意,一般属于公务过错,只是在极稀少的情况下,公务员表现出极端粗暴和疏忽时,才产生个人过错。例如,警官在没有必要的情况下命令使用火器,是本人的重过错。①

公务员本人过错的主要法律效果为公务员必须以自己的财产赔偿受害人的损失。赔偿责任因受害人为其他人或为公务员所属的行政机关而不同。(1) 对其他人的赔偿责任。公务员由于本人过错对其他人产生损害时的赔偿责任由普通法院管辖,适用民法上的规则,这种诉讼是两个私人之间的诉讼。如果引起损害的事实属于公务过错,普通法院错误地认为是公务员本人过错而受理时,行政机关应提出不服管辖权的争议。普通法院不同意行政机关的争议时,由权限争议法庭决定有管辖权的法院,即决定公务员是否有本人过错。(2) 对所属行政机关的赔偿责任。为了维护公务员的积极性和创造精神,法国在 1951 年以前,公务员原则上不对行政机关负赔偿责任。但有两种情况除外:一是法律规定公务员的赔偿责任;二是公务员在执行职务以外对所属行政机关造成损害。公务员本人过错对国家造成的损害,可以发生在两种情况:一是公务员执行职务中损害了国家的财产;二是由于公务过错和公务员本人过错并存的结果,行政机关赔偿了受害人的全部损失,这种损失包括由公务员本人过错所造成的损失在内。②

1873 年权限争议法庭在佩尔蒂埃案件中区分了行政活动中的公务过错和公务员本人过错,从而划分了行政机关的赔偿责任和公务员的赔偿责任,并认为这两种赔偿责任不能同时存在。但是,这种简单的二分法很不合理,受到了严厉的批评。尔后,最高行政法院的判例开始承认两种过错可以并存和两种赔偿责

---

① 参见王名扬:《法国行政法》,北京大学出版社 2016 年版,第 583 页;张正钊主编:《国家赔偿制度研究》,中国人民大学出版社 1996 年版,第 281 页。
② 参见周汉华、何峻:《外国国家赔偿制度比较》,警官教育出版社 1992 年版,第 145—146 页。

任可以同时存在,并逐渐扩大了两种责任并存的范围。

公务员的赔偿责任和行政机关的赔偿责任同时存在,可以发生在下述三种情形:(1)损害的发生是由公务过错和公务员本人过错共同促成的。(2)公务执行中的过错同时构成公务过错和公务员本人过错。这种情形和第一种情形不同。在第一种情形下有两个过错存在,行政机关和公务员分别对各自的过错负责。(3)公务执行外的某些过错同时构成公务员本人过错和公务过错。在第二种情形之外,法国行政法院对于过错并存又进一步发展,承认公务执行外的过错如果和公务活动有相当密切的联系时,也视为公务执行中的过错,产生行政机关的赔偿责任和公务员的赔偿责任的并存。公务员的赔偿责任与行政机关的赔偿责任并存时,受害人可以选择获取赔偿的途径:向普通法院起诉要求公务员赔偿全部损失,此时适用民法规则;或者向行政法院起诉,要求行政机关赔偿全部损失,此时适用行政法规则。①

第四节 德国的国家赔偿制度

德国是最早提出和实行国家赔偿的国家之一,早在1863年,德国法学家海因里希·阿尔贝特·茨卡利埃就明确地提出了"国家责任"的理论观点。② 与此同时,在德国的法律中,我们也可以看到有关国家责任或其他公法人承担赔偿责任的规定,但由于1981年制定的《国家赔偿法》被宪法法院宣布违宪而无效,因此德国目前尚无统一的专门国家赔偿法,其国家赔偿制度仍由《联邦基本法》《德国民法典》和散布于各种法律、法规中的有关规范及法院有关判例所确定。

德国《联邦基本法》第34条规定:"任何人在执行委任之公务时,如违反其对第三者应负的职务上的义务,原则上应由国家或任用他的公共团体负责。"这一规定原则上确定了德国国家赔偿的范围,即国家机关违反公法义务的权力性行为和技术设施发生事故时的义务损害行为。③ 国家机关违反公法义务的权力性行为又可分为立法行为、行政行为和司法行为,相应的国家赔偿也可分为:立法行为的国家赔偿、行政行为的国家赔偿和司法行为的国家赔偿。

---

① 参见王名扬:《法国行政法》,北京大学出版社2016年版,第589页;刘静仑:《比较国家赔偿法》,群众出版社2001年版,第145—146页。
② 1863年,在海因里希·阿尔贝特·茨卡利埃发表的《公务员违法作为与不作为的国家责任》一文中提出:"国家对其公务员职务上的行为即使公权力的行为,无论其是合法或者是违法,都应当承担责任,以保障公民的合法权益不受侵犯。"参见刘兆兴等:《德国行政法与中国的比较》,世界知识出版社2000年版,第291页。
③ 参见刘静仑:《比较国家赔偿法》,群众出版社2001年版,第154页。

一、行政赔偿

在德国,行政赔偿是指行政机关及其官员的行政行为影响了相对人的权利,为此所必须承担的一种经济上的法律责任。行政机关的赔偿责任可以由多种行为造成,如行政侵权、违反合同、不作为、准剥夺财产等。与法国以及英国的行政赔偿制度比较,德国的行政赔偿制度具有以下三个显著的特点:(1) 行政赔偿与民事赔偿合一。德国虽有明确的公私法之分,但没有行政赔偿与民事赔偿之分,行政机关的行政赔偿亦受民事法律规范调整。(2) 行政赔偿程序与民事赔偿程序合一。德国虽然分设行政法院和普通法院,但行政赔偿案件却由普通法院管辖。(3) 特别牺牲责任在行政赔偿中占据一定的地位。德国的行政赔偿包括不平等的义务和特别牺牲之赔偿责任,这一点又同普通法国家不同。

德国行政赔偿的理论渊源主要有两条:一是公务员在执行公务期间的任何侵权行为,都应承担赔偿责任;二是为了社会利益,国家或行政机关对于强加给个人的不平等义务和特别牺牲负有赔偿义务。因而德国的行政赔偿范围既包括对公务员一般侵权责任的赔偿,也包括对不平等的义务和特别牺牲责任的赔偿。

(一) 对公务员一般侵权责任的赔偿

对公务员一般侵权责任的赔偿,是指国家为其公务员在履行公务时的侵权行为而造成的对第三人的损害所承担的赔偿责任。它是一种对过错责任的赔偿,适用的领域很广,"既包括国家对公法领域中侵权行为的赔偿,也包括国家对私法领域中侵权行为的赔偿"[①]。其构成要件决定了国家承担赔偿责任的范围,主要有以下三项[②]:

(1) 行为者为履行公职的人员。

行政赔偿的一个特点,是国家为个人承担责任,但国家只为履行公职的人员承担责任,不对其他人承担责任。这里的"人员",《德国民法典》第839条提到"官吏",《魏玛宪法》第131条也提到了这个词。但行政法院一直对此采用放宽的态度,认为即使代表国家实施行为的个人并没有获得国家的正式任命,国家也应对其行为承担法律责任。德国《联邦基本法》第34条将官吏改为受委托一个公职的"任何人"。这种用词上的变化所体现的态度,是与行政法院的判例相一致的。

(2) 对第三人造成了损害。

有关人员的公职行为必须是对其他组织或个人的权益造成损害,即公职人员与第三人损害之间必须有因果关系。但德国行政法院对这种因果关系的认定

---

① 参见张正钊主编:《国家赔偿制度研究》,中国人民大学出版社1996年版,第301页。
② 参见曾繁正等编译:《西方主要国家行政法、行政诉讼法》,红旗出版社1998年版,第236页。

同样采用放宽的态度。有这样一个案例：联邦监察局没有严格地审查一家银行的经营活动，导致这家银行破产，并且对债权人造成损失，债权人被判决从监察局获得赔偿。

（3）行政侵权必须有主观上的过错。

主观上的故意或过失是《德国民法典》第839条规定的国家侵权行为责任的基础。但不少德国行政法学者鉴于现代国家为了普遍的利益而产生的危险，强烈主张确立无过错责任原则。然而，法院拒绝适用任何无过错责任原则。所以，对于原告由于交通路灯失灵而遇到的事故，法院拒绝判予赔偿金。

如果说责任的构成要件是从正面确定了行政赔偿的范围，那么，责任的限制则是从反面划定了行政赔偿的范围。对德国的行政赔偿，除特别法有特别规定外，《德国民法典》第839条也规定了三种类型的限制条件：一是如果受害人可以从另一种方式获得赔偿，如合同和社会保险，那么就不得要求官吏及他所代表的国家机关赔偿；二是国家对于一个未执行司法职能的官吏所实施的违反义务行为不承担赔偿责任；三是如果受害人故意或过失地忽视了防止损害的产生，以有利于获得一种法律救济，国家不负赔偿责任。[①]

（二）对不平等的义务和特别牺牲责任的赔偿

对不平等的义务和特别牺牲责任的赔偿，也称特别责任赔偿，是一种对无过错责任的赔偿，它接近于法国的"危险责任"赔偿以及中国的行政补偿责任。主要表现为以下两种形式[②]：

（1）对准剥夺责任的赔偿。

准剥夺责任赔偿，是指政府合法剥夺相对人财产权所须承担的赔偿责任，政府违法剥夺相对人财产权自然应予赔偿，德国将此归于一般责任。政府合法剥夺相对人财产一般是不予赔偿的，给予赔偿应视为个别法律的特别处理。德国确立准剥夺责任的宪法依据是《联邦基本法》第14条，即为了公共利益与个人利益之间的公正平衡。这一原则又被联邦法院1952年6月9日的著名判决确立下来。这个著名的判决涉及3个案件，其中第一个案件是：行政机关征用了原告的房屋，并分配给他人使用，而他人从未使用该房屋，原告据此得到赔偿。

（2）对牺牲责任的赔偿。

大约两个世纪以来，德国法一直确认，国家对于为了社会公共利益强加于一个人的任何特殊义务须承担赔偿责任；公民因公共利益而作特别牺牲，有权获得国家赔偿。从这种意义上说，牺牲责任应包括准剥夺责任。但是，随着财产权利的扩大和准剥夺责任的产生，德国最初的牺牲责任现在已被限制于非金钱的权

---

① 参见姜明安主编：《外国行政法教程》，法律出版社1993年版，第140—141页。
② 参见胡建淼：《比较行政法：20国行政法评述》，法律出版社1998年版，第315—316页。

利,如生命、健康、身体完整、个人自由的特殊牺牲责任,从而使牺牲责任同准剥夺责任相区别。

根据《联邦基本法》第 14 条的规定,德国行政赔偿中的特殊责任适用民事诉讼程序,由普通法院管辖。

二、司法赔偿

在德国,"司法行为的国家赔偿仅限于刑事司法行为"[①]。"司法行使《基本法》第 34 条和《民法典》中第 839 条意义上的公务职责,只有在法律适用失误的判决造成损害的情况下,法官才予以赔偿;如果违反职务同时又涉及刑事违法,那么只有故意篡改法律或者故意受贿才予以考虑。"[②]但是,因为司法行为引起的国家赔偿,早在 19 世纪末至 20 世纪初就有一定的法律规定。例如,1898 年德国颁布了《再审无罪判决赔偿法》,1904 年又颁布了《无辜羁押赔偿法》。这两个法律实际上是对有关冤狱的国家赔偿法。1932 年德国正式颁行了《冤狱赔偿法》,现在施行的是 1971 年 3 月 8 日颁行的《刑事追诉措施赔偿法》。

针对刑事司法侵权行为造成损害的赔偿,"德国实行的是无过错原则兼顾公平合理原则"[③]。《刑事追诉措施赔偿法》专门规定了刑事司法赔偿的范围,该法第 1 条和第 2 条分别规定了对判决结果的赔偿和对其他刑事追诉措施的赔偿。

1. 依《刑事追诉措施赔偿法》第 1 条规定的赔偿范围

依《刑事追诉措施赔偿法》第 1 条的规定,如果刑事判决在再审程序的刑事诉讼中被取消或被减轻,或者在能使该判决有效的其他刑事诉讼中被取消或减轻时,对于因该刑事判决而遭受损失的人,国家应予以赔偿;如果没有做判决而处以矫正或保安处分或一项附随结果,遇有上述情形时,国家同样应予以赔偿。

2. 依《刑事追诉措施赔偿法》第 2 条规定的赔偿范围

依《刑事追诉措施赔偿法》第 2 条的规定,如果当事人已被释放,或者针对他的刑事诉讼已经终止,或者法院拒绝对他开庭审判,当事人由于受羁押或其他刑事追诉措施而遭受的损失,由国家予以赔偿。其他刑事追诉措施包括:依据刑事诉讼法和青少年法院法规定的暂时留置或监视留置;依据《刑事诉讼法》第 127 条第 2 款规定的暂时拘留;终止执行逮捕令的法官采取的措施(《刑事诉讼法》第 116 条);在其他法律没有规定补偿的情况下,依据《刑事诉讼法》第 111d 条规定的诉讼保全、没收、扣押以及搜查;暂时吊销驾驶执照;暂时职业禁止。另外,刑事追诉措施还包括外国向德国官方机构申请执行的引渡逮捕、临时引渡逮捕、诉

---

① 参见刘静仑:《比较国家赔偿法》,群众出版社 2001 年版,第 155 页。
② 参见于安:《德国行政法》,清华大学出版社 1999 年版,第 189 页。
③ 参见陈春龙:《中国司法赔偿》,法律出版社 2002 年版,第 81 页。

讼保全和搜查。

《刑事追诉措施赔偿法》在确定刑事司法赔偿的同时,还规定了免除赔偿和拒绝赔偿的范围。

首先,依该法第 5 条的规定,在下列情况下免除国家赔偿:一是已折抵刑期的候审拘留、其他剥夺自由措施以及暂时吊销驾驶执照的;二是因被处以剥夺自由的矫正及因保安处分措施而被剥夺自由的,或者只有剥夺自由才能达到上述保安处分目的的;三是因最终被处以吊销驾驶执照或禁止从事业务而被临时吊销驾驶执照或暂时禁止从事业务的,或者因前提条件已不存在才免除此项命令的;四是因被责令没收或扣押而被没收或扣押的(《刑事诉讼法》第 111b 条至 111d 条),或者只有通过没收的规定才能使案件受害人的赔偿请求可能被免除的。对于因被告故意或严重过失而对其采取刑事追诉措施的,亦免除赔偿。但是,如果被告因故被限制提供口供,或者因疏忽而未采取法律手段的,则不免除赔偿。因被告自己的过错未按法庭的合法传唤到庭或未按《刑事诉讼法》第 116 条第 1 款第 1—3 项以及第 3 款的指令去做而对其采取刑事追诉措施的,亦免除国家赔偿。

其次,依据第 6 条的规定,如果被告有下列行为,国家可以全部或部分拒绝予以赔偿:一是被告在关键问题上作伪证或者证词前后矛盾,或者对能减免罪责的情节缄口不言,并由此引起刑事追诉处分的,不论被告是否已就此认错;二是因被告处于无犯罪行为能力状况或因故无法开庭致使不能对犯罪事实进行判决,或致使终止审判程序的。另外,如果法院适用了青少年法的有关规定,并对被告被剥夺自由而造成的损失已予以考虑的,对在判决前剥夺自由造成的损失也可全部或部分不予赔偿。

三、立法赔偿

由于国家立法行为的变化而对个人造成的损失国家应否承担责任,这一问题目前在德国尚无定论。在德国联邦法院 1971 年 3 月 29 日的一个判决中,联邦法院认为立法机关的立法行为或不行为是针对大多数人的,而不是针对某一个人或某些人的。所以,只有在极其例外的案件中,例如,一个所谓的立法措施或者针对某一些人的立法影响到某一个人的利益,此人就是民法第 839 条所规定的第三人。但是,这一原则只适用于正式的法律,即联邦议会或州立法机关所制定的法律。就行政机关所制定的附属立法以及自治机构制定的实施细则而言,人们普遍认为,由这些立法给个人造成的损害,国家应当承担责任。[①]"在这里,既有可能是因为行政机关制定的行政法规、命令或自治机构制定的规章是与

[①] 参见林准、马原主编:《外国国家赔偿制度》,人民法院出版社 1992 年版,第 100 页。

基本法或法律相抵触而引起对个人的损害，又有可能是因为这类行政法规、命令或规章自身是与原相应的法规、命令或规章相矛盾而引起对相应的当事人的损害。"①这一观点在 1980 年 7 月 10 日联邦法院的一项判决中得到了肯定。

四、国家赔偿的程序

德国作为典型的大陆法系国家，从裁判体系上看，不仅设有普通法院和宪法法院，而且设有审理行政诉讼案件的行政法院，以及设立具有专门意义上的社会法院、劳工法院和财政法院。从国家赔偿制度上看，当公民权利因公权力机关的公职人员违反公法上的义务而受到损害时，依据《联邦基本法》第 19 条第 4 项的规定，他可以诉请法院救济。但依据《联邦基本法》第 34 条和《行政法院法》第 40 条第 2 款的规定，这种国家赔偿的诉讼，"应向普通法院提起"，"必须采用普通的程序"，并且由地方法院作为第一审法院。同时，《行政法院法》第 40 条第 1 项又规定："除联邦法律有明确规定属于其他法院管辖的以外，公民对于非宪法性质争议的所有公法上的争议，均可提起行政诉讼，各州法律范围内的公法争议，可以依据各州的法律由其他法院管辖。"而此类案件正是属于非宪法性质的公法争议案，因而须经行政法院审查、裁判。这就导致了公民因其权利受到公权力侵害申请赔偿诉讼的"双重道路"。他首先要诉请行政法院审查并裁决这种公权力行为的合法性。行政法院经过审查，如果裁判该公权力行为为不合法并予以撤销，受害人才可向普通法院提起赔偿诉讼。对权利受到侵害的公民来说，这种"双重道路"使其权利得到"双重"的保护，但是也增加了诉讼的繁琐。

另外，《刑事追诉措施赔偿法》还对国家赔偿中刑事追诉措施的赔偿程序作了特别的规定，主要包括以下内容：

（1）管辖法院。

检察官终止刑事追诉程序后，由检察官所在地的初级法院进行管辖。在下列情况下，由有管辖权的法院取代初级法院管辖：一是检察官撤回公诉而终止刑事追诉程序的；二是总检察官或设在州高级法院的检察官终止了由高级法院作为一审管辖的刑事案件的诉讼。

（2）权利登记和时效。

经法院依法裁决确认国家赔偿义务的 6 个月内，权利人向参与一审调查的检察官申请赔偿。如果由于权利人自己的过错而延误期限的，即丧失权利。检察官有义务向权利人说明其权利和时效，时效从检察官告知之日起计算。州司法行政机关对申请作出决定，并根据民事诉讼法的有关规定向申请人送达决定文本。自赔偿义务被正式确认后 1 年内，权利人未依法提出申请的，即丧失赔偿

---

① 参见刘兆兴等：《德国行政法与中国的比较》，世界知识出版社 2000 年版，第 308—309 页。

申请权。

(3) 赔偿程序的终止和失效。

如果再审程序不利于已被无罪释放者,或者针对权利人的刑事追诉程序已经终止后,或者法院拒绝开庭后,因同一原因又对权利人提起诉讼的,则法院对赔偿义务的裁决失效。已经赔偿的,可责令收回。如果经申请而提起的再审程序不利于已被无罪释放者,或者针对权利人的刑事追诉程序已经终止后,或者法院拒绝开庭后,又须进行搜查或侦查的,则应立即停止对赔偿申请作出裁决及进行赔偿。

第五节　日本的国家赔偿制度

日本国家赔偿制度的确立始于第二次世界大战之后。1946 年,日本制定了新的《宪法》,该宪法第 17 条规定:"任何人因公务员的侵权行为受损害时,得依法律规定,向国家或公共团体请求赔偿。"根据这条宪法规定,1947 年,日本制定了《国家赔偿法》,并于同年 10 月 27 日正式公布施行。同时,日本《宪法》第 40 条还规定:"任何人受到拘留或拘禁后,获得无罪判决时,根据法律,可以要求国家补偿。"根据这条宪法规定,1950 年,日本又制定了《刑事补偿法》,进一步完善了国家赔偿制度。此外,还有一些单行的法律、法规涉及国家赔偿的规定,如《消防法》第 6 条第 3 款、第 36 条,《水防法》第 34 条以及《文化财产保护法》《公众电信通信法》《邮政法》《铁路营业法》等有关条文的规定。这些法律、法规与民法中有关国家赔偿的法条共同构成了国家赔偿制度的法律体系。

一、国家赔偿的范围

对于国家赔偿,有人认为,国家赔偿就是行政赔偿,是指国家或公共团体对因行政上的违法行为造成的损害进行的赔偿。[①] 但一般都认为,国家赔偿制度是指对由于国家(或者其公务员)的不法行为而产生的损害由国家负责赔偿的制度。[②] 根据 1947 年《国家赔偿法》和 1950 年《刑事补偿法》的规定,日本国家赔偿的范围大体包括以下几个方面:

(一) 公务员行使公权力行为所引起的赔偿

1947 年《国家赔偿法》第 1 条第 1 款规定:"行使国家或公共团体权力之公务员,就其执行职务,因故意或过失不法加害于他人者,国家或公共团体对此应负赔偿责任。"这里需要注意的是,根据 1947 年《国家公务员法》和 1950 年《地方

[①] 参见〔日〕南博方:《日本行政法》,杨建顺、周作彩译,中国人民大学出版社 1988 年版,第 100 页。
[②] 参见《宪法比较研究文集》,南京大学出版社 1993 年版,第 288 页。

公务员法》的规定,日本"公务员"的范围包括所有国家和公共团体内的职员,即不仅包括行政机关内的工作人员,而且还包括法院、国会、防卫厅等系列的其他国家机关工作人员,以及国有企业和公立学校的官员。此外,它还包括被委托行使公权力的民间人士。据此,日本公务员行使公权力行为所引起的赔偿应包括:立法赔偿、行政赔偿、司法赔偿和其他国家赔偿,还包括国有企业和国立学校的赔偿。但实际上,日本的国家赔偿原则上是不包括立法赔偿的。①

(二) 公共营造物设置和管理瑕疵所引起的赔偿

1947年《国家赔偿法》第2条第1款规定:"因道路、河川或者其他公共营造物之设置或管理的瑕疵,致使他人受损害时,国家或公共团体,对此应负赔偿责任。"这里的"公共营造物",亦称"公共设施",系指道路、河川、飞机场、港湾、桥梁、堤防、水道、下水道、官公厅舍、国立和公立学校及医院等供公共目的使用的有体物。②

公共营造物设置和管理瑕疵所引起的赔偿,一般有两种情况:一是设置瑕疵,如公用桥梁质量不合格,车辆上桥时桥梁倒塌;二是管理瑕疵,如公用设施本身无瑕疵,但对设施的管理没有尽到职责,从而导致了损害。

(三) 私经济行为所引起的赔偿

1947年《国家赔偿法》第4条规定:"国家或公共团体之损害赔偿责任,除前三条之规定外,依民法之规定。"而除该法第1条(公务员行使公权力行为)和第2条(公共营造物设置和管理)所规定的领域外,剩下部分主要是国家机关的私经济行为了。根据该条规定,国家或公共团体的私经济行为,如国有企业、电车公司等对他人造成损害的应适用民法进行赔偿,承担一般民事责任。

(四) 刑事行为错误所引起的补偿

根据1950年《刑事补偿法》第1条、第25条和第26条的规定,公民对于国家错误的判决、关押、拘禁等刑事行为,有权请求刑事补偿,具体包括以下情形:一是在根据刑事诉讼法规定的普通程序、再审或非常上告程序中,受到审判宣告无罪的人,如果在判决前曾依据刑事诉讼法、少年法、经济调查厅法的规定,受到关押式拘禁时,可以根据关押或拘禁的情况,向国家请求补偿。二是在根据恢复上诉权的规定而提起上诉、再审或非常上告的程序中,受到审判宣告无罪的人,如果已按照原判决受到刑法的执行或者根据刑法的执行或拘押的情况向国家请求赔偿。三是受到根据刑事诉讼法规定所做的免诉或公诉不受理判决的人,如果有充分理由认为没有应判决免诉或公诉不受理的事由,而应受到无罪判决时,可以根据关押及拘禁的情况向国家请求赔偿,或者根据刑法的执行或拘押的情

---

① 参见胡建淼:《比较行政法:20 国行政法评述》,法律出版社 1998 年版,第 382 页。
② 参见杨建顺:《日本行政法通论》,中国法制出版社 1998 年版,第 645 页。

况请求赔偿。四是日本国在请求外国引渡逃亡犯人的情况下,该外国为了引渡而进行的关押或拘禁,视为根据刑事诉讼法所作的关押或拘禁,可以向国家请求赔偿。同时,根据《刑事补偿法》第3条的规定,在下列情形下,经法院全面衡量,可以不给予部分或全部的补偿:(1)本人以使侦查或审判陷入错误为目的,而故意作虚伪的供词或制造其他有罪证据,以致被认为应该受到起诉,判决前的关押或拘禁和有罪判决的;(2)通过一个审判对并合罪所作的判决,虽有一部分受到无罪判决,但其他部分受到有罪判决的。

二、国家赔偿的归责原则与构成要件

国家赔偿的归责原则和构成要件,系指确定国家赔偿的根本标准和所需具备的条件。在日本,由于不同的事项有不同的归责原则和构成要件,使国家赔偿的归责原则和构成要件显得较为复杂。

(一)关于公务员行使公权力的行为所造成的国家赔偿,采用过错责任原则

1947年《国家赔偿法》第1条第1款规定:"行使国家或公共团体权力之公务员,就其执行职务,因故意或过失不法加害于他人者,国家或公共团体对此应负赔偿责任。"据此,国家或公共团体要为公务员行使公权力行为承担国家赔偿,必须基于公务员行使公权力时既有主观上的过错(故意或过失),又在客观结果上违反法律。如果公务员行使公权力虽在客观上违反法律,但其主观上没有过错,国家或公共团体不承担赔偿责任。因此,公务员行使公权力的行为所引起的国家赔偿,应采用过错责任原则。这就决定了此种赔偿责任的构成要件有:(1)公务员行使公权力行为违法。"所谓违法,并不单纯指严格意义上的违反法规,而是指其行为客观上缺乏正当性,所以滥用行政权、违反信义原则、违反职务上的义务等均属违法行为。"[①](2)公务员的违法必须出于主观上的故意或过失。(3)必须对相对方权益造成损害,这种损害既包括财产上的损害和精神上的损害,也包括既有财产的减少和应得利益的失去。(4)行使公权力的违法和损害事实之间必须存在因果关系。

(二)关于公共营造物设置管理瑕疵所造成的国家赔偿,采用无过错责任原则

1947年《国家赔偿法》第2条第1款规定:"因道路、河川或其他公共营造物之设置或管理有瑕疵,致使他人受损害时,国家或公共团体对此应负赔偿责任。"这里的规定显然同该法第1条第1款的规定不同,没有"过错"和"违法"的要求。根据该条规定,只要是公共设施的设置和管理的瑕疵对他人所造成的损害,不管其设置管理者是否尽到了相当的义务,国家或公共团体均不得免责。日本法院

---

① 参见姜明安主编:《外国行政法教程》,法律出版社1993年版,第374页。

的判例对这一无过错责任原则的适用亦加以确认。如 1970 年 8 月 20 日日本最高法院的一个判例认为:"所谓国家赔偿法第 2 条第 1 款设施或管理的瑕疵,是指设施缺少通常具有的安全性,对于基于此的国家或公共团体的赔偿责任,过失的存在是不必要的。"① 因而,此种赔偿责任的构成只需具备以下两个条件:(1) 损害是由公共设施造成的;(2) 公共设施的设置和管理有瑕疵。

(三) 关于已经受到关押、拘禁、拘押或已执行了刑罚的人被判决无罪的,国家采用结果补偿原则

日本的刑事补偿制度是日本国家赔偿制度的一种特殊形式。它由 1950 年的《刑事补偿法》所确立。根据该法规定,如果一个人已经依据有关法律受到关押、拘禁、拘押或已执行了刑罚,并经刑事普通程序、再审程序或非常上告程序被宣判无罪的,他都可从国家获得刑事补偿。这就排斥了过错责任原则,因为在它看来,无论是事前的关押、拘禁、拘押和执行刑罚,还是事后的宣判无罪程序,均是依法并且官员无过错。如果上述关押、拘禁、拘押、执行刑罚和判决行为是违法且又出于有关官员的主观过错,可依据《刑事补偿法》第 5 条第 1 款规定,同时也适用《国家赔偿法》或其他法律(如民法)请求损害赔偿。② 这正是日本为什么把 1950 年的刑事补救方面的法,称"刑事补偿法"而不称"刑事赔偿法"的缘故。③ 刑事补偿的构成要件有以下两项:(1) 必须是已经受到关押、拘禁、拘押或已执行了刑罚;(2) 必须受到无罪判决。国家补偿是因为公民无罪而司法机关的行为使其人身、财产、名誉遭受损害。如果公民有罪,那么对其人身的强制措施是理所应当的,不发生国家补偿的问题。

另外,根据 1947 年《国家赔偿法》的规定,国家机关及其工作人员其他行为所造成的国家赔偿适用民法,应符合民法所要求的归责原则与构成要件。

三、国家赔偿的程序

在日本,《国家赔偿法》未对国家赔偿程序作出规定,并且不存在有关国家赔偿程序的专门立法。在法院的司法实务中,通常将国家赔偿案件作为民事案件处理,适用民事诉讼程序。并且对于因违法行政行为的执行而导致损害的,"请求国家赔偿时,没有必要经过行政行为的撤销诉讼,可以直接提起该请求"④。

---

① 参见张正钊主编:《国家赔偿制度研究》,中国人民大学出版社 1996 年版,第 162 页。
② 日本《刑事补偿法》第 5 条第 1 款规定:"本法律不妨碍应受到补偿的人,根据国家赔偿法(1947 年法律第 125 号)和其他法律规定,请求损害赔偿。"因而,在公务员有故意或过失的时候,受害人除要求刑事补偿外,对于因刑事补偿不能填补的损害,还可以根据国家赔偿法的规定要求国家赔偿。但是,如果受害人出于同一原因,已经依照《刑事补偿法》受到补偿的,再根据其他法律要求损害赔偿,应在扣除补偿金的数额后,核定损害赔偿的数额。
③ 参见胡建淼:《比较行政法:20 国行政法评述》,法律出版社 1998 年版,第 380 页。
④ 参见杨建顺:《日本行政法通论》,中国法制出版社 1998 年版,第 657 页。

虽然《国家赔偿法》未对国家赔偿程序作出规定,但作为国家赔偿法的特别法的《刑事补偿法》对刑事赔偿程序做了规定。根据日本《刑事补偿法》的规定,刑事补偿的程序如下[①]:

1. 补偿请求的提起

受害人的刑事补偿请求应当在无罪判决确定之日起3年以内,向作出无罪判决的法院提出。刑事补偿请求可以由代理人提出,也可以由受害人的继承人提出。由继承人提出补偿请求时,必须提出足以说明同本人的亲属关系以及有无同顺位继承人的资料。可以提出补偿请求的同顺位继承人有数人时,其中一人提出的补偿请求,视为是为了全体成员提出的请求。法院在接受由继承人提出的补偿请求的情况下,如果知道有其他同顺位的继承人时,应尽快将已有补偿请求的意旨通知该同顺位的继承人。

2. 补偿请求的撤销

提出刑事补偿请求的人,可以撤销补偿请求。但是,可以提出补偿请求的同顺位继承人有数人时,已提出补偿请求的人,如果未取得其他成员的同意,不得撤销补偿的请求。一旦提出撤销请求后,该撤销补偿的请求人就不得再提出补偿请求。

3. 补偿请求的审理和裁判

对刑事补偿的请求,法院应听取检察官和请求人的意见,然后作出裁定,并将裁定的副本送达检察官和请求人。

补偿请求的程序违反法令规定的方式并且不能进行补正的,或请求人不听从法院的补正命令的,或者补偿请求已逾法定的3年期间的,法院应作出请求不受理的裁定。补偿的请求有理由的,应作出给予补偿的裁定;没有理由的,应作出驳回请求的裁定。可以提出补偿请求的同顺位继承人有数人时,法院对其中一人所作的给予补偿或驳回请求的裁定,对全体同顺位继承人有效。对给予补偿或驳回请求的裁定,请求人和同请求人同顺位的继承人,可以提出即时抗告。但作出该裁定的法院是高等法院时,可以向该高等法院提出异议。

4. 补偿请求程序的中断和承继

提出补偿请求的人在请求程序中死亡或丧失继承人的身份而且无其他请求人时,请求的程序即行中断。在这种情况下,提出请求的继承人以及同提出请求人同顺位的继承人,可以在2个月内承继请求的程序。法院应在此期限内,将可以承继请求程序的意旨通知为法院所知悉的可以承继请求程序的人。在2个月内未提出承继请求时,法院则可以裁定驳回请求。

[①] 参见刘静仑:《比较国家赔偿法》,群众出版社2001年版,第241—243页。

5. 补偿付款的请求

法院作出补偿裁定之后,付款请求人还须向该法院提出付给补偿金的请求。付给补偿金的请求权同补偿的请求权一样,都不得转让和扣押。

6. 补偿裁定的公告

法院在补偿的裁定已确定时,应根据受裁定人的申请,尽快将裁定的要旨登载于公报及申请人所选择的报纸上,予以公告。

四、国家赔偿的方式与计算标准

1947年《国家赔偿法》未对赔偿方式作规定,根据该法第4条的精神,应采用民法的方式。日本《民法典》为侵权行为设定的赔偿方式主要是支付赔偿金。因而,国家赔偿的方式主要是支付赔偿金。

关于国家赔偿的计算标准,日本《国家赔偿法》只对侵犯人身权的赔偿作了规定,对侵犯财产权的赔偿只能按照民法的标准办理。

根据日本《国家赔偿法》第6条规定,对侵犯健康权(造成伤害)的应赔偿以下项目:(1)实行必要的疗养以及与此相当的必要疗养费;(2)休业赔偿费;(3)障害赔偿费。对侵犯生命权(造成死亡)的应对被害人之继承人赔偿以下项目:(1)遗属赔偿费;(2)殡葬费;(3)慰抚金。

1950年《刑事补偿法》所规定的刑事补偿标准是:(1)由于关押、拘禁、监禁、拘留以及拘押而给予的补偿,应按照日数,以1日1000日元以上7200日元以下金额的比例支付补偿金。(2)由于执行死刑而给予的补偿,法院应在2000万日元以内认为适当的数额支付补偿金。但因本人死亡造成的财产损失额在得到证明时,补偿金的数额应为损失额加2000万日元以内的数额。此外,法院在决定补偿金额时,还必须考虑本人的年龄、健康状况、收入情况及其他情况。(3)由于执行罚金或罚款而给予的补偿,应在已经征收的罚金或罚款额上,按照从征收的次日起至决定补偿之日止,加上年息5厘的利率所得的数额支付补偿金。(4)由于执行没收而给予的补偿,如果没收物尚未处理,应交还原物;没收物已经处理的,应按与该物当时的价格相等的数额支付补偿金。另外,对征收的追征金,应在数额上按照从征收的次日起至决定补偿之日止的日期,加上年息5厘的利率所得的数额支付补偿金。

五、国家赔偿的费用负担和求偿

日本《国家赔偿法》对赔偿请求人和赔偿义务机关未作规定,这表明日本国家赔偿关系中当事人的认定规则与民法侵权关系中的当事人认定规则完全相同,即国家赔偿请求人应为其权利受到不法侵害的个人或组织,国家赔偿义务机关则是实施侵权行为的国家机关或公共团体。对于刑事补偿关系中的赔偿请求人和赔偿义务机关,根据日本1950年《刑事补偿法》的规定,刑事补偿的请求人应是:(1)被法院宣告为无罪而事前被关押、拘禁的人;(2)如果该人已经死亡,那么他的继承人为刑事补偿请求人。刑事补偿的义务机关则是宣告无罪的法院。对于赔偿费用,由于"国家、地方公共团体分别具有独立的法人资格,所以,在分别通过各自的机关,以各自的财源来推行其各自的事务的范围内,损害赔偿的责任者是明确的"①。国家赔偿的费用应分别由侵权行为的国家或公共团体负担。

由国家或公共团体负担赔偿费用,对于调动国家公务人员的工作积极性无疑是有益的。但由此带来的问题是,公务人员因无须自己承担赔偿的后果,可能会放纵自己的违法侵权行为。为了防止这种消极的后果,日本在国家赔偿制度中规定了求偿规则。按日本《国家赔偿法》的规定,求偿关系主要有以下四种:

(1)基于公共权力的求偿权。

根据1947年《国家赔偿法》第1条规定,公务员行使国家或公共团体的权力不法加害于他人而出于故意或重大过失的,国家或公共团体对该公务员拥有求偿权。这一求偿关系基于公权力而发生;求偿方为国家或公共团体;被求偿方为公务员;求偿的条件是公务员有"故意或重大过失"。

(2)基于公共营造物的求偿权。

根据1947年《国家赔偿法》第2条规定,因道路、河川或者其他公共营造物之设置或管理有瑕疵,致使他人受损害时,如就损害之原因,另有应负责任之人时,国家或公共团体对之有求偿权。这一求偿关系基于公共营造物的设置和管理而发生;求偿方依然是国家或公共团体;被求偿方是对赔偿"应负责任之人",如有管理义务的公务员、破坏或损坏公共设施的组织或个人,营造物的承揽者和建筑者等;求偿的条件是,损害事实的发生由他们的行为所致,即损害事实与他们的行为之间有因果关系。

(3)基于内部关系的求偿权。

根据1947年《国家赔偿法》第3条规定,如果对公务员的选任或监督的机关与公务员的俸给、给予或其他费用的负责机关不一致,对公共营造物的设置、管理机关与对公共营造物设置、管理承担费用的机关不一致,前者承担国家赔偿后,可对后者行使求偿权。这是基于内部关系的一种求偿关系。

(4)基于抚恤金的求偿权。

根据1947年《国家赔偿法》第5条规定,遗属已取一次性抚恤金或遗属年金等,不得再依《国家赔偿法》及民法之规定请求损害赔偿;公务员对此有故意或者重大过失时,国家或地方自治团体对该公务员有求偿权。

---

① 参见〔日〕盐野宏:《行政法》,杨建顺译,法律出版社1999年版,第489页。

第三章 国家赔偿一般原理

第一节 国家赔偿的概念

一、国家赔偿的概念和特点

根据我国《国家赔偿法》的规定,所谓国家赔偿,是指国家机关及其工作人员行使职权侵犯公民、法人和其他组织的合法权益造成损害的,国家依法对受害人所应承担的赔偿责任。简言之,就是国家对其侵权行为所造成的损害应当承担的赔偿责任。国家赔偿具有如下主要特点:

第一,赔偿原因的职权性。

所谓赔偿原因的职权性,是指国家赔偿只能发生在行使国家职权的过程中。没有行使国家职权的行为,就不可能发生国家赔偿。在行使国家职权的过程中,职权的行使者与相对人之间是一种管理与被管理的关系,双方处于一种权力服从的不平等地位,被管理者处于弱者的地位。正因为如此,才需要对被管理者加以特殊的保护,这也是国家赔偿得以产生的原因之一。

第二,赔偿主体的特定性。

所谓赔偿主体的特定性,是指国家赔偿的承担者只能是国家,而不能是其他人。在国家赔偿中,行为主体与赔偿主体是相分离的:行为主体是国家机关及其工作人员,而赔偿主体即是国家。就是说,是因为国家机关及其工作人员行使职权造成公民、法人和其他组织的损害,国家才承担责任的。无论国家机关及其工作人员行使职权的主观状态如何,国家都应当承担赔偿责任,而不能要求行使职权的国家机关及其工作人员自己承担赔偿责任。当然,国家承担赔偿责任并不排除在特定情况下,国家机关工作人员依据特别权力关系(即国家与国家机关工作人员之间的关系)承担责任,即对国家所应承担的责任。这种责任在国家赔偿法中体现为国家追偿权。

应当指出,国家赔偿主体与赔偿义务机关不是同一概念。赔偿主体是指谁最后承担责任,也就是费用由谁来支付,而赔偿义务机关则是指以国家的赔偿费用履行赔偿义务的机关。可以说,国家是国家赔偿的实质主体,而赔偿义务机关则是国家赔偿的形式主体。之所以如此,主要原因是便于受害人求偿,不至于受害人投诉无门或增加受害人的求偿困难。

第三,赔偿范围的限定性。

所谓赔偿范围的限定性,是指国家承担赔偿责任的范围完全由法律事先予以规定。各国的国家赔偿法对赔偿范围都不同程度地加以限制,我国亦是如此。之所以如此,其原因是多方面的,有主权的原因,有财力的原因,有国家利益的原因,等等。在我国国家赔偿法中,赔偿范围的限定性主要体现在:第一,对财产损害,只赔偿实际损失,即直接损失,而不赔偿可得利益损失,即间接损失。第二,对人身损害,不允许单独提出精神损害赔偿请求。第三,对受害人可以取得赔偿权利的范围有严格限制。对此,我国《国家赔偿法》第 3 条、第 4 条、第 17 条和第 18 条有明确规定。第四,对损害赔偿金,法律规定了计算标准。如《国家赔偿法》第 33 条规定:"侵犯公民人身自由的,每日赔偿金按照国家上年度职工日平均工资计算。"

第四,赔偿程序的特殊性。

所谓赔偿程序的特殊性,是指受害人请求国家承担赔偿责任的途径是特殊的,不同于一般的赔偿求偿途径。有学者将各国实现国家赔偿程序的特殊性概括为五个方面:一是国家承担赔偿责任实行短期时效制度;二是国家赔偿一般要求"穷尽行政救济"手段;三是国家赔偿诉讼的管辖依各国司法体制和诉讼标的的变化;四是证明责任一般由原告承担,但不必指认具体实施侵权行为的公务员;五是国家赔偿不能强制实现。[①] 在我国国家赔偿法中,赔偿程序的特殊性主要体现在:第一,赔偿请求必须首先向赔偿义务机关提出,即必须由赔偿义务机关先行处理。无论是行政赔偿,还是司法赔偿,都应如此。当然,对行政赔偿而言,如果受害人提出行政复议和行政诉讼的,也可以一并提出赔偿请求。第二,刑事赔偿不实行诉讼程序,受害人只能通过非诉程序求偿。第三,赔偿请求人的赔偿请求,赔偿义务机关、复议机关和人民法院不得收取任何费用。

第五,赔偿费用的专门性。

所谓赔偿费用的专门性,是指国家承担赔偿责任的费用由国家财政列支。尽管各国国家赔偿法关于国家赔偿费用的规定有所不同,但基本上都是列入国家财政或地方政府财政的。也即无论如何,赔偿费用最后都由国家负担。我国《国家赔偿法》第 37 条第 1 款规定,赔偿费用列入各级财政预算。

二、国家赔偿与民事赔偿的区别

"有侵权,必有责任",这是侵权责任法的一项基本原则。但如前所述,这一原则,对国家侵权而言,仅是在近代才得以承认。从渊源上考虑,国家赔偿是从民事侵权责任中分化出来的一种责任,并逐渐发展成为一种不同于民事赔偿责

[①] 参见马怀德:《国家赔偿法的理论与实务》,中国法制出版社 1994 年版,第 9 页。

任的特殊赔偿责任。在现代法中,国家赔偿与民事赔偿存在如下主要区别:

（一）产生原因不同

国家赔偿与民事赔偿都是基于侵权行为而产生的,这是两者的相同之处,但两者侵权行为的性质截然不同。国家赔偿是因国家侵权行为即国家机关及其工作人员行使职权侵犯公民、法人和其他组织合法权益的行为而产生的。在这种侵权行为实施过程中,双方当事人处于不平等的地位。而民事赔偿是因普通民事侵权行为即公民、法人和其他组织因违反法律规定的义务而产生的。在这种侵权行为实施过程中,双方当事人处于平等地位。

（二）赔偿主体不同

在国家赔偿中,实施国家侵权行为的是国家机关及其工作人员,而赔偿主体则是国家,即侵权行为主体与赔偿主体是相分离的。而在民事赔偿中,一般实行行为人对自己行为负责的原则,即由实施侵权行为的主体承担赔偿责任,侵权行为主体与赔偿主体是一致的。只有在特殊情况下,侵权行为主体与赔偿主体是相分离的。如法人的侵权赔偿责任、雇佣人的侵权赔偿责任、监护人的侵权赔偿责任等。在这些侵权赔偿责任中,实施侵权行为的可能是法人的工作人员、受佣人或被监护人,但承担赔偿责任的则是法人、雇主或监护人。

（三）赔偿范围不同

国家赔偿与民事赔偿都对受害人的损害给予赔偿,但两者的赔偿范围存在很大差别。在我国,国家赔偿的范围是有限制的,实行限制赔偿的原则。例如,对于财产损害,国家只赔偿直接损失,而不赔偿间接损失。在民事赔偿中,实行全部赔偿原则。侵害人不仅要赔偿直接损失,还要赔偿间接损失。

（四）赔偿程序不同

在国家赔偿中,存在着先行处理程序。行政赔偿的受害人应向赔偿义务机关提出赔偿请求,在法定期限内,赔偿义务机关不予赔偿或不能达成协议的,才能向法院起诉。在司法赔偿中,受害人只能向赔偿义务机关请求赔偿。在法定期限内,赔偿义务机关不予赔偿或达不成协议的,也只能申请上一级机关复议或申请人民法院赔偿委员会作出赔偿决定。在民事赔偿中,不存在先行处理程序。受害人可以与侵害人协议赔偿事宜,也可以直接向法院起诉。

（五）赔偿费用来源不同

在国家赔偿中,尽管是由赔偿义务机关具体履行赔偿义务,但国家赔偿的主体是国家。所以,赔偿经费是由国家支付,而不是由赔偿义务机关支付。在民事赔偿中,赔偿经费只能由实施侵权行为的人支付,其来源可以是公民个人所有的财产,也可以是法人和其他组织所有或经营管理的财产。应当指出,尽管全民所有制单位的财产属于国家所有,但它是法律赋予全民所有制单位独立支配的财产,与财政预算所列支的赔偿经费是有严格区别的。

三、国家赔偿与国家补偿的区别

关于国家补偿问题，第一章第四节"国家赔偿法的结构"中已有论及。这里只是简要说明国家赔偿与国家补偿的具体区别，以明确国家赔偿的特点。它们的区别主要表现在：

（一）产生的原因不同

国家赔偿是基于国家侵权行为而产生的，没有国家机关及其工作人员行使职权的侵权行为就没有国家赔偿。而国家补偿是基于国家合法行为等不可非难的行为而产生的，是国家机关及其工作人员合法行为的后果。

（二）范围不同

国家赔偿的范围包括侵害人身权的损害，也包括侵害财产权的损害，具体范围由法律规定。国家补偿的范围虽然也包括人身权的损害和财产权的损害，但具体范围上有所不同。在人身权损害上，国家补偿只涉及公民生命健康权的损害，而不包括人身自由权、名誉权、荣誉权的损害。在财产权损害上，只涉及财产被损坏、灭失的损害，而不包括诸如罚款、罚金、查封、扣押、冻结财产等所造成的损害。有人认为，国家补偿的范围仅针对财产权的损失，而不包括人身损害。[①] 这是不准确的。因为，国家补偿产生的原因除国家机关实施的合法行为外，还可能是其他不可非难的行为，如危险行为等。而这些行为就有可能造成人身损害。例如，军队的弹药库非因人为的原因发生爆炸而炸伤附近的居民，国家就应当给予补偿。

（三）产生的时间不同

国家赔偿只能发生在损害发生之后，即在国家机关及其工作人员没有行使职权造成损害时，不可能产生国家赔偿；而国家补偿则可以发生在损害发生之前，也可以发生在损害发生之后。在国家补偿中，对受害人何时补偿，取决于法律的规定和双方事先达成的协议。

（四）工作人员的责任不同

在国家赔偿中，如果行使职权的国家机关工作人员主观上有故意或重大过失，则赔偿义务机关赔偿损失后，应当责令他们承担部分或全部赔偿费用。即在国家赔偿中，国家有追偿权。在国家补偿中，由于国家机关工作人员所实施的行为是合法行为，他们没有过错可言，所以，不可能发生国家追偿权。

---

① 参见皮纯协、冯军主编：《国家赔偿法释论（第三版）》，中国法制出版社2010年版，第11页。

第二节 国家赔偿的性质

一、域外关于国家赔偿性质的不同学说

国家赔偿的性质是指国家承担赔偿责任的法律依据,是国家赔偿与其他赔偿相区别的根本特点。在国家赔偿中,由于侵权行为主体与责任主体是分离的,而且国家与国家公务员关系的联系程度有所区别,同时,又由于各国国家赔偿立法和判例制度有差异,所以,对于国家赔偿性质的认识差别很大。概括起来,主要有以下几种学说:

(一) 代位责任说

代位责任说认为,公务员的侵权行为造成损害,由国家代为承担赔偿责任。就是说,国家承担的责任并不是自己本身的责任,而是代公务员承担责任。从理论上讲,公务员就其侵权行为所造成的损害应由公务员自己承担责任,但因为公务员财力有限,为确保受害人能够得到实际赔偿,改由国家代替公务员对受害人承担赔偿责任。在日本,学者根据日本《国家赔偿法》第1条第2款关于"公务员有故意或重大过失时,国家或公共团体对该公务员有求偿权"的规定,证明国家赔偿是代位责任。否则,国家就没有求偿权。日本最高法院1953年11月10日的判决认为:国家依日本《国家赔偿法》第1条的规定,对受害人负损害赔偿责任,须以公务员违法执行职务加害于他人时,有故意或重大过失为要件。由此可以看出,日本最高法院的判例所采取的是代位责任说。[1] 目前,代位责任说是日本占主导地位的学说。

(二) 自己责任说

自己责任说认为,公务员的侵权行为造成损害,国家应直接负赔偿责任,而不是代公务员承担责任。日本有学者认为,从形式上看,日本《国家赔偿法》第1条并没有明文规定由国家代公务员承担赔偿责任,而系规定就公务员造成的损害应负赔偿责任;从实质上看,国家授予公务员执行职务的权限,该权限有被公务员违法行使的可能,所以,国家应负危险责任。主张自己责任说的学者倾向于把国家视为法人,所以,国家公务员自然为法定代表人或雇员。由于国家的意志只能通过国家机关和公务员贯彻实施,国家本身并不直接实施具体行为。所以,履行国家职权的机关和公务员的行为是代表国家的,可以视之为国家行为。在这种情况下,作为法人的国家就应当对作为自己所属人员的公务员的侵权行为负责。日本学者南博方认为:"国家授予公务员的权限本身,会有两种结果,即合

---

[1] 转引自曹竞辉:《国家赔偿法实用》,我国台湾地区五南图书出版公司1984年版,第40页。

法行使的可能性和因违法行使导致损害的危险性。国家既然将这种含有违法行使的危险性的权限授予公务员,便应该为此承担赔偿责任。"① 日本东京法院1964年6月19日的判决认为,国家赔偿"可以理解为不是规定代替公务员承担代位责任,而是规定了起因于公务员的行为而需要直接承担的自己责任"。② 在日本,自己责任说的影响在不断增强。

(三) 合并责任说

合并责任说又称并合责任说或竞合责任说,认为,国家赔偿的性质不能一概而论,应视公务员是否具有公务机关的身份而定。如果公务员具有公务机关的身份,则因其侵权行为所造成的损害,国家所承担的赔偿责任,系自己责任;如果公务员不具有公务机关的身份,仅具有受雇人的身份,则其侵权行为所造成的损害,国家所承担的赔偿责任,系代位责任。就是说,具有公务机关身份的公务员所为的侵权行为,可视为国家自身的行为,国家自应就其侵权行为承担自己之责任;反之,公务员若仅居于受雇人的地位,因不具有公务机关的身份,则其侵权行为不能视为国家的行为,故国家所应负的赔偿责任,仅为代位责任。两者依具体情形,择一适用。③

(四) 中间责任说

中间责任说认为,公务员的侵权行为被认定为公务机关的侵权行为时,国家对公务员的侵权行为所造成的损害承担责任,是自己责任;如果公务员在实施侵权行为时主观上具有故意或重大过失,则该行为便失去了公务机关行为的性质,仅为该公务员个人的行为。国家本不应该对这种行为所造成的损害承担责任,只是为了保护受害人的权益而承担赔偿责任。这种责任系代位责任。这种学说的根据在于,国家仅就自己机关的侵权行为所造成的损害承担赔偿责任,而对他人的侵权行为所造成的损害,不代负赔偿责任。只是国家赔偿法特别作出例外规定,国家代替不具有公务机关身份的公务员的侵权行为所造成的损害承担赔偿责任。

(五) 折中说

折中说认为,国家赔偿的性质,应依下列情形而定:如果公务员执行职务时为侵权行为造成损害,其赔偿责任应属于国家自己责任;如果从国家赔偿的要件观察,须以公务员有"故意或过失"始能成立,则该责任又具有代位责任的性质。④

从以上五种学说来看,国家赔偿性质的争论焦点在于代位责任与自己责任

---

① 参见〔日〕南博方:《日本行政法》,杨建顺、周作彩译,中国人民大学出版社1988年版,第102页。
② 参见李毅易:《试析日本国家赔偿法的宪法根据》,载《中外法学》1990年第6期。
③ 参见〔日〕新井隆一:《国家的不法行为责任的本质》,载《早稻田法学会杂志》第10号。
④ 参见曹竞辉:《国家赔偿法实用》,我国台湾地区五南图书出版公司1984年版,第40页。

之争,而德国、日本、我国台湾地区通说采取代位责任说。① 之所以国家赔偿性质的争论焦点在于代位责任说与自己责任说,有人认为主要有两个原因:一是出发点不同。代位责任说以公务员的个人过失责任原则为前提,而自己责任说则以国家活动的危险责任理论为前提。二是责任的构成要件不同。代位责任说以过失责任为前提,当然要强调行为人的主观过错。即行为人具有主观过错是责任的构成条件,而主观过错又与公务员个人行为紧密相连。而自己责任说更多的是一种无过错责任,即从国家活动的角度判断,只要是具有危险性的行为,即可以构成国家赔偿的违法性要件,而与行为人紧密相连的过错则无关紧要。并进一步认为,只要作为主观要件的过失依然与行为人个人紧密相连,且国家赔偿依然以过失责任为原则,就仍应当采取代位责任说。但在适用无过错责任的领域,可以采取自己责任说。② 我们认为,这些原因都只是问题的外在形式,而没有涉及问题的实质。代位责任说与自己责任说之间的差异,其实质在于如何认识公务员侵权行为的性质。即公务员的侵权行为(无论其主观状态如何)是个人行为还是国家行为,其基点是公务员与国家的关系。只有把握这个关键,才能正确认识国家赔偿的性质。

二、我国学者对国家赔偿性质的认识

我国学者对国家赔偿的性质也存在着不同的看法,主要是代位责任说与自己责任说之争。有人主张国家赔偿为代位责任,认为国家机关工作人员以国家的名义,依据法定职权进行活动给相对人造成损害的,应由国家代为承担由此引起的赔偿责任。③ 但绝大多数学者主张国家赔偿为自己责任。有学者分析了我国 2014 年修改前的《行政诉讼法》第 68 条的规定,认为作为国家赔偿重要组成部分的行政赔偿并不是代位责任。因为:第一,求偿权只意味着行政机关为了惩戒有责任的公务员而使其支付部分赔偿费用,支付赔偿费用与承担赔偿责任并不能画等号。也就是说,我国 2014 年修改前的《行政诉讼法》第 68 条并没有使公务员直接地承担恒定的法律义务(责任)。第二,依我国 2014 年修改前的《行政诉讼法》第 68 条的规定,公务员支付赔偿费用是有特定条件的,即有故意或重大过失,而这种条件又不是赔偿责任的条件。实际上真正承担赔偿责任的是国家,国家赔偿是否成立,并不以公务员主观状态为转移。可见,国家赔偿从性质上说是一种国家直接责任。公务员的过错程度只在赔偿后的追偿程序中才有意义,并不影响国家赔偿的"自己责任"的性质。

---

① 参见叶百修:《国家赔偿法》,我国台湾地区 2017 年作者自版,第 45—48 页。
② 参见李毅易:《试析日本国家赔偿法的宪法根据》,载《中外法学》1990 年第 6 期。
③ 参见于安:《试论我国国家赔偿制度》,载《法学研究》1987 年第 2 期。

我国《国家赔偿法》颁布及其修改后,关于国家赔偿的性质,学界基于《国家赔偿法》第 2 条的规定,对国家赔偿的性质进行了分析。多数学者认为,从《国家赔偿法》第 2 条的规定看,我国在国家赔偿的性质上采取了自己责任说。[①] 从实质上说,国家赔偿是国家应当承担的责任,即国家对国家权力的不当行使而对公民承担的责任,根本上是处理国家与公民之间的关系。自己责任说不仅与国家赔偿法的目的相吻合,而且有利于从财力上充分保障对受害人的国家赔偿的具体落实。[②] 有学者指出,国家赔偿属于自己责任,其理由有二:一是从国家方面来看,它只是个抽象的政治实体,不可能亲自行使权力,国家的权力只能由国家机关及其公务员来行使。无论是合法行使权力,还是违法行使权力都是以国家名义进行的,国家机关及其公务员的行为就是国家的行为。所以,国家应就其违法行使职权时导致的损害承担赔偿责任。二是从法律规定来看,《国家赔偿法》第 2 条明确采取了自己责任说。因为国家机关及其工作人员的侵权行为由国家承担赔偿责任,而不是由公务员个人负责,从而也就不存在国家的代位责任问题。[③] 当然,也有学者认为,自己责任说与代位责任说之间并不存在巨大差异,而且适用的领域也存在不同,不宜用自己责任说"一统天下",而完全采取代位责任说,因其对无过错责任的抵触也不恰当。因此,最佳的选择是:对于以过错为要件的国家赔偿责任,用代位责任解释之;而对于无过错责任下的国家赔偿责任,用自己责任解释之。[④]

我们认为,国家赔偿的性质应属于自己责任。上述学者所论述的理由都是从法律规定的角度展开的,可以说是国家赔偿为自己责任的法律根据。我们这里试从法理的角度,阐述国家赔偿为自己责任的理由。

第一,从国家与国家机关工作人员的关系上看,国家赔偿是自己责任。明确国家与国家机关工作人员的关系,是正确认识国家赔偿性质的关键。只有正确认识这个问题,才能正确认识国家赔偿的性质。国家作为阶级统治的工具,是一个具有综合目标的政治、法律实体。国家为了实现自己的职能,必须设置各类国家机关,任命国家机关工作人员。从国家与国家机关之间的关系来说,国家机关是国家的代表;从国家机关与国家机关工作人员之间的关系来说,国家机关工作人员又是国家机关的代表。因此,国家与国家机关工作人员之间的关系,实际上就是国家机关与国家机关工作人员之间的关系。这种关系是一种特别权力关

---

① 参见江必新、梁凤云:《国家赔偿法教程》,中国法制出版社 2011 年版,第 10 页;石佑启等:《国家赔偿法新论》,武汉大学出版社 2010 年版,第 10 页;张洪主编:《国家赔偿法学》,北京师范大学出版社 2011 年版,第 5 页;上官丕亮主编:《国家赔偿责任研究述评》,法律出版社 2017 年版,第 100 页。
② 参见上官丕亮主编:《国家赔偿责任研究述评》,法律出版社 2017 年版,第 100—101 页。
③ 参见刘静仑:《比较国家赔偿法》,群众出版社 2001 年版,第 112—113 页。
④ 参见沈岿:《国家赔偿法:原理与案例(第二版)》,北京大学出版社 2017 年版,第 31 页。

系,是根据法律的特别规定,经国家特别选任而产生的关系。关于国家机关与国家工作人员之间的关系,学者们提出了各种观点,其中"公务员与国家机关一体化"和"国家机关代表国家"的观点,受到人们的普遍重视和接受。按照这一观点,国家机关工作人员在代表国家管理公务过程中,与国家具有同一性。就是说,国家机关工作人员行使职权时并不是以个人身份出现的,而是以国家机关的身份出现的,其行为是一种国家行为,一切后果都归属于国家。这里的职权行为既包括合法行为,也包括违法行为。就是说,国家既要承担合法行为的后果,也要承担违法行为的后果。那么,国家机关工作人员的职权违法行为是否因其主观态度不同而有所差别呢?即能否说,国家机关工作人员主观上具有故意或重大过失的职权违法行为就不是国家行为了呢?回答当然应当是否定的。因为国家机关工作人员的过错程度只能说明其应受惩戒的轻重,与行为的性质没有关系。即,国家机关工作人员虽然因过错而实施了职权违法行为,但这并没有改变该行为的性质,它仍是一种国家行为。

第二,从国家与人民之间的关系看,国家赔偿是自己责任。现代社会的发展,改变了传统的国家与人民之间绝对权力服从的观念。现代社会的国家与人民之间的关系是一种权利义务关系。当然,这种权利义务关系并不是从平等者的角度而言的,而是说国家行使权力不能是毫无限制的。国家在行使权力的同时,也应承担相应的义务。如果国家违反了这种义务,就应承担责任。国家机关工作人员代表国家执行职务时,即产生了国家与特定对象之间的关系。因此,国家机关工作人员行使职权造成损害的,产生的也只能是国家与特定受害人之间的关系,即只能由国家赔偿受害人的损害。

第三,法律思想的演进表明,国家赔偿是自己责任。在古代和中世纪,法律强调人民服从国家,法律的精神或本位是义务。但自17、18世纪资产阶级提出"天赋人权"以来,法律思想发生了根本性变化。法律精神是个人权利,因而,产生了传统民法上的三大原则:私有财产神圣不可侵犯、契约自由和过失责任。进入20世纪后,法律不仅注意保护个人权利,而且又强调保护社会利益。因而,权利本位的法律思想逐步发展为社会本位的思想。由此产生了"法律社会化"现象,传统民法上的三大原则发生了变化。其中,在过失责任之外又产生了无过失责任。虽然从目前各国立法规定来看,无过失责任仍属例外,但随着社会的发展,无过失责任思想的影响将会越来越大。因无过失责任的采用,法律上开始承认行为人应对自己行为所形成的危险状态负责。如果这种危险状态引起了损害,行为人就应承担赔偿责任,而无论其主观上有无过错。国家赋予国家机关工作人员行使国家职务的职权,系实现国家职能的需要。但这种职权常有被违法行使的可能性,形成一种危险状态。对于这种危险状态所引起的损害,国家自应直接承担赔偿责任,无代位可言。至于国家机关工作人员基于故意或重大过失行使职权而造成的损害,只能引起行为人对国家的责任。这种责任属于国家机关的内部关系,与国家赔偿的性质毫无关系。

第三节 国家赔偿的理论根据

一、关于国家赔偿理论根据的不同学说

自国家赔偿制度产生以来,围绕着国家缘何承担赔偿责任,即国家承担赔偿责任的理论根据是什么,学者们在国家赔偿制度发展的不同历史阶段提出众多学说,如国库理论说、国家责任说、特别牺牲说、公共负担平等说、法律拟制说、危险责任说、社会保险说等。[①]

(一)国库理论说

国库理论说以"国家为私法上的人格"作为出发点,认为国家具有财产管理人的身份,可以成为法律上的主体,即将国家当作是私法上的特别法人。所以,该学说又称为私经济行政说和国库行政说。国库理论说认为,国家并非主权或统治权的主体,国家亦不具有任何超越私人的特殊地位,国家应以与私人完全相等的地位而存在。对于国家不法行为应课予与私法上不法行为同等的责任,应由统一的独立的法院管辖。这种学说的重点虽然强调国家私人化,但并未排斥责任构成条件的概念,故过失之有无,足以影响国家赔偿的成立。

(二)国家责任说

国家责任说认为,国库理论说以主权不负责的观念和将过失归属于国家的理论为出发点,认为国家行为负有与私人不法行为同等的责任,是不能自圆其说的,应当从国家主权的性质本身去寻求国家赔偿的根据。此说强调国家机关具有国家强制权,人民仅有单纯服从的义务,而国家应负保证不为不法行为或担负责任的义务。故因国家权力行使的结果而损害人民的权利时,国家自应承担责任。国家责任说理论与公法上损失补偿理论基本相同,且对国家赔偿的根据,不重视责任的构成条件,即不以过失为要件,而以主权的性质为出发点,凡命令服从关系所生的损害,其责任应归属于国家。

(三)特别牺牲说

特别牺牲说认为,国家责任说所谓的国家对人民的一般保证义务观念,是没有任何根据的拟制,且非适用私法上的概念不可。而私法上的损害赔偿义务乃

[①] 参见王盼主编:《国家赔偿法学》,中国政法大学出版社1994年版,第3—5页;马怀德:《国家赔偿法的理论与实务》,中国法制出版社1994年版,第9页;张正钊主编:《国家赔偿制度研究》,中国人民大学出版社1996年版,第15—19页;石佑启等:《国家赔偿法新论》,武汉大学出版社2010年版,第10—13页;皮纯协、冯军主编:《国家赔偿法释论(第三版)》,中国法制出版社2010年版,第18—25页。

是以责难为中心观念,以过失为前提。但公法上的损害赔偿责任之基础与此完全不同。国家既然不能中止其活动,则人民必然会受到各种损害。这就要求人民要忍受各种可能的牺牲,但这些牺牲必须公平,才符合正义的要求。如果产生不公平的结果,则需要由国家予以补偿。特别牺牲说不以行为者的主观过错为构成要件,具有无过错责任理论的因素。

(四)公共负担平等说

通说认为,公共负担平等说系来源于《人权宣言》第13条"个人公共负担平等"的思想,是法国国家赔偿法一个重要理论,是一种公法理论。该说认为,国家公务活动的目的是为了人民的公共利益,人民同等享受公务活动的利益结果,同时应由全体成员平等地分担费用。如果因公务作用致个人遭受损害,实际上是受害人在一般纳税负担以外的额外负担。这种额外负担不应当由受害人自己承担,而应当平等地分配于全体社会成员,即由全体成员填补损害,这才符合公平与正义原则。其分配的方法就是国家以全体纳税人交纳的税金赔偿受害人的损害。可见,由国家赔偿受害人的损害,是公共负担平等的一种表现形式。

(五)法律拟制说

法律拟制说认为,国家与私人一样,对于其不法行为应同列为被告。公务员的越权行为,应同受法院支配而由国家负赔偿责任。国家承担赔偿责任的理由,宜认为系政府各部门的法人化,公务员亦系法律所拟制,并无任何特殊权力和尊严性。国家既然允许公务员广泛地干涉人民的生活,却得对其过失而免予赔偿,于理不合。所以,在积极国家的观念下,国家当然有尽责任的义务。学者进一步指出,私人与国家在形式上似具有"对等"地位,但内容上却因后者对前者的干涉,而使国家以"权利之代价"负其责任。国家赔偿的基础,是国家对于自我现实存在的承认。将国家不法行为责任与私人不法行为责任相提并论,并非将两者从本质上予以同化,只不过是法律技术上的"类推",即法律的拟制而已。

(六)国家危险责任说

国家危险责任说是国家赔偿制度比较新的一种理论,是指公务员因行使职权所形成的特别危险状态而致人民权利发生损害时,法律上不评价其原因行为的内容,而由国家承担赔偿责任。即无论公务员是否有过错,国家都应承担赔偿责任。所以,危险责任说又称行政危险说或无过失责任说。这是法国行政法院所独创的特殊的公法理论,德国受其影响也逐步形成了其危险责任理论。国家何以要承担危险责任,学者们提出了诸多理论依据。除公共负担平等理论外,主要有以下三种:

一是利益与负担关联说。该说认为,公法人因公益目的的活动致人民权利发生损害应负赔偿责任,系由私法上报偿理论发展而来。在社会生活中,最具有代表性又为团体一般利益而活动者,莫过于公务活动。因公务活动所造成的损害,实为国家作用中一般利益的牺牲。因该公务活动而获得利益者,乃是社会全体。故承担赔偿责任的费用,亦应归属于社会全体。就是说,从法学观点来看,加害行为必能获得利益,因而相应地应负担责任。这种学说与公共负担平等理论在本质上是相同的。

二是国家保障义务说。这种学说以国家权利义务关系不平等作为基础,主张国家赔偿应建立在国家对人民的保障义务上。按这种学说,国家保障义务分为结果义务与手段义务两种,而人民应受保障的权利有绝对权利和相对权利。绝对权利是指人类应享有的基本权利,如生存权、身体权、工作保障权及司法保障等。当绝对权利受侵害时,任何人有基于国家结果义务请求赔偿的权利,国家对这种损害后果负有自动弥补的义务。这种绝对权利导致的结果义务,与危险责任理论相当。国家对相对权利的保障义务并无绝对性,所以,公务活动的责任自无自动性可言,必须以公务活动的手段予以定夺。即公务活动是否违反手段义务,必须视公务活动的性质、人民的个人情况及忍受程度等加以确定。这种相对权利导致的手段义务,与过失责任理论相当。

三是分配正义说。这种学说认为,随着社会关系的变化以及国家行政行为对于个人生活的积极介入,造成损害结果的危险日益加深,负担责任亦相对地扩张。且危险状态与日俱增,个人权利及其他危险的承受力却日益减少,所以,国家对"所有者应负担危险的原则"不能置之度外。个人因现代行政作用遭受的损害,国家应当以一般平均以上的损害赔偿,这不仅公平且合于分配的正义。

(七) 社会保险说

社会保险说通过民间保险的原理说明国家赔偿的理论根据,主张国家是全社会的保险人,社会成员向国家纳税,等于向保险公司投保,因此,国家赔偿社会成员的损失就相当于社会集资填补个人的意外损害。法国著名法学家狄冀指出:"当国家行为引起了对特定公民的个人损害时,不管政府官员是否有过错,此时国家应对某采取救济措施。在某种程序上,国家就是被称为社会风险的保险者。"[①]

上述各种学说都从不同的角度论证了国家赔偿的根据,都有一定的合理因素,也都存在着不同程度的缺陷。由于各国政治、经济、文化、法律传统等方面的差异,至今没有哪一个学说能够被各国法律和学者完全接受。

二、我国建立国家赔偿制度的理论根据

在我国,国家赔偿的理论根据如何,学者间的认识有所不同。例如,有人认

---

① 〔英〕L. 戴维乐·布朗、约翰·S. 贝尔:《法国行政法》,高秦伟、王锴译,中国人民大学出版社2006年版,第184—185页。

为,讨论国家赔偿的理论基础不能不涉及国家的政治制度、司法制度和现有各种条件,也不能不对国家的身份地位做一个明晰的划分。并由此得出结论,我国国家赔偿理论既不同于法律拟制说,也不同于公平负担与强制命令说,而系以人民民主专政为基石,以循序渐进为方式,在区分不同性质国家行为前提下建立起来的"法律责任说"。即一切权力属于人民,国家应在人民立法的限度内,以法定方式行使权力,执行公务活动。凡违反法律,给人民造成非法损害或特别情形下以合法方式损害人民权益的,国家均应负责填补这些损失,赔偿方式及范围应依国家行为的性质而定。① 有人认为,探讨国家赔偿的理论依据要从多方位去把握。首先,从国家的性质来说,现代民主国家基本的任务和目的之一就是要保障公民和其他相对人的基本权利,防止和排除来自任何一方的侵害,当然包括国家本身的侵害。国家虽然是一个抽象的实体,但国家权力的运作则是靠具体的公务人员完成的,这些公务人员受国家的委托,以国家的名义从事各项管理活动,其行为的后果,包括职务行为的侵权后果及与职务行为有关的侵权后果都属于国家。国家有责任排除侵害,给受损害者予以补偿。其次,从公平、正义的理念出发,在现代的法治与民主社会中,公民一律平等,平等地享有权利和机会,平等地承担义务和责任。国家活动的一切费用由全体公民以纳税的方式平等负担,国家因管理而给公民或其他相对人带来的损害意味着该受害人承担了额外负担。当然,这种额外负担由全社会分担才符合公平、正义的理论。如果让受害人个人承担,显然不公正。再次,从保障国家管理秩序的畅通和维护社会的稳定方面看,国家赔偿是必不可少的。一方面,国家赔偿可以及时平息因国家侵权而造成的纷争,化解公民与国家机关之间的矛盾,消除不安定隐患。另一方面,国家赔偿可以减轻受害人因损失而造成的心理与经济上的压力,增进广大公民对国家的了解和信任,减少管理中的阻力,使管理秩序畅通。② 有人认为,在我国,人民是国家的主人,奉行的也是人民主权的原则,公民在法律面前一律平等。当国家机关及其工作人员行使职权侵犯个别公民、法人和其他组织的合法权益,就破坏了法律面前人人平等原则,侵犯了公民的保障权利。因此,国家应对该公民、法人和其他组织承担赔偿责任,以填补其所遭受的损害,这是对平等的重建。可见,法律面前一律平等的原则是我国国家赔偿法的理论基础。③ 有人认为,我国国家赔偿制度的理论根据在于人民保障理论、法治理论以及公平、正义理论。④ 有人认为,国家赔偿制度的理论根据在于人民主体说、公共负担平等说和国家危险

---

① 参见马怀德:《国家赔偿法的理论与实务》,中国法制出版社1994年版,第35—37页。
② 参见薛刚凌:《国家赔偿法教程》,中国政法大学出版社1997年版,第14页。
③ 参见刘静仑:《比较国家赔偿法》,群众出版社2001年版,第96页。
④ 参见石佑启等:《国家赔偿法新论》,武汉大学出版社2010年版,第15页。

说。① 有人认为,国家赔偿制度的理论根据在于人民主权原则、法治原则、人权保障原则、国家责任原则。②

我们认为,建立我国的国家赔偿制度与我国的国体、政体及国家职能是分不开的,而这一切都是以国家与人民之间的关系为出发点的。这就是国家赔偿的理论根据。首先,从国体上看,中华人民共和国的一切权力属于人民。人民依照法律规定,通过各种途径和形式,管理国家事务,管理经济和文化事业,管理社会事务。这是我国宪法所确立的基本原则,也是建立国家赔偿制度的政治基础。可见,在我国,国家与人民之间既不是一种权力服从关系,也不是一种契约关系,而是人民是国家的主人。人民的利益是国家一切活动的出发点和归宿,在任何时候、任何人都不得侵犯人民的合法利益。如果国家机关及其工作人员在行使职权时,侵犯了人民的利益造成损害,就是破坏了人民作为国家主人翁的地位,国家理应予以保护。其次,从政体上看,我国的政体是人民代表大会制度。人民行使国家权力的机关是全国人民代表大会和地方各级人民代表大会。一切国家机关和国家工作人员必须依靠人民的支持,经常保持同人民的密切联系,倾听人民的意见和建议,接受人民的监督,努力为人民服务。既然如此,国家机关及其工作人员在行使职权、提供服务时对人民造成损害,就应当承担责任。

第四节　国家赔偿的归责原则

一、国家赔偿归责原则的确立标准

从字面意义去理解,所谓归责是指责任的归属,即应由谁承担责任。所以,归责原则就是据以确定责任何以由行为人承担的根据或准则。据此而论,国家赔偿的归责原则是指国家何以承担赔偿责任的根据。应当指出,这里的根据并不是指我们前面所论述的国家赔偿的理论根据,而是确认和追究国家赔偿的标准。

在侵权责任制度中,尽管学者们对应当以何种标准确认和追究行为人的责任存在不同的看法,但通说认为,应当以主观状态作为确认和追究行为人责任的标准,即确立归责原则的标准是行为人的状态。所以,侵权责任的归责原则包括过错责任原则和无过错责任原则。那么,在国家赔偿中,确立国家赔偿归责原则的标准是什么呢?对此,学者们有不同的主张。有人认为,确定国家赔偿归责原则的依据必须是客观的而非主观的,是主要而非次要的,是综合而非单一的,是

---

① 参见上官丕亮主编:《国家赔偿责任研究述评》,法律出版社2017年版,第49—50页。
② 参见胡锦光、余凌云、吴鹏主编:《国家赔偿法(第三版)》,中国人民大学出版社2017年版,第9—10页。

能够被普遍承认而非独家赞同的,进而提出了以下依据:(1)该原则必须是逻辑合理,符合法学理论的,有利于相关法律之间协调一致的;(2)该原则必须有利于保护公民、法人和其他组织的合法权益;(3)该原则必须有利于促使国家机关及其工作人员严格依法办事;(4)该原则必须适合中国国情,符合我国的经济发展水平和国家机关工作人员及群众的认识水平;(5)该原则必须有利于法院的实际操作。① 有人认为,国家赔偿归责原则的核心在于决定国家对特定公权力所致损害的结果负担责任时应依据何种标准,而这种标准涉及某种特定地价值判断因素。确定国家赔偿责任的归属,须有统一的标准和根据,使之合乎公平、正义的原则。国家赔偿责任归属的标准和依据,就是法律所的法律价值判断因素,主要包括三个:过错、损害结果及违法性。损害的归责,就是针对损害的不同情况,分别依据不同的法律价值判断因素来判断国家赔偿的责任是否成立。② 有人则认为,国家赔偿的归责原则是从民事侵权赔偿的归责原则发展而来,是在法律上确定国家承担赔偿责任所依据的标准,也就是在损害损害发生后,以何种标准判断国家是否赔偿责任,是基于行为人的过错、已经发生的损害结果,还是行为的违法性等作为判断衡量标准。③

我们认为,要正确确定国家赔偿的归责原则,必须首先明确归责原则的标准或出发点。因为标准不同,得出的结论也不会相同。应当说,归责原则所要解决的是为什么行为人要对自己行为所造成的损害后果承担责任的问题。所以,在一般情况下,行为人对其行为所造成的损害应否承担责任,即承担责任的标准,应当取决于行为人主观上是否有过错。如果行为人主观上有过错,那么,他就应对自己行为的后果负责;如果行为人主观上没有过错,他就不承担责任。这就是过错责任原则。但是,在有些特殊情况下,法律为了保护受害人的利益,不以行为人的主观过错作为确定责任的标准,而是不论行为人有无过错,都要求行为人对自己的行为后果承担责任,这就是无过错责任原则(又可称为严格责任原则)。至于行为人的行为是否违法、行为与损害结果之间有无因果关系,都不是确立责任的标准,而只是确定责任能否成立的条件,所要解决的也只是确定责任的范围问题。所以,我们认为,确立归责原则的标准只能是行为人的主观状态,而不能是其他。正如德国著名学者耶林所言:"使人负损害赔偿的,不是因为有损害,而是因为有过失,其道理就如同化学上之原则,使蜡烛燃烧的,不是光,而是氧一般的浅显明白。"④ 以行为人的主观状态作为确定标准的责任,即为过错责任;不论行为人主观过错的,即为无过错责任。国家赔偿的归责原则也应是如此,也应当

---

① 参见罗豪才、袁曙宏:《论国家赔偿的原则》,载《中国法学》1991年第2期。
② 参见江必新、梁凤云:《国家赔偿法教程》,中国法制出版社2011年版,第54—55页。
③ 参见石佑启等:《国家赔偿法新论》,武汉大学出版社2010年版,第52页。
④ 转引自王泽鉴:《民法学说与判例研究》(第二册),北京大学出版社2009年版,第106页。

以国家机关及其工作人员的主观状态作为确定归责原则的标准。

二、关于国家赔偿归责原则的不同观点

在《国家赔偿法》颁布之前,我国学者对国家赔偿的归责原则提出了各种不同的观点,累计达十余种。如过错责任原则、无过错责任原则、违法责任原则、中间责任原则、违法与明显不当原则、过错责任为主无过错责任为辅原则、违法失职责任原则、过错且违法责任原则、违法且过错责任原则等。在我国《国家赔偿法》颁布后、2010年修改之前,对国家赔偿归责原则的认识,占主导地位的观点是违法责任原则。此外,还有过错责任原则和无过错责任原则。

2010年修改后的我国《国家赔偿法》第2条第1款规定,国家机关和国家机关工作人员行使职权,有本法规定的侵犯公民、法人和其他组织合法权益的情形,造成损害的,受害人有依照本法取得国家赔偿的权利。学者们根据该规定,提出了不同的归责原则。例如,有人认为,国家赔偿的归责原则仍为违法责任原则。① 有人认为,国家赔偿的归责原则有一般归责原则与特殊归责原则,前者为违法责任原则,后者为结果责任和过错责任原则。② 有人认为,国家赔偿的归责原则以违法责任原则为主,结果责任原则为辅。③ 有人从发展的角度主张,国家赔偿的归责原则应当进行重构,实行以过错责任原则为主,无过错责任原则为辅的归责原则体系。④

应当说,在我国《国家赔偿法》颁布以前,学者们关于国家赔偿归责原则的探讨都是从理论上,并结合《民法通则》及《行政诉讼法》的规定而进行的。而在我国《国家赔偿法》颁布后,学者们则是根据《国家赔偿法》的规定探讨国家赔偿的归责原则。1994年《国家赔偿法》第2条规定,国家机关和国家机关工作人员违法行使职权侵犯公民、法人和其他组织的合法权益造成损害的,受害人有依照本法取得国家赔偿的权利。该条中使用的"违法行使职权"一词,一直被学界认为是国家赔偿实行违法责任原则的依据。但是,2012年《国家赔偿法》第2条修改为:"国家机关和国家机关工作人员行使职权,有本法规定的侵犯公民、法人和其他组织合法权益的情形,造成损害的,受害人有依照本法取得国家赔偿的权利。"这里将"违法行使职权"中的"违法"删除,这表明,无论是违法行使职权还是合法行使职权,只要侵犯了公民、法人或其他组织的合法权益,国家均应承担赔偿责

---

① 参见皮纯协、冯军主编:《国家赔偿法释论(第三版)》,中国法制出版社2010年版,第81页。
② 参见江必新、梁凤云:《国家赔偿法教程》,中国法制出版社2011年版,第56—66页。
③ 参见马怀德主编:《中华人民共和国国家赔偿法释义》,中国法制出版社2010年版,第14—17页;石佑启等:《国家赔偿法新论》,武汉大学出版社2010年版,第60页。
④ 参见沈岿:《国家赔偿法:原理与案例(第二版)》,北京大学出版社2017年版,第95页;胡锦光、余凌云、吴鹏主编:《国家赔偿法(第三版)》,中国人民大学出版社2017年版,第40页。

任。因此,违法责任原则已经丧失了法律根据。同时,过错责任原则也是没有法律根据的。因为,我国《国家赔偿法》并没有像日本等国的国家赔偿法那样,规定国家赔偿以公务员的故意或过失为构成要件。如前所述,确定国家赔偿归责原则的标准只能是行为人的主观状态,而不能是行为人的客观行为。所以,我们认为,从修改后的《国家赔偿法》第2条的规定来看,国家赔偿的归责原则应当是无过错责任原则(结果责任原则),因为无论是行政赔偿还是刑事赔偿,都不需要行为人主观上存在过错。

第五节　国家赔偿的构成要件

国家赔偿的构成要件是指国家赔偿的成立所必须具备的条件,即国家在具备什么条件下才能承担赔偿责任。国家赔偿的构成要件是国家赔偿法中的一个重要问题。只有明确国家赔偿的构成要件,才能解决国家赔偿的主体、范围、赔偿标准等诸问题。

关于国家赔偿的构成要件,各国的规定有所不同。我国《国家赔偿法》第2条第1款规定,国家机关和国家机关工作人员行使职权,有本法规定的侵犯公民、法人和其他组织合法权益的情形,造成损害的,受害人有依照本法取得国家赔偿的权利。根据这一规定,国家赔偿的构成要件可以概括为以下四个要件,即行为主体要件、行为要件、损害结果要件和因果关系要件。

一、行为主体要件

国家赔偿的行为主体要件所要解决的是谁的行为引起国家赔偿的问题,即国家侵权行为的主体是谁。从民法角度而言,公民、法人和其他组织都可以成为侵权行为的主体。但在国家赔偿法中,国家侵权行为的主体是有严格限制的,只有国家机关和国家机关工作人员才能成为侵权行为的主体,其他任何人、任何组织都不能成为国家侵权行为的主体。

(一)国家机关

国家机关是指行使国家权力、实现职能的各类社会组织。国家机关依法行使国家权力,实现国家各种职能,所以,国家机关具有特殊的地位和强制力,不同于企事业单位和其他社会组织。根据我国《宪法》规定,我国的国家机关包括国家权力机关、国家监察机关、国家行政机关、国家审判机关、国家检察机关和国家军事机关。这些机关根据各自的职责范围,通过不同的途径行使国家权力,实现国家职能。

在国外的国家赔偿法中,关于国家机关的范围,有的仅限于行政机关,有的则包括行政机关和司法机关,还有的包括行政机关、司法机关和立法机关。从整个法律的规定来看,我国《国家赔偿法》第 2 条第 1 款规定的"国家机关"包括行政机关、司法机关和监察机关,不包括权力机关和军事机关。就是说,国家权力机关和军事机关不能成为国家侵权行为的主体。[①] 行政机关是指行使执行、组织、管理、监督等诸行政权的机关,是国家权力机关的执行机关。行政机关是国家机关中数量最多,分布最广、活动最频繁的一类国家机关,包括从中央到地方的各级人民政府及其各级人民政府所设置的各行政管理部门,如市场监督管理机关、税务机关、交通管理机关、土地管理机关、公安机关等等。司法机关是指行使司法权的各种国家机关,包括行使审判权的人民法院、行使检察权的人民检察院、行使刑事拘留权及预审权的公安机关和安全机关、行使执行刑罚权的监狱管理机关等。公安机关具有行政机关和司法机关双重地位,在行使治安管理权时是行政机关,在行使刑事追诉权时是司法机关。监察机关是行使国家监察职能的专责机关,依法对所有行使公权力的公职人员进行监察,调查职务违法和职务犯罪,开展廉政建设和反腐败工作,维护宪法和法律的尊严。

(二) 国家机关工作人员

关于国家机关工作人员的含义和范围,各国法律都未作明确规定,其用意在于根据实际情况灵活地扩大其范围,以便尽可能地扩大相对一方的救济范围。例如,在法国,国家工作人员的范围除了公务员以外,还包括私法上的合同雇用人员、征用人员、事实上的公务员、志愿自动到行政机关工作的人员等。在德国,行政法院对"工作人员"的解释一直采取放任的态度,即认为即使代表国家实施行为的个人没有获得国家的正式任命,国家也应对其行为负责。[②] 在我国,关于国家机关工作人员的含义和范围,法律上并无规定,学者的解释也不尽相同。有人认为,国家机关工作人员不仅包括行政机关、审判机关、检察机关中行使国家行政管理职权、审判权或检察权的工作人员,还包括某些不在上述机关工作,但根据法律法律法规授权或特定机关的委托或临时聘用而行使公共权力人工作人员[③];有人认为,国家机关工作人员包括公务员、审判人员、检察人员、公安人员、国家安全人员以及法律、法规授权的组织成员、受上述机关委托的执行公务的组织成员或人员,事实上执行公务的人员[④]。我们认为,正确理解国家机关工作人员的含义,应当将国家机关工作人员与国家工作人员、公务员区分开来。根据《刑法》第 93 条的规定,国家工作人员是指国家机关中从事公务的人员。国有公

[①] 但我们认为,国家权力机关和军事机关应当成为国家侵权行为的主体,即应当有立法赔偿和军事赔偿,详见第一章第四节。
[②] 参见皮纯协、何寿生:《比较国家赔偿法》,中国法制出版社 1998 年版,第 91 页。
[③] 参见江必新、梁凤云:《国家赔偿法教程》,中国法制出版社 2011 年版,第 32—33 页。
[④] 参见皮纯协、冯军主编:《国家赔偿法释论(第三版)》,中国法制出版社 2010 年版,第 85 页;胡锦光、余凌云、吴鹏主编:《国家赔偿法(第三版)》,中国人民大学出版社 2017 年版,第 44 页。

司、企业、事业单位、人民团体中从事公务的人员和国家机关、国有公司、企业、事业单位委派到非国有公司、企业、事业单位、社会团体从事公务的人员,以及其他依照法律从事公务的人员,以国家工作人员论。根据《公务员法》第2条的规定,公务员是指依法履行公职、纳入国家行政编制、由国家财政负担工资福利的工作人员。可见,国家机关工作人员既不同于国家工作人员,也不同于公务员。从范围上看,国家机关工作人员的范围小于国家工作人员,大于公务员。认定国家机关工作人员,应当从两个方面入手:一是必须在国家机关中工作。不在国家机关中工作的人员,不能成为国家机关工作人员。如在党的机关、企业事业单位和其他社会团体中工作的人员,就不能是国家机关工作人员。二是担任一定国家职务,依法从事公务。虽然在国家机关中工作,但没有担任国家职务,不能依法从事公务的人员,也不能成为国家机关工作人员,如国家机关中的炊事员、电话员等工勤人员。根据上述两个条件,我们认为,国家机关工作人员是指在国家机关中担任国家职务、依法从事公务的人员。根据我国《国家赔偿法》和《监察法》的规定,《国家赔偿法》第2条第1款规定的"国家机关"仅限行政机关、司法机关和监察机关,故国家机关工作人员也仅限于行政机关、司法机关和监察机关工作人员,不包括权力机关和军事机关的工作人员。

(三)被授权的组织和受委托的组织和人员

随着现代社会的发展,社会分工越来越细,国家机关的职权范围日益扩大,国家事务的管理日益复杂化。但是,由于国家机关的设置和编制有限,国家机关及其工作人员很难处理日益增多的全部国家事务。同时,涉及一些专门技术技能的国家事务,国家机关也没有力量亲自完成。这样,就产生了国家机关将部分职能授予其他组织或委托其他组织和人员行使的问题,即授权或委托从事公务问题。从我国的实际情况看,授权或委托从事公务的国家机关只能是行政机关。就是说,只有行政机关才能将行政事务授权或委托给其他组织或人员处理。对于司法职权,我国法律从未将其授予司法机关以外的组织,也不允许司法机关将其司法职权委托给其他组织和人员行使。在行政授权和行政委托中,被授权者或受托者在行使授予或委托的行政权力时侵犯公民、法人和其他组织的合法权益造成损害的,同样能够产生国家赔偿。对此,我国《国家赔偿法》第7条明确规定,法律、法规授权的组织在行使授予的行政权力时侵犯公民、法人和其他组织的合法权益造成损害的,被授权的组织为赔偿义务机关。受行政机关委托的组织或者个人在行使受委托的行政权力时侵犯公民、法人和其他组织的合法权益造成损害的,委托的行政机关为赔偿义务机关。

(四)自愿协助公务的人员

自愿协助公务的人员能否成为国家侵权行为的主体,理论上有不同的认识。肯定说认为,自愿协助人员属于事实上执行公务的人员,应视为国家机关工作人员,其在协助执行公务范围内造成损害的行为,国家应当负责。① 否定说则认为,公民自愿从事公务,应当构成公法上的无因管理,不宜纳入国家赔偿的范围。② 折中说认为,自愿协助公务的情形不宜完全否认国家赔偿的可能性。当自愿协助成立真正无因管理时,国家应当根据具体情形决定是否代为清偿自愿者的侵权债务。③ 我们赞同肯定说,虽然自愿协助公务的人员,既不属于授权,也不是委托,不能按照授权或委托处理。但是,非国家机关工作人员自愿协助公务的,毕竟属于执行公务的范围,所以,造成他人损害的,国家亦应当负责。这样,有利于鼓励人们的见义勇为等助人为乐行为。例如,如某公民自愿协助警察追赶逃犯,某公民主动协助消防队员灭火,这时协助执行公务的人员也可因其侵权行为而成为侵权主体。④

二、行为要件

国家赔偿的行为要件所要解决的是国家侵权行为主体的哪些行为可以引起国家赔偿的问题,即界定国家侵权行为主体的行为范围。只有国家机关和国家机关工作人员才能成为国家侵权行为的主体,因此,也只有上述机关和人员的行为才能引起国家赔偿。但是,并不是国家机关和国家机关工作人员的一切行为都能引起国家赔偿,而只有国家机关和国家机关工作人员行使职权的行为才能引起国家赔偿。

国家机关和国家机关工作人员行使职权的行为也就是执行职务的行为,是产生国家赔偿的根本条件。没有国家机关和国家机关工作人员执行职务的行为,就不可能产生国家赔偿。从性质上讲,执行职务的行为可以分为权力行为和非权力行为。权力行为是国家机关对相对人实施的具有强制力的行为,相对人必须服从,如行政处罚行为、行政强制措施行为、刑事处罚行为等;非权力行为是国家机关实施的不具有强制力的行为,如管理公产行为、提供咨询服务行为等。权力行为与非权力行为之间的区别在于,前者具有强制性,后者则没有强制性。那么,国家机关和国家机关工作人员的权力行为和非权力行为是否都能引起国家赔偿呢?从我国《国家赔偿法》的规定来看,引起行政赔偿的行为是违法拘留、拘禁、殴打、执行财产等行为,引起司法赔偿的行为是错拘、错捕、错判、刑讯逼供、殴打、执行财产等行为。这些行为都是国家机关的权力行为或者与权力行为

---

① 参见江必新、梁凤云:《国家赔偿法教程》,中国法制出版社2011年版,第33页;胡锦光、余凌云、吴鹏主编:《国家赔偿法(第三版)》,中国人民大学出版社2017年版,第44页;张红主编:《国家赔偿法学》,北京师范大学出版社2011年版,第46页。
② 参见周友军、麻锦亮:《国家赔偿法教程》,中国人民大学出版社2008年版,第72页。
③ 参见沈岿:《国家赔偿法:原理与案例(第二版)》,北京大学出版社2017年版,第120页。
④ 参见薛刚凌:《国家赔偿法教程》,中国政法大学出版社1997年版,第60页。

相关的行为。所以,只有国家机关和国家机关工作人员的权力行为才能引起国家赔偿,非权力行为不能产生国家赔偿。我国《国家赔偿法》规定,行政机关工作人员与行使职权无关的个人行为和行使国家侦查、检察、审判职权的机关以及看守所、监狱管理机关的工作人员与行使职权无关的个人行为所造成的损害,国家不承担赔偿责任。

国家机关和国家机关工作人员执行职务的行为只能是权力行为,那么,这种执行职务的行为应当如何认定呢?就是说,应当如何判断国家机关和国家机关工作人员的行为是执行职务的行为呢?对此,有主观说和客观说两种主张。

主观说认为,是否为"执行职务"应以行为人的主观意识为标准来判断。"职务行为就是行为人在主观上有行使职权的明确认知和意图而实施的行为,反之,如果行为人的行为在外表上有行使职权的特征,但其并无行使职权的主观意愿,那么,就不构成职务行为。"[①]英国和美国似乎倾向于采取主观说,即以雇佣人的意思为判断标准,执行职务的范围也仅限于雇佣人命令受雇人办理的事项范围。在美国,执行职务的活动限于"进行不超出职责界限的活动"。例如,如果雇佣人仅告诉受雇人执行职务的地点,而未告诉具体前往路线,结果受雇人在途中发生车祸,这种情况就属于执行职务范围。反之,如果雇佣人明确告诉受雇人执行职务的地点及路线,而受雇人却自己另行选择前往路线而致人伤亡,这就不属于执行职务的范围。在英国,执行职务的行为应当是违反对特定人的法定义务或受雇人对雇佣人的义务的行为。例如,在一个案件中,被告所辖的铁路工友,误认为原告未购买车票而将其拘留,由于铁路对未购买车票的旅客,照例有拘留的习惯,因此,法院认为这种行为属于执行职务。而另一个案件中,被告的工友误认为原告有盗窃嫌疑而将其逮捕,这种行为则超出了铁路日常的业务范围,因此,法院认为其不属于执行职务。[②]

客观说认为,是否为"执行职务"应以行为的外在表现为标准来判断。即从外在表现形式看,只要具有利用职务的形式,便构成执行职务。如执行命令或受委托执行职务的行为、执行职务所必要的行为、客观上足以认为其与执行职务有关的行为等,都属于执行职务的行为。日本、法国、瑞士、德国等倾向于采取客观说,我国台湾地区学者及判例也持客观说。在日本,客观说被称为"外界标准理论"。按照这种理论,执行职务是指在客观上、外形上可视为社会观念所称的"职务范围",无论行为人的主观意思如何,凡职务行为或与职务有关的行为均属之。日本最高法院的一则判例具有一定的代表性。在某个休息日,东京都警视厅的一个警察穿着警服,携带手枪,把川崎车站大厅中的一个旅客叫到了车站办公

---

① 参见沈岿:《国家赔偿法:原理与案例(第二版)》,北京大学出版社2017年版,第125页。
② 参见皮纯协、何寿生:《比较国家赔偿法》,中国法制出版社1998年版,第92页。

室,说是要检查他的物品,并要求其将现金、杂品交到警察署。在去警察署的路上,该警察企图携物逃跑,但被该旅客发现,于是旅客大声喊叫,警察用手枪将其击毙。案发后,旅客的家属依日本《国家赔偿法》第1条的规定,将东京都列为被告起诉要求赔偿。在审理中,被告指出,该警察的行为不是履行职务的行为,因为:(1)他的行为不是在执行勤务时;(2)事情发生的地点不在他的职权管辖区;(3)他主观上根本不是为了履行公务,而是要违法抢劫。但日本最高法院认为,不管这个警察的行为出自何种目的,就其行为的形式看,应视为履行职务的行为,况且这个警察在主观上显然有"行使职权"的意图,并有具体的行为。所以,这不能仅仅被看做是一般违法行为的侵害,而应被看做是"行使职权"的损害。法院最终判决被告承担赔偿责任。这一判例显然是以客观说来认定执行职务行为的。①

在我国,绝大多数学者都主张,在认定执行职务的问题上,应当采取客观说。② 也有学者认为,主观说与客观说皆有优点与缺陷,因此,采取客观说为主、主观说为辅的标准,更有利于分清国家责任和公务员的个人责任。③ 我国台湾地区学者叶百修教授认为:"依客观标准判断公务员之行为是否在执行职务,固较纯以其主观之意思做为判断者,对人民固较有利,然判断公务员之行为是否在执行职务,仍应注意执行职务行为与职务予以机会之行为应予以明白区别,不能仅以行为与职务间在外观上、时间上或处所上有相关连者,即为已足,更应注意及行为目的与职务作为间之内部上有密切关连为必要。换言之,必须以'行为目的'与'行为外观'等二种因素,做为判断是否执行职务之标准,始不失偏移。"④ 我们认为,客观说排除了行为人的主观因素,从外观上将侵害行为与执行职务行为联系起来,从而扩大了行使职权的领域,更加有利于保护受害人的合法权益。因而,客观说是可取的。当然,采取客观说并不等于完全否定主观说的作用。在认定国家机关工作人员的个人责任时,主观说应发挥更大的作用。采取客观说认定执行职务行为,学者们提出了许多具体的标准。如有人主张应当区分职权本身标准与职权关联标准、职务行为与职务予以机会的个人行为、职务行为与僭称职务行为,同时还应考虑是否上班时间、是否行使职权完毕等因素⑤;有人主

---

① 参见龚祥瑞:《行政法与行政诉讼法》,法律出版社1989年版,第216页。
② 参见皮纯协、冯军主编:《国家赔偿法释论(第三版)》,中国法制出版社2010年版,第86页;胡锦光、余凌云、吴鹏主编:《国家赔偿法(第三版)》,中国人民大学出版社2017年版,第45页;张红主编:《国家赔偿法学》,北京师范大学出版社2011年版,第48页。
③ 参见沈岿:《国家赔偿法:原理与案例(第二版)》,北京大学出版社2017年版,第126页。
④ 叶百修:《国家赔偿法》,我国台湾地区2017年作者自版,第161页。
⑤ 参见沈岿:《国家赔偿法:原理与案例(第二版)》,北京大学出版社2017年版,第127—129页。

张采取职权标准、时空标准、名义标准、目的标准等①;还有人主张,判断某一行为是否属于行使职权时的行为,不仅应考虑行为的时间、空间及行为人的名义,而且还应考虑侵权行为与职权之间的相互关系,只有将这些条件结合起来考虑,才能够有效地判断是否属于执行职务的行为。② 我们认为,行为的时间、地点不是认定执行职务的条件,即使不是在执行职务的特定时间和空间所发生的行为,同样也有可能构成执行职务的行为。例如,某地的警察到他地休假,身着警察制服去商店购物。因怀疑一男子要盗窃一妇女钱包而用手铐将其铐住,并进行铐打。这种行为并不是在其工作的时间和空间实施的,但同样构成了执行职务行为。

综合起来考虑,判断是否属于执行职务的行为,应当考虑以下两个因素:一是行为人是否具有公务身份。国家机关和国家机关工作人员执行职务的行为与其特定的公务身份相联系,而与其法人身份和公民身份是相分离的。所以,国家机关和国家机关工作人员在实施某种行为时,如果是以国家机关名义进行的,如公务员着装、佩戴标志、出示证件等,则具有公务身份,该行为应视为执行职务的行为。反之,如果国家机关和国家机关工作人员是以法人或公民个人身份进行的,如到商店买商品、去饭店吃饭等,则不具有公务身份,该行为就不是执行职务的行为。二是行为人实施的行为是否与其职责有关。行为人实施的行为必须与其职责有关,才能构成执行职务的行为。如果行为人的行为与其职责无关,则只能是行为人的个人行为,而不构成执行职务的行为。例如,市场监管人员管理市场行为、税务人员征税行为、公安人员的治安处罚行为等,即使超越职权,也是执行职务的行为。但是,检察人员管理市场的行为,审判人员的治安处罚行为等,都是与其职责无关的行为,不能构成执行职务的行为。

依照客观说认定执行职务的行为,下列行为属于执行职务的行为:(1)执行职务本身的行为。这类行为的特点是,行为本身就属于执行职务行为,如市场监管机关吊销执照、公安机关拘留等。(2)与执行职务有关的而不可分的行为。这类行为的特点是,行为本身不是职务行为,但却与职务内容有关而不可分。超越职权行为、滥用职权行为都属于这类行为,如税务人员对纳税人的拘留行为、警察的刑讯逼供行为、违法使用警械行为等。(3)怠于行使职权的行为。这类行为的特点是,行为人应当执行职务而没有执行职务,即应当作为而不作为。前两种执行职务的行为都属于积极的作为,而怠于执行职务属于消极的不作为。怠于执行职务是执行职务的一种特殊表现形式,以国家机关和国家机关工作人

---

① 参见马怀德主编:《国家赔偿法学》,中国政法大学出版社2001年版,第39—40页;张红主编:《国家赔偿法学》,北京师范大学出版社2011年版,第48页。
② 参见应松年主编:《国家赔偿法研究》,法律出版社1995年版,第76页。

员负有法律上的特定义务为前提。没有特定的义务,不能产生怠于执行职务问题。如我国《行政诉讼法》第 12 条规定,公民、法人和其他组织"申请行政许可,行政机关拒绝或者在法定期限内不予答复""申请行政机关履行保护人身权、财产权等合法权益的法定职责,行政机关拒绝履行或者不予答复的",当事人均可对不作为的行政机关提起行政诉讼。如果这种具体行政行为侵犯了公民、法人和其他组织的合法权益并造成损害,国家应当承担赔偿责任。再如,海关有义务对进出口货物按规定进行检验,若海关拒不检验,即构成怠于执行职务,造成第三人损害的,产生国家赔偿。

三、损害结果要件

损害结果要件所要解决的是国家赔偿应当以什么样的损害结果为发生条件的问题。确立国家赔偿的目的在于对受害人进行赔偿。因此,损害结果的发生是国家赔偿产生的必备条件。

从各国国家赔偿法的立法及实务来看,所谓的损害与民法中的损害并无差别,是指行为人对他人合法权益所造成的不利后果。国家机关和国家机关工作人员行使职权所造成的损害结果是多种多样的,主要有以下几类[①]:

(一) 财产损害和非财产损害

财产损害是指财产利益的减少、丧失,具体表现为财产的灭失、支出、损坏、收益的减少等,这是国家赔偿的主要对象。根据我国《国家赔偿法》的规定,违法实施罚款、吊销许可证和执照、责令停产停业、没收财物等行政处罚;违法对财产采取查封、扣押、冻结等措施;违法征收、征用财产等,都会造成财产损害。此外,侵害人身权也会造成财产损害,如医疗费的支出、工资的丧失等。

非财产损害是指非财产利益的减少、丧失。这里的非财产利益主要包括人身自由、名誉、荣誉等利益。非财产损害与财产损害的区别在于受损害的利益不同,因而恢复受损害利益的方式也有不同。即对财产损害须承担财产责任,而对非财产损害一般须承担非财产责任,法律有规定的,也可以采取财产责任形式。

(二) 实际损失和可得利益损失

实际损失又称为直接损失,是指现有财产的减少或丧失。如财产的毁损、财产的支出、财产的灭失等。实际损失是以财产的实际价值计算的,即现有财产的减少、丧失的价值和减少或消除损害所支出的费用。一般地说,侵害财产利益,其实际损失就是现有财产的价值的减少或丧失;侵害非财产利益,其实际损失是消除损害的施救费用,即支出的财产价值。

---

① 这里只探讨损害的具体种类。至于具体的损害是否赔偿,详见本书第十二章第二节"国家赔偿的计算标准"。

可得利益损失又称间接损失,是指财产收益的减少,即应得到的利益因侵权行为而没有得到。实际上,就是妨害现有财产的增加。可得利益损失可以是因财产权益受侵害而引起的,也可以是人身权益受侵害而引起的。前者如汽车被非法扣押所失去的运输利益,后者如人身遭受损害而失去的工资。实践中,确定可得利益损失是比较困难的,一般应掌握以下条件:(1)这种利益具有未来性。就是说,它是尚未取得的利益,不是现实的利益。(2)这种利益具有必然性。就是说,这种利益在正常情况下是必然会得到的。有学者认为,利益必然性的具体内涵包含两个方面:一是利益获得的必然性。如正在出租的房屋的租金、正在许可使用的专利使用费等;二是利益丧失的必然性。因侵犯相对人的财产权,导致依附于该财产的相关权益必然丧失。如赔偿义务机关长期查封、扣押,导致物品贬损,此属相对人利益的必然丧失,当属直接损失范畴。[①](3)这种利益具有限定性。就是说,只有行使职权所直接影响到的利益,才是可得利益。间接影响的利益,不是可得利益。

四、因果关系要件

国家赔偿中的因果关系要件所要解决的是国家机关和国家机关工作人员行使职权的行为与受害人的损害之间是否具有因果关系的问题。因果关系是哲学上的范畴,是指客观事物之间的前因后果的关联性。若一现象的出现是由另一现象的存在所引起的,则二现象之间存在着前因后果的关联性,为有因果关系。国家赔偿中的因果关系是解决行为与损害结果之间的关系问题,即受害人的损害结果是否为国家机关和国家机关工作人员行使职权的行为所造成的。如果它们之间存在因果关系,则国家应对受害人的损害负责;反之,国家则没有赔偿的义务。所以,因果关系是联结责任主体与损害的纽带,是责任主体对损害承担赔偿责任的基础。

因果关系的存在与否及宽严程度,直接影响到受害人合法权益的救济范围,所以,理论上对因果关系的认定,存在着许多不同的学说。在国家赔偿法中,有人主张必然因果关系说,认为因果关系是一个十分复杂的问题,有两个原因产生一个结果,也有一个原因产生数个结果的,有的原因是决定性原因,有的是辅助性条件等。如果对这个十分复杂的问题确立一个比较合适的学说来识别,也许就是必然因果关系说,即行为与结果之间的联系应当是必然的联系。此结果必然是某行为而不是其他行为造成的。在行为与结果之间如果没有这种紧密的联

---

① 参见陈希国:《国家赔偿法中直接损失的法律解释》,载《人民司法》2013年第13期。

系,因果关系就不能存在。① 有人主张直接因果关系说,认为国家赔偿中的因果关系应当是客观、恰当、符合理性的,而不是机械随意的。作为原因的现象,不仅在时间顺序上应出现在成为结果的现象之前,而且还须起着引起和决定结果发生的作用。只有与损害结果有直接联系的原因,才是赔偿责任的因果关系中的原因。当然,直接的原因不一定就是损害的最近的原因,而是损害产生的正常原因和决定性原因。② 有人主张,确定国家赔偿的因果关系,应区别情况分别遵循三个规则,即直接因果关系规则、相当因果关系规则、推定因果关系规则。③ 尽管理论上关于国家赔偿中的因果关系有不同的意见,但最具代表性的学说是直接因果关系说。所谓直接因果关系,是指行为与结果之间有着逻辑上的直接的关系,其中行为并不要求是结果的必然或根本原因,而仅仅是导致结果发生的一个较近的原因。至于其间关联性紧密程度,则完全要依靠法官根据具体案件的情况来决定。④ 近些年来,西方国家在实务中也逐渐放松了对因果关系的要求,而倾向于采取直接因果关系理论。法国行政司法判例认为,因果关系应是行为和结果有直接的因果关系,如由于车辆不按规定随处停车造成交通特别拥挤,致使救护车无法及时赶到得重病的居民处抢救,导致该居民死亡,法国行政法院认为居民的死亡与交通管理不善之间存在着直接因果关系,因此,交通部门对此应负责任。在美国,行为与结果之间是否有因果关系则以两个条件衡量,一是因果之间具有逻辑关系,二是因果之间具有直接关联性,依据人的经验和正常理解,行为与结果之间牵连。英国实务中也不乏适用直接因果判例。⑤

我们认为,因果关系是一个十分复杂的问题,且国家赔偿中的因果关系还具有一定的特殊性,很难用一个固定的理论加以解决。所以,在认定国家赔偿中的因果关系时,应更多地参考民法上侵权责任的因果关系的认定方法,综合各种方法确定因果关系的存在与否。在民法上,损害与行为之间的因果关系应当如何确定,理论上存在着众多的学说,但主要有必然因果关系说和相当因果关系说两大学说。必然因果关系说是我国学者的通说,为审判实务所采用。该学说主张,当行为人的行为与损害结果之间有内在的、本质的、必然的联系时,行为与损害之间才有因果关系。如果行为与结果之间只有外在的、偶然的联系,则不能认定二者之间有因果关系。相当因果关系是大陆法学者的通说,为审判实务所采用。该说主张,某一条件仅于现实特定情形发生某种结果,还不能认定有因果关系,

---

① 参见肖峋:《中华人民共和国国家赔偿法理论与实用指南》,中国民主法制出版社 1994 年版,第 118—119 页。
② 参见应松年主编:《国家赔偿法研究》,法律出版社 1995 年版,第 89 页。
③ 参见江必新、梁凤云:《国家赔偿法教程》,中国法制出版社 2011 年版,第 49—51 页。
④ 参见皮纯协、冯军主编:《国家赔偿法释论(第三版)》,中国法制出版社 2010 年版,第 91 页。
⑤ 参见皮纯协、何寿生:《比较国家赔偿法》,中国法制出版社 1998 年版,第 97 页。

须依一般观察,在有同一条件存在即能发生同一结果的,才能认定条件与结果之间有因果关系。这种条件称为"相当条件"或"适当条件"。相当条件或适当条件是发生某种结果所不可缺少的条件,且为一般发生同种结果的条件。按照相当因果关系说,只有行为人的行为不仅在具体情况下、而且在一般情况下会引起某一结果而非其他损害结果时,行为与结果之间才谓有因果关系。我们认为,认定行为与损害的因果关系,应当从客观实际出发,针对不同的责任,采取不同的确定方法。应当说,相当因果关系说最具可采性,自可成为认定因果关系的标准,但相当因果关系也不是万能的。因此,就需要采取其他的认定因果关系的方法。

行为与损害之间的因果关系是复杂多样的,既有一因一果、一因多果的现象,又有多因一果、多因多果的现象。在一个损害结果是由包括行为人的行为在内的诸多原因引起的情况下,行为人的行为对损害结果发生的原因力是不同的。因此,在分析因果关系时,正确地分析行为人的行为对损害结果所发生的原因力,对于确定行为人的责任是有重要意义的。损害的原因力主要有以下两类:

一是主要原因和次要原因。根据行为对损害结果所起作用的大小,原因可分为主要原因和次要原因。前者是指对结果的发生起主要作用的原因事实;后者是指对结果的发生起次要作用的原因事实。在引起一个损害结果发生的原因为两个以上的行为时,若各个行为的原因力不同,就应当区分主要原因和次要原因,从而确定行为人的责任。因为行为的原因力不同,行为人所承担的责任也就有所不同。

二是直接原因和间接原因。根据行为作用于损害结果的形式,原因可分为直接原因和间接原因。前者是指直接引起损害结果的发生的原因事实,即损害结果是由行为人的行为直接引起的;后者是指间接引起损害结果的发生的原因事实,即损害结果是由行为人的行为所引起的结果而引起的。区别直接原因和间接原因的目的,主要在于确定间接原因是否应当承担责任。对此,应当根据客观情况,结合其他的构成要件综合加以分析。

第二编 行政赔偿

第四章 行政赔偿的基本原理

第一节 行政违法与行政侵权

一、行政违法

行政违法并不是各国行政法学理论上通用的概念,也不是各国行政立法中一个常见的词汇。在法国,行政违法实际上相当于"越权之诉的撤销理由"。所谓越权之诉,是指当事人的利益由于行政机关的决定而受到侵害,请求行政法院审查该行政决定的合法性,并撤销违法的行政决定的救济手段。在越权之诉,当事人申请撤销的理由为行政决定违法,包括无权限、形式上缺陷、权力滥用、违反法律。[①] 在英国,"越权"是司法审查的基本根据,"越权"原则是英国行政法的一个核心问题。英国法院对"越权"的理解非常广泛,其内容包括违反自然公正原则、程序上的越权和实质越权,实质越权包括超越管辖权的范围、不履行法定的义务、权力滥用以及记录中所表示的法律错误等。[②] 可见,英国法中的越权实际上就是行政违法。在我国,行政法学界关于什么是行政违法也是众说纷纭。我们认为,行政违法是与行政合法相对而言的。在行政法中,既然行政合法性原则是对行政机关行使行政行为的要求,仅指行政机关的行政行为合法[③],那么作为与此相对应的行政违法,也应仅指行政机关的行政行为违法。因此,应当将行政违法界定为仅指行政机关违反行政法律规范的行政行为,即行政违法是指行政机关及其工作人员所实施的、违反行政法律规范、侵害受法律保护的行政关系尚未构成犯罪的有过错的行政行为。

---

① 参见王名扬:《法国行政法》,北京大学出版社2016年版,第523、534页。
② 参见王名扬:《英国行政法、比较行政法》,北京大学出版社2016年版,第129—150页。
③ 参见罗豪才主编:《行政法学》,北京大学出版社2001年版,第22页。

从行政违法的概念可以看出,行政违法是与刑事违法、民事违法不同的一种独立的违法行为,具有以下几个方面的特点:

(1) 行政违法的主体主要是行政机关及其工作人员。

在行政违法中,行为主体主要是行政机关及其工作人员,相对人不能成为行政违法的主体。相对人的违法称"可处罚行为",或按《中华人民共和国行政处罚法》(以下简称《行政处罚法》)的说法,是"违反行政管理秩序的行为",而不称行政违法行为。行政违法的主体除行政机关及其工作人员外,还包括法律授权的组织以及行政机关委托的组织或个人。当然,行政机关只有以行政主体身份出现时,其行为才有可能是行政违法。如果行政机关以民事主体身份出现,其行为不可能构成行政违法。

(2) 行政违法是违反了行政法律规范并侵害受法律保护的行政关系的行为。

行政违法的这一特点,使其与违纪行为以及与其他违法行为相区别。首先,行政违法是一种违反法律规范的行为,而不是一种违纪行为。当然,由于我国目前有不少纪律规范被上升为法律规范,从而造成了部分违纪行为与行政违法行为的重叠(例如,某行政机关的行政行为违反了国务院与各党派联合颁布的规范性文件)。其次,行政违法违反的是行政法律规范,从而侵害了行政法律规范所调整和保护的行政关系,而不是违反刑事法律规范或民事法律规范。这里需要注意的是,违反行政法律规范不仅包括对具体的行政法律规范的违反,也包括对行政法律的原则、价值和精神的违反。① 因为在法律无具体规定的情况下,法律的原则、价值和精神也可作为法律依据。同时,按照行政合法性原则的要求,行政机关的行政行为必须有法律依据,无法律依据的行政行为都是违法的行政行为。

(3) 行政违法是一种尚未构成犯罪的违法行为。

行政违法与犯罪都是危害社会的行为,但二者有质的不同和量的差异。从质上看,它们由不同的法律规范调整,依法被追究不同的法律责任。前者违反了行政法律规范,依法应追究行政责任;后者违反了刑事法律规范,依法应追究刑事责任。从量上看,行政违法比犯罪的社会危害程度更轻微,只有"情节严重"的违法才构成犯罪。例如,行政机关工作人员的失职行为一般属于行政违法,但如果该失职行为后果严重,便构成渎职罪。某一种行为一旦由一般行政违法上升为犯罪行为,就不再是行政法学研究的对象了。

---

① 参见杨解君、王松庆:《论行政违法的本质与特性》,载《南京大学学报(哲学社会科学版)》1997年第3期。

(4) 行政违法是应承担行政法律责任的行为。

"违法必究"是社会主义法制原则的基本要求,任何违法者对其违法行为都应承担法律责任,行政违法主体也同样要为其行政违法行为承担法律责任。行政违法主体应承担的法律责任,既不是民事责任,也不是刑事责任,而是行政责任。因此,行政违法是引起行政责任的根据,行政责任是行政违法的法律后果,二者在法律上具有内在的联系,是一个对应统一关系。

二、行政侵权

行政权是当今社会实践中最强大的权力。随着科学技术的发展,生产力水平的提高,社会的经济生活不断变化,行政权也随之不断扩张。在现代社会,行政权涉及社会生活的各个方面。与此同时,政府也从早期资本主义社会"守夜人"的角色变为社会生活的积极参与者,即政府主动行使行政权力。但应注意的是,在行政权扩张的同时,其负面影响也随之产生,即政府滥用职权、侵犯公民权利的可能性大为增加。对此,如不加以控制,势必会践踏人权,危及政府自身。有鉴于此,世界各国的行政法大多引入了民法中的侵权概念,承认行政侵权行为及侵权责任。如1947年英国议会通过了《王权诉讼法》,1946年美国国会颁布了《联邦侵权赔偿法》。从我国目前情况来看,针对行政权的扩张,为保障公民的基本权利,加强对行政权的制约,《宪法》《国家赔偿法》《行政诉讼法》《行政复议法》等有关法律都规定,行政机关及其工作人员在执行职务中,侵犯公民、法人和其他组织的合法权益并造成损害的,受害人有依法请求国家赔偿的权利。这实际上就承认了行政机关侵权是一种特殊的侵权行为。

那么,何为行政侵权行为呢?对此,理论上众说纷纭,没有形成共识。大多数学者都从行政行为违法的角度探讨行政侵权的概念,认为行政侵权以行政违法为前提[①],行政侵权必定是行政违法。[②] 我们认为,行政侵权不一定是由行政违法行为引起的,不当行政行为(如行政机关不当行使自由裁量权)、行政机关行使职权过程中的事实行为[③],也会侵害相对人的合法权益构成行政侵权。可以说,只要行政机关违反法律规定的义务,就构成行政侵权。因此,所谓行政侵权,是指行政机关及其工作人员在行使行政职权、履行行政义务的过程中,违反法律规定的义务,以作为或不作为的方式侵犯行政相对人的合法权益,依法应当承担法律责任的行为。

---

① 参见胡建淼:《行政法学》,法律出版社1998年版,第506页。
② 参见杨解君、温晋锋:《行政救济法——基本内容及其评析》,南京大学出版社1997年版,第14页。
③ 事实行为是指行政机关在行使行政权的过程中作出的不直接决定相对人的实体权利义务的行为,如对没收物品的保管行为,行政决定作出前的调查行为等。

可见,行政侵权行为具有民事侵权行为的一般特点,同时它的行政特性决定了其与民事侵权行为及其他国家机关侵权行为的区别,体现出如下特点:

(1) 行政侵权的主体必须是行政机关。

只有行政机关的行为才可能构成行政侵权,非行政机关的行为不可能构成行政侵权。按我国法律规定,行政侵权的主体包括行政机关,法律、法规授权的行使行政职权的组织以及受行政机关委托执行行政公务的其他组织或人员,其他任何组织、个人都不构成行政侵权的主体,其所为的侵权行为属于其他性质的国家侵权或民事侵权。

(2) 行政侵权必须是行政行为或行使行政职权过程中的行为。

这种执行职务行为,既包括行政行为,也包括行使职权中的事实行为。非职务行为如公务员的个人行为、行政机关的民事法律行为,即使侵害公民、法人和其他组织合法权益,也只构成民事侵权行为或其他性质的侵权行为,而非行政侵权行为。

(3) 行为人负有相关的法定义务。

行政侵权实际上就是违反法定的作为义务或不作为义务,因此,要确定行为人的行为是否构成行政侵权,就必须弄清行为人是否有这方面的法定义务。不具有这方面的法定义务,就不能构成行政侵权。行政机关依法享有行政管理的权力,同时必须履行相应的职责和义务。然而,不同的行政机关的具体职责和义务并不相同。特定的法律所规定的义务,一般要求特定的行政机关承担。某一行政机关所负有的法定义务,并不一定适用于其他行政机关。因此,要确定行政机关的某种行为是否构成行政侵权,必须首先确认它是否承担相关的法定义务。

(4) 行为人具有违反法定义务的行为。

行政机关享有行政法上的权力,同时负有行政法的义务,只有当行政机关违反法律规定的义务、不履行法定职责时,才能构成行政侵权。这种违反法律规定义务的行为,既可以是作为行为,也可以是不作为行为。行政机关没有违反法定义务,依法实施的行政行为,虽使相对人的合法权益受到损害,也不构成行政侵权。因为这种侵害是行政机关在自己的权限范围内依法实施的,是法律所允许的侵害。例如,行政机关为了公众利益依法征收土地、拆除房屋等,虽产生了侵害但并不因此而构成侵权行为,只需对被侵害人给予行政补偿,属于行政救济的特例。

(5) 行为侵害了相对人的合法权益。

这里的侵害合法权益,既包括妨害权利的享有或行使,也包括侵害利益。依据我国有关行政救济的法律规定,相对人的合法权益主要表现为财产权和人身权。同时,行政侵权行为将产生一系列法律责任,行政机关必须对行政侵权行为依法承担法律责任。这里的法律责任既包括损害赔偿责任,也包括其他责任方式。例如，对不作为行为行政侵权，行政机关承担的责任方式可能是被责令限期履行职责，而不是损害赔偿。

三、行政侵权与行政违法的关系

行政违法是构成行政侵权的条件之一，这使得两者形成一种条件关系，但并非所有的行政违法都构成行政侵权，只有满足行政相对人的合法权益受到侵害这一条件，行政违法才构成行政侵权。同时，行政侵权不一定完全由行政违法构成（行政不当也可构成），因而行政违法与行政侵权存在着一种逻辑上的交叉关系，二者既有联系，又有区别。

（一）行政侵权与行政违法的联系

行政侵权与行政违法的联系主要体现在以下几个方面：

第一，两者主体相同，即都是行政机关，它们对违法行政行为和侵权行政行为所造成的后果承担责任。非行政机关的"行政行为"是一种假象行政行为，对其不法损害他人合法权益的，不构成行政违法或者行政侵权。

第二，两者都发生在行政机关及其工作人员执行公务的过程中。行政机关及其工作人员在执行公务以外的违法行为，不属于行政违法，其行为侵害公民、法人和其他组织合法权益的，也不属于行政侵权。

第三，两者的表现形式基本相同。在我国，根据《行政复议法》第28条和《行政诉讼法》第70条的规定，行政违法的表现形式主要有以下五种：(1) 主要事实不清、证据不足；(2) 适用依据错误；(3) 违反法定程序；(4) 超越或滥用职权；(5) 具体行政作为明显不当。如果这些行政违法行为同时损害了行政相对人的合法权益，那么也构成行政侵权行为。

第四，两者发生的范围基本相同。行政侵权和行政违法既可发生在具体行政行为领域，又可发生在抽象行政行为领域；既包括羁束行政行为违法或侵权，也包括自由裁量行政行为违法或侵权。不过，我国将抽象行政行为违法或侵权排除在司法审查和行政赔偿范围之外，而通过其他监督体制，如权力机关监督、内部行政监督等方式予以纠正。

（二）行政侵权与行政违法的区别

行政侵权与行政违法的区别主要表现在以下几个方面：

第一，行政侵权与行政违法的构成要件不尽相同。行政违法的构成要件主要包括：(1) 行政违法的主体是行政机关；(2) 行政机关的具体行政行为违反了行政法律规范；(3) 具体行政行为达到了相当严重或十分严重的程度，即侵害了受法律保护的行政关系。行政侵权的构成要件还应包括：(1) 损害事实，即行政机关的违法行政行为侵害了他人的合法权益并造成损害。这一要件是行政侵权与行政违法的区别，也是引起行政赔偿的前提。(2) 因果关系，即行政机关的违法行政行为与损害事实之间存在因果关系。

第二，行政侵权与行政违法所造成的损害结果不同。行政侵权必然给行政相对人的财产或人身权益造成直接而实际的损害；而行政违法则没有这种必然性，如税务机关不履行税收职责，属于行政违法行为，但没给行政相对人的财产或人身权益造成直接而实际的损害。

第三，行政侵权与行政违法承担不同的法律责任。行政侵权与行政赔偿相联系，重在对行政相对人权利的保障，是行政法价值的重要体现，因而行政侵权是构成行政赔偿的前提和基础，行政机关承担行政赔偿是行政侵权直接的法律后果；而行政违法与行政责任相联系，重在对行政机关及其工作人员依法行政的监督，以行政机关承担行政责任为后果，因而行政违法并不必然引起行政赔偿的法律后果，只有给相对人的合法权益造成损害的（其实质是构成行政侵权），行政机关才承担行政赔偿。

第四，行政机关承担行政违法责任与行政赔偿的方式不尽相同。行政侵权所产生的行政赔偿以金钱赔偿为主，是一种国家责任，行政赔偿费用由国库开支，列入各级财政预算。按照有关法律、法规的规定，在行政赔偿中，行政机关是代表国家履行赔偿义务的机关，在其履行赔偿义务后，它有权代表国家向有故意或者重大过失的工作人员或者受其委托的组织和个人追回部分或者全部赔偿费用。另外，共同赔偿义务机关之间也可追偿先赔偿的部分等。行政违法是行政机关对自己的违法行政行为承担的一种法定不利后果，是一种自己责任。这些责任形式主要有：(1) 承认错误，赔礼道歉；(2) 恢复名誉，消除影响；(3) 履行职务；(4) 撤销违法；(5) 纠正不当；(6) 返还权益；(7) 恢复原状等。行政机关在承担行政违法责任时，主要是以自己的名义独立作出一定的行为，如纠正违法、撤销违法、恢复原状等，不涉及国家对其进行追偿的问题。

第五，行政机关承担行政违法责任与行政赔偿的范围不尽相同。追究行政违法所承担的行政责任的目的在于监督行政机关依法行政，因而追究行政责任的违法行政行为主要针对行政机关的职务行为以及与职务相关的行为，如市场监管人员违法进行行政处罚、警察违法使用武器等。追究行政侵权承担的行政赔偿的目的在于对行政相对人合法权益的保障，因而它除了针对行政机关的职务行为及与职务相关的行为外，还包括形式上具有执行职务的特点而实质上与执行职务无关的行为，如某警察到某公司调查了解情况，因乱扔烟头引起厂房爆炸。[①]

---

① 参见胡建淼主编：《行政违法问题探究》，法律出版社2000年版，第476页。

第二节 行政赔偿的含义

一、行政赔偿的概念

行政赔偿是指行政机关及其工作人员在行使行政职权的过程中,侵犯公民、法人和其他组织的合法权益并造成损害的,由国家承担赔偿责任的制度。

行政赔偿与其他赔偿制度相比,具有如下几个方面的特点:

首先,行政赔偿是由行政机关及其工作人员行使职权的行为引起的。行政赔偿是因行政机关在行使行政职权过程中发生的侵权行为而引起的,这种行使行政职权的行为,既可以是一种具体行政行为,也可以是一种事实行为。凡不是在行政机关行使行政职权过程中发生的侵权行为如行政机关的民事侵权行为,都不能引起行政赔偿。但应当指出的是,只有违法的具体行政行为和违法的事实行为才能引起行政赔偿。如具体行政行为和事实行为合法,而给公民、法人和其他组织的合法权益造成了损害的,则不会引起行政赔偿,而只能产生行政补偿的问题。同时,根据我国《国家赔偿法》的规定,抽象行政行为不能直接引起行政赔偿。公民、法人和其他组织不能直接对抽象行政行为提起诉讼,请求赔偿。例如,市政府发布了一个规范性文件,决定对某一行业增加特种收费,从事该行业的经营者不能就此规范性文件提起诉讼,请求赔偿。

其次,行政赔偿的请求人是其合法权益受到行政侵权行为损害的公民、法人和其他组织。行政赔偿的请求人是在行政管理活动中处于被管理地位的公民、法人和其他组织,但这不局限于具体行政行为所指向的对象,凡是合法权益受行政机关及其工作人员的行为侵害的人都可请求赔偿。应当指出的是:(1)行政赔偿请求人必须是受到损害的人,无损害也就谈不上赔偿。(2)可导致行政赔偿的损害必须是现实的、已确定的损害,将来可能发生的损害不能引起行政赔偿。(3)违法权益不受法律保护,对违法权益的侵害,公民、法人和其他组织不能要求赔偿。

最后,行政赔偿由国家承担赔偿责任。根据我国《国家赔偿法》的规定,虽然行政赔偿的义务机关为致害的行政机关,但行政赔偿由国家承担赔偿责任,赔偿费用由国家承担,国家是行政赔偿的责任主体。这是因为,行政机关及其工作人员是代表国家,以国家的名义实施管理,因而无论是合法的行为还是违法的行为,其法律后果都归属于国家,在行政机关及其工作人员因违法行使职权造成损害时,其后果当然应当由国家承担。

二、行政赔偿与相关概念的关系

(一) 行政赔偿与司法赔偿

从我国的国家赔偿立法来看,行政赔偿与司法赔偿同属于国家赔偿的组成部分,两者有许多相同之处。例如,两者只能在行使职权造成公民、法人和其他组织损害的情况下才能产生,两者的赔偿方式、赔偿的计算标准、赔偿费用的负担等也是相同的。但行政赔偿与司法赔偿毕竟是两种不同性质的国家赔偿,因此二者也存在一些区别,主要表现在:

(1) 侵权行为的性质不同。

行政赔偿中的侵权行为是由于行政机关及其工作人员行使行政职权而引起的,是行使国家行政权的结果;而司法赔偿中的侵权行为是由于司法机关及其工作人员在刑事诉讼中行使侦查权、检察权、审判权、监狱管理权以及在民事、行政审判中人民法院采取强制措施、保全措施而引起的,是行使国家司法权的结果。

(2) 侵权行为的主体不同。

行政侵权行为的主体只能是行政机关及其工作人员;而司法侵权行为的主体只能是司法机关即行使侦查、检察、审判职权的机关以及看守所、监狱管理机关及其工作人员,具体包括公安机关(包括国家安全机关、军队保卫部门)、检察机关、审判机关、监狱管理机关及其工作人员。

(3) 赔偿义务机关不同。

行政赔偿与司法赔偿尽管都是国家承担赔偿责任,但两者的赔偿义务机关不同。前者的赔偿义务机关是行使行政职权的行政机关,而后者的赔偿义务机关是应当承担赔偿责任的行使侦查、检察、审判职权的机关以及看守所、监狱管理机关。

(4) 赔偿处理程序不同。

行政赔偿的请求人可以先向赔偿义务机关提出申请,也可以在申请行政复议和行政诉讼时一并提出赔偿申请;而司法赔偿的请求人只能先向赔偿义务机关提出赔偿申请,不服的可以申请复议,但不能通过诉讼程序加以解决。

(5) 追偿条件不同。

按照《国家赔偿法》的规定,在行政赔偿和司法赔偿中都实行追偿制度,即国家在履行了赔偿义务后,可以责令有关责任人员承担部分或全部赔偿费用。但在行政赔偿中,追偿的条件是行政机关工作人员主观上有故意或重大过失,采用的是主观标准。而在司法赔偿中,追偿的条件是:司法机关工作人员实施了刑讯逼供或者殴打、虐待等行为或者唆使、放纵他人以殴打、虐待等行为造成公民身体伤害或死亡的;违法使用武器和警械造成公民伤害或死亡;在处理案件中有贪污受贿,徇私舞弊,枉法裁判行为。可见,司法赔偿的追偿采用的主要是客观标准,其追偿范围比行政赔偿中的追偿范围要窄。这主要是因为司法活动情况比较复杂,判断司法人员主观上是否存在故意或重大过失比较困难,故追偿的范围不能过宽,否则很容易挫伤司法工作人员的积极性。①

区分行政赔偿与司法赔偿是十分重要的,因为这涉及受害人请求赔偿的程序问题。应当说,行政赔偿与司法赔偿的区别是很明显的。但是,在实践中,有时准确地划分行政赔偿与司法赔偿也是很难的。因为,诸如公安机关、国家安全机关等既行使行政权,又行使司法权。这样,他们的行为究竟是行政行为还是司法行为往往就很难判断,特别是当这些机关及其工作人员没有按照法律程序出具有关的法律手续时更是如此。例如,公安人员将李某错误拘留,但没有说明是行政拘留还是刑事拘留,也没有出具任何拘留的手续,这种拘留的性质就很难判断。我们认为,正确区分行政赔偿与司法赔偿,首先应当以出具的法律手续为准。如果公安机关或国家安全机关及其工作人员行使职权时,出具了有关的法律手续,则应当以出具的法律手续为准,认定其行为的性质。如公安机关限制公民人身自由时,出具的是刑事拘留、刑事逮捕决定书,则应视为行使司法权的行为。若出具的是行政拘留决定书,则应视为行使行政权的行为。其次,如果行使职权的机关及其工作人员没有说明行为的性质,也没有出具任何法律手续,则应当从有利于受害人的角度出发,认定为行使行政职权,按行政赔偿处理。因为受害人申请行政赔偿的程序更为简便,有利于受害人。

(二) 行政赔偿与行政诉讼

行政赔偿与行政诉讼都是对相对人的救济,都包含着对行政行为的监督,在行政救济制度上起着相互补充的作用,但两者不可相互取代。行政诉讼是公民、法人和其他组织认为行政机关的具体行政行为违法侵害其合法权益,向人民法院提起诉讼请求,由人民法院依法审理裁判的法律制度。因而,行政赔偿与行政诉讼既有联系又有区别。

1. 行政赔偿与行政诉讼的联系

(1) 行政赔偿常常与行政诉讼一起共同构成对相对人的完整救济。当一个具体行政行为侵害到公民、法人和其他组织的合法权益并造成实际损害时,仅有行政诉讼是不够的,行政诉讼可以确认具体行政行为违法并予以撤销,但公民、法人和其他组织受到的损害只有通过行政赔偿才能得到补救。当然,仅有行政赔偿而没有行政诉讼制度对具体行政行为合法与否的评判,行政赔偿也就没有了依据。因此,行政赔偿与行政诉讼常常是结合在一起的,只不过行政诉讼在先,行政赔偿在后。②

---

① 参见薛刚凌:《国家赔偿法教程》,中国政法大学出版社1997年版,第139页。
② 同上书,第135—136页。

(2) 行政赔偿可以通过行政诉讼的方式加以解决,即行政赔偿诉讼。虽然我国《国家赔偿法》没有明确规定行政赔偿适用何种程序,但从《行政诉讼法》的规定来看,行政赔偿案件属于行政诉讼的类型之一,受害人提起行政赔偿诉讼,当然适用行政诉讼程序。这是因为,一方面,在很多情况下,行政赔偿诉讼以行政诉讼为前提;另一方面,行政诉讼程序期限短,充分考虑了行政管理的需要和对相对人利益的保护,采用此程序解决行政赔偿争议较为理想。

2. 行政赔偿与行政诉讼的区别[①]

(1) 两者的标的和性质不同。行政诉讼的标的是行政行为本身,诉讼是围绕着行政行为的合法性展开的,对合法的决定予以维持,违法的决定予以撤销,不履行职责的判决履行,行政处罚明显不当的予以变更。因而,从本质上说,行政诉讼是一种纠正违法之诉,通过撤销违法的行政行为来达到对相对人一方的救济,它解决的是行政行为的效力是否存在、是否对相对人具有拘束力的问题。而行政赔偿的标的是侵权损害事实,围绕着这一内容展开,如损害是否发生,是否由行政机关及其工作人员的违法行为引起,侵犯的是否为相对人的合法权益,损害的大小等等,从而决定是否应当赔偿,赔偿多少。因而从本质上说,行政赔偿是一种损害救济途径,通过支付赔偿金等方式,使受害相对人一方的合法权益得到恢复。

(2) 两者的受案范围不同。我国《国家赔偿法》与《行政诉讼法》对行政赔偿和行政诉讼的受案范围分别作了规定,具体地说:第一,行政行为违法侵权并给相对人一方造成实际损害的,同时属于行政诉讼和行政赔偿的范围。第二,行政行为违法侵害相对人的合法权益但没有造成实际损害,或者不属于法定赔偿的损害范围的,相对人只能提起行政诉讼,不能请求行政赔偿。第三,有些行政行为不能提起行政诉讼,但受害人可以请求行政赔偿,如法律规定由行政机关终局裁决的行政行为和行政处分行为等。

(3) 两者适用的程序不尽相同。虽然行政赔偿诉讼适用于行政诉讼法规定的程序,但在总体上两者适用的程序不尽相同。第一,单独提起行政赔偿诉讼实行行政处理前置原则,即单独请求行政赔偿时,相对人要先向赔偿义务机关提出,赔偿义务机关在 2 个月内不做答复的,或受害人对其所做赔偿决定不服的,才能向人民法院提起赔偿诉讼。第二,行政诉讼不适用调解,而行政赔偿诉讼可适用调解,可以通过调解解决。第三,举证责任分配不同。在行政诉讼中,举证责任由被告承担,被告行政机关必须提供作出行政行为的证据和所依据的规范性文件,被告不提供或者无正当理由逾期提供证据,视为没有相应证据。而行政赔偿诉讼则不能完全采用该规则,按《行政诉讼法》第 38 条第 2 款的规定,在行

---

① 参见薛刚凌:《国家赔偿法教程》,中国政法大学出版社 1997 年版,第 136—138 页。

政赔偿案件中,原告应当对行政行为造成的损害提供证据,即受害人提起赔偿请求,首先要证明损害的存在以及该损害确实是由行政机关及其工作人员行使职权行为造成的;赔偿义务机关要证明致害的行为合法,或从未实施过该行为,或该行为属于法定免责范围等等。第四,收集证据规则不同。在行政诉讼中,作为被告的行政机关不得自行取证,但在行政赔偿诉讼中,行政赔偿义务机关可以收集证据。第五,在行政赔偿诉讼中,法院裁判不受行政诉讼裁判的限制,如可以作出确认行政机关行使职权的行为违法的判决以及赔偿的判决,直接决定行政机关责任的大小。

三、建立行政赔偿制度的必要性

从各国的立法实践来看,国家赔偿包含行政赔偿与司法赔偿两部分,其中行政赔偿具有重要的作用,在国家赔偿中占有重要地位。在大陆法系国家,法国被誉为国家赔偿的母国,其国家赔偿制度最为完善。"法国的国家赔偿,起始于行政职能领域,以后拓宽到立法、司法职能领域,其赔偿范围有了很大发展。"[1]因而,在我国要发挥国家赔偿制度对社会的积极效用,必须首先建立完善的行政赔偿制度,其必要性主要表现为以下几个方面:

首先,建立行政赔偿制度是公民、法人和其他组织的合法权益得到充分有效救济的需要。"国家赔偿法的精神实质是权利救济。"[2]"有权利必有救济,有损害必有赔偿"的古老法谚表达了人们对正义的向往与追求,但在近代社会以前,以国家作为侵权主体承担赔偿责任的理想并未能得到实现,使私人权利受到很大威胁。在现实中,大量存在的国家侵权行为造成的损害,也不能得到有效的救济。公民、法人和其他组织的合法权益即使受到行政行为的侵犯,充其量是向实施侵权行为的公务员要求赔偿,而不可能向国家(君主为其代表)提出赔偿请求。国家如果给予受损害的私人一定的补偿,也只能被视作君主的恩赐。随着近现代社会民主法治的建立与发展,各国纷纷立法,加强对私人权利的救济,使行政赔偿制度成为对公民、法人和其他组织合法权益实施救济的有效途径。从一定程度上说,权利救济程度如何,已经成为评价一国的行政赔偿制度最重要的标准。我国是人民民主专政的社会主义国家,人民是国家的主人,我国的这一国家性质决定了人民享有广泛的权利,为了体现社会主义民主和法制的优越性,我们必须加强对私人权利的保护与救济。当国家行政机关及其工作人员行使职权造成人民群众利益的损害时,国家应当予以赔偿,这是社会主义民主得到充分发展、人民权益得到充分保障的标志。对此,我国《宪法》第41条第3款明确规定,

---

[1] 薛刚凌:《国家赔偿法教程》,中国政法大学出版社1997年版,第29页。
[2] 杨临萍:《权利救济是国家赔偿工作的核心价值》,载《中国审判》2013年第12期。

由于国家机关和国家工作人员侵犯公民权利而受到损失的人,有依照法律规定取得赔偿的权利。同时,《国家赔偿法》明确规定了行政赔偿的范围、标准、方式和程序,使宪法所确立的公民的求偿权从抽象的原则转化为具体的法律规定,为公民行使求偿权提供了法律依据。因而行政赔偿制度的建立使行政机关及其工作人员侵犯公民、法人和其他组织的合法权益而产生的行政赔偿纠纷的解决有了完善的制度保障,有利于对公民、法人和其他组织的合法权益实施充分有效的救济。

其次,建立行政赔偿制度是促使和监督行政机关依法行使行政权力的需要。行政机关的行政活动是行使国家行政权力,其运作呈现出自上而下的放射状结构,每经过一层中介,其放射状态多会有所扩大。[①] 同时,行政权力与人民群众的利益息息相关,能够直接给其带来物质或精神上的利益,因而权力主体又常会产生扩大权力的本能冲动,使行政权力具有一种无限延伸的动力。现代社会日益复杂的政治、经济和社会问题要求政府加强对社会事务的直接介入,它不仅须承担传统上的保国卫民的职能,而且负担起了扶助各行各业均衡发展,普遍提高各个阶层的生活水平和道德、文化水准,防止个人过度泛滥的私欲损害社会公益以及缓和社会矛盾的责任。但行政权力的这种自我膨胀的特性,也使行政机关违法侵权的机会大大增加,行政权力一旦突破其应有的边界,势必会损害私人的合法权益。因此,法律必须对行政侵权行为设定责任,以促使行政权的合法行使。这正如孟德斯鸠所言:"一切有权力的人都容易滥用权力,这是万古不易的一条经验。有权力的人们使用权力一直到遇有界限的地方才休止。"[②]我国是人民民主专政的社会主义国家,各级政府是人民的政府,各级政府的工作人员都是人民的勤务员,他们代表人民依法行使行政权力,管理国家的各项行政事务,应当全心全意地为人民服务。为了防止滥用国家行政权力,损害公民、法人和其他组织的合法权益,国家必须以法律的形式规定行政权力的范围、行使行政权力的条件和程序等,使各行政机关在法定的范围内行使其权力,不能越权或滥用。但尽管如此,国家行政机关在现实社会生活中侵害公民、法人和其他组织的现象仍是不可避免的。这是因为,一方面,由于现代行政管理范围的不断扩大,管理内容的复杂化,管理手段的科学化和现代化,国家行政权力在不断地扩大和膨胀,行政机关及其工作人员在行使职权时造成损害的可能性大大增加;另一方面,由于各行政机关工作人员的政治素质和业务素质不同,有些人利用手中的权力以权谋私、徇私枉法或者滥用行政权力的现象也是不可避免的。行政赔偿制度的建立,将行政机关违法行使职权与赔偿责任联系起来,确立了国家必须对行政机

---

① 参见杨临萍主编:《行政损害赔偿》,人民法院出版社1999年版,第25页。
② 孟德斯鸠:《论法的精神》(上),张雁深译,商务印书馆1961年版,第154页。

关及其工作人员的违法行政行为承担赔偿责任,从而可以在一定程度上遏制国家行政机关的违法行政行为。同时,我国《国家赔偿法》还规定,国家在赔偿私人所受的损害后,在一定的条件下还应向行政机关工作人员行使追偿权,这样不仅能对行政机关工作人员的失职、越职和违法行为实施有效的惩戒,更重要的是能对行政机关工作人员依法行使职权进行有效的制约和监督,促使其依法行使行政职权。因此,行政赔偿制度是对行政机关及其工作人员进行监督的十分有效的方式,有利于促使和监督行政机关依法行使行政权力。

再次,建立行政赔偿制度是协调国家行政机关同人民群众之间的关系、实现社会公平的需要。公平正义是人类社会的基础,也是人类为之奋斗的目标。国家为了保障社会进步,实现国家职能,从不同方面行使国家权力,人民负有服从这种国家权力的义务。但是,当国家行使权力侵犯了公民、法人和其他组织的合法权益造成损害时,若不向受害人承担赔偿责任,使受害人无辜受害而不能得到赔偿,就完全违背了社会公平正义观念。在近代社会以前,统治者往往打着公共利益的幌子,肆意侵犯私人的利益却不给予任何赔偿或补偿。随着近现代社会民主政治的建立与发展,为满足社会公平正义的要求,国家赔偿便应运而生,成为近现代各民主国家的一项进步法律制度。[①] 在我国《国家赔偿法》没有颁布实施以前,虽然宪法规定了公民的合法权益受到损害,有取得赔偿的权利,但由于国家没有颁布实施《国家赔偿法》,没有具体规定行政赔偿的范围、标准、方式等,因而,当公民、法人和其他组织的合法权益受到行政机关侵害时,往往投诉无门,很难得到赔偿。这样,公民、法人和其他组织的合法权益就得不到充分、完整的保障。现在我国已颁布实施了《行政诉讼法》《国家赔偿法》等一系列有关行政赔偿制度的法律法规,当作为行政相对人的公民、法人和其他组织的合法权益受到行政机关侵害时能够得到公平合理的赔偿,为实现社会的公平正义奠定了法律基础。

最后,建立行政赔偿制度是弘扬社会主义民主法治,保持国家的稳定与推动社会进步的需要。民主与法治是现代民主政治国家的基本精神。民主要求国家权力的运作必须符合人民的利益而不能是维护少部分人的特权;法治要求国家权力必须受到法律的限制而不能无限扩张,要加强对其的监督。因此,应当建立结构合理、配置科学、程序严密、制约有效的权力运行机制,从决策和执行等环节加强对权力的监督,保证把人民赋予的权力真正用来为人民谋利益。行政赔偿制度打破了官民尊卑有序的陈腐观念的束缚,国家与私人一样对其侵权行为承担责任,其意义不仅在于为受害人提供了一个有效的法律救济手段,加强了对国家权力行使的监督力度,从更深的意义上来说,它充分发挥了民主法治的精神,

---

[①] 参见杨临萍主编:《行政损害赔偿》,人民法院出版社1999年版,第33—34页。

有利于创造一个平等、和谐的社会政治环境,增强人们对法律的尊重与信心。根据行政赔偿制度的要求,当作为行政相对人的公民、法人和其他组织的合法权益受到行政机关侵害时有权向国家请求赔偿,国家对此应承担赔偿责任,这就是民主法治精神的完美体现。与此同时,行政赔偿制度的建立也有利于国家的稳定与社会的进步。一方面,对国家的侵权行为进行赔偿可以在一定程度上避免私人权利受侵犯但却得不到救济而可能引发的社会冲突,增进国家与私人之间的理解与信任,便于国家管理目标的实现,有利于社会的稳定与发展。另一方面,行政损害赔偿制度所追求的责任有序状态将使社会保持一种盎然的生机与活力,使得市民社会的创造力不会因国家权力的无限扩张而被扼杀,而这对于社会的进步与发展可谓至关重要。[①]

第三节 行政赔偿的构成要件

行政赔偿的构成要件是指国家承担赔偿责任所应具备的条件,即在具备什么样的条件下国家才承担行政机关及其工作人员因行政侵权而造成的损害赔偿责任。行政赔偿作为国家赔偿的一部分,其构成要件当然与国家赔偿的构成要件是一致的。但因行政赔偿自身的特殊性,决定了行政赔偿的构成具有特定的内涵。

一、侵权行为主体是行政机关及其工作人员

在国家赔偿中,行为主体只能是国家机关及其工作人员。由于行为主体不同,产生的国家赔偿也就不同。行为主体是行政机关及其工作人员的,则产生行政赔偿;行为主体是司法机关及其工作人员的,则产生司法赔偿。因此,在行政赔偿中,侵权行为主体必须是行政机关及其工作人员。

在我国,按《国家赔偿法》的规定,行政赔偿的侵权行为主体为以下几类:

(一)行政机关及其工作人员

行政机关是国家机关的一种,是由国家依法设立并代表国家依法行使国家行政权力的机关,在我国主要是指各级人民政府及其设立的机关,具体包括:第一,国务院及其组成部门。第二,国务院的直属机构、办事机构,由国务院自行设立,列入国务院编制序列。第三,部委直属机构归口的国家局,如国家市场监督管理总局管理的国家药品监督管理局。第四,地方各级人民政府。第五,地方各级人民政府的职能部门及二级机构。第六,派出机关及派出机构。前者是一级人民政府的派出机关,如行政公署、区公所和街道办事处。后者是政府工作部门

[①] 参见杨临萍主编:《行政损害赔偿》,人民法院出版社1999年版,第28页。

派出的机构,如公安派出所、税务所等。第七,非常设机构,包括为管理的需要而临时成立的机构以及为协调管理而成立的各种办公室、领导小组,此外还包括综合执法机构、联合执法组织等等。① 原则上,只要是行政机关,无论是常设机构还是非常设机构,无论是依法设置还是违法设置,都可以成为行政侵权行为主体。②

国家行政机关作为行政侵权行为主体还有几个问题需要注意:第一,行政机关内部机构侵权的,视为所属行政机关侵权,因为任何行政机关都负有监督其内部机构的职责,内部机构侵权当然视为该行政机关侵权;第二,各级地方人民政府及其职能部门在没有法律依据的情况下自行设立的行政机构侵权的,视为设立该机构的政府或机关侵权;第三,两个以上的行政机关共同行使职权造成损害的,共同致害的行政机关是共同的行政侵权行为主体。

（二）法律、法规授权的组织

在我国,除了行政机关依法享有行政职权外,根据行政管理的需要,行政机关以外的组织也可能因法律、法规的授权而享有部分行政权力,因而法律、法规授权的组织也可以成为行政侵权行为的主体,国家对其在行使行政职权时的侵权行为应承担赔偿责任。法律、法规授权的组织是指依具体法律、法规的授权而行使特定行政职权的非国家机关组织。首先,它是指非国家机关的组织,它只有在法律、法规授权时,才享有国家权力和承担法律责任。其次,它行使的是特定的行政职权而非一般的行政职权。所谓"特定职权",即限于相应法律、法规明确规定的某项具体职权或具体事项,其范围通常很窄。最后,它的职权为具体的法律、法规所授予,而非由行政组织法所授予,且在一般情况下,具体法律、法规对相应组织的授权是有期限的。通常限于办理某具体行政事务,一旦该行政事务完成,相应授权即结束,被授权组织即成为一般的民事主体。法律、法规授权的组织的范围十分广泛,且常变动不定。在我国,法律、法规授权的组织主要有以下四类:(1)社会组织、社会团体,如律师协会、医师协会等各种行业协会。(2)企事业组织。企事业组织在特定情况下,法律、法规也可授权其行使一定的行政职能。目前,我国的一些专业性公司,有许多是由行政机关改制而成,在一定时期内仍具有一定的公权力色彩,法律、法规往往授权它们行使一些行政职能,主管机关也往往会委托它们处理某些行政事务,如烟草公司、盐业公司等。(3)基层群众性自治组织。基层群众性自治组织主要是指城市和农村按居民居住的地区设立的居民委员会和村民委员会。居民委员会、村民委员会除了根据

---

① 派出的机构和非常设机构在单行法律、法规有规定的情况下可以以自己的名义行使行政职权,发生侵权时可成为侵权主体。

② 参见薛刚凌:《国家赔偿法教程》,中国政法大学出版社1997年版,第141页。

相应组织法的授权,协助基层人民政府工作外,还经常根据其他法律、法规的授权,行使某些协助职能和办理某些行政事务。(4)各种技术性机构。在行政管理活动中,行政机关由于受到人力、物力的局限,对一些专门性的技术问题,法律、法规往往授权有关技术性机构行使部分行政职能。

(三) 行政机关委托的组织

行政机关委托的组织是指受行政机关委托行使一定行政职权的非国家机关组织。在行政委托中,行政机关将自己行使的行政职权的一部分委托给另一个机关或组织以代替自己行使,因而受行政机关委托的组织也可以成为侵权行为主体。与法律、法规授权的组织一样,受委托的组织亦不是行政机关或其他国家机关。但与被授权组织不同的是,被授权的组织能以自己的名义行使行政职权,引起的法律责任也由自己承担。而受委托的组织只是因为有了行政机关的委托才行使特定的行政职权,并且要以委托行政机关的名义行使职权,行为后果也由委托的行政机关承担。另外,按照有关法律、法规的规定,行政委托必须符合法定的条件。如《行政处罚法》第 21 条规定,受委托行使行政处罚权的组织必须符合以下条件:(1)依法成立并具有管理公共事务职能;(2)有熟悉有关法律、法规、规章和业务并取得行政执法资格的工作人员;(3)需要进行技术检查或者技术鉴定的,应当有条件组织进行相应的技术检查或者技术鉴定。这里需要注意的是,对于受委托人超出委托权限范围实施的侵权行为,国家应否对此负责?一般认为,对这种情况应视具体情况而定。如果受委托人实施了与委托事项有关联的致害行为,国家应负赔偿责任。例如,在"扫黄打非"期间,公安机关委托某治安联防队员对某地的娱乐场所进行监督检查。该治安联防队员甲某利用委托权,对某酒店老板乙强行索要财物。对甲某的索要行为,国家应负赔偿责任。如果受委托人实施的行为与委托事项全然没有关联,则国家不负赔偿责任。例如,在上例中,如果治安联防队员甲某在酒店吃饭时,醉酒行凶,致人伤亡,则国家对该致害行为不负赔偿责任。在这种情况下,超越了委托权限的受委托人不构成侵权行为主体。

另外,由于行政机关的行政行为是靠其工作人员完成的,行政机关的工作人员代表其所在的行政机关进行管理活动,行政机关和其工作人员之间存在着职务委托关系,行政机关的工作人员在行使职权过程中侵权的,或以执行职务为名侵权的,国家应承担行政赔偿,因而行政机关工作人员也可以成为行政侵权行为的主体。在我国,根据《国家赔偿法》的规定,在行政赔偿中,作为侵权主体的工作人员主要是指国家行政机关的工作人员,以及在法律、法规授权的组织和受行政机关委托的组织中工作的人员。另外,还应包括事实上(或客观上)执行公务的人员,这主要是指自愿协助公务的人员。

二、侵权行为必须是行政机关及其工作人员行使行政职权过程中的违法行为

首先,构成行政赔偿的行为必须是行政机关及其工作人员行使行政职权的行为,凡从事与职权无关的民事活动、因个人行为造成的损害,国家均不承担赔偿责任,这是各国赔偿理论中普遍承认的原则。所谓行使行政职权的行为,是指行政机关及其工作人员行使职务上的权力所实施的行为,或实施的与其行政职权相关联的行为。如卫计委工作人员检查卫生、警察值勤、税务人员收税、公安人员制止违法行为等均属于行使行政职权的行为。在我国,按《国家赔偿法》的规定,国家对以下几种行使行政职权的行为承担行政赔偿:(1)具体行政行为。行政机关作出的具体行政行为是行政机关以特定的相对人或特定的事项为对象而作出的具体行政决定或措施,直接与作为相对人的公民、法人和其他组织的实际权利义务有关,影响其人身权和财产权。因而凡是行政机关及其工作人员作出的具体行政行为侵犯了相对人的合法权益造成损害的,国家都要承担行政赔偿。对于行政机关的抽象行政行为,我国《国家赔偿法》没有将其列入行政赔偿的范围。(2)事实行为。在行政管理中,事实行为是大量存在的,事实行为侵权的现象也常有发生。为保护相对人的合法权益,行政机关在行使职权过程中与职务相关的事实行为侵犯公民、法人和其他组织合法权益的,国家也要承担赔偿责任。在我国,《国家赔偿法》已作出明确规定,以殴打等暴力行为或者唆使他人以殴打等暴力行为造成公民身体伤害或者死亡的(简称暴力行为)和违法使用武器警械造成公民身体伤害或者死亡的,国家应承担赔偿责任。(3)行政不作为。行政不作为是指行政机关负有法定职责而不履行。例如,某公民遭抢劫而向公安人员呼救,公安人员不予理睬。对于行政机关的不作为行政违法造成的损害,《国家赔偿法》没有明确规定是否应当赔偿。我们认为,对这个问题应从以下几个方面作具体分析:其一,不作为行政违法是否造成了损害。"有权利必有救济,有损害则必有赔偿",这是公认的一条原则,只要某一违法行为造成他人合法权益的损害,该行为主体就应对此承担赔偿责任。既然不作为行为属违法行为,对相对人造成了损害,不作为行为主体毫无疑问也应承担赔偿责任,因此,对行政机关的不作为行政违法所造成的损害,国家应承担赔偿责任。其二,损害与致害行为之间是否存在因果关系。从实践上进行分析,损害事实与致害行为之间存在直接因果关系,是国家承担赔偿责任的关键。实践中情况复杂,不作为行为多种多样,有的不作为行为是造成损害的直接原因,与损害事实存在直接因果关系,有的只是损害得以扩大的外部条件。凡不作为行为是造成损害的直接原因,与损害事实存在直接因果关系的,则不作为行为主体应承担赔偿责任。例如,如某公民已经购置了设备,租下房屋准备开饭店,向市场监管部门申请营业执照,

时隔半年,市场监管部门也不给予答复。由于市场监管部门的不作为行为,致使该公民经济上受到巨大损失。在这种情况下,市场监管部门对不作为行为就应承担赔偿责任。凡不作为行为只是损害得以扩大的外部条件,则不作为行为主体只承担部分赔偿责任,如警察发现歹徒行凶并打伤了他人而不予以制止。在这种情况下,造成损害的直接原因是歹徒的行为,警察的不作为行为只是损害扩大的外部条件,警察所在的公安部门只承担部分赔偿责任。① 通过分析可看出,对不作为行为,有关行政机关是否要承担赔偿责任,不能笼统地肯定或否定,要视具体情况作具体分析。只要行政机关的不作为行为给相对人造成了损害,且损害事实与不作为行为有直接的因果关系,行政机关就要承担全部或部分赔偿责任。关于行政不作为的行政赔偿问题,我国司法实践持肯定态度。例如,最高人民法院《关于劳动教养管理所不履行法定职责是否承担行政赔偿责任问题的批复》([1999]行他字第11号)指出:"重庆市西山坪劳动教养管理所未尽监管职责的行为属于不履行法定职责,对刘元林在劳动教养期间被同监室人员殴打致死,应当承担行政赔偿责任。人民法院在确定赔偿的数额时,应当考虑重庆市西山坪劳动教养管理所不履行法定职责的行为在造成刘元林死亡结果发生过程中所起的作用等因素。"最高人民法院《关于公安机关不履行、拖延履行法定职责如何承担行政赔偿责任问题的答复》([2011]行他字第24号)指出:"公安机关不履行或者拖延履行保护公民、法人或者其他组织人身权、财产权法定职责,致使公民、法人或者其他组织人身、财产遭受损失的,应当承担相应的行政赔偿责任。公民、法人或者其他组织人身、财产损失系第三人行为造成的,应当由第三人承担民事侵权赔偿责任;第三人民事赔偿不足、无力承担赔偿责任或者下落不明的,应当根据公安机关不履行、拖延履行法定职责行为在损害发生过程和结果中所起的作用等因素,判决其承担相应的行政赔偿责任。公安机关承担相应的赔偿责任后,可以向实施侵权行为的第三人追偿。"

其次,按我国《国家赔偿法》的规定,国家承担赔偿责任的前提是行政行为违法。对于何为行政违法,前已述明。这里需要指出的是,由于受行政管理中大量事实行为的存在以及我国目前行政法治的程度不高等特点所决定,对违法应当从广义上进行理解,即"违法不仅指行政机关及其工作人员的具体的法律行为或事实行为违反法律法规的明确规定,还包括违反合法的规章及合法的其他规范性文件的规定;违反诚信原则、尊重人权原则以及公序良俗原则等法的一般原则;滥用自由裁量权,错误许可以及不履行法定职责或没有给予应有的注意

---

① 有人认为,在此种情况下,行政机关不承担不作为的赔偿责任。参见程时菊:《浅析国家赔偿范围的几个问题》,载《法商研究》1996年第2期。

等"①。也就是说,只要行政机关及其工作人员有下列行为之一,都属行政违法:(1)违反明确的法律规定;(2)违反诚信原则、尊重人权原则以及公序良俗原则干涉他人权益;(3)滥用或超越行使自由裁量权,提供错误信息指导及许可批准,造成其他人权益损害;(4)没有履行对特定人的法律义务或尽到合理注意。②

三、行政机关及其工作人员行使行政职权的行为须给公民、法人和其他组织的合法权益造成了特定的损害

损害事实的发生是行政赔偿产生的前提条件。只有行政机关及其工作人员的职务违法行为损害了相对人的合法权益,国家才承担赔偿责任。如果只有行政违法而未给相对人合法权益造成损害的,如滥发许可证、滥发奖金,则不构成行政赔偿。根据我国《国家赔偿法》的规定,构成行政赔偿的损害有以下几个方面的特点:

第一,国家仅赔偿对人身权和财产权造成的损害。其中,人身权的损害包括人身自由权的损害和生命权、健康权的损害;财产权的损害仅限于直接损失,而不包括可得利益损失。

第二,损害必须是实际上已经发生或者一定会发生的损害。作为行政赔偿构成要件的损害事实必须是现实的、确定的、已经发生的损害,而不是主观臆想的或将来不确定的损害,国家不对抽象的、不确定的损害进行赔偿。损害包括既得利益的损害和现实可得利益的损害。现实可得利益是指已具备了取得某种利益的条件,若非因侵权行为的发生而必定能获得的某种利益。按我国《国家赔偿法》的规定,在财产损害中,只有直接损失才引起国家赔偿,对直接财产损害中的可得利益的损失,国家不负责赔偿。例如,某商店因违法的行政处罚而不能完成其与另一商家签订的合同,对履行合同可能带来的利润,国家不承担赔偿责任。但是,对于因人身损害而造成的现实可得利益的损害,国家则给予赔偿。例如,因误工减少的收入就属于受害人的可得利益损失,国家应予赔偿。

第三,损害必须是对受害人合法权益的损害。非法利益不受法律保护,因而非法利益的损失不会导致行政赔偿。

第四,损害必须是特定的损害。首先,损害必须是针对一个人或少数人的损害,而不是普遍的一般人所共有的损害,共有的损害不引起行政赔偿。因为按照公共负担平等原则,损害必须具备特殊性质,超出了平等负担的范围,国家才予以赔偿。其次,损害必须是法定的损害,必须是达到了一定程度的损害,国家才予以赔偿。因为行政赔偿是一种法定责任,只有当法律规定的各项条件成熟后,

---

① 参见薛刚凌:《国家赔偿法教程》,中国政法大学出版社1997年版,第140页。
② 参见应松年主编:《国家赔偿法研究》,法律出版社1995年版,第84页。

国家才予以赔偿。

四、公民、法人和其他组织受到的损害和行政机关及其工作人员行使行政职权的行为之间具有因果关系

因果关系是连结责任主体与损害事实的纽带,是责任主体对损害承担责任的基础。具备一定的因果关系,是任何一种归责原则下都应具备的赔偿责任的构成要件。行政赔偿作为国家赔偿的一种,其因果关系的确认适用国家赔偿因果关系确认的一般原理,但是行政侵权行为与一般的侵权行为相比又有其特殊性,具体表现在:(1)行政侵权行为有时与民事侵权行为甚至与犯罪行为交织在一起。例如,某公民进城卖西瓜被人哄抢,请求公安机关予以保护,公安机关不予理睬,西瓜被哄抢造成损失。这里既存在哄抢人的刑事犯罪及民事侵权行为,也存在公安机关不履行保护公民财产权的法定职责的行政侵权行为。(2)行政侵权行为对合法权益造成的损害有时是间接的,而不是直接的。例如,某乡政府批准了公民甲的建房申请,但甲的房屋被规划部门以违法建筑为由强制拆除,如果规划部门的强制拆除决定合法,则拆房所造成的损失虽与乡政府的批准建房行为不存在直接联系,但存在间接联系,可以认定乡政府的批准建房行为是造成损失的原因。(3)行政侵权行为有时与行政机关及其工作人员不履行法定职责联系在一起。这里的法定职责,是指法律明确规定的义务或可以推定的义务。如警察发现有人殴打他人而不予制止,即为不履行法定职责,因为保护公民人身权、财产权是警察的法定职责。因而在认定行政赔偿中的因果关系时,很难用一个固定理论加以解决,而应根据具体案件中的具体情况作出具体的分析,以求得保障社会公平和行政效能之间的适当平衡。具体地说,确认行政侵权中的因果关系要注意以下几点:

第一,在不同的情况下,可以采用不同的标准来认定行政侵权行为和损害结果之间的因果关系。当损害事实仅同行政侵权行为相关联时,可以借鉴民法上的因果关系理论进行分析,如某警察污辱某公民甲,后者一气之下心脏病发作而死。这里的死亡原因按照相当因果关系理论,只能是公民甲患有心脏病而非该警察的污辱行为,当然污辱行为是引起心脏病发作的原因,国家对此也应承担部分赔偿责任。当损害事实与行政侵权行为、民事侵权行为以及犯罪行为等多种因果相联系时,要结合侵权行为主体的法定职责进行分析,只要行政侵权行为与损害结果之间有间接的关联性,即可认为行政侵权行为与损害结果之间存在因果关系。如在上述的哄抢瓜农西瓜一案中,虽然瓜农的损害源于哄抢行为,但警察的违法不作为也是导致西瓜被哄抢一空的原因之一,可以认定存在因果关系,国家对此应予相应的赔偿。

第二,认定因果关系要认清行政侵权行为同损害事实之间的内在联系。因果关系不是一般的先后关系,尽管作为原因的事物通常出现在作为结果的事物之前,但先后出现的事物也不一定有内在联系。因果关系也不同于一般的条件关系。一定事物的发生可能是由很多条件促进的,既可能有侵权行为,也可能有自然力、第三人的作为以及受害人本人的过失,但这些条件中有些条件是导致损害事实发生的,有些条件则只能引起损害事实早一点发生或晚一点发生,在大一些范围内发生或在小一些范围内发生。在所有这些条件中,只有一些是同损害事实之间有内在的联系而属于因果关系。例如,市场监管机关的工作人员某甲在检查某街区摊点时同一个体摊主某乙发生争执,动了拳脚,致使某乙受伤,在送往医院治疗的途中,不幸翻车,致某乙死亡。在此案中,某甲的殴打行为同某乙的死亡并没有内在的联系,因此不构成因果关系。但某甲的殴打行为同某乙的受伤却有内在的联系,应认定二者间有因果关系存在。[①]

第三,认清因果关系表现形式上的多样性。世间事物是普遍联系、相互制约的,某一现象的出现通常是多种因素相互影响的结果,表现在侵权法领域也是如此。当损害结果与行政侵权行为、民事侵权行为以及犯罪行为等多种因素相联系时,一方面,我们应当区分多种原因力的恰当作用,区分主要原因和次要原因、直接原因和间接原因,并据此来认定侵权行为人对责任的承担;另一方面,要结合行政侵权行为主体的法定职责进行分析,只要行政机关有法定职责,并且行政侵权行为与损害结果之间有间接的关联性,即可认为行政侵权行为与损害结果之间存在因果关系,当受害人不能从直接侵害人那里得到赔偿时,可请求行政赔偿。

第四,认定因果关系要考虑国家赔偿的价值选择。在行政赔偿中,对因果关系的认定,决定着国家赔偿范围的大小宽窄,因而也体现了国家对因公权力行使而受损害的人进行救济和补偿的程度。在具体认定因果关系是否存在时,不仅要仔细分析引起损害发生的诸多原因,还应该考虑到社会责任的公平分担以及社会正义的充分体现。例如,某公民无辜被执法人员殴伤,在送往医院途中,不幸遭雷击身亡。对公民的死亡,执法人员的违法行为是原因之一,自然力(雷击)也是原因之一。在该案中,受害人及其亲属并没有医疗费支出等财产损失,但若国家不对受害人及其亲属给予赔偿,则显然是不公平。

[①] 参见杨临萍主编:《行政损害赔偿》,人民法院出版社 1999 年版,第 185 页。

第五章 行政赔偿的范围

第一节 行政赔偿范围概述

一、行政赔偿范围的含义

行政赔偿范围,就是国家承担行政赔偿的范围。关于赔偿范围,可以从两种意义上来界定:一是引起赔偿责任的原因行为的范围,即赔偿责任应当确定在哪些行为事项上;二是赔偿义务机关应当赔偿的损害的范围,即哪些损害应当赔偿。我国《国家赔偿法》是从第一种意义上界定行政赔偿范围的。关于行政赔偿的范围可从以下几个方面来理解:

第一,行政赔偿范围是受害人行使行政赔偿请求权的范围。如果法律规定国家对行政机关及其工作人员的特定行为造成的损害予以赔偿,则受害人享有请求权,可以运用请求权请求国家给予行政赔偿,任何人或组织都不得限制或无端剥夺请求人的权利。如果法律规定某些行为造成的损害可以免予赔偿或不赔,则受害人不享有请求国家给予行政赔偿的权利。可见,行政赔偿范围是受害人享有行政赔偿请求权和法律给予行政赔偿救济的界限。

第二,行政赔偿范围是行政赔偿义务机关履行赔偿义务的范围,是行政赔偿义务机关履行行政赔偿义务的界限,标志着国家对行政侵权行为造成的哪些损害予以赔偿。如果法律规定对于行政机关及其工作人员的特定行政侵权行为所造成的损害,国家必须承担行政赔偿,那么当受害人提出合法的赔偿请求时,行政赔偿义务机关必须代表国家对受害人履行行政赔偿义务,给予行政赔偿救济,不得拒绝或推诿。

第三,行政赔偿范围是人民法院对行政赔偿案件行使审判权的范围。按《国家赔偿法》的规定,在法律规定的行政赔偿范围内,当行政赔偿纠纷诉诸法院,法院就必须受理,给予公正审判,对受害人的受损权益实施司法救济。因而行政赔偿范围标志着人民法院实施行政赔偿审判权的界限。

二、行政赔偿范围的立法方式

从世界各国国家赔偿法关于赔偿范围的规定来看,大体有三种立法类型:
一是概括式。概括式是指国家赔偿法对于行政赔偿范围采取概括规定的方式,不具体列举赔偿事项。这种立法例所规定的赔偿范围很广,凡是符合国家赔偿法规定的行政赔偿事项,都可以要求赔偿。日本等国的国家赔偿法采取概括式,如日本《国家赔偿法》第1条第1款规定:"行使国家或公共团体公权力之公务员,就其执行职务,因故意或过失不法加害于他人者,国家或公共团体对此应负赔偿责任。"韩国《国家赔偿法》第2条规定:"公务员执行公务,因故意或过失违反法令加害于他人者,国家或地方自治团体应赔偿其损害。"

二是列举式。列举式是指国家赔偿法对于行政赔偿范围采取列举式的规定方式,具体规定行政赔偿的事项。凡是没有列举的事项,不在行政赔偿范围之内。法国等判例式的国家赔偿法是通过行政法院判例汇编而成的,因而行政赔偿的范围采取列举式。

三是并用式。并用式是采用概括式与列举式并用的方式规定行政赔偿范围,这是世界上大多数国家所采用的方式。就是说,在国家赔偿法规定行政赔偿范围时,既有列举性条文的详细规定,又有概括性规定条款。美国、英国、瑞士等国家都是采用这种立法方式。

以上三种立法例,第一种立法例规定的赔偿范围过广。由于法律没有规定具体的赔偿事项,所以,关于行政赔偿范围的事项,完全要依靠从概括性条文中提炼出来的责任构成要件来衡量。就是说,对于具体案件中的行政行为,只要其不属于赔偿责任的例外,且符合赔偿责任构成要件,就必然属于赔偿事项范围。[①] 第二种立法例规定的赔偿范围不够全面,采取列举式规定赔偿事项,很难穷尽赔偿事项。第三种立法例规定的赔偿范围比较全面,又不至于"挂一漏万"。

我国《国家赔偿法》规定的行政赔偿范围吸收了世界各国国家赔偿立法的优点,结合我国的具体国情,采取了概括式与列举式相结合的立法方式。我国《国家赔偿法》第2条用概括式规定了国家赔偿范围(包括行政赔偿和司法赔偿),《国家赔偿法》第3条和第4条则采取列举式规定了行政赔偿事项。同时,《国家赔偿法》第5条对国家不承担行政赔偿的事项也做了列举式规定。我国采取这种列举性规定的好处在于:第一,可以明确具体赔偿事项的范围,便于实际操作,以减少纷争;第二,可以对概括性规定予以限制,将行政赔偿范围仅限定在侵犯人身权和财产权的违法行政行为上。这样的规定,既吸收了概括式避免"挂一漏万"的长处,又兼顾了列举式明确赔偿范围的具体类型的优点。因此,概括式与列举式相结合的并用式立法例是一种较佳的立法选择。这说明,我国《国家赔偿法》在确定行政赔偿范围时,既考虑了我国国家赔偿制度处于初创阶段,又考虑了今后的发展。随着我国民主法制建设的发展,公民的法律意识的进一步提高,今后国家行政赔偿范围必将会逐渐扩大。

---

① 参见皮纯协、冯军主编:《国家赔偿法释论(第三版)》,中国法制出版社2010年版,第94—95页。

三、我国行政赔偿范围的确定原则

行政赔偿的范围确立了国家对哪些行政行为造成的损害予以赔偿,以及国家承担赔偿责任的领域。关于行政赔偿的范围到底应该多大,各国规定不尽一致。这是因为,行政赔偿不仅要保护行政行为相对人的合法权益,而且还要考虑国家利益和社会安全,而社会经济发展的水平和立法时的政治、经济形势也必然会对行政赔偿的范围带来影响。因此,行政赔偿范围的确定,并非是立法者主观臆断的选择,往往受到一国的政治体制、理论因素及国家财力的制约。同时,一国的法律传统、法律体系中是否存在相关救济的法律等,也都在一定程度上对行政赔偿范围的确定产生或多或少的影响。从世界各国国家赔偿法中行政赔偿内容的构成来看,行政赔偿的范围主要包括:(1)因行政机关及其工作人员行使权力违法侵权而引起的行政赔偿。如行政命令、行政处罚、行政强制行为等违法造成侵权损害而引起的行政赔偿。(2)因公务机关、公务人员或国有企事业单位执行非权力性公务违法而引起的行政赔偿。(3)军事赔偿。即国家军事机关及军人执行职务的行为侵权而引起的赔偿,英、美、韩等国均有类似规定。(4)国有公共设施或管理欠缺而引起的行政赔偿。日、德、韩等国家均就此做了规定。[①]

在我国,行政赔偿制度从无到有,从零散的法规到法律及司法解释,是逐步走向完善的,行政赔偿的范围也是逐步扩大的。1989年通过的《行政诉讼法》(2014年修改前)专章规定了行政侵权赔偿责任,规定了如果行政机关及其工作人员具体行政行为侵犯了行政相对人的合法权益,使其受到损害,行政相对人即可取得行政赔偿的请求权。在后来的《国家赔偿法》中,对行政赔偿范围在第二章第一节做了专门而详细的规定,并且对行政相对人请求行政赔偿的范围有所扩大:一是增加了行政相对人对违法的事实行政行为可以请求行政赔偿;二是行政机关终局裁决被纠正后,受害人也享有行政赔偿请求权。《国家赔偿法》第2条第1款规定,国家机关和国家机关工作人员行使职权,有本法规定的侵犯公民、法人和其他组织的合法权益的情形,造成损害的,受害人有依照本法取得国家赔偿的权利。这说明应赔偿的侵权行为是行政机关及其工作人员行使职权的行为,可弥补的损害则是公民、法人和其他组织的合法权益的损害。从整个法律结构来看,该条只是确定行政赔偿范围的原则性规定,在此原则范围内,《国家赔偿法》第3条至第5条又进一步界定了可赔偿的侵权行为范围和可赔偿的损害范围(第3条和第4条在正面界定可赔偿的侵权行为范围的同时,也附带正面界定了可赔偿的损害范围,第5条则界定了排除行政赔偿的侵权行为范围),将行

---

① 参见王建民:《行政赔偿范围与标准分析》,载《法律适用》2002年第4期。

政赔偿的范围限定为:行政赔偿是对行政机关违法的行政行为和事实行政行为造成的侵犯相对人人身权和财产权的赔偿。《国家赔偿法》实施以后,司法部、公安部、原国家工商行政管理总局等部门也都以《国家赔偿法》和相关的法律、法规为依据,分别制定了有关行政赔偿的办法,对行政赔偿范围又进行了进一步细化。从《国家赔偿法》以及相关的法律、法规和规章来看,有关行政赔偿范围的规定都是在以下两项原则支配下作出的:

一是限于保护人身权、财产权的原则。行政赔偿是国家赔偿,但又是有限赔偿。所谓有限赔偿,是指赔偿范围受到一定限制的赔偿。从《国家赔偿法》第3条和第4条规定看,行政赔偿限于行政机关对侵犯行政相对人的"人身权"和"财产权"的赔偿,不包括对侵犯其他权利如劳动权、教育权、政治权等的赔偿。对侵犯其他权利的行为,适用其他有关途径解决。从这一点上说,行政赔偿的范围比行政诉讼的受案范围小得多。因为行政诉讼的受案范围除了涉及人身权与财产权的具体行政行为外,还受理法律、法规规定可以提起行政诉讼的其他行为,这当然包括涉及其他的行政侵权行为。

二是职务行为与职务相关的事实行为相结合的原则。行政机关及其工作人员的行政行为与行政职务行为的概念是相通的。但行政职务行为与职务相关行为是两个不同的概念。根据我国《国家赔偿法》的规定,行政赔偿的范围不仅包括行政职务行为,而且还包括与职务相关的事实行为。关于后者,根据最高人民法院《关于审理行政赔偿案件若干问题的规定》第1条的解释,主要是指"与行政机关及其工作人员行使行政职权有关的,给公民、法人或者其他组织造成损害的,违反行政职责的行为"。从这一点上讲,国家赔偿法所设置的行政赔偿范围比行政诉讼的受案范围要大得多。因为,行政诉讼的受案范围只限于行政行为,而国家赔偿法所规定的行政赔偿范围,除行政职务行为以外,还包括与行政职务相关的事实行为,如殴打、虐待等行为。

第二节 行政赔偿范围的确定

我国《国家赔偿法》对行政赔偿的范围采取了列举与概括相结合的方式予以规定。这一方面是对具有强制性的具体行政行为及其事实行为的肯定,另一方面则意味着对于某些行政行为的排除。从我国《国家赔偿法》第3条、第4条的规定来看,该法首先将抽象行政行为和行政指导等不能引起行政强制执行的具体行政行为排除在外,其次将侵犯人身权、财产权以外的其他合法权益(如政治权利和自由)的行政行为排除在外。

一、侵犯人身权、财产权的行政处罚行为

行政处罚是行政机关依法对违反行政法律规范的行政相对人实施的一种惩戒性法律制裁。我国《行政处罚法》第9条明确设定了六种形式的处罚：警告；警告、通报批评；罚款、没收违法所得、没收非法财物；暂扣许可证件、降低资质等级、吊销许可证件；限制开展生产经营活动、责令停产停业、责令关闭、限制从业；行政拘留；法律、行政法规规定的其他行政处罚。同时，《行政处罚法》对行政处罚的实施机关、行政处罚的管辖和适用、行政处罚的决定程序、行政处罚的执行、法律责任等问题作了明确的规定。这是我们确定行政处罚是否违法的一个重要法律依据。如果行政机关在实施行政处罚行为时发生了违法，给相对人造成损害，除了实施违法的警告目前暂不能纳入《国家赔偿法》规定的行政赔偿范围外，其余皆属可赔偿的行政侵权行为范围。

（一）违法拘留

拘留包括行政拘留、司法拘留和刑事拘留三种形式。行政拘留是指公安机关等有权机关依照《治安管理处罚法》及其他法律，对尚未构成犯罪的违法相对人短期内剥夺人身自由的一种行政处罚方式；刑事拘留是指公安机关等刑事侦查机关在紧急情况下，依照刑事诉讼法的有关规定对应予逮捕的现行犯或重大犯罪嫌疑人所采取的临时性剥夺人身自由的强制方法；司法拘留是指人民法院对于妨碍民事诉讼秩序或行政诉讼秩序情节严重的人，在一定期限内剥夺其人身自由的一种强制措施。行政赔偿中所说的违法拘留仅指违法的行政拘留，而不包括违法的司法拘留和刑事拘留，违法的司法拘留和刑事拘留将导致司法赔偿。

行政拘留在限制人身自由的行政处罚当中是最严厉的措施，若不对其适用进行控制，必然给相对人造成巨大伤害，使人们在与行政机关接触的过程中缺乏必要的安全感。有鉴于此，我国法律对行政拘留的对象、实施拘留的行政机关资格、拘留的条件、拘留的程序以及拘留的期限等都作出了严格的规定，行政机关必须严格依法进行。《行政处罚法》第17条规定，行政处罚由具有行政处罚权的行政机关在法定职权范围内实施。第18条规定，国务院或者经国务院授权的省、自治区、直辖市人民政府可以决定一个行政机关行使有关行政机关的行政处罚权，但限制人身自由的行政处罚权只能由公安机关和法律规定的其他机关行使。同时，《治安管理处罚法》第91条规定，行政拘留必须由县级以上公安机关决定和实施，公安派出所没有行政拘留权。由于行政拘留属于人身罚，直接关系到公民的人身权利，因而不宜扩大适用主体。按照《治安管理处罚法》的规定，行政拘留的一般期限为1日以上15日以下，有两种以上违反治安管理行为的，分别决定，合并执行。行政拘留处罚合并执行的，最长不超过20日（第16条）。同时,《治安管理处罚法》对可以适用行政拘留的事项做了具体规定。例如,对扰乱公共秩序尚不够刑事处罚的行为、妨害公共安全的行为、侵犯人身权尚不够刑事处罚的行为、侵犯财产权尚不够刑事处罚的行为、妨害社会管理秩序的行为等,都可以予以行政拘留。如果公安机关在对公民实施行政拘留时违反法律规定,包括实体违法和程序违法,则构成违法拘留,受害人有权要求国家给予行政赔偿。

在实践中,违法拘留主要有以下情形:(1)执法主体不合格。如前所述,只有县级以上的公安机关才有实施行政拘留的权力,其他任何行政机关均无权实施行政拘留。否则,即是违法拘留。(2)适用对象错误。行政机关只能对依法可以给予行政拘留的违法行为人才能实施行政拘留,否则,即是适用对象错误,属于违法拘留。(3)缺乏事实根据的拘留。对于没有实施或者没有证据证明实施违法行为的人实施行政拘留,属于缺乏事实根据的拘留,构成违法拘留。(4)行政拘留所针对的行为不是违反治安管理的行为。法律规定,应受行政拘留处罚的行为,是违反治安管理并已达到了拘留条件的行为,《治安管理处罚法》对此已作了明确规定。对没有实施违反治安管理的行为人实施拘留处罚,也构成违法拘留。例如,对违反市场监督管理、税务管理、环保管理等的行为人实施行政拘留处罚可构成违法拘留。(5)违反法定程序实施拘留。《治安管理处罚法》规定,实施治安处罚,必须遵循传唤、讯问、取证、裁决的程序进行。未遵循上述程序或颠倒上述程序顺序,或缺少上述程序的某个阶段而实施的行政拘留,也构成违法拘留。(6)超期拘留。超过《治安管理处罚法》规定的期限的拘留,属于违法拘留。

(二)违法罚款

违法罚款的侵犯对象为相对人的财产权益,根据《国家赔偿法》的规定,行政机关要承担赔偿责任。所谓罚款,是指行政机关依法强制违反行政管理法规的相对方在一定期限内交纳一定数量金钱的处罚形式。罚款是目前行政管理中应用最为广泛的一种处罚手段,国家的法律、法规对罚款处罚的适用条件、种类、数额幅度和处罚的程序都有明确的规定。这就要求行政机关作出罚款决定时,既要有充分的事实根据,也要有有效的法律依据,否则就有可能违法并侵害相对人的合法权益,这时行政机关就要承担行政赔偿。应当指出的是,罚款与罚金是不同的。罚金是刑法的一种附加刑,适用的对象只能是触犯刑律、构成犯罪的个人或组织,适用的机关只能是人民法院。作为行政处罚的罚款,也不同于作为排除妨害诉讼行为的强制措施的罚款,前者是一种行政行为,后者是一种司法行为。

在实践中,违法罚款主要有以下几种情形:(1)罚款的主体违法。根据我国有关法律规定,只有具有罚款权的行政机关才能在法定的职权范围内实施罚款。如果依法不具有行政罚款的实施权或者超越法律规定的权限实施行政罚款,都属于罚款主体违法。(2)越权罚款。根据我国有关法律规定,实施罚款必须要有有效的法律依据,但有的行政机关为了创收,在没有法律、法规依据的情况下自己设定罚款的"规定""办法",随意罚款,这构成违法罚款。(3)超越法定的数额幅度实施罚款。具有行政罚款权的行政机关必须在法定的罚款数额幅度内,根据违法情节适度确定实施罚款数额,否则,即构成超越法定的数额幅度实施罚款。(4)重复罚款。按照《行政处罚法》第29条规定,对当事人的同一个违法行为,不得给予两次以上罚款的行政处罚。在实践中,常常出现不同职能、不同地域的行政机关之间互不承认对方作出的罚款决定,对于同一个违法行为,常常是一个机关罚完后,另一个机关接着罚。(5)违反法定程序的罚款。由于罚款是直接剥夺当事人财产权的手段,所以法律根据罚款对当事人产生的不利影响的大小(一般是根据罚款数额)确定了不同的适用程序,以保证处罚实施的正确性。根据我国《行政处罚法》的有关规定,对小额罚款适用简易程序(该法第五章第二节),对较大数额的罚款应当告知对方听证的权利(该法第五章第四节),其他则适用普通程序(该法第五章第三节)。行政机关作出罚款决定时,应注意遵守有关程序规定,对于法定的重要程序不得违反。如果因程序违法侵犯了相对人的合法权益,则行政机关同样要承担行政赔偿责任。

(三)违法吊销许可证和执照

许可证和执照是行政机关依据行政相对人的申请,依法颁发的允许相对人从事某种活动、行使某种权利的法律文书。许可证和执照的种类很多,有保障公共安全的许可证,如持枪许可证等;有保障国民健康的许可证,如食品卫生许可证、药品生产许可证;有维护善良风俗的许可证,如制售录音、录像制品的许可证;有保护自然资源和生态环境的许可证,如林木采伐许可证、采矿许可证、捕捞许可证等;有保障国民经济健康发展的许可证,如工业产品生产许可证、烟草专卖许可证等。此外,还有城市管理、进出口贸易管理方面的许可证等。

行政许可制度是世界各国普遍重视的宏观调控的重要手段之一,是对社会经济、文化等进行行政管理的重要制度。在我国,随着社会的发展,由于维护市场秩序和社会安全等方面的需要,也实施了行政许可制度。申请人获得许可证或者执照后就可以从事某种特定职业或活动。如果持有许可证和执照的人违反了法律规定或超出了核准的经营范围,就是违法行为,原发证机关有权吊销许可证或执照。吊销了许可证或执照,实际上就是限制或剥夺违法行为人某种资格和继续经营的权利,与权利人的生计关系重大。因此,行政机关在吊销许可证和执照的时候,必须严格按照法律规定的条件和程序实施,否则行政机关就有可能违法侵权并承担行政赔偿。这里需要指出的是,为保证法律适用的正确性,我国《行政处罚法》对吊销许可证和执照要求告知当事人听证的权利并规定了相应的程序(《行政处罚法》第五章第四节),行政机关须严格遵守,因违反法定程序侵犯相对人合法权益的,同样要承担行政赔偿。

(四) 违法责令停产停业

责令停产停业是指生产经营者违反了有关行政法律规范,行政机关责令违法行为人停止生产经营活动,从而达到限制或剥夺其生产经营能力的一种处罚。责令停产停业的处罚形式多见于市场监管的法律规范中,并且大多数规定了实施处罚的条件。同时,责令停产停业也是一种附期限或附条件的行政处罚措施①,要求行为人限期改正。由于责令停产停业主要是针对经营性的经济组织,对受罚者的经济利益有很大影响,按照我国《行政处罚法》的规定,作出这种处罚要告知当事人听证的权利。如果行政机关违反法律的规定,责令行为人停产停业,造成行为人损害的,国家理应承担行政赔偿责任。

(五) 违法没收财物

没收财物是指特定的行政机关依法对违法行为人的违法所得和非法财物收归国有的一种处罚形式。根据《行政处罚法》的规定,没收财物包括没收违法所得和非法财物。没收违法所得是行政机关依法将行为人通过违法行为获取的财产收归国家所有的处罚形式。如通过走私、赌博或者销售伪劣假冒商品获取的财物等,都属于违法所得。没收非法财物是行政机关依法将行为人用以实施违法行为的工具以及违禁物品收归国有的处罚形式,如生产销售腐败变质的食品、生产销售淫秽录像带等。上述违法所得、从事违法行为的工具以及违禁物品,一律由国家特定的行政机关没收。我国许多法律、法规都有没收财物的规定。如《中华人民共和国食品安全法》第122条第1款规定:违反本法规定,未取得食品生产经营许可从事食品生产经营活动,或者未取得食品添加剂生产许可从事食品添加剂生产活动的,由县级以上人民政府食品安全监督管理部门没收违法所得和违法生产经营的食品、食品添加剂以及用于违法生产经营的工具、设备、原料等物品;违法生产经营的食品、食品添加剂货值金额不足一万元的,并处五万元以上十万元以下罚款;货值金额一万元以上的,并处货值金额十倍以上二十倍以下罚款。行政机关没收财物必须严格依照法律、法规的规定进行。没有没收处罚权,或者虽然有没收权但没有依照法定的条件对应该没收的财物执行没收处罚,都属于违法没收。由此造成的损失,国家就要承担行政赔偿责任。

二、违法采取限制人身权、财产权的行政强制措施行为

根据《中华人民共和国行政强制法》(以下简称《行政强制法》)第2条规定,行政强制措施是指行政机关在行政管理过程中,为制止违法行为、防止证据损

---

① 附期限是指行政机关命令受处罚的经济组织在一定的期限内治理、整顿,达到复产复业条件或标准,可以在期限届满以后复产复业;附条件是指行政机关只命令停产停业而不明示期限,由行政机关视其治理、整顿情况,重新作出准予复产复业的决定,或在多次督促仍无效的情况下采取其他措施。

毁、避免危害发生、控制危险扩大等情形,依法对公民的人身自由实施暂时性限制,或者对公民、法人或者其他组织的财物实施暂时性控制的行为。可见,行政强制措施包括限制人身权的行政强制措施和限制财产权的行政强制措施。由于行政强制措施直接涉及相对人的人身权和财产权,极易对相对人的人身权和财产权造成损害,因而对行政强制措施的实施,法律规定了严格的条件。根据《行政强制法》及相关法律的规定,行政机关实施行政强制措施应符合下列条件:(1)实施强制措施的内容,必须以法律、法规的明确规定为依据。对相对人的人身权和财产权进行限制的行政强制措施,直接涉及其人身权和财产权,行政机关必须依照法律的规定实施,无法律依据不得采取行政强制措施。(2)有权实施行政强制措施的机关只能是有实施行政强制措施权的行政机关。至于哪些行政机关享有何种行政强制权,须依法律、法规的明确规定而定。(3)实施行政强制措施必须具有应该实施强制措施的事实和必要。行政机关在对相对人的人身和财产实施行政强制措施时,必须有行政相对人的违法事实和有采取强制措施的必要。所谓必要,即如不实施强制措施,违法行为人就有可能毁损或转移其财产,给行政机关正确处理行政案件带来困难和障碍。(4)实施行政强制措施必须掌握在一定的限度内,不能超过范围和限度,法律规定行政机关在对相对人的人身和财产实施行政强制措施时,必须在法律规定的范围或限度内实行,不能超过范围或限度。同时,行政机关实施行政强制措施时,还必须依照法律规定的程序进行,否则即构成违法采取行政强制措施行为,由此造成的损失,国家必须承担行政赔偿。

(一)违法采取限制人身权的行政强制措施行为

为了实现行政管理的目的,法律赋予有关行政机关采取限制人身自由强制措施的权力。人身强制措施并非是对相对人的一种处罚,而是实现特定行政管理目的的一种手段,其目的或者在于查明某种事实,或者在于促使违法相对人履行法定义务或责任。对人身强制措施的设定并没有法律统一的规范性要求,主要是根据各个特定的行政管理部门的实际需要而设,故行政强制措施往往散见于各个行政管理的法律法规当中,因而限制人身自由的行政强制措施种类多样。从实践的情况看,主要有以下几种:

1. 强行留置

留置是指行政机关依法将相对人带至一定场所,在一定时间内限制其人身自由的强制措施。根据《中华人民共和国人民警察法》第9条的规定,人民警察对有下列情形之一的人,可以带至公安机关盘问:(1)被指控有犯罪行为的;(2)有现场作案嫌疑的;(3)有作案嫌疑且身份不明的;(4)携带的物品有可能是赃物的。对被盘问人的留置时间自带至公安机关之时起不超过24小时;在特殊情况下,经县级以上公安机关的批准,可以延长至48小时,并应当留有盘问记录。

2. 强制传唤

强制传唤是指行政机关通知相对人强制到达某一公务场所的强制措施。根据《治安管理处罚法》第 82 条的规定,公安机关有权对违反治安管理的人进行书面(传唤证)传唤和口头传唤;对无正当理由不接受传唤或逃避传唤的,公安机关可以强制传唤。

3. 强行约束

强行约束是指行政机关强制禁止和限制相对人正在进行的不法行为或不轨行为。如根据《治安管理处罚法》第 15 条的规定,公安机关对处于醉酒状态中对本人有危险或者对他人的人身、财产或者公共安全有威胁的人,应当将其约束到酒醒。

4. 强制带离

强制带离是指行政机关对在现场有危险的人强行带离现场的措施。如根据《中华人民共和国集会游行示威法》第 27 条的规定,参加集会、游行、示威的人员越过临时警戒线、进入该法所禁止的范围,人民警察可以将其强行带离现场。

5. 强制隔离戒毒

强制隔离戒毒是指特定行政机关对吸食、注射毒品成瘾人员,在一定时期内通过行政措施对其强制进行隔离药物治疗、心理治疗和法制教育、道德教育,使其戒除毒瘾的行政强制措施。根据《戒毒条例》的规定,对需要送入强制隔离戒毒所的人员,由县级、设区的市级人民政府公安机关作出决定;强制隔离戒毒的期限为 2 年,自作出强制隔离戒毒决定之日起计算。被强制隔离戒毒的人员在公安机关的强制隔离戒毒场所执行强制隔离戒毒 3 个月至 6 个月后,转至司法行政部门的强制隔离戒毒场所继续执行强制隔离戒毒(第 25—27 条)。

6. 隔离治疗

隔离治疗是指有关行政机关对传染病患者强制其不同其他人员接触并进行治疗的强制措施。根据《中华人民共和国传染病防治法》第 39 条的规定,医疗机构应对甲类传染病人和病源携带者,予以隔离治疗。

7. 即时强制

即时强制是行政机关在行使行政管理职权时,依照法律、法规赋予的职权,为排除紧急危险或侵害而采取的强制措施。例如,对违反交通规则行为的制止措施,对妄图自杀者的看管措施等。

由于上述限制人身自由的行政强制措施直接作用于公民的人身,极有可能对公民的人身自由造成损害。为了防止行政机关滥用这项权利,行政机关在采取各种对人身的强制措施时,必须遵守法律规定的具体适用条件和程序,否则,即属于违法采取限制公民人身自由的行政强制措施,由此造成公民的人身权损害,国家就要承担赔偿责任。

(二) 违法采取限制财产权的行政强制措施行为

限制财产权的行政强制措施主要包括查封、扣押、冻结等方式。

1. 查封

查封是指行政机关对相对人的财物予以查实和封存,以待具体行政行为作出后加以处理的具体行政行为。例如,《中华人民共和国审计法》第34条规定,审计机关有权对转移、隐匿、篡改、毁弃的会计凭证、会计账簿、会计报表以及其他有关资料进行封存。

2. 扣押

扣押是指行政机关对违禁品等进行强制留置。例如,《中华人民共和国海关法》第6条规定,海关有权检查进出境运输工具,查验进出口货物、物品,对其中有违反海关法或其他有关法律、法规的,可以扣留,对于有牵连的合同、发票、帐册、单据、记录、文件、业务函电、录音录像制品和其他资料,也有权扣留。

3. 冻结

冻结是指行政机关依法要求金融机构暂时拒绝存款人动用或者提取其在金融机构存款的强制行为。根据《中华人民共和国商业银行法》第29条第2款规定,对个人储蓄存款,商业银行有权拒绝任何单位或者个人查询、冻结、扣划,但法律另有规定的除外。第30条规定,对单位存款,商业银行有权拒绝任何单位或者个人查询,但法律、行政法规另有规定的除外;有权拒绝任何单位或者个人冻结、扣划,但法律另有规定的除外。因而只有法律有规定的,行政机关才可以采取冻结措施。

上述几种行政强制措施,对行政机关来说是非常必要的,是实施行政管理的重要手段。但这些行政强制措施直接限制或剥夺了公民、法人和其他组织的财产的使用和流通,直接影响到他们的财产权。因此,为了防止行政机关滥用职权,切实保护相对人的合法权益,《行政强制法》规定了严格的条件和程序。行政机关在实施这些行政强制措施时,都必须依法实施。如果行政机关违反了国家法律规定,造成公民、法人和其他组织财产权损害的,受害人有权请求国家赔偿,国家要承担行政赔偿责任。

三、非法拘禁或者以其他方法非法剥夺公民人身自由的行为

非法拘禁或者以其他方法非法剥夺公民人身自由的行为,是指行政机关及其工作人员在行使行政职权的过程中,不具有行政拘留或行政强制措施的职权,或者行政机关虽有上述职权但在法律规定的制度以外,非法限制或者剥夺公民人身自由的行为。其主要表现为非法拘禁、非法扣留、非法强制禁闭、绑架等。以下两种情形均构成非法拘禁或者以其他方法剥夺公民人身自由的行为:第一,

行政机关不具备限制公民人身自由的权限,却实施了限制人身自由的行为。行政机关的职权来自法律、法规的规定或者授权。行政机关行使职权的范围,尤其是限制公民人身自由的权力,受到法律的严格限制。如果法律没有明确授予某一行政机关行使限制人身自由的权力,该主体就无权限制公民的人身自由。例如,市场监管机关实施了行政拘留或限制人身自由的强制措施,即构成非法拘禁,因为它本身无权限。第二,行政机关虽有限制公民人身自由的权限,但在法律规定的拘留或限制人身自由制度以外,以莫须有的名义限制或剥夺公民人身自由,即构成非法拘禁。例如,虽然公安机关有拘留或限制人身自由的权力,但是如果在法律规定的拘留处罚制度和行政强制措施制度以外,采取了拘留或限制人身自由的强制措施,同样构成非法拘禁。需要特别指出的是,这里所讲的非法剥夺公民人身自由的行为与前面所讲的违法拘留或违法采取限制公民人身自由的行政强制措施是完全不同的。违法是指国家法律已有明文规定,行政机关及其工作人员在执法过程中没有按照法律规定去实施;而非法是指国家根本就没有法律规定,行政机关及其工作人员根本无权拘禁或剥夺公民人身自由,但却自作主张,自设方法、手段,拘禁公民或剥夺公民人身自由。

在现实生活中,一些行政机关及其工作人员往往只知道自己拥有权力,而不知道自己有哪些权力,更有甚者不知其权力还要受到限制,致使非法拘禁等非法剥夺公民人身自由的现象经常发生。对于非法剥夺公民人身自由的行为,只要付诸了实施,无论时间的长短,都构成对公民人身自由权的损害,因而非法剥夺公民人身自由的行为只要是由行政机关行使行政职权引起的,或者与行政机关行使行政职权有关,由此造成的损害都应当由国家承担赔偿责任。

四、与职务相关的事实行为

行政行为根据行为的目的可以分为两类,即法律行为和事实行为。法律行为即行政法律行为,是指旨在创设新的行政法律关系的行为。事实行为是指行政机关工作人员在执行职务的过程中自觉或不自觉地作出的不以创设新的行政法律关系为目的的行为。德国学者平特纳将事实行为分为两种情况:一是用于通知行政行为;二是以实现行政行为的执行活动为其标的。[①] 事实行为的这两种情况,都体现出对法律行为在目的上的从属性。行政机关作出的法律行为直接指向相对人的权利义务,若其违法或不当会直接损害相对人的利益,国家赔偿法将其纳入了可赔偿的行政侵权行为范围。与职务相关的事实行为既然在目的上从属于法律行为,主要作用是促成从法律行为向法律关系的转化,但是行政赔偿是以加害行为违法为前提,在这一点上,事实行为与法律行为是相互独立的,

---

[①] 参见〔德〕平特纳:《德国普通行政法》,朱林译,中国政法大学出版社1999年版,第176页。

其中一个行为的合法与否并不必然影响另一个行为的合法性。例如,虽然公安机关对违法相对人作出行政拘留决定是正确的,但若公安机关在作出行政拘留决定过程中有殴打等暴力行为,则是违法的。因而事实行为在价值意义上的从属性,并不能成为将其排除在行政赔偿范围之外的理由。根据我国《国家赔偿法》的规定,行政赔偿的范围不仅包括行政职务行为,而且还包括与职务相关的事实行为。在事实行为中,最受关注的就是以殴打、虐待等行为或者唆使、放纵他人以殴打、虐待等行为造成公民身体伤害或者死亡的和违法使用武器警械造成公民身体伤害或者死亡。

(一)殴打、虐待等行为

以殴打、虐待等行为造成公民身体伤害或死亡的,是指行政机关工作人员在行使行政职权时所实施的或者唆使、放纵他人所实施的侵犯公民人身权并造成生命健康损害的违法行为。殴打是指使用工具或不使用工具打击公民身体造成伤残或者死亡;虐待行为如捆绑、挂牌示众、罚跪、卡脖子等。殴打、虐待等行为的结果,必然造成公民生命健康的损害。行政机关工作人员在执行职务期间以殴打、虐待等行为伤害公民,国家是否承担赔偿责任?对此,国外有两种不同的观点:第一种观点认为,公务员于执行职务期间的殴打、虐待等行为属于个人过错行为,由公务员承担赔偿责任,如美国、新西兰的法律和法国早期判例都持这种主张[1];第二种观点认为,公务员于执行职务期间的殴打、虐待等行为属于兼有个人过错与公务过错的合并责任行为,公务员之所以能够侵害相对人的合法权益,是因为执行公务为其提供了机会,同时也表明国家疏于监督是造成损害的原因。因此,国家应当独立承担责任或者与公务员承担连带责任。[2] 我国有学者主张,对于这个问题应作具体分析。如果殴打、虐待等行为是公务员在执行职务、行使职权时因素质不高或业务不熟练、情绪急躁等原因造成的,那么属于职务过失,可以视为公务行为运作中产生的瑕疵,应由国家承担赔偿责任,同时国家对公务员保有求偿权;如果殴打、虐待等行为是公务员为了寻泄私愤、报复或个人恶意而借执行职务实施的,则应视为与行使职权无关的、与公务脱离的个人行为,国家不应对此承担责任,而应由公务员个人承担责任。但是,如果公务员的殴打、虐待等行为是行使职权时所为的,而且与行使职权相关联,那么受害人仍有权向国家请求赔偿。[3] 我们认为,行政机关工作人员的殴打、虐待等行为虽然不是执行职务、行使职权的行为,但只要这种行为与执行职务、行使职权有关,国家就应承担行政赔偿责任。如果这种行为与执行职务、行使职权无关,则不产

---

[1] 〔捷〕纳普:《国际比较法百科全书》第1卷,高绍先、夏登峻等译,法律出版社2002年版,第127—131页。

[2] 同上书,第126页。

[3] 参见马怀德:《国家赔偿法的理论与实务》,中国法制出版社1994年版,第146页。

生国家赔偿问题。例如,一警察去饭店吃饭,因与店主发生矛盾,遂用随身所带的警械殴打店主。这种殴打行为不是发生在执行职务、行使职权过程中,与执行职务、行使职权无关,因而只能由该警察自己承担赔偿责任。这里的殴打、虐待等行为,可以是行政机关工作人员自己实施的,也可以是行政机关工作人员唆使、放纵他人实施的。"唆使"方式,可以是明示的,也可以是暗示的,如劝说、挑拨、威胁、利诱等等。无论是自己实施还是唆使、放纵他人实施,只要殴打、虐待等行为与行政机关工作人员的执行职务、行使职权有关联,如作为执行职务的手段而逼取口供、假借执行职务之便泄私愤打击报复等,都产生行政赔偿。

(二) 违法使用武器、警械造成公民身体伤害与死亡的行为

违法使用武器、警械是指行政机关工作人员在行使行政职权时,违反国家法律有关武器、警械的使用规定而使用武器、警械,并致他人伤亡的行为。

根据《中华人民共和国人民警察使用警械和武器条例》(以下简称《人民警察使用警械和武器条例》)第3条规定,武器是指有关机关按照规定装备的枪支、弹药等致命性武器;警械是指公安等机关的工作人员按照规定装备的警棍、催泪弹、高压水枪、特种防暴枪、手铐、脚镣、警绳等警用器械。为了保障行政机关依法履行职责,及时有效地制止违法犯罪行为,维护公共安全和社会秩序,保护公民的人身安全和公私财产不受侵犯,法律有必要赋予某些行政机关工作人员佩带和使用武器、警械的权力。同时,由于武器、警械的使用直接关系人民的生命健康安全,因而法律、法规对可以佩带、使用武器、警械的人员作出规定的同时,对上述人员可以使用武器、警械的情形、使用方法、对象等问题都作了明确规定。因此,即使是依法佩带武器、警械的行政机关工作人员,他们在使用武器、警械时,也应当以制止违法犯罪行为为限。当违法犯罪行为得到制止时,应当立即停止使用(《人民警察使用警械和武器条例》第7—11条)。如果行政机关及其工作人员没有按照法律规定的条件、程序等使用武器、警械,就构成违法使用武器、警械。例如,在不该使用武器、警械的场合而使用武器、警械;使用武器、警械程度与被管理者的行为不相应;使用武器、警械的种类上选择错误;使用武器、警械违反法定批准程序等等。对违法使用武器、警械致公民身体伤害或死亡的,国家要承担赔偿责任。同时,行为人也要承担相应的民事、刑事及行政法律责任。这里需要注意的是,对于那些与执行职务无关联性,纯粹属于个人行为的情况,应当排除在国家赔偿范围之外。

五、违法征收、征用财产的行为

征收是指行政机关根据公共利益的需要,依照法律、法规规定的条件,强制、无偿地将公民、法人和其他组织所有的某项财物收归国有;征用是指行政机关出于公共利益的需要,对公民、法人和其他组织所有的某项财物强制占有、使用并

在使用完毕后归还财产的行为。征收与征用的区别在于,前者是剥夺所有权的行为,而后者仅是对财产权进行限制,并不剥夺财产所有权。我国宪法和法律规定,公民、法人和其他组织的财产权不受非法侵犯,禁止任何组织或者个人侵占。因此,国家向公民、法人和其他组织征收、征用财物应当有法律、法规的明确规定或授权。法律、法规对征收、征用财物未作规定的事项,任何机关不得向公民、法人和其他组织征收、征用。对依照法律、法规规定可以实行征收、征用的财物,行政机关必须按照法律、法规规定的数量和程序予以征收。

违法征收、征用财产,是指行政机关在没有法律、法规规定的情况下,凭借手中的行政职权,强行向行政相对人征收、征用财产,要求行政相对人一方履行某种义务的行为。这种行为严重地侵犯了公民、法人和其他组织的财产权,与我国法律规定的依法行政原则相违背,其主要表现有:一是没有依照法律、法规的规定征收、征用财产。国家法律、法规对行政机关向公民、法人征收、征用财产已有明确规定,但行政机关在征收、征用财产时,随意扩大征收、征用范围和提高标准,超过了法律规定的数额、种类。二是没有法律依据征收、征用财产。国家法律、法规没有规定行政机关可以向公民、法人和其他组织征收、征用财产,而行政机关自作主张,自己决定向相对人征收、征用一定财产。对违反国家规定征收、征用财产的行为,当事人有权拒绝;如果当事人丧失了财产,可以要求行政机关作出赔偿。

六、造成人身权、财产权损害的其他违法行为

行政机关的职权是多方面的,其实施的活动也是多种多样的。上面仅列举了其中最为普遍或最受关注的侵权行为,此外还有很多可能对当事人的人身权、财产权造成侵害的行为,《国家赔偿法》都没有明确规定。为了充分保护公民、法人和其他组织的合法权益,《国家赔偿法》分别对侵犯人身权和侵犯财产权的其他违法行为作出了兜底的规定。本书认为,随着行政赔偿范围的拓展,只要造成公民身体伤害或死亡的违法行为和侵犯财产权的违法行为符合行政赔偿的构成要件,就应当纳入可赔偿的行政侵权行为范围。

第三节 行政赔偿的免责范围

一、行政赔偿免责范围的概念

行政赔偿的免责范围又称行政赔偿的例外或限制,是指在某些特殊情况下,尽管有损害,但有法定的可以免除赔偿责任的事实和理由存在,可以免除行政赔偿。随着社会的发展,国家对个人的不法侵害问题日益突出,国家应就其各种权

力行为包括行政行为负责,但是考虑到国家政治、安全等重大公共利益的需要,以及国家承受能力的有限性,对某些具有特殊意义的权力行为仍应当排除在赔偿范围之外。在我国,《国家赔偿法》和《行政诉讼法》都有关于行政赔偿免责的规定,主要包括国家行为、抽象行政行为、内部行政行为、自由裁量行为、行政机关工作人员与行政职权无关的个人行为、因相对人自己的行为致使损害的发生、法律规定的其他情形。

二、国家行为

国家行为又称政府行为或统治行为,是指行政机关以国家名义实施的与国家重大的政治、军事和安全有关的行为。它涉及国家与国家之间的关系、国家安全和其他重大问题,主要包括国防行为和外交行为。国防行为是指国家为了捍卫主权、领土完整和安全,防备外来侵略和颠覆活动,调动武装力量,对外宣战、媾和等行为;外交行为是指国家为了实现对外政策,由国家元首、政府首脑、外交部、外交代表机关等进行的诸如访问、建交或断交、参加缔结或退出国际条约等对外活动的行为。除此以外,国家行为还包括为公共安全采取的紧急措施,如宣布戒严、重大防治救灾、抗传染病措施等重大公益行为。

国家行为是最高国家行政机关代表国家意志所实施的具有高度政治性的行为,是国家主权的运用。对国家行为所造成的损害,国家一般不承担赔偿责任,这是国际惯例。之所以如此,其原因有两个方面:一是国家行为是统治阶级意志的集中体现,是国家主权的运用。国家行为事关国家主权和公共利益,通过法律加以适当保护是必要的,有利于保障国家行政权的正常有效行使,提高行政效率;二是受传统的"国家主权豁免"观念的影响,认为"主权者是造法者,它不会制定法律来反对自己"。虽然主权豁免观念日益没落,但至今仍在影响着各国。

国家对国家行为不承担赔偿责任,既有其合理性的一面,又有其弊端的一面。在现代国家的运行机制中,有些行政权力与政治、国家安全及公共利益密切相关。行使这些行政权力本身具有高度的机密性、风险性,没有先例可循。对国家行为豁免,有利于发挥决策者高度的主观能动性、权威性,以保证行政效率。否则,如果对这些权力行使行为追究侵权责任,则不利于鼓励决策者的工作积极性,影响行政效率的提高,损害国家利益。但是,我们也必须看到,国家责任豁免存在的本身,是对人权保障的否定。在责任豁免范围内,行政相对人是无法得到有效的司法救济的。如果责任豁免范围过宽,则司法救济范围就必然要小,对行政机关工作人员的监督就不利,甚至有可能使人权保障化为乌有。因此,国家责任豁免原则应受到一定的限制,世界各国一般都将国家行为限定在外交、国防及其他重要的以国家名义实施的行为上。例如,在日本,国家行为包括"国会的召开,众议院的解散、国务大臣的任免、条约的缔结和国家预算的编制等具有高度政治性,或者有关对国家利益具有明显影响的行为"①;在英国,国家行为包括英国政府在国外对外国人的行为和英国政府在国内同敌国人民的行为。② 在我国,一般认为,国家行为指涉及重大国家利益,具有较强政治性的行为。按照《行政诉讼法》的规定,国家行为应当是国防、外交等行为,具体是指:国务院、中央军事委员会、国防部、外交部等根据宪法和法律的授权,以国家的名义实施的有关国防和外交事务的行为,以及经宪法和法律授权的国家机关宣布进入紧急状态等行为。③

三、抽象行政行为

抽象行政行为是行政机关制定普遍性行为规则的行为,其特点是不直接针对特定的人或事。对于行政机关的抽象行政行为,一般认为,由于这种行为不是针对具体的人、具体的事项作出处理,而是行政机关针对不特定的相对人或事项制定普遍性行为规则,不会自动地直接产生损害后果,受害人的损害是由行政机关依据抽象行政行为的规定而作出的具体行政行为造成的。如果抽象行政行为违反了法律,它就有侵权和造成损害后果的可能性,而这种可能性要变为现实,就必须有行政机关及其工作人员依照抽象行政行为的规定,对特定的人或特定的事项实施具体行政行为。所以,我国《国家赔偿法》基本上将行政机关的抽象行政行为侵害相对人合法权益的情形排除在行政赔偿范围之外。最高人民法院《关于审理行政案件若干问题的规定》第6条明确指出,公民、法人或者其他组织以国防、外交等国家行为或者行政机关制定发布行政法规、规章或者具有普遍约定的决定、命令侵犯其合法权益造成损害为由,向人民法院提出行政赔偿诉讼的,人民法院不予受理。

但是,在理论上,多数观点认为,对于抽象行政行为造成损害的,也应纳入行政赔偿的范围。④ 我们认为,对抽象行政行为能否绝对地不承担行政赔偿应作具体分析。抽象行政行为可分为两类:一类是国家行政机关依据宪法、法律的规定和权力机关的授权,根据行政管理的需要,制定行政法规和规章的行为,称之为行政立法行为。在我国,有行政立法权的行政机关包括国务院(可以制定通行全国的行政法规)、国务院各部委、中国人民银行、审计署和具有行政管理职能的直属机构,可以在本部门的权限范围内,制定规章;省、自治区、直辖市和设区的

---

① 参见〔日〕室井力主编:《日本现代行政法》,吴微译,中国政法大学出版社1995年版,第231页。
② 参见胡建淼:《比较行政法:20国行政法评述》,法律出版社1998年版,第101页。
③ 参见最高人民法院《关于适用〈中华人民共和国行政诉讼法〉的解释》(法释〔2018〕1号)第2条。
④ 参见胡锦光、余凌云、吴鹏主编:《国家赔偿法(第三版)》,中国人民大学出版社2017年版,第19页;上官丕亮主编:《国家赔偿法研究述评》,法律出版社2017年版,第141页;皮纯协、冯军:《国家赔偿法释论》(第3版),中国法制出版社2010年版,第110页。

市、自治州的人民政府,可以根据法律、行政法规和本省、自治区、直辖市的地方性法规,制定规章。行政立法属于严格意义上的立法活动,其权限、立法程序、立法效力等一般是由法律予以明确规定的。对于行政立法行为,国家不承担赔偿责任既合情合理,又符合世界一般潮流。① 另一类是行政机关制定的除行政立法行为以外的一般抽象行政行为,表现为具有普遍约束力的决定、命令等形式。它不是严格意义上的行政立法活动,在实践中一般没有多少具体的法律法规对这种行为的程序、权限等作出严格规定,具有更大的违法可能性。对于这种抽象行政行为,应纳入国家赔偿范围,其理由有以下几点:

第一,抽象行政行为侵犯相对人权益的现象十分普遍。在理论和实践中,抽象行政行为的违法并不少见,具有违法的可能性和现实性。实际生活中的乱收费、乱罚款、乱集资、乱设许可项目、垄断性经营、不正当干预等常常是行政机关以制发规范性文件的形式使其形式"合法化",即主要以抽象行政行为的方式达到其目的,制发规范性文件异化成为行政机关扩张行政权力的一种武器。因此,违法的、不正当的规范性文件制发行为同样会对相对人的合法权益造成损害,在能够造成不法侵害这一点上,抽象行政行为与具体行政行为并无区别,因此,对抽象行政行为造成的损害也应当赔偿。

第二,抽象行政行为与具体行政行为没有本质上的差别。虽然行政机关的抽象行政行为是行政机关以具有普遍约束力的规范性文件的形式出现的,但是,"行政规范性文件是行政机关发布的用以对社会进行管理、规范公民、法人和其他社会组织的政令。在社会管理功能方面,行政规范性文件与具体行政行为有着相同的作用。""行政机关依据规范性文件实施具体行政行为,实现对社会的管理,保障法律法规、规章在相应领域内的执行。"②因而实质上制发规范性文件的抽象行政行为仍属于执行性行为,仍是立法执行过程中的职能,只是执行过程中的一种特殊的行为形态,并不因其抽象性而改变了其固有的性质。在实践中,(1)制定规范性文件的抽象行政行为具有转化为具体行政行为的可能。规范性文件一旦制定且以决定、命令等方式出现,客观上就具有转化为具体行政行为的可能。其形态转化以后,就和具体行政行为一样对公民、法人和其他社会组织的经济权和其他权利产生影响,产生与具体行政行为相同的物质后果和其他社会后果。这就说明,具体行政行为对相对人造成的损害,在某些方面并没有比抽象

---

① 从众多国家的法制传统看,国家对立法行为原则上不负赔偿责任,但这一原则很少在法律中明确规定。立法行为豁免传统已经遇到越来越多的挑战,有的国家已开始主张在特殊情况下,即使没有明确法律规定,国家也应对立法行为负赔偿责任。国家对立法行为赔偿的条件是:一是立法行为已被确认为违宪或违法;二是立法行为造成的损害对象是特定的;三是立法中并未排除赔偿的可能性。

② 参见罗豪才主编:《行政法学》,中国政法大学出版社1999年版,第178、179页。

行政行为特殊的地方。①（2）抽象行政行为不一定必须经过具体行政行为贯彻和实施。抽象行政行为在许多情况下是通过具体行政行为实施的，但并非所有影响行政相对人权益的抽象行政行为都必须通过具体行政行为实施。如一项禁止某些人从事某些活动的规定，自发布之日生效起，就可能造成相对人损害，而不必通过具体行为实施。（3）抽象行政行为不一定不直接产生损害后果。大多数人认为，抽象行政行为与具体行政行为的区别之一就是具体行政行为能直接产生利益结果，而抽象行政行为则不能。我们认为，具体行政行为能直接产生利益结果，并不能排除抽象行政行为产生利益后果的可能。例如，某县政府为保护本地生产的啤酒而发出通知，通知其县内所有销售啤酒的经营者，禁止销售外地啤酒。这个通知是抽象行政行为，但它却对销售外地啤酒的经营者产生了直接损害。通过分析可以看出，抽象行政行为与具体行政行为并没有本质上的差别，体现于行政赔偿中应承担大致相同的法律责任。《国家赔偿法》应将抽象行政行为违法造成的损害纳入行政赔偿的范围，使行政相对人在受到抽象行政行为的不法侵害时，得到有效的赔偿。

第三，对抽象行政行为造成的损害予以赔偿是落实政府责任原则的需要。政府责任是指行政机关及其职能部门对其行为或活动所应负的责任，即行政机关应履行的行政法义务以及因违反行政法应承担的法律责任。行政机关作为国家权力机关的执行机关，负有执行宪法、法律和行政法的责任和义务，对其全部行为都应负责。也就是说，政府责任原则要求行政机关对行政活动过程中的一切行为及行为后果都应负行政法上的责任，包括具体行政行为引起的责任和抽象行政行为导致的责任两个基本范畴，不能让行政机关只对其具体行政行为负法律上的责任而不对抽象行政行为负法律责任。当行政机关的抽象行政行为损害行政相对人的合法权益时，若不给予合理赔偿，就不符合我国宪法规定的有关政府责任原则。行政赔偿作为对政府责任原则的具体化，目的在于纠正行政机关行政管理中侵害行政相对人权益的不法现象，缓和行政机关与行政相对人的冲突，最终促使行政机关依法行政、服务行政。② 这就要求行政机关不但要对具体行政行为的损害负责赔偿，而且，亦要求对制发"红头文件"的抽象行政行为的损害负责赔偿。因而，对抽象行政行为造成的损害予以赔偿是落实政府责任原则的需要。

第四，对抽象行政行为造成的损害予以赔偿是完善行政救济制度的需要。行政赔偿制度是行政救济制度的一种，完善的行政赔偿制度是保证依法行政的

---

① 参见江群华、张运萍：《论违法规范性文件的行政赔偿》，载《华中理工大学学报（社会科学版）》2000年第4期。

② 参见杨解君、温晋锋：《行政救济法——基本内容及其评析》，南京大学出版社1997年版，第23页。

必要手段。抽象行政行为也是行政机关行使职权的行为,造成损害予以赔偿符合《国家赔偿法》的有关规定。因此,行政赔偿制度在救济具体行政行为的同时,亦不能拒绝对抽象行政行为的救济,这是理所当然的。当前,包括我国在内的各国法律虽然并没有禁止对抽象行政行为提起赔偿请求,但也没有规定抽象行政行为违法导致行政相对人损害的行政赔偿。《行政复议法》虽然允许行政相对人在对具体行政行为提起行政复议的同时附带请求审查作出该具体行政行为所依据的规范性文件,但亦没有规定规范性文件违法导致行政相对人损害的行政赔偿。实践中,乱收费、乱罚款以及其他一些加重社会负担的行为,绝大多数都有规范性文件的根据。但因行政赔偿立法中只确立单一的具体行政行为的赔偿责任,致使加重社会负担的违法的"红头文件"至今仍得不到彻底解决,使行政赔偿制度难以达到预期目的。因而,确认抽象行政行为的行政赔偿,对我国行政救济制度的完整化、体系化具有非常重要的意义。

确定抽象行政行为的行政赔偿制度,不仅具有行政法理论的依据,更主要的是行政管理和行政法制实践的要求。但是,抽象行政行为造成的损害有以下几个方面的特殊性:其一,不特定性。行政机关违法或不当的具体行政行为造成的损害后果一般是特定的。而行政机关违法或不当的抽象行政行为则不然,因为其行为的普遍性、一般性决定了违法或不当的"红头文件"造成的损害后果是不特定的人、不特定的组织,所造成的后果是大面积的,影响亦是深刻而广泛的。其二,难以量化性。具体行政行为造成的实际损害后果是可以通过估价、计算等方法量化的,甚至可以进行严格的数量确定。抽象行政行为广泛的社会影响力和规范性质,决定了其行为一旦违法造成损害后果就难以作量上的统计和估计。其三,派生性。一个具体行政行为实际上是一次性行为,行为的过程和行为的后果几乎是同步的,行为结束后它所产生的直接后果也就结束。而抽象行政行为可以反复多次实施,一个抽象行政行为可以派生出无数个具体行政行为。以此而论,违法或不当的规范性文件所造成的损害后果就具有派生性,即一个错误的抽象行政行为必然派生出若干错误的具体行政行为,造成不止一个损害后果而是无法统计的若干损害后果。其四,不易辨析性。具体行政行为的实施,其合法及侵权性质较易辨析。而抽象行政行为都是以政府代表国家的名义制发的,也就是我们通常所称的"红头文件",因此其合法与否,行政相对人并不容易判断,即使因其违法而导致行政相对人受到损害,也不可能迅速得到行政诉讼、行政复议等手段的救济。①

---

① 参见江群华、张运萍:《论违法规范性文件的行政赔偿》,载《华中理工大学学报(社科版)》2000年第4期。

四、内部行政行为

内部行政行为是指行政机关在行政组织内部管理中所作的只对行政组织内部产生法律效力的行政行为。它主要是基于行政组织内部上下级管理关系所作出的组织、调配、指挥、监督、协调、职务升降、福利分配等行为。内部行政行为可分为两类:一是公务行为,如申报和批复、申请与批准、指示与执行等;二是人事方面的行为,如奖惩、任免、调动、工资、福利等。在这种法律关系中,行政机关有强制命令的权力,工作人员(主要指公务员)只有服从的义务。对内部行政行为造成的损害,国家是否要承担赔偿责任呢?在我国,虽然《国家赔偿法》中没有明确排除内部行政行为,但《行政诉讼法》第 13 条明确将对内部工作人员的奖惩、任免等行为排除于诉讼范围之外。据此,第二类内部行为应当理解为实际上也排除于国家赔偿范围之外了,而第一类内部行为则属于当然排除的范围。

在理论上,关于内部行政行为造成损害,受害人能否请求国家赔偿,国外有三种不同的观点:一是否定说。该说认为,行政机关对其工作人员在一定范围内有命令强制权,工作人员有服从的义务,行政机关行使的这种权力属于自由裁量权,不发生违法问题。纵有不法,受害人也不得请求国家赔偿。二是肯定说。该说认为,依法行政的原则也适用于内部行政行为,因此,如果工作人员受到行政机关内部行政行为的侵害,亦有权请求国家赔偿。三是折中说。该说认为,并非所有的内部行政行为均不适用依法行政等公法原则,其中有一部分可以适用行政法一般原则,对这部分行为造成的损害,国家应予赔偿。[①] 在我国理论界,内部行政行为是否引起国家赔偿,学者间也存在否定说、肯定说和折中说。[②]

行政机关的工作人员是行政机关的组成分子,其在执行公务时,代表所在行政机关与行政相对人形成外部行政法律关系。在外部行政法律关系中,工作人员并不是法律关系的主体,也没有独立的法律利益,但在内部行政法律关系上,其却是独立的主体,具有独立的法律利益。与此同时,内部行政法律关系与其他行政法律关系一样具有不平等性,即工作人员作为被管理者处于被支配的地位,行政机关以单方面意思表示所作的任何人事行政行为对工作人员都具有拘束力、确定力和执行力,而这种人事行政行为并非都是合法、适当的。一旦有违法或不当的人事行政行为发生,就会损害工作人员的合法权益。在这种情况下,国家应当承担行政赔偿。否则,就违背了国家赔偿立法的原则。对此,我们认为,对行政机关内部行政行为造成的损害,应当实行有限制的责任豁免原则。虽然

---

① 参见马怀德:《国家赔偿法的理论与实务》,中国法制出版社 1994 年版,第 147—148 页。
② 参见上官丕亮主编:《国家赔偿法研究述评》,法律出版社 2017 年版,第 157—161 页;沈岿:《国家赔偿法:原理与案例(第二版)》,北京大学出版社 2017 年版,第 190 页。

《行政诉讼法》第13条明确将对内部工作人员的奖惩、任免等行政机关内部行政行为造成的损害排除在受案范围之外,但《国家赔偿法》确定的赔偿范围要广泛得多,凡是由于行政机关违法行使职权给相对人造成损害的,受害人都有权请求国家赔偿,对行政机关内部行政行为造成的损害也不应例外。因此,为了公正、有效地保障行政机关工作人员的合法权益,除了法律、法规有明确规定实行免责的内部行政行为,对行政机关内部其他行政行为造成的损害都应纳入行政赔偿的范围,适用《国家赔偿法》的有关规定。

五、自由裁量行政行为

自由裁量行政行为是指行政机关及其工作人员在法律、法规规定的范围和幅度内基于对自己行为的范围、方式、种类和幅度等的选择权所作出的行政行为。自由裁量行政行为是行政机关行使自由裁量权的结果,它仅存在当与不当的问题,而不存在严格意义上的违法问题。因为行使自由裁量权无论当与不当都是在法律规定的范围或幅度内,不违反法律的明文规定。因而在国外早期一般都规定了对自由裁量行政行为实行国家责任豁免的范围,美国《联邦侵权求偿法》第2680条规定:"本章的规定和第1346条(b)款的规定,不适用于:政府职员已经尽了适当的注意义务,对其执行法律或法规的行为或不行为而提出的任何请求,不论该法律或法规是否合法成立;以及对联邦机构或政府职员行使、履行自由裁量权或义务而提出的任何请求,不论有关的自由裁量权是否被滥用。"但是,由于自由裁量行为在具体实施中,受到行政机关的滥用,甚至出现武断,所以各国逐渐认识到自由裁量权也要受到法律的限制。也就是说,自由裁量权的行使,必须在法律限制的范围和幅度内。因此,各国在实务中开始对自由裁量行为实行有限制的责任豁免,规定在一定条件下,对滥用裁量权、违反惯例等造成损害的,国家要承担赔偿责任。[①] 我国是否将自由裁量行政行为纳入国家责任豁免范围,从法律规定上找不到直接的依据,但从《行政诉讼法》第70条规定看,自由裁量行政行为仅在滥用职权和明显不当的情况下法院才给予纠正,而一般不合理的自由裁量行政行为据此可以认为不属于法院管辖,因此,可以说对自由裁量行政行为在我国实行的是有限的国家责任豁免。当然,豁免的程度如何取决于对滥用职权、明显不当的界定。一般认为,行政机关的自由裁量行政行为违

---

① 参见王名扬:《美国行政法》(下),北京大学出版社2016年版,第592—594页;《英国行政法、比较行政法》,北京大学出版社2016年版,第179—180页。

反了合理性原则①,就构成行政行为滥用职权明显不当造成了行政相对人的损害,国家应当承担赔偿责任。

六、行政机关工作人员与行使职权无关的个人行为

行政侵权行为一般是由行政机关工作人员实施,并由国家承担赔偿责任。根据《国家赔偿法》的规定,只要是行政机关工作人员行使职权行为造成的损害,或者与行使职权有关的行为造成的损害,国家都承担赔偿责任。与行使职权无关的个人行为,是指行政机关工作人员实施了与其职权无关的行为。对与行使职权无关的个人行为所致损害,国家不承担赔偿责任。这是因为,行政机关工作人员具有双重身份,既有公务身份,又有公民身份。以不同的身份从事活动的行为,在法律上性质不同,引起的法律后果也不同。以公务身份行使职权的行为,所反映的是一种国家职务关系,其一切法律后果应归属于国家,由此而造成损害,引起的行政赔偿,自然也由国家承担。以普通公民的身份从事活动的行为是民事法律行为,由此而造成损害引起的赔偿责任是民事责任,这一责任归属于工作人员自身,而不应归属于国家。

对于如何判断行政机关工作人员的行为是职务行为还是个人行为,主要看其行为是否与行使职权有关联,同时还要从该行为发生的时间、地点、名义和行政职权的内容等方面一一考查,综合分析。② 应该说,在大多数情况下,行政机关工作人员运用职权处理行政管理事务时,其职务行为的性质是明确的。但是,当行政机关工作人员运用职权谋取私利时,情况就比较复杂,职务行为与个人行为往往难以分清,主要有以下几种情况③:

(1) 行政机关工作人员运用其所任职务上的职权处理私人事务。

在这种情况下,行政机关工作人员是在利用自己的双重法律身份,以自己的第一种法律身份(行政机关的代表)为自己的第二种法律身份(公民)谋利。此时的职权行为是以第一种法律身份作出的,第二种身份并没有作出行为,只是在受益。从行为发生的真实主体身份来判断,该行为属于职务行为而不应是个人行为。至于行为的目的和动机如何,对该行为作为职务行为的性质并不具有直接决定作用。事实上,有些工作人员行使职权的目的和动机十分复杂,有的是出于公务目的,也有的是出于小集团的利益或出于个人利益。我们只能说,出于后两

---

① 合理性原则有以下三点要求:第一,它要求行使自由裁量权的动机要符合法律授权的宗旨,如果违背了立法宗旨行使自由裁量权,就是动机不良的行为。第二,行使自由裁量权应当建立在正当考虑的基础上。所谓正当考虑,就是依照正常人的经验、知识和理解水平所应当考虑或不考虑的情形。凡是正常人在一般情况下不这样考虑可以认定为不正当的考虑。第三,行使裁量权的内容和结果应当公平、适度、合乎情理。

② 参见马怀德:《国家赔偿法的理论与实务》,中国法制出版社1994年版,第91—95页。

③ 参见张步洪:《国家赔偿法判解与应用》,中国法制出版社2000年版,第52—53页。

种目的运用职权的行为是滥用职权的行为,而不能说它是个人行为。因此,只要工作人员运用了自己的职权,这种行为在国家赔偿法上就被视为行使职权的行为。

(2) 行政机关工作人员利用自己职权以外的但属于其所属行政机关的职权处理私人事务。

这种职权通常与行为人所任职务不相符,行为人通常无权运用。行政机关工作人员对这种职权的运用往往需要其所属行政机关临时或专门委托;或者在紧急情况下由该工作人员先运用,由其所属行政机关事后予以认可。前者如市场监管机关负责企业登记的人员临时接受行政首长指派处理一项商标注册事务;后者如公安局负责户籍登记的工作人员在路上碰到一起正在发生的治安事件,当即采取措施并随后得到本机关的认可。上述两种情况下,行政机关工作人员的行为属于职务行为应无异议。问题是,行政机关工作人员超越自己的职责权限处理紧急事务的行为得不到所属机关的追认,是否还应当视为职务行为?由于这种行为与某一特定的行政机关的职权具有外观上的联系,当行政机关工作人员作出行为时,足以使相对一方相信他是在行使行政职权,因此,《国家赔偿法》认为这是与行使职权有关的行为,因此而造成损害的,应当由国家承担赔偿责任。

(3) 行政机关工作人员利用其他行政机关的职权处理私人事务。

这种行为不仅与作出行为的行政机关工作人员的职务不相符,而且与其所属的行政机关的职权也不相符。行政机关工作人员若运用其他行政机关的职权处理私事、谋取私利,只要其所属行政机关事后不追认,应属于"与行使职权无关的个人行为"。当然,如果这种行为是利用依法拥有职权的行政机关作出的,或者依法拥有职权的行政机关对于这种"越权"行为是明知的,拥有职权的行政机关就构成违法,由此给公民、法人或者其他组织造成的损害,应由该行政机关作为赔偿义务机关。

七、因公民、法人和其他组织自己的行为致使损害发生

"谁损害,谁赔偿",这是赔偿法的一般原则。因公民、法人和其他组织自己的行为致使损害发生的,与行政机关及其工作人员的执行职务行为没有直接的因果关系,因此,尽管行政行为可能违法,但国家不承担行政赔偿,而应由受害人自负其责。例如,甲违反治安管理,公安机关在作出拘留甲的决定后,甲花钱雇了乙替他去接受拘留处罚,则国家对乙的损害不负赔偿责任;又如,甲、乙兄弟二人,甲违反治安管理,乙假冒甲去承担责任,由于甲乙相像,公安机关拘留了乙,这是违法的。但这是由于乙的故意行为所致,所以对于乙的损害,国家不承担赔偿责任。但是,如果损害的发生是由于行政机关及其工作人员行使职权的行为

与受害人自己的行为共同造成的,则国家不能完全免除行政赔偿,应当根据双方在损害发生过程中的过错大小分担责任,酌情减少行政赔偿。需要注意的一个问题是,即使损害事实是由于行政机关及其工作人员的违法行为造成的,但在损害发生以后,受害人出于故意或者过失造成损害结果的蔓延扩大,对于损失扩大的部分,国家不承担赔偿责任。

八、法律规定的其他情况

这里的法律,仅指全国人民代表大会及其常委会制定的法律,法规和规章均不包括在内,国家不承担赔偿责任存在多种情形,法律不可能详尽列举,只能采取概括式规定。目前,关于法律规定不承担行政赔偿的事由主要包括:

(一)不可抗力

不可抗力是指不能预见,不能避免并不能克服的客观现象。例如,自然灾害、瘟疫、战争、紧急状态等。这些来自自然的或非自然的力量是人们无法预见或无法抗拒的,因此,由此而产生的损害,国家不承担赔偿责任。例如,某公安机关依法将扣押的一辆轿车放置在院内,发生地震造成车辆损害,受害人不得就损害向扣押的公安机关提出行政赔偿。

(二)正当防卫

在行政法领域,一般不对正当防卫作出专门的规定,但从法律精神上考察,在行政赔偿法上也应当将正当防卫作为行政赔偿的免责事由,受害人无权提出赔偿请求。需要注意的是,行政机关的正当防卫行为应当在适当的限度内进行,行为人采取的防卫方式和强度应当与违法行为的性质基本上相适应,否则就构成防卫过当。对行政机关的防卫过当行为,应当给受害人予以适当的赔偿。

(三)紧急避险

行政机关工作人员在执行职务的过程中,为了使本人、相对人的人身或财产或者公共利益免遭正在发生的、实际存在的危险而不得已采取损害第三人合法权益的紧急避险措施的,国家不承担赔偿责任。当然,国家作为受益人,应当给予受害人适当的补偿。

(四)第三人过错

如果损害是由行政机关及其工作人员和受害人之外的第三人的过错造成的,则由该第三人承担赔偿责任,而国家不承担赔偿责任。如果损害是由行政机关和第三人共同行为造成的,则负连带责任,行政机关仅就其行为部分负责。

第四节 行政赔偿范围的拓展

一、行政赔偿范围的拓展趋势

当今世界各国的国家赔偿制度已进入了全面深入发展的新时期,一些西方国家在行政赔偿方面不仅日益具体、细化,而且行政赔偿的范围也呈拓展扩大趋势,主要体现在以下几个方面:

首先,赔偿领域呈现出扩大化趋势。国家赔偿已由原来的行政赔偿逐步扩大到司法赔偿、立法赔偿乃至军事赔偿等领域。在大陆法系国家,法国行政赔偿的显著特点是赔偿范围非常广且由判例确定。"法国从最初国家原则上不负赔偿责任,发展到国家几乎承担全部行政赔偿,只有在极稀少情况下才不负赔偿责任,这是一个很大的变化。这个变化主要是在 20 世纪前期大约 40 年期间以内,通过行政法院的判例完成。"[①]在英美法系国家,虽然英国长期固守着"国王不能为非"的信条,主张国家责任豁免,官吏即使在执行职务中有侵权行为并造成损害,国家也不承担责任,而由官吏本人承担。但 1947 年英国公布的《王权诉讼法》,则最终放弃了"国家责任豁免"的原则,明文规定了国王对其雇佣人或代理人的侵权行为承担赔偿责任。美国也于 1946 年颁布了《联邦侵权求偿法》,确认了联邦政府的赔偿责任,替代了长期以来深受英国影响的占主导地位的国家豁免学说。与此同时,英美等国受普通法传统的影响,在打破"国家责任豁免"之后,将行政损害赔偿中的国家地位等同于私人[②],国家以私人在同等条件下负责的范围和方式承担赔偿责任,这对于相对人受保护的利益范围来讲无疑是很充分的。此外,在英国、美国、瑞士等国的立法或判例中,还对军事行动和军人职务行为的国家赔偿作了规定。

其次,损害可赔偿的范围呈现出扩大化趋势。国家侵权损害的可赔偿范围有一个逐步发展的过程。起初,只赔偿物质损害,且局限于直接损失,后来扩展到直接可得利益的损失等。这不仅要求可赔偿之损害具有现实性、确定性和特定性,而且还要具有可计算性。[③]"损害的可计算性特点,最初将国家的赔偿责任局限在人身有形损害及财产损害的范围之内,其后逐渐发展到人身非财产损害领域以及有碍生存的损害领域,最后被适用于精神损害领域。"[④]

---

① 参见王名扬:《法国行政法》,北京大学出版社 2016 年版,第 557 页。
② 参见张正钊主编:《国家赔偿制度研究》,中国人民大学出版社 1996 年版,第 201 页。
③ 损害的可计算性是指只有在损害可以用金钱进行计算或估量的情况下,国家才承担赔偿责任。以此为特点,可以限制国家赔偿的范围。
④ 参见江必新、梁凤云:《国家赔偿法教程》,中国法制出版社 2011 年版,第 45 页。

最后,归责原则的多样化,扩大了国家赔偿范围。国家赔偿的归责原则对于确定国家赔偿范围具有重要影响。近代国家赔偿理论源于民事侵权责任理论,许多国家在确立国家赔偿时也都采用了过错责任原则。过错责任原则实行"谁主张,谁举证"的规则,而在特定情况下,受害人举证是非常困难的,这将影响受害人获得赔偿。在国家赔偿实践中,尤其是近几十年来,不少国家尝试采用危险责任、公平责任、结果责任等非过错责任原则,从而大大拓展了国家赔偿范围。

另外,对"公务员"和"公务行为"的扩大解释也拓宽了国家赔偿范围。由于国家赔偿是国家对国家机关及其工作人员在执行公务活动中的侵权损害承担赔偿责任,因而,公务员和公务行为的范围将直接影响到国家赔偿范围。在以往,公务行为仅限于公务员执行公务的行为,加害人必须具有公务员身份,国家才会赔偿。现在,公务行为不再限于公务员的行为,加害人是否具备公务员身份并不是判断责任归属的关键,主要是看其行为是否属于公务行为。尽管各国关于公务行为的确定标准规定不一,但都主张以有利于受害人获得赔偿为原则并作扩大解释。[①]

二、我国行政赔偿范围的拓展

行政赔偿范围应当具有广泛性,然而,我国《国家赔偿法》确立的行政赔偿范围,与行政赔偿制度相对完善的国家相比是比较窄的。同时,随着社会生活的发展,实践中出现了许多超出法定行政赔偿范围的行政侵权赔偿纠纷。因而从民主与法治建设的角度看,借鉴国外先进经验,结合本国实际,进一步拓展我国行政赔偿的范围具有现实性和必要性,主要表现在:

(一)行政赔偿范围的扩大是实现对公民权利充分保护的需要

我国《宪法》第2条、第3条规定,中华人民共和国的一切权力属于人民,人民行使国家权力的机关是全国人民代表大会和地方各级人民代表大会,全国人民代表大会和地方各级人民代表大会都由民主选举产生,对人民负责,受人民监督。国家行政机关、监察机关、审判机关、检察机关都由人民代表大会产生,对它负责,受它监督。可见,在我国,人民是国家的主人,人民的利益是国家一切活动的出发点和归宿,人民的合法利益在任何时候,任何人都不得侵犯。如果国家机关及其工作人员在行使职权时,侵犯了人民的利益造成损害,就是破坏了人民作为国家主人翁的地位,国家理应予以保护。随着国家政治体制改革的逐步深化,国家的行政管理正在逐步走上民主化、法治化的轨道,依法治国、依法行政已成为国家机关及其工作人员必须遵守的基本原则。这不仅要求行政法律关系主体的权利义务要明确界定,使行政相对人知道行政机关该为什么,不该为什么;而

---

① 参见韦宝平:《论国家赔偿范围的拓展趋势》,载《江苏社会科学》2000年第6期。

且要明确规定当国家在权力运作过程中侵害了公民和其他相对人的合法权益时,要承担赔偿的责任,使行政相对人知道当其合法权益受到侵害时,如何运用法律武器进行自我保护。

(二)行政赔偿范围的扩大是实现"行政法治"的必然要求

我国《宪法》第5条规定,一切国家机关都必须遵守宪法和法律,一切违反宪法和法律的行为,必须予以追究。任何组织或者个人都不得有超越宪法和法律的特权。这一规定实际上是确立了国家管理的法治原则,一切违法的行为都要承担法律责任,国家的行政侵权行为当然也不能例外,给相对人造成损害的,国家要承担赔偿责任。法治的最终目的是要建立符合人民意志的法律秩序,使整个国家、整个社会的活动都处在负责任状态。只有行政相对人在受到行政侵害时能得到有效的法律救济,才能增加相对人对政府的信任,从而减少对抗,消除矛盾,真正实现行政法治。因而在相当长的时期内,我国行政法的发展重心都将落在对公民、法人及其他组织合法权益充分保障上面,行政诉讼的受案范围必将不断扩大,行政赔偿应当紧随这种趋势,相应调整可赔偿的行政行为范围。

(三)行政赔偿范围的扩大是行政行为自身特点决定的

行政行为的以下特点决定了国家在行政过程中的侵权机会远远超过国家在其他领域的侵权机会:(1)行政机关及其工作人员与相对人的联系最直接、最广泛。与国家的立法活动、司法活动以及军事活动相比,行政管理直接渗透到人们的日常生活中,与公民的联系最频繁。直接的联系决定了行政侵权的机会和可能性要远远地超过国家在其他领域的侵权。(2)与其他国家机关相比,行政机关数量庞大,并且绝大多数具有对外管理的职能,因而,行政侵权的机会多于其他国家机关的侵权机会。(3)在我国,行政机关具有广泛的权力,使用不慎,极易侵害到公民、法人和其他组织的合法权益。(4)行政管理面对的事务十分复杂,且由于行政效率的要求,行政程序较为简便,行政活动的这种特点也决定了行政侵权的可能性较大。由于行政机关在行政过程中存在较多的侵权机会,因而为了充分适当地保护相对人的合法权益,必须扩大行政赔偿的范围。

根据我国的具体情况,我国行政赔偿范围除了《国家赔偿法》第3条、第4条所列举的情况外,还应将抽象行政行为、自由裁量行为行为、内部行政行为等致害纳入行政赔偿的范围。

第六章 行政赔偿关系的主体

第一节 行政赔偿请求人

一、行政赔偿请求人的概念

行政赔偿请求人,是指因行政机关及其工作人员行使职权,侵犯了其合法权益造成损害,有权请求国家给予行政赔偿的公民、法人和其他组织。简言之,行政赔偿请求人就是指依法有权向国家请求行政赔偿的人。应当指出,在行政赔偿中,有权请求赔偿的人之所以不称为赔偿诉讼的原告,是因为行政赔偿实行先行处理程序,这种程序不是诉讼程序,由受害人等通过行政程序向赔偿义务机关请求赔偿尚未形成诉讼,故称权利人为原告不准确。而在先行处理程序没有解决赔偿纠纷的情况下,当事人才可以通过行政赔偿诉讼程序加以解决,在这种程序中,权利人既可称之为赔偿请求人,也可称之为诉讼原告。所以,在行政赔偿中,权利人在不同的程序中有不同的称谓,我国《国家赔偿法》将赔偿权利人统称为赔偿请求人。

二、行政赔偿请求人的资格

行政赔偿请求人的资格是指某一公民或组织充当行政赔偿请求人所应具备的条件,或者说某一公民或组织提起国家行政赔偿所应具备的条件。在行政赔偿中,规定请求人资格是为了防止滥施请求权,避免司法成本的浪费和保证行政秩序的稳定。① 对于哪些人可以作为行政赔偿请求人,各国国家赔偿法的规定不尽一致。许多国家和地区对行政赔偿请求人很少有特别的具体规定,一般适用民法的规定。在我国,按照我国《国家赔偿法》的规定,确认行政赔偿请求人应具备以下条件:

第一,行政赔偿请求人总是为行政管理相对一方。这是由行政管理活动的公权力性质决定的,也是行政法律关系中双方主体地位不相等在行政赔偿领域里的特殊表现。这里的行政管理相对一方包括行政行为直接指向的对象,也包括合法权益受到行政行为影响的利害关系人。当然,行政机关也有可能成为行

---

① 参见薛刚凌:《国家赔偿法教程》,中国政法大学出版社1997年版,第168页。

政赔偿请求人,但这是在特殊情况下,即行政机关作为被管理对象。此时,行政机关实际上成为了相对一方。

第二,行政赔偿请求人是其合法权益受到行政侵权行为侵犯并造成实际损害的人。行政赔偿请求人所受损害与行政侵权行为必须存在因果关系,即损害是由行政侵权行为引起的。这里的行政侵权行为发生在行政管理过程中,范围较广,既包括行使行政职权的行政行为,也包括与行使行政职权相关的事实行为。这里的因果关系只要求受害人指出损害系行政机关或其工作人员的行政侵权行为所为即可,至于是否真正存在因果关系,有待于行政赔偿义务机关或人民法院的确认。需要注意的是,对于具体行政行为侵权的,赔偿请求人不仅限于直接相对人,受具体行政行为侵害的第三人也具有赔偿请求人的资格。例如,行政机关批准甲在乙的宅基地上建房,虽然乙不是被批准行为的直接相对人,但乙的合法权益受到该具体行政行为的侵犯,他就有权作为行政赔偿请求人。再如,在受害人已经死亡的情况下,其继承人或与其有扶养关系的人可以请求行政赔偿。

第三,行政赔偿请求人必须是以自己的名义请求赔偿的人。行政赔偿请求人必须是表达自己的意志,为了保护自己的合法权益,而以自己的名义请求赔偿的人。凡不是以自己的名义,而是以他人的名义提出赔偿请求的人,是赔偿请求或赔偿诉讼的委托代理人,不是赔偿请求人。

第四,行政赔偿请求人是受赔偿义务机关或者人民法院赔偿决定以及人民法院就赔偿问题所作的判决或裁定拘束的人。行政赔偿请求人一旦向赔偿义务机关和人民法院提出赔偿请求,即同他们发生了一种法律上的权利、义务关系,赔偿义务机关或人民法院为解决赔偿纠纷而作出的赔偿决定或裁判,对行政赔偿请求人具有拘束力。行政赔偿请求人应当接受并自觉履行赔偿义务机关或人民法院所作出的发生法律效力的赔偿决定或者裁判。那些以自己名义参与解决赔偿纠纷而不受赔偿决定或裁判拘束的人,如证人、鉴定人或者翻译人员等,不是赔偿请求人。

第五,行政赔偿请求人的请求事项必须符合《国家赔偿法》的规定。按照《国家赔偿法》的规定,我国的行政赔偿只限于对人身权、财产权的损害赔偿,这就意味着行政违法活动的受害人并不都能成为行政赔偿的请求人,只有当其所受损害属于国家赔偿法规定的赔偿事项时,该受害人才具有行政赔偿请求人的资格。这一规则有别于民事赔偿请求人,民事活动受害人原则上都可请求致害人予以赔偿。

三、行政赔偿请求人的范围

一般来说,行政赔偿的范围越宽,行政赔偿请求人的范围也就越大。从世界范围来看,行政赔偿请求人的范围大多取决于国家法律的规定和司法判例。德国把请求人分为直接受害人和间接受害人,前者是指人身权和财产权直接受到侵害而提出赔偿请求的人,如被没收财产的人、被违法限制自由的人;后者是直接受害人以外的人,如支付被害人丧葬费的人、受被害人扶养的第三人、被害人的法定继承人等。[①] 按照我国《国家赔偿法》的规定,行政赔偿请求人包括以下几类:

(一) 受害的公民、法人和其他组织

我国《国家赔偿法》第 6 条第 1 款规定:"受害的公民、法人和其他组织有权要求赔偿。"这里的"受害"一般理解为受到直接损害,分为两种情况:一是作为直接相对人而受到的损害,如某公民被违法处以罚款,有权请求赔偿;二是作为直接相对人以外的第三人所受到的损害。例如,某县市场监管局没收了一个体业户的违法财产,但却将某公民在该个体业户处代售的合法财产也予以没收,该公民也有权请求赔偿。[②] 从种类来看,直接受害人包括公民、法人和其他组织三种。

1. 公民

公民是指具有一个国家国籍从而在该国享受权利和承担义务的自然人。公民不同于人民,人民是一个政治概念,在不同的社会制度下和不同的历史时期有不同的内涵。公民也不同于自然人,公民是与国籍联系在一起的,如中国公民是指具有中国国籍的自然人。自然人的范围要广于公民,通常包括本国公民、外国人和无国籍人等。按照我国《国家赔偿法》的规定,我国公民的合法权益受国家的保护,当其合法权益受到行政侵权行为损害时,有权作为行政赔偿的请求人请求国家赔偿。

2. 法人

法人是指具有民事权利能力和民事行为能力,依法独立享有民事权利和承担民事义务的组织。行政机关在执行职务时,侵害法人合法权益的,法人可以以赔偿请求人的身份提出赔偿请求。

3. 公民、法人以外的其他组织

公民、法人以外的其他组织即非法人组织,是指依法成立的,不具备法人条件,没有取得法人资格的社会组织或经济组织。公民、法人以外的其他组织同公民、法人一样,其合法权益受到国家法律的保护,对于受到行政侵权行为损害的,可以请求行政赔偿。

(二) 受害的公民死亡的,赔偿请求人为其继承人和其他有扶养关系的亲属

受害的公民可作为行政赔偿请求人,当受害的公民死亡时,赔偿请求人资格

[①] 参见马怀德:《国家赔偿法的理论与实务》,中国法制出版社 1994 年版,第 115 页。
[②] 参见薛刚凌:《国家赔偿法教程》,中国政法大学出版社 1997 年版,第 170 页。

便转移到其继承人和其他有扶养关系的亲属。根据《国家赔偿法》第 6 条第 2 款规定:"受害的公民死亡,其继承人和其他有扶养关系的亲属有权要求赔偿。"这里的继承人包括法定继承人和遗嘱继承人。法定继承人是指根据继承法的规定,直接取得继承资格的人。法定继承人的范围是由法律直接规定的,包括死者的配偶、子女、父母、兄弟姐妹、祖父母、外祖父母、代位继承人、对死者尽了主要赡养义务的丧偶儿媳或丧偶女婿。遗嘱继承人是指根据死者生前的指定,在其死后继承其财产的法定继承人中的一人或数人。其他有扶养关系的亲属是指继承人以外的,依靠被继承人扶养的缺乏劳动能力又没有生活来源的亲属,或者是继承人以外的对被继承人扶养较多的亲属。这里的亲属不限于近亲属。近亲属包括配偶、父母、子女、兄弟姐妹、祖父母、外祖父母、孙子女、外孙子女。有扶养关系的亲属则既包括以上的近亲属,又包括其他亲属如叔父、舅舅等。这里的扶养包括长辈对晚辈亲属的抚养,晚辈对长辈的赡养,以及同辈亲属间的扶养。国家赔偿法之所以规定受害的公民死亡,赔偿请求人资格转移到继承人和其他有扶养关系的亲属,而不是像《行政诉讼法》规定的那样,有原告资格的公民死亡的,由其近亲属作原告,主要是考虑到:(1) 赔偿请求权是一种债权,这种权利并不因公民死亡而丧失。在权利人死亡以后,其继承人可以继承。(2) 赔偿请求权不同于诉权,它主要是一种财产权,与继承、扶养等关系更为密切。在受害人死亡后,由其继承人和其他有扶养关系的亲属要求赔偿更有利于保护公民的合法权益。

当有权要求行政赔偿的受害公民死亡,而存在着继承人和其他有扶养关系的亲属时,就产生了赔偿请求人行使权利的顺序问题。一般地说,赔偿请求人行使权利的顺序是:第一顺序是受害人的继承人。当然,继承人行使权利的也有顺序之分,即应当按照继承法规定的继承顺序进行。第二顺序是与受害人有扶养关系的亲属。因此,当受害人既有继承人又有其他有扶养关系的亲属时,继承人的赔偿请求权应先于其他有扶养关系的亲属行使,而不能出现不同顺序的赔偿请求人共同行使赔偿请求权的情形。如果同一顺序的赔偿请求人有多人时,则他们可以共同行使赔偿请求权,也可以委托一人或数人为代理人行使赔偿请求权。

(三) 受害的法人和其他组织终止的,赔偿请求人为其权利承受人

受害的法人或者其他组织终止,是指法人资格的丧失和组织的解散,大致有以下几种情况:依法被取缔、撤销、破产、合并、分立等。"有些国家法律明确规定,当被害人为破产企业或失踪人时,赔偿请求权为破产法人的财产管理人和失踪人的财产管理人。"[①]我国《国家赔偿法》第 6 条第 3 款规定:"受害的法人或者

[①] 参见马怀德:《国家赔偿法的理论与实务》,中国法制出版社 1994 年版,第 117 页。

其他组织终止的,其权利承受人有权要求赔偿。"法律赋予受害的法人和其他组织的权利承受人赔偿请求权,是因为他们在经济关系上有承受关系,有利于保护他们的合法权益。例如,某企业被市场监管机关违法罚款,后该企业被另一企业兼并,新的兼并企业有权对市场监管机关的处罚提出赔偿请求。但是,在以下几种情况下不发生赔偿请求权的转移:

(1) 法人和其他组织被行政机关吊销营业执照,该法人或组织仍有权以自己的名义提出赔偿请求,不发生请求权转移问题。这是因为,法人和其他组织被行政机关吊销营业执照后,虽然法人和其他组织已不能从事经营活动,但该法人和其他组织的主体资格并没有消灭。因此,被处以吊销营业执照的法人和其他组织不服处罚的,仍有权以自己的名义提起行政诉讼,并且可以通过行政诉讼一并提出行政赔偿,不发生赔偿请求权的转移。

(2) 法人和其他组织破产,不发生赔偿请求权转移问题。若受害的法人和其他组织已进入宣告破产程序,在破产程序尚未终结时,该法人和其他组织的主体资格仍然存在,因此它仍有权就此前的行政侵权损害取得国家赔偿。法人和其他组织破产后,该法人和其他组织应该注销,而不是合并或兼并,也就没有了承受其权利的人,赔偿请求权便不发生转移。[①]

(3) 法人和其他组织被主管行政机关决定撤销,不发生赔偿请求权转移问题。因为主管行政机关撤销所属的法人或者其他组织的,如果被撤销者没有异议,不存在侵权问题,也就没有赔偿;如有异议,被撤销者可以以自己的名义提起行政诉讼,也不发生赔偿请求权转移。

《国家赔偿法》所规定的法人和其他组织终止,赔偿请求人资格发生转移,主要是指经合并(包括兼并)或者分立后,法人和其他组织的权利义务发生转移的情况。因为合并(或兼并)或者分立后的法人和其他组织承受了终止的法人和其他组织的权利,当然也包括行政赔偿的请求权。这里需要注意的是,按最高人民法院《关于审理行政赔偿案件若干问题的规定》第16条的规定,如果企业法人或者其他组织被行政机关变更、兼并,认为经营自主权受到侵害的,不发生赔偿请求人资格转移,原企业法人或者其他组织仍有权以自己的名义行使赔偿请求权。

(四) 外国人、外国企业和组织

外国人是指居住在一国境内,但不具有该国国籍的自然人;外国企业和组织是指依照外国法律成立的企业或组织。在我国,外国人、外国企业和组织可以成为行政赔偿请求人,如果其合法权益受到行政侵权行为的损害,国家应予赔偿。我国《国家赔偿法》第40条第1款规定,外国人、外国企业和组织在中华人民共和国领域内要求中华人民共和国国家赔偿的,适用本法。当然,如果外国人、外

---

① 参见张步洪:《国家赔偿法判解与应用》,中国法制出版社2000年版,第59页。

国企业和组织的所属国对我国公民、法人和其他组织要求该国行政赔偿的权利不予保护或者设定限制时,根据对等原则,我国对该外国人、外国企业和组织请求行政赔偿的权利同样不予保护或加以限制。对此,我国《国家赔偿法》第 40 条第 2 款规定,外国人、外国企业和组织的所属国对中华人民共和国公民、法人和其他组织要求该国国家赔偿的权利不予保护或者限制的,中华人民共和国与该外国人、外国企业和组织的所属国实行对等原则。

第二节 行政赔偿义务机关

一、行政赔偿义务机关的概念

行政赔偿义务机关是指代表国家接受行政赔偿请求、支付赔偿费用、参加赔偿诉讼的机关。

在确定行政赔偿义务机关时,应注意区分以下几个关系:一是应区分赔偿义务机关与赔偿主体。所谓赔偿主体,是指国家赔偿的最终承担者。在现代国家,赔偿主体一般都是国家[①],奉行"国家责任,国家赔偿"原则。而赔偿义务机关是具体履行行政赔偿义务、接受赔偿请求以及参加赔偿诉讼的行政机关,与赔偿主体显然不同。二是应区分赔偿义务机关与侵权行为人。侵权行为人是指履行行政职能、造成他人损害的组织或个人,主要是指行政机关及其工作人员。在有些国家,赔偿义务机关与行政侵权人可以重合,如在行政侵权行为主体为公务员时,赔偿义务机关即为公务员所属机关。而在有些国家,赔偿义务机关为国家统一设定的专门机关,如财政部、社会保险机构等,与侵权行为人截然不同。三是应区分赔偿义务机关与赔偿诉讼被告。在我国,赔偿义务机关与赔偿诉讼被告在绝大多数情况下是指同一机关,只是在赔偿程序中前后阶段的称呼不同而已。[②] 但在有的国家,二者相去甚远,如在韩国,赔偿义务机关是赔偿审议会,不服该审议会的赔偿决定,有权以大韩民国为被告,提起赔偿之诉,由法务部长官代表国家参加诉讼。[③]

行政赔偿义务机关在行政赔偿活动中,一般有以下几方面的权利和义务:

第一,对赔偿请求作出处理。赔偿义务机关应在法定期间内对行政赔偿请求人的申请作出处理。首先,对损害后果以及相应的侵权行为作出确认。其次,与赔偿请求人就赔偿的有关事宜进行协商,达成一致意见的,制作协议书;达不

---

① 在个别国家,如法国实行双重责任主体制,由国家和公务员分担行政赔偿。公务员在执行公务中因一般过错行为引起的损害,由国家赔偿;因公务员本身的重大过错等引起的损害,由其本人赔偿。
② 参见房绍坤等:《国家赔偿法原理与实务》,北京大学出版社 1998 年版,第 132 页。
③ 参见杨临萍主编:《行政损害赔偿》,人民法院出版社 1999 年版,第 224 页。

成一致意见的,作出相应的行政处理决定。

第二,参加因赔偿问题引起的行政赔偿诉讼。受害人对行政赔偿处理决定不服提起行政赔偿诉讼时,赔偿义务机关以被告身份,参加行政赔偿诉讼,行使相应的权利或履行相应的义务。

第三,履行赔偿协议或赔偿决定以及人民法院的判决,支付赔偿金、返还财产、恢复原状等。

第四,在赔偿受害人的损失后,有权向故意或重大过失的工作人员或受委托的组织或个人追偿。

二、行政赔偿义务机关的设定模式

赔偿义务机关的设定既关系到受害人求偿权的行使,又涉及对行使侵权行为主体的监督,同时也要考虑到其他的因素,因而各国对赔偿义务机关的设定模式不尽相同,归纳起来主要有以下两种类型:第一种是单一制模式,即由国家设定统一的部门作为赔偿义务机关,由该部门统一代表国家对行政侵权行为的损害后果负责赔偿事宜。该模式具体又分以下几种情况:(1)以财政部门作为行政赔偿义务机关。如在瑞士,财政部为统一的赔偿义务机关,受害人的合法权益受到行政侵权损害的,应向财政部申请赔偿,在财政部拒绝其赔偿请求或超过法定期限不作答复时,才可以向联邦法院提起赔偿诉讼。(2)以法务部门为统一的赔偿义务机关。如韩国法务部设立国家赔偿审议会,在地区则设立地区审议会,受害人认为其合法权益因行政行为而受损可以向国家赔偿审议会或地区审议会提出赔偿请求。(3)以社会保险机构为行政赔偿义务机关。即通过国家投保的方式以保险公司作为行政赔偿义务机关。如美国、法国等是由社会保险机构为行政赔偿义务机关。[①] 单一制模式的优点主要表现为两点:一是赔偿金由一个机关统一支付,有利于赔偿标准统一,有利于防止国家财产的不当流失和赔偿金的随意支付;二是可以避免一些机关互相推诿、赔偿请求人索赔无门的情况出现。但单一制模式不适应幅员辽阔的国家,同时也不利于对侵权行为主体进行有效监督。第二种是多元制模式,即国家不设统一部门为赔偿义务机关,而是遵循"谁损害,谁赔偿"原则,即赔偿义务机关一般为作出侵权行为的行政机关(侵权行为主体为公务员时,以公务员所属行政机关为赔偿义务机关)。目前,大多数国家采取这一模式。如在日本,赔偿义务机关为对公务员有选任监督权,或设置、管理公共营造物的行政机关。

我国《国家赔偿法》对行政赔偿义务机关的规定,是在吸取世界各国国家赔偿法设定赔偿义务机关经验的基础上,采取了侵权主体与赔偿义务机关相一致

---

① 参见房绍坤等:《国家赔偿法原理与实务》,北京大学出版社1998年版,第132—133页。

的原则,即由实施侵害的行政机关或实施侵害的工作人员所在的行政机关为赔偿义务机关。我国在赔偿义务机关模式选择上主要基于以下几个方面的考虑:(1)谁侵害、谁为赔偿义务机关的原则。这是一条古老的法律原则。行政机关及其工作人员在行使行政职权过程中,侵犯了公民、法人和其他组织的合法权益造成损害的,行政赔偿就应由实施侵害的行政机关或该工作人员所在的行政机关负责赔偿,这是顺理成章、符合法律原则的。(2)建立国家赔偿制度的目的。我国建立国家赔偿制度,一方面是为了保护公民、法人和其他组织合法权益在受到行政机关及其工作人员侵害时,享有依法取得国家赔偿的权利;另一方面是促使和监督行政机关及其工作人员依法行使行政职权,改进工作,提高行政效率。采取侵权主体与赔偿义务机关相一致的设定模式,一方面,能够明确地表明侵权的行政机关对侵权行为所承担的责任,一个行政机关赔偿事件发生的多少或有无,成为考核该行政机关工作质量的一个重要依据,这就有利于促进各行政机关依法办事,增强其自我约束机制。另一方面,有利于赔偿争议的顺利解决。因为赔偿义务机关在一般情况下就是侵权的行政机关。这不仅便于受害人求偿,也便于赔偿义务机关和受害人达成赔偿协议,更便于法院调查取证澄清事实,及时作出判决。如果由实施侵害的行政机关以外的其他机构负责赔偿,就疏远了损害与赔偿的关系,既不利于行政机关及其工作人员提高依法行政的责任心,也不利于受害人行使赔偿请求权,更不利于赔偿争议的顺利解决。(3)考虑具体国情。赔偿义务机关的设定要考虑诸多因素,如一国的幅员情况以及各地区间的差异,国家财政体制是统一管理还是分级管理,各行政机关财政来源及预算情况等。在我国,一方面,在目前行政机关设置情况以及财政体制下不易实行由统一的机关作为赔偿义务机关;另一方面,我国的社会保险事业还不发达,保险范围很窄,保险人员的业务素质还不高,公民的保险意识还不强。在这种情况下,如果把保险机构作为行政赔偿义务机关,不利于保障受行政机关侵权损害的公民、法人和其他组织取得国家赔偿的权利。因此,根据我国的国情,只能采取侵权主体与赔偿义务机关相一致的模式。

三、我国的行政赔偿义务机关

根据我国《国家赔偿法》第7条和第8条的规定,可以将我国的行政赔偿义务机关分为两类:一类是一般情况下的行政赔偿义务机关;另一类是特殊情况下的行政赔偿义务机关。

(一)一般情况下的行政赔偿义务机关

我国《国家赔偿法》第7条第1款规定,行政机关及其工作人员行使行政职权侵犯公民、法人和其他组织的合法权益造成损害的,该行政机关为赔偿义务机关。这是对一般情况下的行政赔偿义务机关的规定。这一规定包括两种情况:

一是在没有特殊规定的情况下,侵权损害行为是由哪一个行政机关实施的,则哪一个行政机关就是行政赔偿义务机关。如某市场监管局违法对某企业作出吊销营业执照的决定,造成该企业财产损害,该企业要求赔偿,那么该市场监管局就为赔偿义务机关。

二是行政机关工作人员所在的机关为行政赔偿义务机关。行政机关工作人员行使职权,侵犯公民、法人和其他组织的合法权益造成损害的,该工作人员所在的机关就是赔偿义务机关。因为行政机关与其工作人员之间是一种行政职务关系,工作人员代表该行政机关行使职权,所产生的一切法律后果由该行政机关承担。需要注意的是,工作人员所在的机关是指实施侵害时,其职权所属的行政机关,而不一定是该工作人员所隶属的行政机关。例如,甲是市场监管局的一名工作人员,被临时借调到城建局帮助清理违章建筑,以城建局的名义从事执法活动,在执法过程中有侵权行为造成了相对人合法权益的损害,此时应以城建局为赔偿义务机关。

(二)特殊情况下的行政赔偿义务机关

在实践中,侵权行为人比较复杂,有的致害行为由法律、法规授权组织所为,有的由两个以上行政机关共同所致,为了方便受害人求偿,国家赔偿法对于如何确定特殊情况下的行政赔偿义务机关做了规定。

1. 共同侵权时的行政赔偿义务机关

我国《国家赔偿法》第7条第2款规定,两个以上行政机关共同行使行政职权时侵犯公民、法人和其他组织的合法权益造成损害的,共同行使行政职权的行政机关为共同赔偿义务机关。这里的两个以上的行政机关是指两个以上具有独立主体资格的行政机关,不包括同一行政机关内部的两个以上不具独立主体资格的工作部门,也不包括同一行政机关内部具有从属关系的两个以上的行政机构和组织。所谓"共同行使职权",是指两个以上行政机关共同对同一事实实施同一行政行为,即两个以上行政机关各自以自己的名义共同签署、署名行使职权。在我国,各行政机关的分工是明确的,其职权范围各不相同,因此,一般不会发生行政机关之间相互越权的问题。但是,出于行政管理的需要,两个以上行政机关共同行使职权的情况也是经常发生的。实践中,两个以上行政机关共同行使职权的情况主要有两种情形:一是横向的行政机关之间共同行使职权,即同级各行政机关共同行使职权。例如,公安、市场监管等几个部门联合执法,对某经营游戏厅业务的个体户进行处罚。如果这些行政机关共同行使职权违法并造成行政相对人损害,共同行使职权的行政机关即为共同的赔偿义务机关。二是纵向的行政机关之间共同行使职权,即上下级行政机关之间共同行使职权。应当指出,如果下级行政机关经请示上级行政机关后作出决定,而实施行为时是以下级行政机关自己的名义进行的,则不能认定为该行为系上级行政机关与下级行政机关共同实施的,赔偿义务机关只能是下级行政机关。如果下级行政机关请示上级行政机关后,双方共同签署决定,则上下级行政机关为共同赔偿义务机关。

共同的赔偿义务机关之间承担连带责任,赔偿请求人有权向其中任何一个行政机关提出赔偿要求,该赔偿义务机关应当先予赔偿,然后要求其他有责任的行政机关负担部分赔偿费用。当然,如果引起行政赔偿诉讼,共同赔偿义务机关为共同被告,各自按其在损害中所起的作用承担责任。

当分属不同的行政机关的工作人员共同违法行使职权造成行政相对人损害的,应当如何确定赔偿义务机关,即是分别由他们各自所属的行政机关为赔偿义务机关单独承担赔偿责任,还是由他们各自所属的行政机关为共同赔偿义务机关承担连带责任呢?对于这个问题,虽然《国家赔偿法》只是规定了共同行使职权的行政机关能够成为共同赔偿义务机关,而没有规定不同行政机关的工作人员共同违法行使职权造成损害的赔偿义务机关,但从《国家赔偿法》的规定来看,这两种情况并无实质上的区别。所以,两个以上不同行政机关的工作人员共同违法行使职权造成损害的,他们各自所属的行政机关应当为共同赔偿义务机关。[1] 这样认定,对保护受害人的利益也是有利的。行政机关与法律、法规授权的组织或行政机关委托的组织共同违法行使职权造成损害的,也应当认定他们为共同的赔偿义务机关,承担连带责任。

2. 法律、法规授权的组织行政侵权时的赔偿义务机关

根据我国《国家赔偿法》第 7 条第 3 款的规定,法律、法规授权的组织在行使授予的行政权力时侵犯公民、法人和其他组织的合法权益造成损害的,被授权的组织为赔偿义务机关。法律、法规授权的组织在我国普遍存在,它是国家根据行政管理的需要,将一部分行政管理职权通过法律、法规授予非行政机关的社会组织行使。法律、法规授权的组织取得授权后,即可以自己的名义独立地行使法律、法规赋予的行政职权,并独立地承担因行使授权所产生的法律后果。发生行政赔偿时,这些被授权组织就是赔偿义务机关。需要说明的是,这里的法律,是指全国人民代表大会及其常委会制定颁布的规范性法律文件;法规,是指国务院制定的行政法规,省、自治区、直辖市和设区的市人民代表大会及其常委会制定的地方性法规。这里所说的法律、法规授权,必须是法律、法规明文规定的授权,规章以及规章以下的规范性文件所作出的授权只能视为委托,发生行政赔偿问题,由委托机关作为赔偿义务机关。

应当指出的是,《国家赔偿法》只是规定了法律、法规授权的组织在行使授予的行政职权时侵犯公民、法人和其他组织的合法权益造成损害,被授权的组织为

---

[1] 参见皮纯协、冯军主编:《国家赔偿法释论(第三版)》,中国法制出版社 2010 年版,第 134 页。

赔偿义务机关,那么法律、法规授权的组织的工作人员在行使授予的行政职权时侵犯公民、法人和其他组织合法权益造成损害的,应如何处理呢?我们认为,根据《国家赔偿法》的规定精神,在这种情况下,被授权的组织同样要作为赔偿义务机关。

3. 受委托组织或个人作出行政侵权行为时的赔偿义务机关

行政机关根据行政管理的需要,有时会把自己行使的行政权力的一部分,委托给其他的机关、社会组织或个人行使,这就产生了行政委托。对受委托的组织或个人在行使委托的行政职权时,侵犯了公民、法人和其他组织的合法权益造成损害的,如何请求行政赔偿,是受委托的组织或个人承担赔偿责任,还是委托的行政机关承担赔偿责任?对此,各国和地区的规定不尽相同。瑞士《国家责任法》第19条规定:接受联邦委托的公法任务,又不属于联邦正式行政机构的组织或职员,在进行与该任务有关的活动时违法给第三人或联邦造成损害,由该组织向受害人承担责任,在该组织无力偿付的情况下,由联邦向受害人承担未能偿付的部分。我国《国家赔偿法》第7条第4款规定,受行政机关委托的组织或者个人在行使受委托的行政权力时侵犯公民、法人和其他组织的合法权益造成损害的,委托的行政机关为赔偿义务机关。这一规定与我国《行政诉讼法》规定的行政机关委托的组织所作的行政行为,委托的行政机关是被告是一致的。按照委托代理的基本原则,受委托的组织或个人在行使委托的行政职权时,必须以委托的行政机关的名义实施行政职务,不能以自己的名义进行活动,所实施职务行为产生的法律后果,也应由委托的行政机关承担。因此,受委托的组织或个人行使委托的职权侵犯了公民、法人和其他组织的合法权益造成损害,受害人要求行政赔偿的,委托的行政机关为行政赔偿义务机关。委托机关在赔偿损失后,可以对有故意或重大过失的受委托组织或个人行使追偿权,责令其承担部分或全部赔偿费用。

需要注意的是,如果受委托的组织或个人所实施的致害行为与委托的行政职权无关,则该致害行为只能被认定为个人行为,由致害人员承担民事侵权赔偿责任,不能以委托机关为赔偿义务机关向其请求赔偿。

4. 赔偿义务机关被撤销后的赔偿义务机关

在行政体制运行过程中,行政机关的撤销、分立、合并是经常发生的,特别是在机构改革的新形势下,行政机关内部进行合并或撤销的现象更为普遍。但不管行政机关怎样合并、分立或撤销,行政赔偿不能随赔偿义务机关的被撤销而消灭。也就是说,赔偿义务机关可以撤销,但行政赔偿义务不能被消除。只要侵权损害存在,就必须有行政机关承担行政赔偿,具体履行赔偿义务。为防止发生受害人因机关变动而索赔无门的情况,根据我国《国家赔偿法》第7条第5款的规定,赔偿义务机关被撤销的,继续行使其职权的行政机关为赔偿义务机关;没有继续行使其职权的行政机关的,撤销该赔偿义务机关的行政机关为赔偿义务机关。

确定赔偿义务机关被撤销后的赔偿义务机关,关键问题是要找准继续行使其职权的行政机关。因为行政机关可以撤销,但其职权不能被撤销,行政职权只能发生转移。同时,行政职权与行政职责是一致的,行政职权发生转移,行政职责也同时随之发生转移。所以,继续行使其职权的行政机关与该项职权相对应的职责,也应由该行政机关承担。因此,我国《国家赔偿法》规定,赔偿义务机关被撤销的,继续行使其职权的行政机关为赔偿义务机关。如果没有继续行使职权的行政机关,那么,就要看是谁撤销了该行政机关,是哪一级政府撤销了该行政机关。这样,就可以确定赔偿义务机关。

行政机关被撤销,通常有以下几种情况:一是行政机关被撤销,被并入另一个行政机关,接受合并的行政机关继续行使其职权,此时,接受合并的行政机关为赔偿义务机关。例如,某市食品药品监督管理局被撤销,并入市场监管局,其职权由市场监管局行使,对食品药品监督管理局被撤销前行使职权造成的某公民损害,由继续行使其职权的市场监管局充当赔偿义务机关。二是行政机关被撤销,由新设立的行政机关取代被撤销的行政机关继续行使其职权,则新设立的行政机关为赔偿义务机关。三是行政机关彻底被撤销,没有继续行使职权的行政机关,那么由撤销该行政机关的行政机关为赔偿义务机关。这种撤销一般是由设立该行政机关的上级行政机关或者同一级政府予以撤销,收回职权,自己行使。因此,作出撤销决定的行政机关为继续行使其职权的行政机关,当然也就是行政赔偿义务机关。

5. 经过行政复议情况下的赔偿义务机关

行政复议是指行政相对人对行政机关的具体行政行为不服,依法向该行政机关的上级行政机关或法律规定的行政机关提出申请,由上级行政机关对原具体行政行为进行全面审查,并依法作出裁决的制度。这是上级行政机关对下级行政机关行使职权的监督形式之一,也是裁决下级行政机关与行政相对人之间发生行政争议案件的重要方式。对公民、法人和其他组织在行政活动中所受的违法损害,经复议程序后可能出现三种情况:第一种是加重损害,如由较轻的处罚改为较重的处罚;第二种是减轻损害,如撤销某处罚决定中的罚款部分,但维持没收的决定;第三种是维持原状,如维持原处理决定。在行政复议的情况下,究竟由原致害行政机关作为赔偿义务机关,还是由复议机关作为赔偿义务机关,在《国家赔偿法》制定过程中曾有过不同的主张。一种意见认为,应当按照《行政诉讼法》(2014年修改前)关于确认被告的规定确定赔偿义务机关,经复议的具体行政行为,复议机关决定维持的,作出原具体行政行为的行政机关为赔偿义务机关;复议机关改变原决定的,复议机关是赔偿义务机关。对于复议机关维持原决定,由作出原具体行政行为的行政机关为赔偿义务机关没有什么异议。但是在复议机关改变原决定的情形下,笼统地将复议机关确定为赔偿义务机关则值得研究,因为复议机关改变原具体行政行为不一定是对申请复议人作不利改变。复议机关可能撤销或部分撤销原机关的具体行政行为,可能将行政处罚由重变轻。在这种情况下,复议行为不仅与损害结果没有因果关系,而且是对侵害结果的一种补救。如果在这种情况下让复议机关充当赔偿义务机关并承担侵权赔偿责任,不仅于理难说公平,而且与我国现存财政体制相悖。我国既然选定了财政经费由各级财政单独预算的体制,就不宜让没有侵权责任的机关来充当赔偿义务机关。① 另一种意见认为,复议机关维持原具体行政行为的,原作出具体行政行为的机关为赔偿义务机关,复议机关改变原具体行政行为,并且加重或扩大损害的,复议机关应当就加重或扩大部分承担赔偿责任,这时复议机关成为相应的赔偿义务机关;还有人认为,确定复议后的赔偿义务机关,应将原行政机关与复议机关视为共同侵权机关,承担连带赔偿责任。②

我国现行的《国家赔偿法》第 8 条规定,经复议机关复议的,最初造成侵权行为的行政机关为赔偿义务机关,但复议机关的复议决定加重损害的,复议机关对加重的部分履行赔偿义务。根据这一规定,经过行政复议的赔偿案件,赔偿义务机关有以下两种情况:一是经过行政复议机关复议,复议机关未改变原具体行政行为,即维持原行政机关的决定,受害人请求行政赔偿的,最初作出侵权行为的行政机关应为行政赔偿义务机关。二是经过行政复议机关复议,复议机关的复议决定加重损害的,复议机关对加重的部分履行赔偿义务。这是因为,复议机关改变原行政侵权行为直接侵犯了公民、法人和其他组织的合法权益,本着"谁侵害,谁负责"的原则,应由复议机关对加重的损害部分承担赔偿责任,即由复议机关为赔偿义务机关。而对没有加重的损害部分,仍由最初造成侵权行为的行政机关为行政赔偿义务机关,负责对造成的损害承担赔偿责任。对此,最高人民法院《关于审理行政赔偿案件若干问题的规定》第 18 条规定,复议机关的复议决定加重损害的,赔偿请求人只对作出原决定的行政机关提起行政赔偿诉讼,作出原决定的行政机关为被告;赔偿请求人只对复议机关提起行政赔偿诉讼的,复议机关为被告。这表明复议机关与原侵权机关不是共同赔偿义务机关,不负连带责任,而是各自对自己侵权造成的损害承担责任。

从前文的分析来看,根据《国家赔偿法》第 8 条和相关的规定,复议机关只有在对原具体行政行为的作出变更结果加重损害的复议决定情形下,才成为赔偿义务机关并承担赔偿责任。而现行《行政诉讼法》第 26 条第 2 款则规定,经复议

---

① 参见江必新:《国家赔偿法原理》,中国人民公安大学出版社 1994 年版,第 155 页。
② 参见马怀德:《国家赔偿法的理论与实务》,中国法制出版社 1994 年版,第 126 页。

的案件,复议机关决定维持原行政行为的,作出原行政行为的行政机关和复议机关是共同被告;复议机关改变原行政行为的,复议机关是被告。显然《国家赔偿法》第8条的规定与《行政诉讼法》第26条第2款的规定不衔接。更主要的是,这一规定不仅影响了《国家赔偿法》的实施效果,而且也使行政复议制度没能达到预期的目的。①

6. 临时机构、派出机构实施侵权行为的赔偿义务机关

临时机构和派出机构,是指由政府的工作部门根据行政管理的需要,在一定行政区域内设置管理某项行政事务的机构,如公安派出所、税务所等。临时机构和派出机构不是一级政府,也不是国家行政机关,在行使职权时只能以派出机关的名义实施,对外不能独立承担法律责任。因此,临时机构和派出机构在行使职权时发生侵权行为,给公民、法人和其他组织的合法权益造成损害的,只能由设置或派出该机构的行政机关为赔偿义务机关。

第三节 行 政 追 偿

一、行政追偿的概念

在行政赔偿中,行政机关工作人员直接实施的侵权行为造成受害人损害的,应由该行政机关工作人员所在的行政机关负责赔偿。但是,赔偿义务机关承担了赔偿责任后,实施侵权行为的行政机关工作人员是否就没有责任了呢?这就是行政追偿所要解决的问题。

所谓行政追偿,是指国家向行政赔偿请求人支付赔偿费用以后,依法责令有故意或重大过失的工作人员、受委托的组织或个人承担部分或全部赔偿费用的法律制度。这一概念有以下几层含义:(1)追偿的主体是国家,但由行政赔偿义务机关来具体实施追偿事务;(2)追偿的对象限定在对造成损害有故意或重大过失的工作人员、受委托行使公务的组织或个人;(3)追偿以赔偿为前提,赔偿义务机关只有在赔偿受害人的损失后,才能对责任人员或组织行使追偿权;(4)追偿采用支付赔偿费用的方式,其程序与国家赔偿的程序不同,并且主要是一种内部程序;(5)追偿数额可以是部分追偿,也可以是全部追偿,主要根据工作人员错误的大小、造成损害的程度和工作人员的收入等情况决定。

行政追偿是行政赔偿制度的重要组成部分,但行政追偿与行政赔偿是两个不同的概念。行政赔偿所要解决的是国家、行政机关与受害人三者之间有关行政赔偿过程中权利与义务关系的问题,而行政追偿所要解决的则是国家或行政

---

① 朱素明:《行政复议机关赔偿义务问题解析》,载《中共云南省委党校学报》2011年第4期。

机关与行政机关工作人员之间有关损害赔偿费用分担过程中权利与义务关系的问题。

行政追偿制度的形成与行政赔偿制度的历史紧密相关,但行政追偿制度本身并不是与行政赔偿制度同时发展的,而是行政赔偿制度发展完善的一个重要体现,是行政赔偿制度发展到一定阶段的产物。在行政赔偿制度确立前,对行政活动中的侵权行为,在有的国家是由行政机关工作人员个人赔偿,有的国家则不予赔偿。行政赔偿制度确立后的一个时期,许多国家仅强调国家的责任,而忽略了对致害行政机关工作人员责任的追究,其结果导致公务员胆大妄为,滥用职权。随着行政赔偿制度的发展,行政追偿制度逐渐受到重视。目前,包括我国在内的世界许多国家都把追偿制度作为国家赔偿法的一项重要制度确定下来。

二、行政追偿的形式

虽然行政追偿可以减轻国家财力上的负担,但是我们必须注意以下两点:首先,追偿权的行使必须使受害人的损失及时得到赔偿,有效地保护行政相对人的合法权益。其次,追偿权的行使必须有利于行政机关及其工作人员依法行使职权。一方面,对有故意或者重大过失的行政机关工作人员必须要追究其责任,部分或全部赔偿国家损失,以利于其吸取教训,更好地依法行政。另一方面,要防止损伤绝大多数行政机关工作人员依法行使职权的主动性和积极性,免除后顾之忧,否则,将影响国家权力的有效行使,损害国家公共利益。因此,必须采取适当的追偿形式保证国家追偿权的有效行使。

传统上的行政追偿有两种形式:一是行政机关工作人员先向受害人赔偿,然后要求国家予以补偿,即"先赔后补"形式。这种形式在英国曾采用过。[①] 然而,"先赔后补"的追偿方式很难成功,因为国家只在行政机关工作人员无故意或不怀恶意时才向已支付赔偿费的工作人员提供补偿。而让行政机关工作人员个人证明其无故意或不怀恶意,举证相当困难。同时,由于行政机关工作人员个人财力有限,无法承担相应的赔偿责任,使受害人的损失不能及时得到赔偿。因此,这种追偿方式已经很少使用。二是国家先向受害人赔偿,然后再责令致害的行政机关工作人员支付赔偿费用,即"先赔后追"的形式。这种形式,既避免了行政机关工作人员财力薄弱、受害人无法取得赔偿的问题,又可以达到监督行政机关工作人员依法行使职权的目的,还可以解除行政机关工作人员行使职权的后顾之忧,鼓励其努力工作,提高工作效率。

---

① 在英国,如果公务员证明国家应连带对受害人负责,而且只有国家也赔偿才公平合理,那么公务员可以在赔偿受害人损失后获得国家补偿。但由于存在证明和财力上的种种问题,这种追偿方式已经很少使用。参见〔捷〕纳普:《国际比较法百科全书》(第 1 卷),高绍先、夏登峻等译,法律出版社 2002 年版,第 127 页。

目前,世界上大多数国家都采用"先赔后追"的形式。例如,日本《国家赔偿法》第1条第2项规定:"公务员有故意或重大过失时,国家或公共团体对该公务员有求偿权。"韩国《国家赔偿法》第2条第2项规定,因公务员执行职务造成损害,国家或地方自治团体赔偿后,如果"公务员有故意或重大过失时,国家或地方自治团体对该公务员有求偿权"。我国《国家赔偿法》第16条第1款规定:"赔偿义务机关赔偿损失后,应当责令有故意或者重大过失的工作人员或者受委托的组织或者个人承担部分或者全部赔偿费用。"上述规定,确立了我国行政赔偿的追偿制度。也就是说,行政机关工作人员或者受委托的组织和个人行使行政职权侵犯了公民、法人和其他组织的合法权益造成损害的,受害人无权直接向行使职权的个人要求赔偿,只能向国家要求赔偿。但如果行政机关工作人员在行使行政职权时有故意或重大过失,国家在赔偿受害人的损失后,有权向有故意或重大过失的工作人员行使追偿权。

三、行政追偿的性质

关于行政追偿的性质,学者们的认识不尽相同,主要有以下几种观点:

(一)民事责任说

民事责任说认为,行政追偿制度本质上是追究行政机关工作人员的民事责任,追偿权是一种民事权利。这里又有几种不同的学说:一是不当得利返还请求权说。该说认为,行政机关工作人员在执行职务中致人损害,本应由行政机关工作人员自己承担赔偿责任。但为使受害人迅速获得赔偿,先由国家代行政机关工作人员承担赔偿责任。国家支付赔偿金后,行政机关工作人员对受害人即因此不负赔偿责任。就是说,行政机关工作人员无法律原因而受到应支付赔偿金而不必支出之消极利益致国家受损害,行政机关工作人员依不当得利原理理应返还其利益。可见,追偿权是基于不当得利的法律关系而产生的,属于不当得利返还请求权的性质。这种学说是基于国家赔偿为代位责任说的理论而得出的结论,所以,又称代位责任说。二是债务不履行赔偿请求权说。该学说认为,行政机关工作人员系代国家执行职务行使公权力,其行为在本质上属于国家行为,故行政机关工作人员行使职权侵害公民的自由或权利,则本质上该损害系国家行为所致,应由国家承担赔偿责任。但行政机关工作人员应遵守对国家的义务,如其违反了对国家的义务,有债务不履行、不为完全给付之情事发生,国家自得依债务不履行之法理请求行政机关工作人员赔偿其损害。故国家追偿权应属于债务不履行赔偿请求权。这种学说是基于国家赔偿为自己责任说的理论而得出的结论,所以,又称为自己责任说。三是第三人代位求偿权说。该说认为,行政机关工作人员不法侵害公民的自由或权利,对受害人本有赔偿其损害并履行其赔偿的义务,但国家以就债的履行有利害关系的第三人而为清偿,自得依代位清偿的理论,得按其清偿的限度,就受害人的债权人之权利,以自己名义代位行使。①

(二) 行政责任说

行政责任说认为,行政追偿制度本质上是追究行政机关工作人员的行政责任。有学者认为,从我国有关法律规定的精神看,追偿制度更接近于是国家对行政机关工作人员的一种惩戒。这种惩戒与行政处分不完全一样,它采取了一种金钱给付的形式。追偿是在行政机关内部,行政机关工作人员对国家和行政机关承担责任,是行政机关工作人员因不履行法定义务所承担的责任。②

(三) 独立责任说

独立责任说认为,行政追偿制度是一种独立的制度,追偿责任是一种独立的责任。其代表性的观点主要有两种:一种观点认为,追偿权产生独立的追偿责任,这种责任的基础是国家与被追偿者之间的特别权力关系。追偿责任依赖于国家赔偿而存在,是行政机关工作人员的个人责任,这种责任在法律上不具备民事责任的性质,也不是行政处分,它是一种独立的责任。我国《国家赔偿法》对追偿的数额没有规定确定的标准,因而追偿责任不具有惩罚性,不是一种惩戒责任。所以,追偿责任不归属于其他法律责任形式,追偿制度也因之而成为法律上的一项独立制度。③ 另一种观点认为,追偿权是国家基于特别权力关系对公务员实施制裁的一种形式,主要通过金钱给付的方式实现。换言之,当行政机关工作人员行使职权侵害他人时,国家对行政机关工作人员的行为理应纠正。国家通过特定方式予以制裁,金钱赔偿最为便当。因而被常用,同时也可以采用其他纪律处分措施以实现制裁目的。④

上述第一种观点强调行政机关工作人员的民事责任。实际上,国家赔偿法中的追偿权与民法中的追偿权是完全不同的。前者发生在行政机关与其工作人员之间,所反映的是一种不平等的行政法律关系,应属于"权力";而后者发生在平等的民事主体之间,所反映的是一种平等的民事法律关系,应属于"权利"。另外,行政追偿虽然具有民事赔偿的特性,有一定的财产给付内容,但"这一财产责任是行使公务的结果,是与国家利益、国家行政机关的公信力联系在一起的,不是单纯的财产责任"⑤。所以,用不当得利返还请求权说和债务不履行赔偿请求权说来解释追偿权的性质,都是不妥的。同时,由于追偿权是发生在行政机关与其工作人员之间的一种关系,表明了行政机关对其工作人员的一种态度,所以,追偿责任也很难成为一种独立的责任。因此,我们赞同第二种观点,即行政追偿

---

① 参见沈岿:《国家赔偿法:原理与案例(第二版)》,北京大学出版社2017年版,第384页。
② 参见应松年主编:《国家赔偿法研究》,法律出版社1995年版,第140页。
③ 参见皮纯协、冯军主编:《国家赔偿法释论(第三版)》,中国法制出版社2010年版,第155页。
④ 参见马怀德:《国家赔偿法的理论与实务》,中国法制出版社1994年版,第129页。
⑤ 参见王世涛:《行政追偿中公务员责任的解析》,载《行政论坛》2001年第4期。

责任是一种具有惩戒性质的行政责任,是国家基于特别权力关系对行政机关工作人员实施制裁的一种形式,这种责任主要是通过金钱给付的方式实现的。这是因为:第一,同样是行政机关工作人员行使职权造成损害,而国家只对有故意或重大过失的工作人员行使追偿权,不对具有一般过失或根本没有过失的工作人员行使追偿权,这就说明,国家对这类工作人员要施以一定的行政法上的不利后果,以示惩戒。第二,国家行使追偿权,虽然有弥补国家损失的目的,但根本的目的并不在于此。与其说这种权力是弥补损害,还不如说是实施纪律处分,给予惩戒。第三,《国家赔偿法》规定的是赔偿义务机关"责令"工作人员承担追偿责任,这也就意味着工作人员的行为是应受到国家谴责和制裁的行为。

四、行政追偿的条件

行政机关在行使追偿权时,必须具备一定的条件。根据我国《国家赔偿法》的规定,行政机关在行使追偿权时,应具备下列条件:

(一)行政赔偿义务机关已对受害人支付了损害赔偿金

追偿本身的性质就决定了只有在国家承担了赔偿责任的前提下,才可能产生追偿问题,这是国家行使追偿权的前提条件。在行政赔偿义务机关向受害人赔偿之前,追偿权是不存在的,向行政机关工作人员进行追偿也就无从谈起。行政赔偿义务机关的赔偿可以基于人民法院的判决或调解,也可以根据行政赔偿协议程序的协议书。无论何种根据,在赔偿之后,均有追偿权。

(二)行政机关工作人员及受委托的组织和个人对侵权行为有故意或重大过失

行政机关工作人员以及受委托的组织和个人,对公民、法人和其他组织的侵权行为有故意或者重大过失,这是国家行使追偿权的主观条件。所谓故意,是指行政机关工作人员在行使行政职权时,主观上能认识到自己的行为可能造成行政相对人合法权益的损害,但希望或放任这种结果的发生,并最后导致损害后果发生的主观心理状态。所谓重大过失,是指行政机关工作人员或受委托的组织和个人,不但没有达到其身份或职务上的特殊要求,而且未能预见和避免普通人均能预见或避免的事情,即没有达到法律对一个公民的起码要求。作为行政追偿制度中的追偿要件,只限于故意或重大过失两种过错。而对一般过失,即行政机关工作人员及受委托的组织和个人欠缺其职务要求的注意,或者欠缺普通人通常应有的注意,而导致损害发生的,则不作为国家行使追偿权的主观条件。原国家工商行政管理总局发布的《工商行政管理机关行政赔偿实施办法》第27条规定:"有关个人或组织由于故意或重大过失,造成公民、法人或其他组织人身伤害或财产损失,有下列情形之一的,应当承担相应的经济赔偿责任:(一)滥用职权、越权执法造成经济损失的;(二)未经县级以上工商行政管理局局长批准,采取扣押、查封等强制措施,给相对人造成经济损失的;(三)复议机关决定原办案机关停止强制措施,执行机关拒不执行,由此引起经济损失的;(四)扣押、查封的物品遗失的;(五)扣押、查封的财物经查与违法行为无关,没有解除扣押、查封措施而造成损失的;(六)违反办案程序给相对人造成损失的。"

法律将对行政机关工作人员及受委托的组织和个人的追偿限定在具有故意或重大过失的范围内是有道理的。在现代社会管理中,行政管理事务错综复杂,技术性和专业性很强,加上行政自由裁量权的存在,行政职权行使的本身就存在着危险性。这就不可能要求行政机关的每个工作人员凡事都能作出准确无误的判断,不出现一点差错。因此,国家赔偿法允许工作人员在一定的限度内出现差错而不负任何责任。这样规定,有利于保护工作人员的合法权益免受不合理的侵害。如果不问工作人员有无过错或过错大小,一律予以追偿,则势必会损伤行政机关工作人员执行职务的积极性和主动性,最终影响国家公共利益的实现。

只要具备上述两个条件,国家就应当行使追偿权。根据《国家赔偿法》的规定,赔偿义务机关应当责令有故意或重大过失的工作人员或受委托的组织和个人承担部分或全部赔偿费用。这里《国家赔偿法》使用了"应当"一词,说明了赔偿义务机关必须行使追偿权,而不得放弃。这一方面可以避免或减少国家的损失,另一方面也可以起到对行政机关工作人员的教育作用。

五、行政追偿的金额

行政赔偿义务机关在行使追偿权时,如何确定追偿的数额,是部分追偿还是全部追偿?对此,我国《国家赔偿法》并没有作出明确规定,只是原则性规定"赔偿义务机关赔偿损失后,应当责令有故意或者重大过失的工作人员或者受委托的组织或者个人承担部分或者全部赔偿费用"。从世界各国通行的做法看,赔偿义务机关在行使追偿权、确定追偿金额时,一般都遵循以下原则:

(1)追偿金额的范围应以赔偿义务机关支付的损失赔偿金额为限。在行政赔偿中,除赔偿金外,赔偿义务机关可能还要支出其他费用,如办案费用、诉讼费用等,这些费用属于赔偿义务机关的行政经费,应由赔偿义务机关自己负担,不应列入追偿范围。

(2)追偿的金额应与行为人的过错程度相适应。追偿是以故意或重大过失为条件的,而故意和重大过失本身就有程度的不同。在一般的情况下,直接故意要比间接故意重,而故意要比重大过失重。即使在故意或重大过失中,也还有不同的情节。因此,对行政机关工作人员追偿金额的大小应与其过错程度相适应。过错重,负担则应大些;过错轻,负担则应小些。

(3)追偿的金额应与行政机关工作人员的工资收入相适应。行政机关工作人员的工资是其维持自身及其家庭成员生活的基础,追偿金额要从其工资收入中扣除。因此,追偿的金额要合理适当。追偿的金额过多,会影响工作人员及其家庭的生活,势必影响工作人员的工作积极性;而追偿的金额过少,则达不到惩戒的目的。目前,有一些国家机关已对追偿的金额作出了规定,如原国家工商行政管理总局在《工商行政管理机关行政赔偿实施办法》第29条规定:"对责任人员确定赔偿数额时,依据责任大小,追偿金额为其月工资的1—10倍";《公安机关办理国家赔偿案件程序规定》第58条第2款规定:"追偿数额的确定,应当综合考虑赔偿数额,以及被追偿人过错程度、损害后果等因素确定,并为被追偿人及其扶养的家属保留必需的生活费用。"

行政赔偿义务机关在行使追偿权、确定追偿金额时,是否应与被追偿者协商呢?对此,有学者认为,追偿金额的确定应与被追偿者相协商;协商不成的,行政赔偿义务机关有权作出处理决定。同时经被追偿人申请,可酌情减免追偿金额。[1] 我们认为,这种观点是不妥的。一方面,从追偿权的性质来看,追偿权不是民事权利,而是行政机关对其工作人员实施的一种行政权,行政机关与其工作人员之间不具有平等的地位,双方没有协商的基础;另一方面,《国家赔偿法》规定的是赔偿义务机关应当责令有故意或重大过失的工作人员承担部分或全部赔偿费用。这里使用的是"责令"一词,说明赔偿义务机关有权单方作出决定,而不必与被追偿者协商。但这并不是说,国家不考虑行政机关工作人员的经济负担情况,如果行政机关工作人员确属经济困难的,国家也可以减少以至免除其追偿责任。对此,奥地利《国家赔偿法》第3条规定:"如果公务员系因重大过失违背法律,则法院可以出于公平合理的理由减轻追偿。"在我国,行政赔偿义务机关在决定被追偿人承担赔偿费用的多少时要视被追偿人过错的大小以及被追偿人的经济状况,不能简单地以造成的损害后果为标准。

六、行政追偿的限制

国家行使追偿权应否受到限制?我国《国家赔偿法》没有规定。在国外立法中,国家行使追偿权,不仅有数额的限制,也有其他方面的限制。从各国的规定来看,追偿权的限制主要有以下几项:

(1) 按照上级的命令行使职权的工作人员造成损害的,赔偿义务机关不得追偿。

行政管理遵循下级服从上级、个人服从组织的原则,行政机关工作人员因执行上级违法错误的命令指示而为的行为造成损害,原则上应由上级机关负责,执行人不应承担责任,不宜追偿。对此,奥地利《国家赔偿法》第4条规定,公务员对执行上级机关的命令所为之行为造成损害的,官署不得对其行使求偿权,但执

---

[1] 参见皮纯协、冯军主编:《国家赔偿法释论(第三版)》,中国法制出版社2010版,第158页。

行无管辖权关系的上级机关所作的命令或于执行命令时违反刑法的规定的，不在此限。在我国，对于这种情况下的损害，赔偿义务机关能否行使追偿权，《国家赔偿法》没有规定，学者们的看法也不一致。有人认为，一般情况下，行政机关工作人员按上级命令批示办事，下级服从上级，个人服从组织，因此造成的损害，工作人员不承担责任。但如果工作人员明知上级或领导的命令、批示违法，且有条件不执行或变通执行，但却没有提出异议，仍照样执行的，应视为"故意"，予以追偿；或者按照职务素质要求，应当发现上级或领导的命令、批示违法，却未发现，甚至连一般常人也能注意到有问题，但他仍未注意，照样执行，应认定有"重大过失"，应予追偿。① 也有人认为，由于执行上级违法的命令而引起的国家赔偿，执行命令的行政机关工作人员不应承担责任，国家不能对其行使追偿权，而应向作出命令的"上级"追偿。具体来说，如果上级命令是由个人作出的，则向个人追偿，如果是由合议制机关作出的，应向投票赞成该命令的人员追偿。② 还有人认为，执行人的故意和过失应视上级机关留给他的自由裁量余地大小而定。如上级命令是一个羁束性严格命令，不执行或不照原样执行有失职违法风险时，他必须执行，就其该命令行为，不应承担任何责任，国家也不宜追偿。如上级命令有一定自由裁量余地，而执行人只有在滥用或超越自由裁量权的情况下才存在故意和重大过失问题，因为执行人的故意或重大过失造成损害的，国家对该公务员应保留追偿权。③ 我们认为，第一种观点是可取的，这符合《公务员法》第60条的规定："公务员执行公务时，认为上级的决定或者命令有错误的，可以向上级提出改正或者撤销该决定或者命令的意见；上级不改变该决定或者命令，或者要求立即执行的，公务员应当执行该决定或者命令，执行的后果由上级负责，公务员不承担责任；但是，公务员执行明显违法的决定或者命令的，应当依法承担相应的责任。"

(2) 超过追偿时效的，赔偿义务机关不得追偿。

根据奥地利《国家赔偿法》的规定，追偿权行使的时效为6个月。我国《国家赔偿法》对追偿的时效没有规定，因此，在我国，追偿权不发生因时效届满而消灭的问题。但这种规定不尽合理，因为没有时效的规定，对行政机关和行政机关工作人员双方都是不利的，会影响工作人员的工作效率和积极性。

(3) 因赔偿义务机关的原因进行不当赔偿的，赔偿义务机关不得追偿。

如果由于赔偿义务机关的原因导致不当赔偿的，则不得向工作人员追偿。例如，赔偿义务机关不当支付过多赔偿费时，行政机关工作人员仅在正当的赔偿

---

① 参见应松年主编：《国家赔偿法研究》，法律出版社1995年版，第143页。
② 参见皮纯协、冯军主编：《国家赔偿法释论（第三版）》，中国法制出版社2010年版，第157页。
③ 参见马怀德：《国家赔偿法的理论与实务》，中国法制出版社1994年版，第133页。

限度内支付追偿金;赔偿义务机关未能及时行使抗辩权而向受害人已支付赔偿的,行政机关工作人员可以此为由主张免责,国家也不得追偿。①

(4) 追偿数额的限制。

许多国家对追偿数额加以限制。例如,在加拿大,公务员所承担的赔偿费用不能超过 250 加元;苏联规定,追偿的数额不得超过被追偿人的 3 个月工资。

另外,除公务员故意和重大过失外,如果其他国家行政机关存在指导或管理错误也负有责任,则适用过失相抵原则,以该机关为共同侵权行为人负担部分被追偿费用。如被追偿的公务员有二人以上,二人应分担责任,任何一人可提出按责任分担赔偿费的要求。②

---

① 参见马怀德:《国家赔偿法的理论与实务》,中国法制出版社 1994 年版,第 133 页。
② 参见翁岳生:《行政法》,中国法制出版社 2002 年版,第 1656 页;马怀德:《国家赔偿法的理论与实务》,中国法制出版社 1994 年版,第 133 页。

第七章　行政赔偿的程序

第一节　行政赔偿程序概述

一、行政赔偿程序的概念

行政赔偿程序是国家赔偿程序的重要组成部分,是实现行政赔偿的根本手段。所谓行政赔偿程序,是指行政赔偿请求人向行政赔偿义务机关请求行政赔偿,行政赔偿义务机关给予行政赔偿以及通过法院解决行政赔偿纠纷的方式、步骤和时限。从广义上讲,行政赔偿程序还包括行政赔偿义务机关对有故意或者重大过失的国家行政机关工作人员行使追偿权的程序。

从各国国家赔偿法的规定来看,行政赔偿程序通常分为两个阶段:第一阶段是行政程序,即由行政机关内部解决赔偿问题,尊重行政机关的首次裁判权;第二阶段是行政赔偿诉讼程序,即由法院解决行政赔偿问题,体现司法裁判的最终性。在我国,按照《国家赔偿法》的规定,行政赔偿程序也包括两部分:一是行政程序,即赔偿义务机关对受害人单独就损害赔偿提出请求的先行处理程序。所谓行政先行处理程序,即指行政赔偿请求人在向人民法院提起行政赔偿诉讼之前,应当先向行政赔偿义务机关请求赔偿,由行政赔偿义务机关先进行处理的程序。二是行政赔偿诉讼程序,即通过人民法院对行政赔偿解决的程序。在行政赔偿请求人因行政赔偿义务机关逾期不予赔偿或赔偿请求人对赔偿数额有异议的情况下,赔偿请求人可以向人民法院提起行政赔偿诉讼。

行政赔偿争议不管是通过行政机关自行处理还是通过司法机关最终解决,行政赔偿程序的功能都主要是体现在以下两个方面:第一,确认行使职权的行为是否应当给予国家赔偿。即要认定行政机关及其工作人员在行使职权时的行为(包括作为与不作为)是否对公民、法人或其他组织造成了损害结果。这一点与行政复议程序和行政诉讼程序的功能有共同之处也有区别。无论行政赔偿程序还是行政复议程序和行政诉讼程序,都要对行政行为的合法性进行审查。但是,行政赔偿程序不能停留在合法性的审查上,它还必须认定该行为是否对公民、法人或其他组织造成了损害结果、行政机关是否应依法承担损害赔偿责任,这是纯粹的行政复议程序和行政诉讼程序所无法解决的。第二,确认国家赔偿的金额的多少。这当然要基于对损害结果的认定。它可能由行政赔偿义务机关自己确定,可能由行政复议机关在复议程序中一并确定,也可能由人民法院在行政诉讼程序中一并作出行政赔偿判决,还可能在当事人对赔偿义务机关的决定不服提起行政赔偿诉讼时,由人民法院判决确定。总之,整个行政赔偿程序只有实现了上述两项功能,才能最终解决行政赔偿争议。

二、行政赔偿的提起方式

从各国法律的规定来看,行政赔偿请求人在向行政赔偿义务机关提出赔偿请求时,一般有以下两种方式:

(一)单独提起方式

单独提起方式是指行政赔偿请求人仅就损害赔偿向行政赔偿义务机关提出申请,行政赔偿义务机关接受赔偿请求后,需要就侵权损害事实与赔偿数额等问题与赔偿请求人共同协商,达成赔偿协议,解决行政赔偿争议。

赔偿请求人采取单独提起方式提出赔偿请求时,应当符合以下两个条件:(1)行政机关及其工作人员行使行政职权的行政行为或与行使行政职权相关的事实行为属于《国家赔偿法》第3、4条规定的赔偿范围;(2)单独提出赔偿请求,应当先向赔偿义务机关提出,即遵循"先行处理程序"规则。最高人民法院《关于审理行政赔偿案件若干问题的规定》第4条第2款规定,赔偿请求人单独提起行政赔偿诉讼,须以赔偿义务机关先行处理为前提。这种提起方式,为普通法系国家所普遍采用。[①] 在我国,一些与行使行政职权相关的事实行为发生侵权,如行政机关工作人员的殴打、虐待等行为,不属于行政复议与行政诉讼的受案范围。为了充分保护受害人的合法权益,受害人可以就损害赔偿问题直接向赔偿义务机关单独提出行政赔偿,由行政赔偿义务机关作出处理。如果赔偿义务机关不予赔偿或赔偿请求人对赔偿的方式、项目、数额有异议的,可以向人民法院提起行政赔偿诉讼。

(二)一并提起方式

一并提起方式是指行政赔偿请求人在申请行政复议或者提起行政诉讼时,一并提出赔偿请求。一并提起方式是将两项不同的请求一并向同一机关提出,合并审理解决,但这两项不同的请求必须有内在的联系,即赔偿请求的损害事实是由违法的具体行政行为造成的。一并提出赔偿请求可以在申请行政复议时提出,也可以在提起行政诉讼时提出。在申请行政复议时一并提出,按行政复议程序进行;在行政诉讼时一并提出,按行政诉讼程序进行。有权机关(指行政复议机关或人民法院)对这类案件的审理需要经过两道程序:一是先要确认行政机关的具体行政行为违法;二是就行政机关的具体行政行为所造成的损害予以处理

---

① 参见房绍坤等:《国家赔偿法原理与实务》,北京大学出版社1998年版,第157页。

和赔偿。

一并提起方式是对赔偿程序的简化,有利于受害人行使赔偿请求权。但有些国家不允许这样做,必须"分段作业",单独提出赔偿请求。例如,在普通法系国家,一般不得在行政诉讼中附带请求赔偿,只能在行政案件了结后,再重新提起赔偿诉讼。如美国,对行政行为进行"司法复审"的制度与国家赔偿制度是截然分开、先后作业的两个制度。在司法复审中,法院不得拒绝"非金钱补偿的救济",但不能判决金钱救济。法院即使裁决行政行为非法并予以撤销,受害人也得不到金钱赔偿,而只能依照国家赔偿法另走协议程序和提起诉讼。[①] 这种方式,不便于当事人迅速、有效地获得实质性救济。大陆法系国家则准许"一并提起"。如法国,行政诉讼的"完全管辖之诉"中,行政法官可以行使全部审判权力,可以撤销、变更行政机关的决定,也可以判决行政机关负赔偿责任。

"单独提起"与"一并提起",是请求国家赔偿的两种方式。但不管法律设定哪种方式,关键问题是要有利于受害人行使赔偿请求权,有利于简化赔偿程序。我国《国家赔偿法》在汲取世界各国《国家赔偿法》优点的基础上,从有利于公民、法人和其他组织行使行政赔偿请求权的目的出发,规定了公民、法人和其他组织的合法权益受到行政机关及其工作人员行使职权侵害要求行政赔偿时,可以根据遭受侵害的不同情况,选择不同的救济方式,采取"单独提起"与"一并提起"。两种请求方式并存的办法,极大地方便了请求人行使赔偿请求权,充分体现了我国方便公民、充分保护公民行使权利的立法思想。

我国《国家赔偿法》第9条规定:"赔偿义务机关有本法第3条、第4条规定情形之一的,应当给予赔偿。赔偿请求人要求赔偿,应当先向赔偿义务机关提出,也可以在申请行政复议或者提起行政诉讼时一并提出。"根据这一规定,在公民、法人或其他组织的合法权益受到行政机关及其工作人员侵犯时,除了行政机关主动依据《国家赔偿法》给予赔偿外,赔偿请求人还可通过以下方式获得国家赔偿:

(1)通过行政程序和行政赔偿诉讼解决。赔偿请求人单独就赔偿提出请求的,首先应向赔偿义务机关提出赔偿请求,由赔偿义务机关决定赔偿或不予赔偿。赔偿请求人对赔偿义务机关不予赔偿或对赔偿的方式、项目、数额有异议的,可再向人民法院提起行政赔偿诉讼。

(2)通过行政复议一并解决赔偿。赔偿请求人在申请复议的同时,可以一并提出赔偿请求。复议机关复议后,确认该行政机关侵犯了公民、法人或其他组织的合法权益,在作出复议决定的同时,对造成损害的,可以责令该行政机关按照《国家赔偿法》予以赔偿。

---

① 参见房绍坤等:《国家赔偿法原理与实务》,北京大学出版社1998年版,第158页。

(3) 通过行政诉讼一并解决赔偿。受害人在提起行政诉讼的同时，一并提出赔偿请求，人民法院在审理案件时，一并解决赔偿问题。

三、行政赔偿程序与其他赔偿程序的区别

国家赔偿法不同于刑法、民法、诉讼法等法律部门的一个重要特点，就是实体法规范与程序法规范规定于一个法律文件之中。因而行政赔偿程序与普通民事赔偿程序存在着明显的区别。与此同时，行政赔偿程序与司法赔偿程序也存在着明显的不同。

（一）行政赔偿程序与普通民事赔偿程序的区别

行政赔偿程序与普通民事赔偿程序不仅在赔偿性质上不同，而且在程序结构上也有较大的区别。行政赔偿程序在结构上由非诉讼程序（行政程序）与诉讼程序（司法程序）两部分组成。原则上，赔偿请求人必须首先向行政赔偿义务机关提出赔偿请求，由行政赔偿义务机关先行通过行政程序解决。当行政赔偿义务机关不接受或拒绝赔偿请求人的赔偿请求，或者赔偿请求人对赔偿的方式、项目、数额有异议时，赔偿请求人有权再向人民法院提起行政赔偿诉讼，由人民法院予以裁判。而普通民事赔偿程序在结构上只是一种诉讼程序，即赔偿请求人通过人民法院向侵权人索赔的程序，赔偿请求人得依法直接向人民法院提起损害赔偿之诉，不必经过有关行政部门先行处理。

（二）行政赔偿程序与司法赔偿程序的区别

虽然行政赔偿程序与司法赔偿程序有某些相通之处，但它们之间也存在着明显的区别，主要表现在：

(1) 在行政赔偿中，赔偿请求经行政赔偿义务机关先行处理后，赔偿请求人不服的，不需要再向行政赔偿义务机关的上一级机关申请复议，即可提请人民法院解决；而在司法赔偿程序中，赔偿请求人对赔偿义务机关的处理不服，不能马上诉请人民法院解决，而必须向赔偿义务机关的上一级机关申请复议。

(2) 赔偿请求人对行政赔偿义务机关先行处理后不服的，可以以行政赔偿义务机关为被告向人民法院提起诉讼，请求人民法院作出裁决；而司法赔偿请求人在赔偿义务机关的上一级机关复议之后不服的，不能以赔偿义务机关为被告向人民法院提起诉讼，要求人民法院作出司法判决，只能由人民法院就司法赔偿问题通过特别程序作出赔偿决定，即由中级以上人民法院设立的赔偿委员会作出发生法律效力的赔偿决定。

(3) 行政赔偿请求可以在申请行政复议或者提起行政诉讼时一并提起，此时不需要经过行政赔偿义务机关先行处理；而司法赔偿请求毫无例外地必须先向赔偿义务机关提起，由赔偿义务机关先行处理。

第二节　行政赔偿的先行处理程序

一、行政赔偿先行处理程序的概念和意义

行政赔偿的先行处理程序,是指赔偿请求人请求损害赔偿时,应先向行政赔偿义务机关提出赔偿请求,由该行政赔偿义务机关依法进行处理,从而解决行政赔偿争议的一种行政程序。

行政赔偿的先行处理程序体现了行政机关先行处理原则,为大多数国家所采用。在美国,涉及国家赔偿的案件,大约有80%至90%是在行政机关得到解决的。美国《联邦侵权求偿法》规定了美国联邦行政机关的处理是请求赔偿诉讼的先决条件,该法第2675条规定:"联邦政府人员于其执行职务之范围内,因过失、不法行为致他人生命、身体或财产发生损害,除已经向该主管行政机关提出请求,并经其为书面终局拒绝外,不得对美国联邦政府提起金钱赔偿之民事诉讼。"瑞士的法律规定,对瑞士联邦所提的赔偿诉讼,受害人预先向财政部申请。如果财政部受理其申请,认可其赔偿要求,则无须通过司法程序来解决联邦的赔偿责任。如果财政部驳回其申请,或超过3个月而未作出决定时,受害人可以向联邦法院提起诉讼,要求赔偿损失。韩国《国家赔偿法》也规定了实行诉前审议程序,该法第9条规定:"依本法之损害赔偿之诉讼,非经赔偿审议会为赔偿金支给之决定后不得提起之,但自赔偿决定申请之日起,经过2个月时,得不经其决定,提起诉讼。"

我国充分借鉴了国外行政赔偿义务机关先行处理的成功经验,《国家赔偿法》第9条第2款明确规定:"赔偿请求人要求赔偿,应当先向赔偿义务机关提出……"同时,《国家赔偿法》又在第10—14条规定了赔偿义务机关如何管辖和受理赔偿申请,以及赔偿义务机关如何在法定期限内作出给予赔偿或不予赔偿的决定。

设定行政赔偿义务机关先行处理程序,解决行政赔偿争议,无论是对赔偿请求人、行政赔偿义务机关,还是对审判机关,都有一定的好处,具有重要意义,具体表现在以下几个方面:

首先,充分尊重了行政机关的首次判断权,体现了国家对赔偿义务机关的尊重和信任。首次判断权是指在行政机关作出第一次判断之前,不允许司法权作出判断取而代之或司法权自主判断,从而取代行政权的第一判断。[①]"在美国,首次判断权被称为初审管辖权(Primary Jurisdiction),主要指两种情况:一是在

[①] 参见高家伟:《行政诉讼证据的理论与实践》,工商出版社1998年版,第66页。

行政机关与法院对同一个争议都享有管辖权时,由行政机关享有第一审管辖权,作出处理决定后予以审理;二是如果法院在审判过程中遇到某一个属于行政机关自由裁量的特别是技术性的问题,法院即应当将这个案件移交行政机关判断并作出决定,然后以行政机关的判断为根据对全案作出判决。美国承认行政机关享有首次判断权的原因在于保证行政政策的连续性;充分利用行政机关的专业知识,尊重行政机关的专长。如果法官遇到的问题不在法官的一般的经验范围之内,或者需要由行政机关自由裁量决定,法院就不能忽视国会建立的专门管理这类事务的行政机关。"[1]在我国,国家赋予行政机关代表国家行使行政权力,管理国家各项行政事务。这既是权力,又是义务,必须行使,不得渎职。因而,当行政机关在行使行政职权过程中出现问题,发生行政赔偿争议时,法律赋予行政机关先行处理权,使其有机会采取补救措施,纠正错误,体现了国家对行政机关的尊重和信任,有利于调动其纠正错误的主动性和努力工作的积极性。

其次,有利于迅速解决行政赔偿争议。行政机关是实施行政侵权行为的机关,也是承担赔偿义务的机关,了解行政赔偿争议的全过程,采取先行处理程序,由行政赔偿义务机关运用行政手段进行处理,其程序简便、迅速,可使赔偿请求人不经过行政诉讼程序就能很快地解决行政赔偿争议问题,省时、省力、适宜行政活动的复杂性、技术性强的特点,使受害人的损失能够得到及时赔偿。

再次,有利于加强行政机关内部监督和提高行政效率。行政赔偿争议由行政机关先行处理,这在客观上迫使行政机关经常地对已作出的行政行为进行复查和检查,发现问题及时解决,纠正工作中的失误,汲取经验教训,从而既有利于上级行政机关对下级行政机关以及行政机关对其工作人员的监督和考核,又能促进行政机关依法行政的意识,提高执法水平,保证行政工作的效率。

最后,有利于减轻人民法院的负担。大量的行政赔偿争议通过行政程序先行处理解决,可以大大地减少诉讼,减轻人民法院处理行政赔偿案件的压力。"先行处理犹如一张过滤网,将行政机关能够自行解决的赔偿限制在行政机关内部,而不进入司法程序。"[2]实践证明,行政先行处理程序既能减少诉源,节省人民法院办案时间、人力、物力,又有利于受害人及时得到赔偿,避免累诉。

另外,设定行政赔偿义务机关先行处理程序,还使受害人多了一种救济机制的保障。因为行政损害赔偿由行政机关所致,由其自己作为赔偿义务机关先行处理,使受害人多了一种救济途径。如果先行处理,使争议得到解决,可省去人财物的浪费;如果先行处理,争议未得到解决,受害人还可向法院提起诉讼,使受害人多了一种救济机制的保障。

---

[1] 杨临萍主编:《行政损害赔偿》,人民法院出版社1999年版,第280—281页。
[2] 马怀德:《国家赔偿法的理论与实务》,中国法制出版社1994年版,第160页。

二、行政赔偿先行处理程序的模式

各国在设置请求国家赔偿的程序时,一般都设有行政赔偿的先行处理程序。虽然各国国家赔偿法所设定的先行处理程序的模式各不相同,但概括起来主要可分为"决定式"和"协商式"两种类型。

(一)决定式

决定式是行政赔偿义务机关对赔偿请求人的请求,采取"决定"形式处理,一般不与赔偿请求人进行协商,赔偿请求人只能被动地接受或拒绝此决定。法国、奥地利、韩国、瑞士等国家都是采取此种方式,赔偿请求人要求行政赔偿必须先向赔偿义务机关提出请求,由赔偿义务机关作出决定,对决定不服方可向法院提起诉讼。例如,奥地利《国家赔偿法》第8条规定,被害人应先向有赔偿责任之官署以书面请求赔偿。书面送达官署3个月后,未经官署确认,或在此期间内对赔偿义务全部或一部分拒绝者,被害人得以官署为被告提起民事诉讼。韩国《国家赔偿法》第9条和12条更为明确规定:"依本法提起损害赔偿诉讼,非经赔偿审议会作出赔偿金给付的决定后,不得提起。但自赔偿决定之日起,超过2个月时,有权不经过其决定,提起诉讼。""受赔偿金支给的人,应向管辖其所在地或赔偿原因发生地的审议会,申请赔偿金的支给。"瑞士《联邦与其雇员赔偿责任法》也规定,受害人请求赔偿时,必须首先向财政部申请,如财政部驳回其请求,或超过3个月尚未决定,受害人则可向法院起诉。

(二)协商式

协商式是赔偿义务机关与赔偿请求人双方当事人之间,就行政赔偿事宜在互相协商的基础上达成一致,最终解决行政赔偿争议的方式。协商式的特点是以赔偿义务机关与赔偿请求人双方协商为基础,以协议为最终处理结果,强调对赔偿请求人的赔偿请求,必须先由赔偿义务机关和赔偿请求人双方协议,只有协议不成,赔偿请求人才能向法院提出赔偿诉讼。这种通过协商解决行政赔偿争议的方式,被世界许多国家所采用。因为行政赔偿争议十分复杂,双方通过共同协商对赔偿金额达成一致意见,做到"赔偿义务机关愿意负担,赔偿请求人愿意接受",以"和平"的态度解决赔偿争议,有利于解决争议,也可避免诉请法院解决。如美国《联邦侵权求偿法》第2672条规定:"对于受害人的请求,第一联邦行政机关的首长或者指定人必须依法予以考虑、评估、调解、决定或妥协、和解,受害人如果接受了这种决定或妥协、和解,则发生终局之效力,不得再行请求或起诉。"

从赔偿效果来看,采取"决定式"解决行政赔偿争议,方法僵硬,赔偿请求人不易接受,容易激化矛盾;而采用"协商式"的方式解决行政赔偿争议,更能有效地解决赔偿责任及赔偿金额上的争议问题,达到双方满意的结果。如果双方协议不成，仍可以向法院提起行政赔偿诉讼，最终通过司法手段解决。

我国《国家赔偿法》虽然没有明确规定行政赔偿的先行处理程序采取何种模式，但从《国家赔偿法》的规定来看，我国行政赔偿先行处理程序采取的是"半协商、半决定"的模式，有人称"混合式"。① 我国《国家赔偿法》第 9 条第 2 款和第 13 条明确规定，赔偿请求人要求赔偿，应当先向赔偿义务机关提出，也可以在申请行政复议和提起行政诉讼时一并提出。赔偿义务机关应当自收到申请之日起 2 个月内，作出是否赔偿的决定。赔偿义务机关作出赔偿决定，应当充分听取赔偿请求人的意见，并可以与赔偿请求人就赔偿方式、赔偿项目和赔偿数额进行协商。这说明行政赔偿义务机关在先行处理过程中，可以同赔偿请求人就赔偿方式、赔偿项目和赔偿数额等内容进行协商，也可以在充分听取赔偿请求人意见的情况下，由行政赔偿义务机关依法作出决定。对于"协商"，现行的《国家赔偿法》只是作了原则性规定，但并未明确协商的结果是以"协议"体现，还是以"赔偿决定"体现，对于协商的具体环节、如何操作也都缺乏规范可依，尚需进一步完善。②

三、请求行政赔偿的条件

在行政赔偿先行处理程序中，赔偿请求人提出赔偿请求，赔偿义务机关受理请求，都必须符合一定的条件，履行法定的手续。为此，我国《国家赔偿法》对提起行政赔偿请求的实体条件和形式条件，都作出了明确的规定。

（一）实体条件

赔偿请求人请求行政赔偿，首先必须符合一定的实体条件。根据我国《国家赔偿法》和有关法律、法规的规定，赔偿请求人请求行政赔偿的实体条件包括以下几个方面：

1. 赔偿请求人必须具有请求权

请求权是法律赋予公民、法人和其他组织主张赔偿的权利，没有请求权的公民、法人或其他组织不得行使请求权。根据《国家赔偿法》的规定，下列人员享有赔偿请求权：合法权益受到行政机关及其工作人员侵害的直接受害人——公民、法人和其他组织。有请求权的公民死亡的，其继承人和其他有扶养关系的亲属有权请求赔偿；有请求权的法人或其他组织终止的，其权利承受人有权请求赔偿。

2. 赔偿请求必须向赔偿义务机关提起

赔偿义务机关是代替国家履行赔偿义务的机关，其他任何机关未经法律授

---

① 参见杨临萍主编：《行政损害赔偿》，人民法院出版社 1999 年版，第 284 页。
② 参见孔繁华：《国家赔偿程序修正之评析》，载《河南省政法管理干部学院学报》2011 年第 1 期。

权都不接受受害人的赔偿请求。因而受害人在请求赔偿时,首先要搞清楚谁是行政赔偿义务机关,然后才能有针对性地提出赔偿请求。根据《国家赔偿法》的规定,赔偿义务机关包括:行使职权的行政机关;行使职权造成损害的行政机关工作人员所在的行政机关;行使法律、法规授予的行政职权造成损害的组织;行使受委托的行政职权造成损害的组织或个人的委托行政机关;复议决定加重了侵害的复议机关等。

这里需要注意的是,当有共同赔偿义务机关时,按《国家赔偿法》第10条的规定,赔偿请求人可以向共同赔偿义务机关中的任何一个赔偿义务机关要求赔偿,被请求的赔偿义务机关不能借口其他赔偿义务机关未被请求或未予赔偿,而拒绝或推诿赔偿责任,而应先予以赔偿。规定赔偿请求人可以向共同赔偿义务机关中的任何一个赔偿义务机关要求赔偿,既可以防止赔偿义务机关相互扯皮、推诿责任,也可以使赔偿请求人迅速得到赔偿。因为赔偿义务机关从实质上看是代替国家履行赔偿义务的机关,国家是赔偿责任的主体,任何一个赔偿义务机关都可以代表国家履行赔偿义务,因此,这种方法从国家责任角度讲也是行得通的。当然,向共同赔偿义务机关中的任何一个赔偿义务机关提出请求,该赔偿义务机关先予赔偿,并不是由该赔偿义务机关承担全部赔偿责任而免除其他赔偿义务机关的赔偿责任。共同赔偿义务机关应当共同承担行政侵权造成的损害。某一赔偿义务机关先予赔偿之后,可要求其他赔偿义务机关承担赔偿责任。

3. 赔偿请求事项必须符合法律规定的范围

赔偿请求人所提出的赔偿请求事项,必须是属于国家赔偿法规定的行政赔偿范围,或者其他法律明确规定的行政赔偿事项。《国家赔偿法》第二章第一节专门规定了行政赔偿的范围,赔偿请求人在向赔偿义务机关提出赔偿请求时,必须符合国家赔偿法规定的行政赔偿范围。此外,在我国已经公布的法律中,也有一些关于行政赔偿事项的规定。赔偿请求人的赔偿请求必须符合这些规定,超出法律规定范围的请求,行政赔偿义务机关不予受理。

4. 请求依据必须有足够证据证明损害事实的存在

赔偿请求人在提出赔偿请求时,应当提出足够的证据以证明因行政机关及其工作人员行使职权使自己的合法权益受到损害。

(二) 形式条件

根据我国《国家赔偿法》和有关法律、法规的规定,赔偿请求人请求行政赔偿,除了要符合一定的实体条件外,还应满足以下两个方面的形式要件:

1. 赔偿请求必须在法律规定的期限内提起

赔偿请求人请求赔偿义务机关进行行政赔偿,必须在法定的期限内提起,超过法定期限,请求权即归于消灭,赔偿义务机关将不予受理。这与诉讼上的消灭时效是一致的,其意义在于督促权利人及时行使求偿权利,义务人早日履行其义务,以免时过境迁,发生举证困难。同时,也有利于解除请求权人与赔偿机关及其工作人员的顾虑。许多国家的法律都明确规定了国家赔偿的请求期限,即请求权的消灭时效。当然,即使在时效届满的情况下,权利人仍提出请求,义务人主动履行义务的,权利人仍有权受领。我国《国家赔偿法》第 39 条规定,赔偿请求人请求国家赔偿的时效为两年,自其知道或者应当知道国家机关及其工作人员行使职权时的行为侵犯其人身权、财产权之日起计算,但被羁押等限制人身自由期间不计算在内。在申请行政复议或者提起行政诉讼时一并提出赔偿请求的,适用行政复议法、行政诉讼法有关时效的规定。赔偿请求人在赔偿请求时效的最后 6 个月内,因不可抗力或者其他障碍不能行使请求权的,时效中止。从中止时效的原因消除之日起,赔偿请求时效期间继续计算。

2. 赔偿请求应当以书面的形式提出

赔偿请求人向赔偿义务机关提出行政赔偿请求,应当以书面形式进行申请。赔偿请求人书写申请书确有困难的,如文盲、半文盲或者身体有残疾等,可以委托他人代写申请,也可以口头要求申请,由赔偿义务机关记入笔录。

赔偿请求人递交的赔偿申请书的内容,必须能够反映出受害人的基本情况和具体的请求及事实与理由,以便赔偿义务机关审理。根据我国《国家赔偿法》第 12 条的规定,赔偿申请书必须记载下列事项:

第一,受害人的姓名、性别、年龄、工作单位和住所。受害人为法人或其他组织时,应写明名称、住所及法定代表人或主要负责人的姓名和职务。赔偿请求人不是受害人本人的,应当说明与受害人的关系,并提供相应证明。

第二,具体的赔偿请求。赔偿申请书必须写明赔偿请求的具体要求,如要求赔偿的数额是多少、是否恢复原状或是否返还财产等。赔偿请求人可以根据受到的不同损害,同时提出数项赔偿要求。数项赔偿请求相互之间往往有着一定的联系,它们或者是因同一侵权行为而产生多项损害,或者是多种侵权行为实施于一个人产生多项损害。申请书中要把每一项请求都写清楚明白,以便于赔偿义务机关在一次处理程序中彻底解决问题,简化程序,提高办事效率。需要说明的是,数项赔偿请求,应是由于某一个赔偿义务机关同时造成数项损害而提出,如果赔偿请求人受侵害的数项情形分属不同的赔偿义务机关所为,则赔偿请求人只能向不同的赔偿义务机关逐一请求赔偿。

第三,要求赔偿的理由和事实根据。申请书必须简明扼要地叙述损害行为发生的时间、地点及事实经过。若有其他证明材料的,必须一起附上,如证明人身伤害的程度、性质的医院证明书、医疗费收据及因此而受到其他损失的证明等;对损害财产的,应提交修复费用的收据、购置同类财物的发票等;因死亡而要求赔偿的,应提交受害人死亡证明书或者其他载明死亡原因、时间、地点等情况的证明书,死亡人死亡前的职业、工资收入状况,生前扶养人的姓名、年龄,死亡人需要扶养的未成年人的年龄、性别及其与死亡人的关系,因死亡而支出的丧葬费收据等。

第四,赔偿义务机关。申请书上必须写明行政赔偿义务机关的名称,以表明该申请是向何机关提出的,必须由谁受理。

第五,提交申请书的时间。申请书必须写明提交申请书的年月日,这直接关系赔偿义务机关进行处理的时限,也关系请求人权利的进一步主张。

如果赔偿请求人的申请书没有将法律所要求的内容写清楚、写完全,赔偿义务机关应当告知赔偿请求人补充的内容,要求其补充,不能因其申请书有缺漏而拒绝处理。

需要注意的一点是,赔偿请求申请书,应由请求人或代理人签名或盖章后向赔偿义务机关提出,否则,不具有法律效力。

四、行政赔偿申请的受理与处理

行政赔偿义务机关在收到赔偿请求申请书后,应对申请书进行审查,决定是否受理,并对受理的赔偿请求依法及时作出处理。

(一) 行政赔偿申请的受理

行政赔偿义务机关在收到赔偿请求人的申请书后,应当场出具加盖本行政机关专用印章并注明收讫日期的书面凭证,并按照法律的规定,对申请书提出的赔偿要求进行审查。

行政赔偿义务机关审查的主要内容有:(1) 赔偿请求人是否符合法定条件;(2) 申请书的形式和内容是否符合要求;(3) 赔偿请求人所要求赔偿的事实及理由是否确实、充分,损害是否确系由本行政主体及其工作人员或受本机关委托的组织和个人之行政行为造成的;(4) 申请赔偿事项是否属于国家赔偿法所规定的赔偿范围;(5) 申请人是否在法定时效期限内提出赔偿申请。如果经过审查,符合法律所规定的条件,赔偿义务机关应当受理。

赔偿义务机关如果发现有以下情况,应按规定分别处理:一是申请材料不齐全的,赔偿义务机关应当当场或者在5日内一次性告知赔偿请求人需要补正的全部内容;二是申请人不具有请求权,应当告知有请求权的人申请;三是申请人已丧失请求权的,应告知其不予受理的原因。

(二) 行政赔偿申请的处理

行政赔偿义务机关对于已经受理的行政赔偿请求,应当自收到申请之日起2个月内,根据具体情况作出如下处理:

1. 给予赔偿

赔偿义务机关对赔偿请求人的赔偿申请经过审查,认为符合法律规定的条件,应作出给予赔偿的决定。赔偿义务机关作出赔偿决定,应当充分听取赔偿请求人的意见,并可以与请求人就赔偿事项进行协商,达成一致意见,以解决赔偿争议。协商的内容主要有:(1)赔偿方式。国家赔偿主要有金钱赔偿、返还财产和恢复原状等几种方式。以何种方式进行赔偿,需经双方协议,达成共识。(2)赔偿项目。国家赔偿的赔偿项目包括医疗费、护理费、被扶养人生活补助费、精神损害抚慰金等。究竟赔偿哪些项目,需双方进行协商。(3)赔偿金额。采取金钱赔偿的,双方应就赔偿金额进行协商。(4)其他内容,如赔偿的时间等。

赔偿请求人与赔偿义务机关就损害赔偿的方式、项目等内容协商一致,并在法定的金额限度内达成协议,即表示协议成立。赔偿义务机关应以协议内容为依据作出赔偿决定。

在协议过程中,赔偿请求人可能因知识、经验、身体及时间、环境所限而不能亲自参加协商,根据我国有关法律的规定,赔偿请求人可以委托代理人或者依法要求其法定代理人代理参加协议,这是赔偿请求人自身享有的权利,行政机关不得剥夺。

经过协商,双方就赔偿的方式、项目、赔偿数额等内容没有达成一致意见的,赔偿义务机关可依法作出赔偿决定。

赔偿义务机关决定赔偿的,应当制作赔偿决定书,并自作出决定之日起10日内送达赔偿请求人。

2. 不予赔偿

赔偿义务机关经审查,认为赔偿请求人的申请不符合法律规定的赔偿条件的,应作出不予赔偿的决定。不予赔偿一般有两种情况:一是认为本行政主体没有赔偿义务,请求赔偿的行为不是由本行政主体及其工作人员或受本行政主体委托的组织和个人的行为造成的;二是认为请求赔偿之损害事实,不在国家赔偿法所规定的赔偿范围之内。

赔偿义务机关决定不予赔偿的,应当自作出决定之日起10日内书面通知赔偿请求人,并说明不予赔偿的理由。

3. 不予答复

赔偿义务机关自收到赔偿请求人的申请后,超过2个月的法定期限,未作出是否赔偿的决定。这种情况也可视为不予赔偿。

五、行政赔偿义务机关先行处理的效力

在行政赔偿义务机关先行处理的过程中,赔偿请求人与赔偿义务机关经过协商达成一致意见作出的赔偿决定和赔偿义务机关依法作出的赔偿决定,都具有同等的法律效力,既可成为赔偿义务机关履行赔偿义务的依据,又可成为请求权人申请强制执行的依据。具体来说,赔偿决定发生以下法律效力:

1. 行政赔偿义务机关应履行赔偿义务

我国《国家赔偿法》规定，在行政赔偿的先行处理程序中，赔偿义务机关与赔偿请求人经过互相协商达成赔偿协议作出的赔偿决定和赔偿义务机关依法作出的赔偿决定具有同等的法律效力，应当成为赔偿义务机关履行赔偿义务的依据，赔偿义务机关必须履行赔偿决定规定的赔偿义务，在规定的期限内向赔偿请求人支付赔偿金，或按赔偿决定规定的其他内容履行赔偿义务。与此同时，赔偿义务机关作出的赔偿决定属行政主体的行政行为，一经作出即具有法律效力，行政赔偿义务机关也必须履行，不得拒绝或拖延。

2. 请求权人可以申请强制执行

赔偿决定的效力还在于请求权人向赔偿义务机关请求赔偿时，该赔偿义务机关不得拒绝或延迟履行。否则，请求权人有权申请人民法院强制执行。

六、对行政赔偿义务机关先行处理的救济

赔偿请求人与赔偿义务机关经过协商达成赔偿协议的，赔偿义务机关以协议内容为依据作出了赔偿决定，赔偿请求人的请求即在法律上得到满足，二者之间发生的赔偿问题即进入履行或执行阶段。如果赔偿义务机关不予赔偿或者赔偿请求人对赔偿的方式、项目、数额有异议的，必须给赔偿请求人以请求法律救济的机会。也就是说，应当给赔偿请求人提供说理的地方及机会。这个过程即为先行处理后的救济程序。

对行政赔偿义务机关先行处理的救济，一般应设定两种救济程序：一是申请行政复议；二是提起行政诉讼。对行政诉讼，我国《国家赔偿法》第 14 条明确规定，赔偿义务机关在规定期限内未作出是否赔偿的决定，赔偿请求人可以自期限届满之日起 3 个月内，向人民法院提起诉讼。赔偿请求人对赔偿的方式、项目、数额有异议的，或者赔偿义务机关作出不予赔偿决定的，赔偿请求人可以自赔偿义务机关作出赔偿或者不予赔偿决定之日起 3 个月内，向人民法院提起诉讼。对行政复议，我国《国家赔偿法》和《行政复议法》都未作明确规定。我们认为，在此种情形下，赔偿请求人可以申请行政复议，其理由是：行政赔偿义务机关是行政机关，它在先行处理程序中的赔偿决定是行政机关的行政行为，其逾期不予赔偿的行为也是行政机关的行政行为，属于不作为行政行为。既然根据《国家赔偿法》的规定，在上述情况下，赔偿请求人可以依法提起行政赔偿诉讼，同样，亦能申请行政复议。因为"能提起行政诉讼的具体行政行为，均能申请行政复议"[①]。

---

① 参见宋雅芳主编：《行政复议法通论》，法律出版社 1999 年版，第 174 页。

第三节 行政赔偿的复议程序

一、行政赔偿复议程序的概念

行政赔偿复议程序,是指公民、法人和其他组织认为行政机关的具体行政行为侵犯其合法权益造成了损害,依法向行政复议机关申请行政复议,行政复议机关在审理行政复议案件的过程中,一并解决赔偿问题所适用的程序。

我国《国家赔偿法》第9条第2款规定,赔偿请求人要求赔偿,应当先向赔偿义务机关提出,也可以在申请行政复议或者提起行政诉讼时一并提出。与此同时,《行政复议法》第29条第1款规定,申请人在申请行政复议时可以一并提出行政赔偿请求,行政复议机关对符合国家赔偿法的有关规定应当给予赔偿的,在决定撤销、变更具体行政行为或者确认具体行政行为违法时,应当同时决定被申请人依法给予赔偿。由此可见,公民、法人和其他组织要通过行政复议的程序获得行政赔偿,只能是在申请行政复议的同时一并提出赔偿请求,而不能单独就赔偿问题申请行政复议。另外,《行政复议法》第29条第2款规定,申请人在申请行政复议时没有提出行政赔偿请求的,行政复议机关在依法决定撤销或者变更罚款、撤销违法集资、没收财物、征收财物、摊派费用以及对财产的查封、扣押、冻结等具体行政行为时,应当同时责令被申请人返还财产,解除对财产的查封、扣押、冻结措施,或者赔偿相应的价款。这说明,即使申请人在申请行政复议时没有提出行政赔偿请求,行政复议机关在审理行政复议案件时,认为行政机关的具体行政行为违法并且损害了公民、法人和其他组织的合法权益,应当给予赔偿的,也应依法作出赔偿决定,给权益受损害者予以赔偿,这就进一步加强了对申请人合法权益的保护力度。

在行政赔偿复议程序中,行政复议的申请人也就是行政赔偿的请求人,即认为其合法权益受到具体行政行为侵害的公民、法人和其他组织;行政复议的被申请人也就是赔偿义务机关,即作出具体行政行为的行政机关。我国《国家赔偿法》对行政赔偿的复议程序未作明确的规定。行政复议机关应根据《行政复议法》规定的复议程序,首先对申请人申请复议的具体行政行为进行审查,并作出裁决,尔后对具体行政行为造成的损害作出是否赔偿的处理。

二、行政赔偿复议程序的特有原则

行政赔偿复议制度作为行政复议制度的一种,行政复议机关应根据《行政复议法》规定的方式、步骤和原则审理行政复议案件,但与一般的行政复议案件相比,行政赔偿复议案件不仅涉及具体行政行为合法与否的判断,而且还涉及是否赔偿申请人所受到的损害,因而行政赔偿复议案件有其自身的特点,复议机关在审理行政赔偿复议案件时,除应遵守行政复议的一般原则,还应遵循以下两个方面的特殊原则:

(一) 举证责任分担原则

《行政复议法》第23条中规定,被申请人应当自收到申请书副本或者申请笔录复印件之日起10日内,提出书面答复,并提交当初作出具体行政行为的证据、依据和其他有关材料。第28条第1款第4项规定,被申请人不按照本法第23条的规定提出书面答复、提交当初作出具体行政行为的证据、依据和其他有关材料的,视为该具体行政行为没有证据、依据,决定撤销该具体行政行为。以上两条规定结合起来确定了行政复议中被申请人负举证责任的制度,这与《行政诉讼法》关于被告举证责任的规定是一致的。这仅仅是对一般的行政复议案件而言,对行政赔偿复议案件应实行举证责任分担原则,这有利于申请人维护自己的合法权益,使其在复议中取得有利的法律地位。在行政赔偿复议中,申请人提供的证据主要是:(1)证明行政机关作出的具体行政行为客观存在。否则,复议机关没有立案根据。(2)证明行政机关的具体行政行为损害了自己的合法权益。(3)证明具体行政行为造成的后果客观存在。

(二) 适用调解的原则

复议机关审理行政赔偿案件,应适用调解。虽然《行政复议法》对此没有规定,但2007年8月1日起施行的《行政复议法实施条例》第50条明确规定,行政复议机关对"当事人之间的行政赔偿或者行政补偿纠纷"可以按照自愿、合法的原则进行调解。这是因为行政赔偿虽本质上体现了一种行政责任,但形式上却与民事赔偿有相似之处,且行政赔偿一般是金钱赔偿,虽《国家赔偿法》对赔偿计算标准作了较详细的规定,但行政赔偿情况千差万别,难免出现一些具体计算困难的问题,况且《行政诉讼法》第60条第1款规定"行政赔偿……案件可以调解",因而应允许复议机关就赔偿方式、项目和数额等内容在法律规定范围内按照自愿、合法的原则进行调解。由于行政赔偿复议的调解很大程度上只能在实际损失额以下进行,行政复议机关以调解的方式解决行政赔偿争议应注意以下几点:(1)调解必须在查明事实,分清是非的基础上进行;(2)必须坚持双方自愿原则;(3)必须符合法律、法规的规定,如果法律、法规明确规定了赔偿数额的范围,行政赔偿复议应在此范围内调解;(4)在法律、法规的范围内平衡申请人利益和国家利益,既不能官官相护,牺牲申请人利益,也不能损害国家利益。

三、行政赔偿复议的管辖

由于行政赔偿复议的程序遵循《行政复议法》规定的复议程序,因而行政赔偿复议案件的管辖机关与一般行政复议案件的管辖机关是一致的,原则上由赔偿义务机关的上一级具有行政复议权的行政机关管辖。同时,《行政复议法》对行政复议的管辖机关又作了明确具体的规定。根据我国《行政复议法》第12—15条的规定,行政赔偿复议的管辖机关为:

(1) 对县级以上地方各级人民政府工作部门的具体行政行为不服的,由申请人选择,可以向该部门的本级人民政府申请行政复议,也可以向上一级主管部门申请行政复议。对海关、金融、税务、外汇管理等实行垂直领导的行政机关和国家安全机关的具体行政行为不服的,向上一级主管部门申请行政复议。

(2) 对地方各级人民政府的具体行政行为不服的,向上一级地方人民政府申请行政复议。对省、自治区人民政府依法设立的派出机关所属的县级地方人民政府的具体行政行为不服的,向该派出机关申请行政复议。

(3) 对国务院部门或者省、自治区、直辖市人民政府的具体行政行为不服的,向作出该具体行政行为的国务院部门或者省、自治区、直辖市人民政府申请行政复议。对行政复议决定不服的,可以向人民法院提起行政诉讼;也可以向国务院申请裁决,国务院依照本法的规定作出最终裁决。

(4) 对上述三种决定以外的其他行政机关、组织的具体行政行为不服的,按照下列规定申请行政复议:第一,对县级以上地方人民政府依法设立的派出机关的行政行为不服的,向设立该派出机关的人民政府申请行政复议;第二,对政府工作部门依法设立的派出机构依照法律、法规或规章规定,以自己的名义作出的具体行政行为不服的,向设立该派出机构的部门或者该部门的本级地方人民政府申请行政复议;第三,对法律、法规授权的组织的具体行政行为不服的,分别向直接管理该组织的地方人民政府,地方人民政府工作部门或者国务院部门申请行政复议;第四,对两个以上行政机关以共同的名义作出的具体的行政行为不服的,向其共同上一级行政机关申请行政复议;第五,对被撤销的行政机关在撤销前所作出的具体行政行为不服的,向继续行使其职权的上级行政机关申请行政复议。有上述五种情形之一的,申请人也可以向具体行政行为发生地的县级地方人民政府提出行政复议申请,由接受申请的县级地方人民政府依法办理。

四、申请行政赔偿复议的条件

通过行政复议解决行政赔偿必须符合一定的条件,否则,不能通过行政复议解决行政赔偿。

我国《国家赔偿法》第9条第2款规定,赔偿请求人要求赔偿"可以在申请行政复议或者提起行政诉讼时一并提出"。《行政复议法》第29条第1款中也规定:"申请人在申请行政复议时可以一并提出行政赔偿请求。"通过行政复议解决这种情况下的行政赔偿问题,需具备以下条件:(1) 赔偿请求人须具备行政复议申请人的主体资格。(2)申请人将两项不同的请求一并向复议机关提出,要求合并复议。两个请求分别为:第一,要求确认赔偿义务机关作出的行政行为违法或者不当,并要求撤销或者变更该行政行为;第二,要求行政赔偿。(3)第二个要求能否实现,取决于第一个要求是否成立。(4)依照行政复议规定的期限和程序进行。

这里需要注意的是,按《行政复议法》第16条第2款的规定,申请人向人民法院提起行政诉讼,人民法院已经依法受理的,不得申请行政复议。

五、申请行政赔偿复议的期限与方式

行政赔偿复议制度是行政复议制度的一种,因而申请行政赔偿复议的期限与方式应当符合《行政复议法》规定的对一般具体行政行为申请行政复议的期限与方式。

(一)申请行政赔偿复议的期限

根据《行政复议法》第9条的规定,申请行政复议的期限分为一般期限和特殊期限两种。

一般期限是指由《行政复议法》统一规定的期限。一般期限为60日,从申请人知道具体行政行为之日起计算。

特殊期限,是指法律规定超过60日申请复议的期限,按法律规定的超过60日的执行。

另外,因不可抗力或者其他正当理由耽误该法定申请期限的,申请期限自障碍消除之日起计算。

(二)申请行政赔偿复议的方式

根据《行政复议法》第11条的规定,申请人申请行政复议可以书面申请,也可以口头申请。因而申请人申请行政赔偿复议既可以书面申请,也可以口头申请。

书面申请书内容应当包括:(1)申请人的基本情况:申请人为自然人的,应写明其姓名、性别、年龄、民族、职业、住址等;申请人为法人或其他组织的,应写明其名称、住址和法定代表人或者主要负责人的姓名、职务等。(2)行政赔偿复议请求。(3)申请行政赔偿复议的主要事项和理由,具体行政行为发生损害情况及必要的证据。(4)申请行政赔偿复议的时间。最后应由申请人签名或盖章。

申请人口头申请行政赔偿复议,申请人应当将自己的基本情况、行政赔偿复议请求,申请行政赔偿复议的主要事项、理由和时间向行政复议机关述说清楚。对于申请人述说的情况,行政复议机关应当在申请人述说时,当场予以记录,并以申请人申请行政赔偿复议的时间为准。

六、行政赔偿复议的受理

行政赔偿复议的受理,是指行政复议机关对行政赔偿复议的申请人提出的行政赔偿复议申请进行审查后,确认其符合法律的规定,决定予以受理;认为该行政赔偿复议申请不符合行政赔偿复议申请的条件,作出不予受理的决定。行政复议机关对行政赔偿复议的申请决定受理,就意味着该行政复议机关由此开始对该行政争议行使管辖权,并与行政赔偿复议的当事人形成行政赔偿复议的法律关系。

根据《行政复议法》第3条的规定,依法履行行政复议职责的行政机关是行政复议机关,其负责法制工作的机构具体办理行政复议事项,履行行政复议的职责。因此,行政复议机关接到复议申请后,行政复议机关负责法制工作的机构应当在5日内对申请复议的事项进行审查,并作出以下处理:

(1) 对符合复议申请条件的,复议机关应当受理。其受理的时间为行政复议机关负责法制工作的机构收到行政复议申请之日。

(2) 对不符合申请复议条件的,决定不予受理,并且要以行政复议机关的名义制作不予受理决定书,送达行政复议申请人。

(3) 对符合受理条件,但是不属于接受复议申请机关管辖的,应当告知申请人向有关复议机关提出。

(4) 转送复议申请。《行政复议法》第15条规定,县一级人民政府可以受理对人民政府派出机关或派出机构,经法律、法规授权的机关、被撤销的行政机关以及两个以上行政机关共同行使职权所作出的具体行政行为不服的行政复议的申请。但并不意味着该县级人民政府就可以直接对行政复议申请进行审查并作出复议决定,而是要根据具体的情况来决定是由本级人民政府审理,还是移交有关的行政机关进行审理。对属于其他行政复议机关受理的行政复议申请,县一级人民政府应当自接到该行政复议申请之日起7日内,转交有关行政复议机关,并告知申请人。转交时应将复议申请人提供的复议申请书以及提供的所有证据和县级人民政府初步审查时的材料一并转送被转送的行政复议机关。被转送的行政复议机关在接到县级人民政府转送的行政复议申请时,还要对该申请进行审查,看其是否符合行政复议申请的条件。被转送的行政复议机关的受理时间从接到转送申请之日起算,不包括原来具体行政行为所在地县级人民政府进行初步审查的时间。

另外,为了充分保障申请人行政复议权的实现,《行政复议法》第20条规定:"公民、法人或者其他组织依法提出行政复议申请,行政复议机关无正当理由不予受理的,上级行政机关应当责令其受理;必要时,上级行政机关也可以直接受理。"

七、行政赔偿复议的审理与决定

行政赔偿复议案件的审理和复议决定的作出既要符合《行政复议法》所规定的方式和原则,也要体现出其应有的特殊性。

(一) 行政赔偿复议的审理

对行政赔偿复议案件的审理,首先要遵循《行政复议法》的一般规定,这主要体现在以下两个方面:一是要遵循《行政复议法》规定的审理方式。《行政复议法》第22条规定,行政复议原则上采取书面审查的办法,但是申请人提出要求或者行政复议机关负责法制工作的机构认为有必要时,可以向有关组织和人员调查情况,听取申请人、被申请人和第三人的意见。据此,复议案件的审理方式是以书面为主,兼顾其他审理方法。这是及时、便民的原则在复议案件审理方式上的具体体现。二是要遵循《行政复议法》规定的审理期限。行政复议遵循的及时原则,主要体现在《行政复议法》对复议审理期限的严格规定。对此,《行政复议法》第31条规定,行政复议机关应当自受理申请之日起60日内作出行政复议决定;但是法律规定的行政复议期限少于60日的除外。情况复杂,不能在规定期限内作出行政复议决定的,经行政复议机关的负责人批准,可以适当延长,并告知申请人和被申请人;但是延长期限最多不超过30日。

需要注意的是,由于行政赔偿复议仅限于"一并式",因而审理行政赔偿复议案件时,复议机关必须首先对申请人的第一个请求,即确认原具体行政行为是否合法、适当进行审查,在第一个请求条件成立的前提下,复议机关才继续审查申请人的第二个请求,即作出具体行政行为的机关是否应对赔偿请求人进行赔偿以及赔偿多少。

(二) 行政赔偿复议的决定

通过对行政赔偿复议案件的审理,行政复议机关负责法制工作的机构应针对不同的情况依法作出复议决定。

(1) 撤销、变更该具体行政行为或者确认具体行政行为违法或者不当,予以赔偿的决定。《行政复议法》第29条规定,被申请人作出的具体行政行为违法或者不当,符合《国家赔偿法》有关规定应当给予赔偿的,复议机关在决定撤销、变更该具体行政行为或者确认具体行政行为违法的同时,应当决定被申请人依法对申请人予以赔偿。不仅如此,复议机关在审理并决定撤销或者变更罚款、撤销违法集资、没收财物、征收财物、摊派费用等具体行政行为时,即使申请人在申请复议时并没有提出行政赔偿请求,复议机关也应当主动责令被申请人依法赔偿相应的价款。对于被申请人违法实施的对财产的查封、扣押、冻结等具体行政行为,复议机关在依法撤销的同时,应责令被申请人解除对财产的查封、扣押、冻结措施。因此,复议机关的行政赔偿复议决定应载明以下两项内容:第一,确认被申请人的行为违法、不当;第二,确定应对申请人进行赔偿,以及赔偿的方式、项目和金额等。另外,对赔偿部分也可适用调解,调解成立的单独制作行政赔偿调解书。

(2) 维持具体行政行为,不予赔偿的决定。复议机关经过审理,认为具体行政行为事实清楚、证据确凿、适用依据正确、程序合法、内容适当的,没有对申请人的合法权益造成损害的,应作出维持具体行政行为,不予赔偿的决定。

行政复议机关作出行政赔偿复议决定,应当制作行政赔偿复议决定书并加盖印章。

八、行政赔偿复议决定的执行与救济

(一) 行政赔偿复议决定的执行

行政赔偿复议决定书一经送达,即发生法律效力,即自受送达人在送达回证签收之日起,该行政赔偿复议决定书就对行政赔偿复议的申请人和被申请人发生法律效力。如果申请人和被申请人不执行行政赔偿复议决定书的裁决,就要承担相应的法律责任。

(1) 被申请人(国家行政机关)应当履行行政赔偿复议决定。被申请人不履行或者无正当理由拖延履行行政赔偿复议决定的,行政复议机关或者有关上级行政机关应当责令其限期履行。根据《行政复议法》第37条规定,被申请人不履行或者无正当理由拖延履行行政复议决定的,对直接负责的主管人员和其他直接责任人员依法给予警告、记过、记大过的行政处分;经责令履行仍拒不履行的,依法给予降级、撤职、开除的行政处分。

(2) 申请人逾期不起诉又不履行行政复议决定的,或者不履行最终裁决的行政复议决定的,依据《行政复议法》第33条规定,将分两种情况分别处理:(1) 维持原具体行政行为的复议决定,由作出具体行政行为的行政机关依法强制执行,或者申请人民法院强制执行;(2) 变更具体行政行为的复议决定,由行政复议机关依法强制执行,或者申请人民法院强制执行。

(二) 不服行政赔偿复议决定的救济

根据《行政复议法》第5条的规定和《行政诉讼法》的有关规定,不服行政赔偿复议决定的,申请人可以在收到赔偿复议决定书之日起15日内向人民法院提起诉讼。复议机关逾期不作决定的,申请人可在复议期满之日起15日内向人民法院提起诉讼,但是法律规定行政复议为最终裁决的除外。与此同时,根据《行政复议法》第19条的规定,对复议机关不予受理申请的决定不服的,申请人也可以自收到不予受理决定书之日起15日内向人民法院提起行政诉讼。

第四节 行政赔偿的诉讼程序

一、行政赔偿诉讼程序的概念与特点

行政赔偿诉讼程序是指人民法院根据赔偿请求人的请求,依照法定程序,解决行政赔偿争议的活动。它除了具有行政诉讼的一般特点外,还具有如下两个方面的特点:

第一,行政赔偿诉讼是一种特殊形式的行政诉讼。行政赔偿诉讼的性质取决于它所要解决争议的性质。虽然就争议内容而言,行政赔偿争议类似于民事争议,但就争议主体而言,行政赔偿诉讼争议也是由公民、法人和其他组织针对行政机关及其工作人员的具体行政行为而依法向人民法院提起的诉讼,因而行政赔偿诉讼是一种行政诉讼。但是,行政赔偿诉讼与一般的行政诉讼又有所不同,主要表现为:第一,行政诉讼审查的是具体行政行为的合法性,而行政赔偿诉讼审查的是行政机关及其工作人员行使行政职权的行为是否造成应由国家承担赔偿责任的损害后果;第二,行政诉讼主要解决行政行为的效力问题,而行政赔偿诉讼主要解决国家是否对相对人承担赔偿责任的问题。因此,行政赔偿诉讼是一种特殊形式的行政诉讼,在起诉的条件、管辖、审理形式、举证责任等方面与普通的行政诉讼都有所区别。

第二,行政赔偿诉讼程序规则具有兼容性。行政赔偿诉讼所要解决的是行政行为是否造成了损害,以及如何承担赔偿责任的问题。这与行政诉讼主要解决的是行政行为是否合法不同,而类似于民事诉讼。行政赔偿诉讼的这种特点,决定了行政赔偿诉讼主要是适用行政诉讼程序及其规则,但在某些问题上,又适用民事诉讼的程序和规则,如可以调解等。行政赔偿诉讼的这种双重性决定了其程序规则的兼容性。

二、行政赔偿诉讼的受案范围

行政赔偿诉讼的受案范围,是指人民法院对哪些因行政侵权所引起的赔偿案件有司法审判权。根据《行政诉讼法》第12条、第13条和《国家赔偿法》第3条、第4条、第5条的规定,行政赔偿诉讼的受案范围包括以下几个方面:

(1)《国家赔偿法》第3条、第4条规定的具体行政行为和与行政机关及其工作人员行使行政职权有关的,给公民、法人或者其他组织造成损害的违反行政职责的行为。

(2)赔偿请求人认为行政机关的具体行政行为侵害其合法权益但又决定不予赔偿,或者对赔偿义务机关确定的赔偿方式、项目和数额有异议提起行政赔偿

诉讼的,人民法院应予受理。

(3) 赔偿请求人认为行政机关及其工作人员实施了《国家赔偿法》第 3 条第(3)、(4)、(5)项和第 4 条第(4)项规定的非具体行政行为的行为侵犯其人身权、财产权并造成损害,赔偿义务机关决定不予赔偿,赔偿请求人可向人民法院提起行政赔偿诉讼。

(4) 公民、法人或者其他组织在提起行政诉讼的同时一并提出行政赔偿请求的,人民法院应一并受理。①

(5) 赔偿请求人单独提起行政赔偿诉讼,须以赔偿义务机关先行处理为前提。赔偿请求人对赔偿义务机关确定的赔偿方式、项目和数额有异议,或者赔偿义务机关在规定期限内未作出是否赔偿的决定,赔偿请求人有权向人民法院提起行政赔偿诉讼。

(6) 法律规定由行政机关最终裁决的具体行政行为,赔偿请求人认为作出最终裁决的行政行为侵害其合法权益要求行政赔偿,赔偿义务机关不予赔偿或者对赔偿的方式、项目和数额有异议提起行政赔偿诉讼,人民法院应依法受理。

另外,《行政诉讼法》第 13 条和最高人民法院《关于审理行政赔偿案件若干问题的规定》对人民法院不予受理的行政赔偿诉讼也作了明确规定,即,公民、法人或者其他组织以国防、外交等国家行为或者行政机关制定发布行政法规、规章或者具有普遍约束力的决定、命令侵犯其合法权益造成损害为由,向人民法院提起行政赔偿诉讼的,人民法院不予受理。

三、行政赔偿诉讼的管辖

行政赔偿诉讼的管辖,是指人民法院之间受理第一审行政赔偿案件的分工和权限。行政赔偿诉讼的管辖与一般行政诉讼的管辖基本相同,也分为级别管辖、地域管辖、移送管辖和指定管辖。

(一) 级别管辖

级别管辖是根据案件的性质、影响的范围,划分上级法院和下级法院之间受理第一审行政赔偿案件的分工和权限。

根据有关法律的规定,行政赔偿诉讼案件原则上由被告住所地的基层人民法院管辖。

中级人民法院管辖下列第一审行政赔偿案件:(1) 被告为国务院部门或者县级以上地方人民政府的案件;(2) 海关处理的案件;(3) 本辖区内重大、复杂的案件;(4) 其他法律规定由中级人民法院管辖的案件。

高级人民法院管辖本辖区内有重大、复杂的第一审行政赔偿案件。

---

① 在此种情况下,直接按行政诉讼的受案范围执行。

最高人民法院管辖全国范围内有重大、复杂的第一审行政赔偿案件。

(二) 地域管辖

地域管辖是按照人民法院的辖区和行政赔偿案件的隶属关系,确定案件由哪一级法院管辖,解决同级人民法院之间特别是各基层人民法院之间审理第一审行政赔偿案件的分工和权限。地域管辖分为一般地域管辖、特殊地域管辖和共同管辖。

1. 一般地域管辖

一般地域管辖分为两种情况:(1) 行政赔偿案件由最初造成损害的行政机关所在地人民法院管辖;(2) 经复议的案件,也可以由复议机关所在地人民法院管辖。

2. 特殊地域管辖

特殊地域管辖有两种:一种为赔偿请求人提起行政赔偿诉讼的请求涉及不动产的,由不动产所在地的人民法院管辖。另一种为公民对限制人身自由的行政强制措施不服,或者对行政机关基于同一事实对同一当事人作出限制人身自由和对财产采取强制措施的具体行政行为不服,在提起行政诉讼的同时一并提出行政赔偿请求的,由受理该行政案件的人民法院管辖;单独提起行政赔偿诉讼的,由被告住所地或原告住所地或不动产所在地的人民法院管辖。

3. 共同管辖

赔偿请求人因同一事实对两个以上行政机关提起行政赔偿诉讼的,赔偿请求人可以向其中任何一个行政机关住所地的人民法院提起行政赔偿诉讼。如果赔偿请求人向两个以上有管辖权的人民法院都提起行政赔偿诉讼的,由最先收到起诉状的人民法院管辖。

(三) 移送管辖

没有管辖权的人民法院接受原告起诉后,发现原告起诉的案件不属于自己管辖,应主动将案件移送给有管辖权的人民法院管辖。受移送的人民法院只能接受移送,不能拒绝,更不能把移送的案件再自行移送给其他人民法院,以免互相推诿,影响案件及时审理。

(四) 指定管辖

指定管辖主要有两种情形:(1) 有管辖权的人民法院由于特殊原因不能行使管辖权,由上级人民法院指定某一个人民法院管辖;(2) 人民法院对管辖权发生争议的,由争议双方协商解决,协商不成的,报请他们的共同上级人民法院指定管辖。对此,最高人民法院《关于审理行政赔偿案件若干问题的规定》第 13 条规定:"人民法院对管辖权发生争议的,由争议双方协商解决,协商不成的,报请他们的共同上级人民法院指定管辖。如双方为跨省、自治区、直辖市的人民法院,高级人民法院协商不成的,由最高人民法院及时指定管辖。依前款规定报请上级人民法院指定管辖时,应当逐级进行"。

四、提起行政赔偿诉讼的条件

按照《行政诉讼法》和《国家赔偿法》的规定,提起行政赔偿诉讼必须具备以下几个方面的条件:

(一)须当事人合格

行政赔偿诉讼的当事人包括原告、被告和第三人。原告必须是认为行政机关及其工作人员行使职权侵犯其合法权益并造成损害的公民、法人和其他组织。这里的原告与行政赔偿请求人的范围是完全相同的。被告必须是行使职权侵犯行政相对人合法权益并造成损害的行政机关。这里的被告与赔偿义务机关的范围和确定标准是一致的。

另外,这里还涉及行政赔偿诉讼的第三人问题。《国家赔偿法》未就行政赔偿诉讼第三人制度作出规定,然而在行政赔偿诉讼中,第三人的存在不仅可能,而且为解决某些行政赔偿争议所必需。最高人民法院《关于审理行政赔偿案件若干问题的规定》第14条规定,与行政赔偿案件处理结果有法律上的利害关系的其他公民、法人或者其他组织有权作为第三人参加行政赔偿诉讼。据此,行政赔偿诉讼中的第三人,是指与行政赔偿案件处理结果有法律上的利害关系而参加到他人提起的行政赔偿诉讼程序中的其他公民、法人或者其他组织。

(二)有具体的诉讼请求和事实根据

诉讼请求是原告对被告的权利主张,也是对法院裁判的要求。所以,行政赔偿诉讼的请求以要求被告承担赔偿责任为内容,请求赔偿的方式、项目、数额等必须明确、具体。事实根据是原告提起诉讼所根据的事实,包括案情事实和证据事实,如被告实施违法行为的事实、造成损害的事实等。

(三)属于人民法院受案范围和受诉人民法院管辖

行政赔偿诉讼必须在人民法院有权受理的案件范围内提出。对于人民法院没有受理权的案件或人民法院依法不予受理的案件,人民法院不予受理。同时,原告提起的行政赔偿诉讼,还必须是属于受诉人民法院管辖。

(四)在法定期限内提出赔偿诉讼

赔偿诉讼必须在法定期限内提出,这是许多国家法律明确规定的。我国《行政诉讼法》未对提起赔偿诉讼的法定期限作出特别规定。在实践中,可根据不同情况,按以下方法处理:(1)赔偿请求人单独提起行政赔偿诉讼。《国家赔偿法》第13条第1款规定:"赔偿义务机关应当自收到申请之日起两个月内,作出是否赔偿的决定……"与此同时,该法第14条还明确规定,赔偿义务机关在规定期限内未作出是否赔偿的决定,赔偿请求人可以自期限届满之日起3个月内,向人民法院提起诉讼。赔偿请求人对赔偿的方式、项目、数额有异议的,或者赔偿义务机关作出不予赔偿决定的,赔偿请求人可以自赔偿义务机关作出赔偿或者不予赔偿决定之日起3个月内,向人民法院提起诉讼。(2)公民、法人或其他组织在提起行政诉讼的同时一并提出行政赔偿请求的,其起诉期限按照行政诉讼起诉期限的规定执行。(3)赔偿义务机关作出赔偿决定时,未告知赔偿请求人的诉权或者起诉期限,致使赔偿请求人逾期向人民法院起诉的,根据最高人民法院《关于适用〈中华人民共和国行政诉讼法〉的解释》第64条的规定,赔偿请求人起诉期限从赔偿请求人知道或者应当知道起诉期限之日起计算,但自知道或者应当知道赔偿决定内容之日起最长不得超过1年。

(五)以书面或口头的形式提起诉讼

《行政诉讼法》第50条规定,起诉应当向人民法院递交起诉状,并按照被告人数提出副本。书写起诉状确有困难的,可以口头起诉,由人民法院记入笔录,出具注明日期的书面凭证,并告知对方当事人。这说明公民、法人和其他组织向人民法院提起行政诉讼,既可以书面的形式,也可以以口头的形式。因此,公民、法人和其他组织向人民法院提起行政赔偿诉讼,既可以以书面的形式提起,也可以以口头的形式提起。

(六)"单独式"提起行政赔偿诉讼,须经过赔偿义务机关先行处理

当今世界许多国家均采用行政赔偿先行处理原则解决赔偿争议,我国最高人民法院《关于审理行政赔偿案件若干问题的规定》第4条第2款规定,赔偿请求人单独提起行政赔偿诉讼,须以赔偿义务机关先行处理为前提。人民法院对原告提起的诉讼请求,应依法进行审查,以决定是否予以立案审理。根据最高人民法院《关于审理行政赔偿案件若干问题的规定》第27条的规定,对"单独式"提起的行政赔偿诉讼,人民法院收到原告的起诉后,应当进行审查,并在7日内立案或作出不予受理的裁定。在7日内不能确定可否受理的,应当先予受理;审查中发现不符合受理条件的,裁定驳回起诉。当事人对不予受理或驳回起诉的裁定不服的,自收到裁定之日起10日内向上一级人民法院提起上诉。

根据最高人民法院《关于审理行政赔偿案件若干问题的规定》第23条的规定,对"一并式"提出行政赔偿请求的,公民、法人或者其他组织可以在提起行政诉讼的同时一并提出,也可以在人民法院一审庭审结束前提出;根据第28条的规定:当事人在提起行政诉讼的同时一并提出行政赔偿请求,或者因具体行政行为和与先例行政职权有关的其他行为侵权造成损害一并提出行政赔偿请求的,人民法院应当分别立案,根据具体情况可以合并审理,也可以单独审理。"诉讼当事人在一审期间没有提出赔偿请求的,人民法院不得主动作出判决,但是撤销

具体行政行为将会给国家利益或者公共利益造成重大损失的除外。"①

五、行政赔偿诉讼的审理

行政赔偿诉讼案件一律由人民法院的行政审判庭审理,其具体方式与行政诉讼的审理基本相同,也适用公开审理(除涉及国家秘密、个人隐私和法律有特别规定外)、回避原则、合议制度、两审终审制度等。但在某些方面,仍须根据赔偿诉讼的特点采用一些特殊的审理方式及程序。

(一)行政赔偿诉讼可以调解

法院在审理赔偿争议案件时,可以依法采用调解方式,动员当事人双方互谅互让,平等协商,达成一致。原告可以放弃、变更赔偿请求,被告可以根据原告的请求,与原告协商解决赔偿数额等问题。法院可以在双方当事人之间做调解工作,促使他们相互谅解,达成赔偿协议。法院审理赔偿案件之所以可以适用调解,是因为行政赔偿诉讼不同于一般的行政诉讼,原告在请求赔偿的同时,也可以放弃、处分其赔偿请求权,被告也在一定范围内就赔偿问题享有自由裁量权,以调解方式解决赔偿争议,这不仅有利于彻底解决当事人间的赔偿争议,也有利于法院提高办案效率。当然,法院采用调解方式处理赔偿争议,必须遵循"自愿""平等"原则,必须在查清是非、分清责任的基础上进行,不得强行调解,不得超出法定范围和幅度进行调解,既不能牺牲国家、集体利益,也不得损害个人利益。对此,《行政诉讼法》第60条规定,人民法院审理行政赔偿案件可以调解,并明确规定调解应当遵循自愿、合法原则,不得损害国家利益、社会公共利益和他人合法权益。

(二)举证责任应合理分配

行政诉讼的举证责任是由被告负担的,原告不承担举证责任。行政赔偿诉讼不同于一般的行政诉讼,实行举证责任分担原则,即行政赔偿诉讼的原告和被告均负有举证责任。对此,《国家赔偿法》第15条明确规定,人民法院审理行政赔偿案件,赔偿请求人和赔偿义务机关对自己提出的主张,应当提供证据。赔偿义务机关采取行政拘留或者限制人身自由的强制措施期间,被限制人身自由的人死亡或者丧失行为能力的,赔偿义务机关的行为与被限制人身自由的人的死亡或者丧失行为能力是否存在因果关系,赔偿义务机关应当提供证据。

(三)先行给付制度的应用

先行给付是指人民法院审理请求给付财物案件,在作出判决交付执行之前,因请求权人难以甚至无法维持生活,或者难以甚至无法进行工作、生产,及时裁

---

① 国务院法制办公室编:《中华人民共和国国家赔偿法注解与配套(第四版)》,中国法制出版社2017年版,第21页。

定义务人先给付一定款项,并立即交付执行的措施。对一般行政诉讼案件,人民法院只是就具体行政行为是否合法进行审查,不存在给付财物的问题,也就不存在先行给付的情况。但在行政赔偿诉讼中,赔偿请求人则可能出现因行政机关具体行政行为侵权,致使无法维持生活或者无法进行工作、生产的情况,如因具体行政行为致使受害人受伤,在受害人无力支付医疗费而申请人民法院赔偿的情况下,人民法院则应该裁定被诉义务人先行给付。《行政诉讼法》第 57 条规定,人民法院对起诉行政机关没有依法支付抚恤金、最低生活保障金和工伤、医疗社会保险金的案件,权利义务关系明确、不先予执行将严重影响原告生活的,可以根据原告的申请,裁定先予执行。当事人对先予执行裁定不服的,可以申请复议一次。复议期间不停止裁定的执行。

(四)审理期限的限制

根据《行政诉讼法》,行政赔偿案件一审的审理期限为 6 个月,二审的审理期限为 3 个月;特殊情况需要延长的,应由高级人民法院批准,高级人民法院审理的一审或二审案件需要延长的,由最高人民法院批准。

六、行政赔偿诉讼的裁决

根据《国家赔偿法》和《行政诉讼法》的规定,人民法院对行政赔偿诉讼案件经过审理,应依法作出裁决。但行政赔偿诉讼的裁决与一般行政诉讼的裁决是不同的,这是因为行政赔偿诉讼的裁决是针对行政赔偿争议作出的,而一般行政诉讼的裁决是针对行政行为的合法性作出的。因此,《行政诉讼法》第七章关于判决的规定不能完全适用于行政赔偿诉讼。

首先,对"单独式"提起的行政赔偿诉讼,因为属于已经经过赔偿义务机关处理过的案件,法院一般只审查赔偿义务机关的赔偿处理决定是否符合法律规定,或者根据法律规定确定赔偿方式和赔偿数额,不再审查行政机关及其工作人员行为的合法性。因此,法院可以直接判决维持或者变更行政赔偿义务机关的赔偿决定,并制作判决书;也可以在撤销行政赔偿义务机关的赔偿决定之后,由法院主持调解,调解成立的,制作"行政赔偿调解书"。

其次,如果原告在提起行政诉讼的同时一并提起行政赔偿诉讼,法院应首先对行政行为是否违法作出确认判决,然后对是否支持原告的赔偿请求作出判决。当然,对赔偿部分也可适用调解,调解成立的,单独制作行政赔偿调解书。

七、行政赔偿诉讼的执行

发生法律效力的行政赔偿判决、裁定或调解协议,当事人必须履行。一方拒绝履行的,对方当事人可以向第一审人民法院申请执行。最高人民法院《关于审理行政赔偿案件若干问题的规定》第 36 条规定,申请执行的期限,申请人是公民的为1年,申请人是法人或者其他组织的为6个月。同时,根据《行政诉讼法》第96条的规定,行政机关拒绝履行判决、裁定、调解书的,第一审人民法院可以采取下列措施:(1)对应当归还的罚款或者应当给付的款额,通知银行从该行政机关的账户内划拨。(2)在规定期限内不履行的,从期满之日起,对该行政机关负责人按日处五十元至一百元的罚款。(3)将行政机关拒绝履行的情况予以公告。(4)向监察机关或者该行政机关的上一级行政机关提出司法建议。接受司法建议的机关,根据有关规定进行处理,并将处理情况告知人民法院。(5)拒不履行判决、裁定、调解书,社会影响恶劣的,可以对该行政机关直接负责的主管人员和其他直接责任人员予以拘留;情节严重,构成犯罪的,依法追究刑事责任。

第五节 行政追偿的程序

一、追偿人与被追偿人

行政追偿程序,是指赔偿义务机关对被追偿人就追偿问题作出处理的程序。对于行政追偿程序,我国《国家赔偿法》没有作出明确具体的规定。

在行政追偿中必须明确追偿人与被追偿人,只有这样才能保证追偿人正确行使追偿权,确定被追偿人的法律责任。

(一)追偿人

追偿人是指按照法律规定享有追偿权的人,一般是指行政赔偿义务机关。根据我国法律的规定,追偿人具体有以下几种:

(1)因行政机关工作人员行使职权侵犯公民、法人或其他组织的合法权益造成损害,引起行政赔偿的,该工作人员所在的行政机关为追偿人。

(2)法律、法规授权的组织的工作人员行使职权导致行政侵权赔偿的,被授权的组织为追偿人。

(3)受行政机关委托的组织或者个人行使委托的行政职权导致行政赔偿的,委托的行政机关为追偿人。

(二)被追偿人

被追偿人是指在行使行政职权过程中,有故意或重大过失,实施侵权行为的行政机关工作人员或法律、法规授权组织的工作人员,或者受行政机关委托的组织和个人。具体有以下几种情况:

(1)行政机关工作人员行使行政职权造成侵权损害赔偿的,该机关工作人员为被追偿人。

(2)法律、法规授权的组织的内部工作人员行使行政职权造成侵权损害赔偿的,该内部工作人员为被追偿人。

(3) 受行政机关委托行使行政职权的组织的内部人员,实施侵权行为造成侵权赔偿的,该受委托的组织为被追偿人。该组织在承担了追偿责任后,可以依据组织内部的规定追究直接责任人员的责任。

(4) 在数人共同实施侵权行为的情况下,该数人均为被追偿人。在追偿实务中,可根据各个行为人在侵权行为中的地位、作用和过错程度等,分别确定其各自的追偿责任。因为追偿责任不是连带责任,追偿人应分别向各个被追偿人追偿其应当承担的份额。

(5) 经过行政合议的事项,造成损害赔偿的被追偿人。对此,奥地利《国家赔偿法》第3条规定,对于由一集体机构所作的决定或命令,只由投赞成票的投票人负责。但是,如果该决定或命令是基于报告人之不完全或不实的事实陈述,则投赞成票的人也不承担责任,除非他们因重大过失而忽视了基于义务所应为之注意。我们认为,经过行政合议的事项,造成损害赔偿的,所有参加合议的人都是被追偿人,但对最终决议表示反对的除外。

(6) 执行命令时的被追偿人的确定。工作人员因执行错误命令而造成损害的,应以发布或作出错误命令的责任人为被追偿人,因为执行命令的人并不存在"重大故意与过失"。

二、行政追偿的时效

行政追偿的时效是指追偿人行使追偿权的有效期限。在一定的期限届满以后,就不能再向被追偿人行使追偿权。世界各国的赔偿立法一般都对行政追偿的时效作了明确的规定。例如,奥地利《国家赔偿法》规定,本法第3条的偿还请求权自官署向受害人表示承认或自损害赔偿义务的判决确定时6个月消灭时效。在我国,虽然《国家赔偿法》第39条规定了赔偿请求人请求国家赔偿的时效为2年,但对行政追偿的时效没有规定。因此,在我国,国家追偿权不发生因时效届满而消灭的问题。我们认为,这种做法不尽合理,应参照国外和我国有关法律、法规有关时效问题的规定,对行政追偿的时效作出明确的规定。这种时效的规定,一方面,有利于赔偿义务机关在事实、证据清楚的基础上及时向有责任的工作人员追偿,以免时过境迁难以取得证据,影响行政赔偿义务机关追偿权的有效行使;另一方面,也可以及时有效地制裁有故意或重大过失的直接责任人员,克服工作中的弊端,提高行政工作效率。同时,也使被追偿人承担追偿责任时,"在时间期限上具有可预见性,以稳定公务人员的情绪,避免公务人员因无期限担心承担追偿责任,而增加其精神负担,使其一直处于一种心绪不稳的状态之中,以影响其正常执行公务"[①]。

---

① 参见石佑启:《税务行政赔偿》,武汉大学出版社2002年版,第102页。

三、行政追偿的程序设计

追偿权的行使对行政机关工作人员的影响重大,处理不好甚至会给整个行政机关的工作带来不利影响。为此,应尽快建立统一规范的行政追偿程序,以既保障行政追偿制度的有效实施,又保障被追偿人的合法权益。一般认为,行政追偿的程序应遵循如下几个步骤[①]:

(一)立案

确立追偿案件,一般来源于以下三种途径:一是行政赔偿义务机关在处理行政赔偿案件时发现有应予追偿的事实,提出追偿意见,报单位的负责人批准,予以立案;二是行政复议机关在审理行政复议案件过程中,一并解决行政赔偿问题时,发现有应予追偿的事实,向行政赔偿义务机关提出追偿意见,赔偿义务机关认为应当追偿的,即予以立案;三是人民法院在审理行政诉讼案件过程中,一并解决行政赔偿问题时,发现有应予追偿的事实,以司法建议的形式提出追偿意见,行政赔偿义务机关认为应当追偿的,即予以立案。

(二)调查核实证据

立案后,应确定专人负责办理,并开始调查取证工作。调查核实工作主要针对有关追偿意见中提出的事实进行,重点是核实有关工作人员在实施行政行为时,有无故意或重大过失,对所造成损失的过错范围、过错的起因以及该公务人员的经济承受能力等。

(三)告知与申辩

调查完毕后,案件承办人员应通过口头或者书面的形式告知被追偿人有关追偿的事实、理由等,并规定一个合理的期限,给予被追偿人发表自己意见和抗辩的机会,认真听取被追偿人的陈述和辩解,保证被追偿人的申辩权得以实现。

(四)作出追偿决定

在听取被追偿人的陈述和辩解以后,应由案件承办人员提出书面审查意见,连同所有证据材料一起提交给行政赔偿义务机关的负责人。行政赔偿义务机关负责人必要时可以召集法制、人事、财务等有关部门集体讨论,确定是否应予追偿、追偿额度和追偿方式等问题。之后,由行政赔偿义务机关就追偿数额、偿还方式、期限及有关事项作出决定。行政追偿决定应以书面形式出现,即应制作行政追偿决定书,加盖行政赔偿义务机关的印章,并将行政追偿决定书送达给被追偿人。同时,还应将处理结果及时告知提出追偿意见的有关机关,如行政复议机关和人民法院等。

---

① 参见石佑启等:《国家赔偿法新论》,武汉大学出版社2010年版,第284—287页。

（五）执行

根据被追偿费用的多少以及被追偿人的实际经济承受能力，执行可采取一次性执行或分期执行的方式进行，由被追偿人自动缴纳或由单位在其工资中按月扣缴。执行应当严格掌握，一般只限于执行被追偿人的个人收入，不执行其他家庭成员的财产和收入。

四、对行政追偿的救济

被追偿人对行政追偿的决定不服，应寻求何种救济途径呢？对此，理论界主要有两种不同观点：一种观点认为，行政追偿可以采取司法救济。因为追偿权的行使对被追偿人的利益有较大影响，追偿的前提是国家赔偿，国家赔偿案件的处理结果与追偿直接相关，当国家赔偿可以完全由司法程序解决时，如果将追偿案件完全排除在司法程序之外，有失公平。另一种观点认为，行政追偿只能采取行政救济。根据传统的特别权力关系理论，被追偿人只有申请上级机关救济，而不能向法院提起诉讼。[①]

我们认为，行政追偿责任是一种具有惩戒性质的行政责任，是国家基于特别权力关系对行政机关工作人员实施制裁的一种形式，因此不能适用民事诉讼法，也不能适用行政诉讼法允许被追偿人提起行政诉讼，而只能适用行政机关的内部程序。如果被追偿人不服，可以依照规定向作出追偿决定的机关或其上级行政机关申诉，说明不应被追偿或追偿数额不当的理由，并提供相应的证据。作出追偿决定的机关或其上级行政机关收到申诉后，应根据实际情况，在一定期限内作出维持、改变或撤销追偿的决定。自2014年6月1日起施行的《公安机关办理国家赔偿案件程序规定》第34条第3款明确规定，责任人员对赔偿义务机关的追偿决定不服的，可以向本级或者上一级公安机关申诉。

[①] 参见杨临萍主编：《行政损害赔偿》，人民法院出版社1999年版，第345—346页。

第三编　司法赔偿

第八章　司法赔偿的基本原理

第一节　司法侵权行为

一、司法侵权行为的概念和特点

司法侵权行为是指行使侦查、检察、审判职权的机关以及看守所、监狱管理机关及其工作人员在行使其职权过程中所实施的，使公民、法人和其他组织的合法权益受到损害的行为。从这一概念可以看出，司法侵权行为有以下特点：

第一，实施司法侵权行为的主体是司法机关及其工作人员。司法权与立法权、行政权一样，是国家权力的重要组成部分。从我国的法律规定来看，我国的司法权包括侦查权、检察权、审判权、司法解释权、监狱管理权等。因而这里的司法机关应做广义的理解[①]，既包括行使审判权的人民法院（含军事法院及专门人民法院，下同）和行使检察权的人民检察院（含军事检察院及专门人民检察院，下同），也包括在刑事诉讼中行使侦查权的公安机关、国家安全机关、军队保卫部门，还包括行使监狱管理职权的司法行政机关，如公安看守所、少管所、监狱等。

第二，司法侵权行为发生在司法机关及其工作人员行使职权的过程中。行使侦查、检察、审判职权的机关以及看守所、监狱管理机关及其工作人员，只有在行使各自的职权时，侵犯了公民、法人和其他组织的合法权益并造成损害，才属于司法侵权行为。如果是上述机关及其工作人员因与执行职权无关的个人行为对公民、法人和其他组织的合法权益造成损害的，则不属于司法侵权行为。

第三，司法侵权行为损害的对象是公民、法人和其他组织的合法权益。这里的合法权益既包括人身权，也包括财产权。侵犯人身权主要表现为错误的羁

---

① 狭义的司法机关仅指行使审判权的人民法院和行使检察权的人民检察院。

押,侵犯财产权主要表现为刑事诉讼中的错判财产刑罚和民事诉讼、行政诉讼中对涉及财产权案件的错判以及违法采取的其他财产强制措施等。

二、司法侵权行为的分类

按照不同的标准,可以对司法侵权行为进行不同的分类,其中最主要的分类标准是以司法侵权行为造成损害所发生的领域为标准。根据这一标准,司法侵权行为可划分为刑事司法侵权行为与民事诉讼、行政诉讼中的司法侵权行为。

(一)刑事司法侵权行为

刑事司法侵权行为,是指行使侦查、检察、审判职权的机关以及看守所、监狱管理机关及其工作人员在行使职权时,侵犯公民、法人和其他组织合法权益的行为。

根据有关法律的规定,刑事司法侵权行为的表现形式主要包括以下几种情形:

1. 错拘、错捕、错判行为

错拘行为是错误拘留行为的简称,是指违反《刑事诉讼法》第82条的规定进行拘留,即对既无犯罪事实,又无证据证明其有犯罪重大嫌疑的公民实施了拘留。这里的拘留仅指作为刑事诉讼中的强制措施的刑事拘留,是指公安机关、检察机关在紧急情况下,对现行犯或者重大嫌疑分子所采取的临时限制其人身自由的一种强制措施。《刑事诉讼法》对拘留的条件、程序、期限做了明确规定。司法机关及其工作人员在行使拘留权时,如果违反这些规定就构成错误拘留。

错捕行为是错误逮捕行为的简称。逮捕是人民法院、人民检察院和公安机关依法剥夺犯罪嫌疑人、被告人的人身自由并予以羁押的一种刑事强制措施。《刑事诉讼法》第81条规定,对有证据证明有犯罪事实,可能判处徒刑以上刑罚的犯罪嫌疑人、被告人,采取取保候审、监视居住等方法,尚不足以防止发生社会危险性,而有逮捕必要的,应即依法逮捕。据此,所有违反《刑事诉讼法》第81条规定的逮捕即属于错误逮捕。

错判行为是指人民法院所作的判决违反罪刑相适应的原则,对不应该判处刑罚的人判处刑罚,或者对应当判处较轻刑罚的人判处较重的刑罚。根据《刑法》的规定,刑罚分为主刑和附加刑。主刑包括管制、拘役、有期徒刑、无期徒刑和死刑五种;附加刑包括罚金、剥夺政治权利和没收财产。与此相对应,错误的刑事判决也就分为:错误判处死刑、错误判处无期徒刑、错误判处有期徒刑、错误判处拘役,错误判处管制、错误判处罚金、错误判处剥夺政治权利和错误判处没收财产。"错误宣告无罪的判决虽然属于错误的刑事判决,但不是侵权的刑事判决。对应当判处重刑的人错误地判处较轻的刑罚也不构成刑事司法侵权。"[①]根据《刑事诉讼法》的规定,导致错误刑事判决的主要原因有以下两个方面:一是认定事实错误导致刑事判决错误;二是适用法律不当导致刑事判决错误。

2. 错误的采取对财产权的强制措施行为

在刑事诉讼中,人民法院、人民检察院和公安机关有权向有关单位和个人收集、调取证据;有权扣押可用以证明犯罪嫌疑人有罪或者无罪的各种物品和文件。但是,上述机关采取对财产的刑事强制措施必须依法进行,对与案件无关的财产,不得扣押。否则,会对公民、法人和其他组织的合法财产造成损害,构成错误的采取对财产权的强制措施行为。

3. 刑事司法人员行使刑事司法权过程中的事实行为

刑事司法人员行使职权过程中的事实行为,是指司法机关工作人员在行使职权过程中实施的,不以创设某种法律关系为意图而本身依法产生某种法律后果的行为。这类行为虽然不属于司法机关的决定,但它同样可能侵害公民的合法权益。在司法实践中,因刑事司法机关工作人员实施刑事司法职权过程中的事实行为而侵犯公民权益的案件经常发生,主要包括以下几种情况:(1)违法使用武器、警械。司法机关工作人员在执行逮捕、拘留、押解犯罪嫌疑人、被告人等职务时,可以依照有关规定使用武器和警械。但是,依法行使刑事司法权的工作人员使用武器、警械应当以制止违法犯罪行为,尽量减少人员伤亡、财产损失为原则。只有在遇有法定的可以使用武器、警械的情形时,才可以使用武器。否则,即构成违法使用武器、警械。(2)刑讯逼供或者殴打、虐待等行为。刑讯逼供或者殴打、虐待等行为不仅严重侵犯人权,而且其结果也容易导致冤假错案,为现代国家所禁止。例如,根据我国《监狱法》第7条第1款的规定,罪犯的人格不受侮辱,其人身安全、合法财产和辩护、申诉、控告、检举以及其他未被依法剥夺或者限制的权利不受侵犯。同时,根据该法第14条的规定,监狱的人民警察不得有"刑讯逼供或者体罚、虐待罪犯""殴打或者纵容他人殴打罪犯""侮辱罪犯的人格"的行为。因此,司法人员对公民实施刑讯逼供或者殴打、虐待等行为虽然不是执行司法机关的决定的行为,但由于刑讯逼供发生在行使职权的过程中,根据我国《国家赔偿法》的规定,这种行为是与行使职权有关的行为,由此造成的损失,由国家承担赔偿责任。(3)司法机关对于扣押的物品、文件,未尽到"妥善保管或者封存,不得使用或者损毁"的义务;公安、检察、审判或监狱管理人员在行使职权过程中侵占罪犯及其亲属的财物。(4)执行对象错误。例如,司法机关扣押了与案件事实无关的物品。

[①] 参见杨立新、张步洪:《司法侵权损害赔偿》,人民法院出版社1999年版,第33页。

4. 违法采取其他刑事强制措施行为

在刑事诉讼活动中,司法机关及其工作人员采取其他刑事强制措施也会侵犯公民的合法权益,构成司法侵权。包括:(1)错误拘传行为。拘传是司法机关为保证刑事诉讼活动的正常进行,对被告人、犯罪嫌疑人采取的强制传唤其到案的刑事强制措施。拘传措施也是限制人身自由的强制措施,如果司法机关违法行使拘传的权力,如在不应当使用武力的情况下使用了武力,侵犯了公民的合法权益,即构成侵权。同时,根据《刑事诉讼法》的规定,拘传的对象仅限于被告人和犯罪嫌疑人,如果司法机关对证人采取拘传措施,那么这种拘传就是错误的。(2)违法采取监视居住、取保候审等限制公民人身自由的刑事强制措施行为。《刑事诉讼法》第66条规定,人民法院、人民检察院和公安机关根据案件情况,对犯罪嫌疑人、被告人可以拘传、取保候审或者监视居住。根据《刑事诉讼法》第67条的规定,人民法院、人民检察院和公安机关对于可能判处管制、拘役或者独立适用附加刑的,或者可能判处有期徒刑以上刑罚,采取取保候审、监视居住不致发生社会危险性的犯罪嫌疑人、被告人,患有严重疾病、生活不能自理,怀孕或正在哺乳自己婴儿的妇女,采取取保候审不致发生社会危险性的,羁押期限届满,案件尚未办结,需采取取保候审的,可以采取取保候审或者监视居住的措施,并由公安机关执行。因此,取保候审、监视居住措施的采取只能由人民法院、人民检察院和公安机关根据案件的具体情况依法决定,并由公安机关执行。违反上述规定的要求采取取保候审和监视居住,则构成刑事司法侵权行为。

(二)民事诉讼、行政诉讼中的司法侵权行为

民事诉讼、行政诉讼中的司法侵权行为,是指在民事诉讼、行政诉讼中,司法机关及其工作人员违法行使职权侵犯公民、法人和其他组织的合法权益的行为。根据现行法律和司法实践,民事、行政司法侵权行为包括以下几种类型:

1. 错误的民事、行政判决

民事、行政判决是人民法院对当事人之间处于不确定状态的权利义务关系加以权威性地确定,一经作出,即具有约束力,非经法定程序,不得变更和撤销。错误的民事、行政判决,将直接影响一方当事人的实体权利,侵害其合法权益。根据司法实践和相关的诉讼法规则,错误的民事、行政判决主要有以下两种情形:(1)认定事实错误导致错误的民事、行政判决。正确认定案件事实是作出正确的民事、行政判决的前提和基础。如果判决认定的事实错误或认定的事实不清,就会导致错误的民事、行政判决。(2)适用法律错误导致错误的民事、行政判决。适用法律错误是指人民法院作出的判决适用了不该适用的法律。在司法实务中,既存在事实认定错误导致法律适用错误的民事、行政判决,也存在事实认定基本准确但法律适用错误的错误判决。

2. 错误的民事、行政裁定

裁定是人民法院在审理案件过程中对诉讼中涉及的有关程序问题所作的决断,如受理与不予受理的裁定、管辖权异议的裁定、财产保全的裁定、先予执行的裁定等等。裁定是解决审理案件过程中的程序问题,旨在保证诉讼的顺利进行。民事、行政裁定只对当事人和其他诉讼参加人及作出裁定的人民法院有拘束力,案外人仅负有不阻止法院裁定得以执行的义务。错误的民事裁定虽然在大多数情况下不能直接导致一方当事人败诉,但是,错误的裁定不仅会影响到当事人的诉讼权利,而且有时会导致实体判决错误,以致侵害当事人的合法权益,构成司法侵权。

3. 错误调解行为

法院调解是民事诉讼的一项基本制度,也是人民法院审理民事案件的重要方式。调解是在人民法院审判组织的主持下,双方当事人在平等、自愿的基础上协商一致,达成协议,从而终结诉讼程序的制度。实践表明,以调解方式解决民事纠纷具有极大的优越性。但是,如果法院的调解违背法律原则、规则,就会导致调解中的民事错案的产生。在司法实践中,错误调解主要有以下两种情况:(1)违背自愿原则的调解。自愿原则是法院调解必须遵守的基本原则之一,是法院进行调解的基础和前提。违背自愿原则的调解,严重背离了法律授权人民法院进行调解的立法意旨,侵害了当事人的合法权益。(2)实体内容违法的调解。法院调解必须根据法律要求进行,不是无原则的"和稀泥"。调解协议的内容违反法律、法规规定,调解未遵循法定程序以及调解书认定事实的主要证据不足的调解,都是超越法律规定进行的违法调解。另外,根据有关的法律规定,人民法院审理行政赔偿诉讼案件,可以就行政赔偿的方式、项目和数额等内容进行调解,对行政行为是否合法不能进行调解。同时,对于行政赔偿的范围、标准、方式等问题,《国家赔偿法》已作了明确规定,人民法院在调解行政赔偿案件时应当遵守。如果行政赔偿调解书的内容违背了《国家赔偿法》明确规定的赔偿范围、赔偿标准,也属于违法的调解。

4. 违法采取妨害诉讼的强制措施行为

诉讼中的强制措施是人民法院在诉讼过程中,对有妨害诉讼行为的人采取的一种强制性教育制裁手段,适用于民事、行政诉讼的整个过程之中。妨害诉讼的行为是法院采取妨害诉讼的强制措施的前提,人民法院在不具备法定条件的情况下采取妨害诉讼的强制措施,或者不按法定程序采取强制措施,不仅会影响诉讼秩序和当事人的诉讼权利,而且会直接侵害其他公民、法人的财产权利和人身权利。在实践中,错误采取民事、行政诉讼强制措施主要有如下几种情形:(1)违法拘传。《民事诉讼法》第109条规定,人民法院对必须到庭的被告,经两次传票传唤,无正当理由拒不到庭的,可以拘传。错误拘传主要是指在不符合法定拘传条件的情况下采取拘传措施,如对被告以外的诉讼参与人或案外人采取拘传措施,对不是必须到庭的被告采取拘传措施,对有正当理由不能到庭的被告采取拘传措施,未经两次合法传唤即采取拘传措施等,均属于违法拘传。应当注意的是,我国《行政诉讼法》没有规定对妨害诉讼的当事人采取拘传措施,因此,凡在行政诉讼过程中采取的拘传措施,均属于违法拘传。(2)违法训诫。只有对违反法庭规则的人,才能适用训诫。如果审判人员对当事人合理的申辩也适用训诫,剥夺当事人的申辩权,就是错误地适用该项强制措施。(3)违法责令退出法庭。责令退出法庭和训诫一样,都是对妨害诉讼情节较轻的人所适用的措施,但如果错误地对当事人或者当事人的代理人采取责令退出法庭,会侵害一方当事人的诉讼权利甚至实体权利。(4)违法罚款。作为对妨害民事、行政诉讼强制措施的罚款,其目的是为了制止妨害诉讼行为,防止违法行为的再次发生。法律在授予法院采取这种措施的权力的同时,也明确限定了可以适用罚款的情形,超出了法律的授权,即构成违法。在实践中,诸如不符合法律规定条件的罚款、超出了法律规定数额的罚款、违反法定程序的罚款以及罚款措施和行为人对诉讼的妨害程度不相适应等情形,都属违法罚款。(5)违法拘留。拘留是最严厉的对妨害诉讼的强制措施,一旦违法,就会侵犯被处罚人的人身自由权。因此,我国《民事诉讼法》对人民法院可以适用拘留措施的情形作了明确规定。实践中,对没有妨害诉讼行为的人采取拘留措施、对依法不应当适用拘留的妨害民事诉讼行为人采取拘留措施以及超出了法律规定期限的拘留都属违法拘留。

5. 错误的执行判决、裁定及其他生效的法律文书

在民事诉讼和行政诉讼中,诉讼的双方当事人必须自觉履行生效的判决、裁定及其他生效的法律文书所规定的义务,否则,人民法院可以采取强制措施强制当事人履行义务。但是,人民法院在实施强制措施强制当事人履行义务时,必须有执行的根据并按照法定的条件、程序等依法履行。如果人民法院没有执行的根据,违反了法律规定的条件和程序实施了强制执行行为,就会构成司法侵权行为。

第二节 司法赔偿的含义

一、司法赔偿的概念和特点

关于司法赔偿的概念,在各国或地区的立法例中有不同的称谓。日本称之为"刑事补偿",德国称为"再审无罪和羁押赔偿",奥地利称为"羁押赔偿",我国台湾地区原称为"冤狱赔偿",2011年变更名称为"刑事补偿"。而瑞士、西班牙等国家仅在宪法、国家赔偿法或民事责任法中对司法赔偿做了原则性规定,法

国、意大利等将司法赔偿(刑事赔偿)的内容规定于刑事诉讼法中。尽管司法赔偿的称谓在立法上的表现方式各异,但司法赔偿的含义基本是相同的,即都是因司法失当而引起的赔偿。从我国《国家赔偿法》第三章第一节规定的赔偿范围看,将此类赔偿称为"司法赔偿"比较准确、全面,因为只有这一概念才能涵盖因司法失当而引起的全部赔偿责任。①

根据我国《国家赔偿法》的规定,司法赔偿是指国家司法机关及其工作人员行使职权侵犯公民、法人和其他组织的合法权益造成损害的,由国家承担赔偿责任的制度。司法赔偿具有如下特点:

第一,司法赔偿的侵权主体是行使司法权的国家司法机关及其工作人员。如前所述,我国司法机关包括公安机关、国家安全机关、军队保卫部门、检察机关、审判机关、监狱管理机关。根据我国有关法律、法规的规定,各级公安机关负责对刑事案件的侦查、拘留、执行逮捕和预审;国家安全机关在国家安全工作中依法行使侦查、拘留、预审和执行逮捕以及法律规定的其他职权;军队保卫部门对军队内部发生的刑事案件可以行使公安机关的侦查、拘留、预审和执行逮捕的职权;人民检察院负责批准逮捕和检察(包括侦查)、提起公诉;人民法院负责对刑事、民事和行政案件的审判;看守所、监狱等机关负责行使监狱管理职权。因此,只有上述司法机关及其工作人员,才有可能成为司法赔偿的侵权行为主体。

第二,司法赔偿是对司法侵权行为所造成损害的赔偿。司法侵权行为是司法机关及其工作人员在行使其职权时所实施的行为,通常由两部分组成:一是行使司法权时作出的司法决定,如逮捕决定、刑事判决、财产保全裁定、强制执行裁定等;二是行使司法权时实施的事实行为,如刑讯逼供、殴打虐待人犯、违法使用武器警械等。司法侵权行为的结果是使公民、法人和其他组织的合法权益受到损害。为了保障受害人的合法权益,根据"有损害,必有赔偿"的一般原理,国家必须对司法侵权行为所造成的损害予以赔偿。而对司法机关及其工作人员所实施的与行使其职权无关的行为所造成的损害,国家则不予赔偿。

第三,司法赔偿的请求人是受到司法损害的公民、法人和其他组织。司法赔偿的请求人,既包括刑事诉讼中被司法机关及其工作人员侵权的受害人,如被错拘、错捕、错判的无辜的公民以及合法财产受侵害的公民、法人和其他组织,也包括在民事诉讼、行政诉讼中合法权益受排除妨碍诉讼行为的强制措施、财产保全措施及执行措施侵害的公民、法人和其他组织。需要指出的是,并不是所有遭受司法损害的人都能成为司法赔偿的请求人。首先,在刑事损害中,仅对无罪被羁押者给予赔偿,而对轻罪重判、有罪的人超期羁押都不予赔偿。这主要是考虑到司法工作的难度和国家财力的有限,同时也考虑到有罪的人触犯了刑律,因而与

---

① 参见房绍坤等:《国家赔偿法原理与实务》,北京大学出版社1998年版,第171页。

无罪的人应区别对待。其次,在民事诉讼、行政诉讼中,只对违法采取妨害诉讼行为的强制措施、财产保全措施、执行措施等造成的损害予以赔偿,而对错判造成的损害不予赔偿。这主要是考虑受害人可以要求不当得利一方返还财产或给予赔偿,无须法院赔偿。

第四,司法赔偿适用独特的程序。司法赔偿案件的受理由司法侵权机关和专门设立的人民法院赔偿委员会负责,既不适用民事赔偿的程序,也不适用行政赔偿的程序,而是采用非诉讼的途径来解决司法赔偿争议。"这一程序上的特点是由我国司法体制,具体地说是由人民检察院、人民法院的设置及其权限分工所决定的。另外,也考虑司法赔偿在许多情况下致害主体是人民法院,由原审判机关审理司法赔偿案件有违公正原则。因为按公正原则的要求,任何人不得成为自己案件的法官,故设立赔偿委员会来处理司法赔偿案件。"①

二、司法赔偿与司法补偿、刑事赔偿的区别

(一)司法赔偿与司法补偿

在我国以往的司法实践中,往往出现"冤假错案补偿""刑事补偿""平反补发工资"等说法,这实际上是我国以前推行的司法补偿制度。因而司法补偿与司法赔偿一样,都是对因司法过错而给受害人造成损失予以弥补,但二者又有较大差别,主要表现在以下方面:

首先,司法赔偿与司法补偿的内涵是不同的。所谓"补偿",一般是指抵销损失或者补足缺欠之意。对于补偿主体而言,强调对于受损方的填补、帮助,具有某种施舍、恩赐的含义。因此,它既不是补偿主体的义务或责任,也很难视为受补偿者的权利,其不宜用于违法行为造成的损害。对此有,外国学者指出:"政府之所以选择补偿而不是赔偿并不奇怪,因为补偿可以在政府能够支付的范围内进行,然而受害人并不喜欢施舍性(bounty)的补偿,而宁愿获得赔偿"②。所谓"赔偿",一般是指因自己的不法行为使他人受到损失而给予补偿,除具有补偿、弥补的含义外,还意味着责任与义务。对赔偿义务机关而言,这种金钱上的补偿是它承担责任的方式,是一种义务,而对受偿人而言,请求赔偿则是一种法定权利。

其次,司法赔偿与司法补偿的适用范围是不同的。从各国的司法实践而言,一般把司法机关无过错的合法行为给公民、法人和其他组织造成的损害所给予的救济称为损失补偿;对因司法机关违法行为造成损失而给予的救济称为损害赔偿。

---

① 薛刚凌:《国家赔偿法教程》,中国政法大学出版社1997年版,第213—214页。
② 转引自马怀德:《国家赔偿法的理论与实务》,中国法制出版社1994年版,第191页。

最后,应给予司法赔偿还是司法补偿表明了国家对受害人的立场和态度。司法赔偿并不单纯是补偿受害人损失的制度,而是以补偿为基础的表明国家某种义务或责任的制度。受害人有权得到这种赔偿,国家也有义务对受到司法侵权的人给予赔偿。国家向受害人支付赔偿金并不是优惠的补助或施舍。[①]

(二) 司法赔偿与刑事赔偿

刑事赔偿是司法赔偿的一个组成部分,它仅指国家对司法机关在行使刑罚权过程中给公民合法权益造成的损害所给予的赔偿,因而它与司法赔偿的区别主要表现在二者的范围不同。也就是说,刑事赔偿仅限于对刑事司法活动中造成的错羁、错捕、错判的赔偿,而司法赔偿不仅包括对刑事追诉审判中侵权行为的赔偿,还包括在民事审判、行政审判中因司法强制措施、保全措施、执行措施失当所造成损害的赔偿。对此,我国《国家赔偿法》第三章第一节详细规定了刑事赔偿的范围,同时在第五章第38条又规定了人民法院在民事诉讼、行政诉讼中因司法强制措施、保全措施、执行措施失当而发生的国家赔偿范围,两个方面的结合,共同构成了我国司法赔偿的全部范围。

三、司法赔偿的立法模式

以刑事赔偿为核心的司法赔偿立法最早出现于19世纪末。1895年6月2日,法国的有关法律规定,已经确定的刑事判决,在再审中被推翻,被告得到无罪的宣告时,国家应负赔偿责任,一般称为冤狱赔偿责任。[②] 1898年5月20日德国率先颁布了《再审无罪判决赔偿法》,规定对受到错误裁判的受害人予以经济性赔偿;1904年又颁布了《无辜羁押赔偿法》,将经济性赔偿的范围扩大到审判前被错误羁押的受害人。在上述立法实践的的基础上,德国于1932年正式颁行了《冤狱赔偿法》。此后,许多国家如奥地利、日本等国也逐步建立了专门的司法赔偿制度。从各国及有关地区的情况来看,由于世界各国和地区政治、经济状况和法律传统的差异,司法赔偿的立法模式也各不相同,归纳起来主要有以下四种:

一是在宪法上确立司法赔偿的基本原则。这是世界上多数国家的通行做法。普通法系国家在其宪法性文件或宪法惯例中,对公民人身、财产等基本人权加以严格保护。大陆法系国家则在宪法中对包括司法人员在内的所有国家公务人员的侵权行为规定国家赔偿。[③] 如日本战后新《宪法》第17条规定,凡人民因公务之违法行为受损害时,得依法律规定向国家或公共团体请求赔偿。第40条

---

① 转引自马怀德:《国家赔偿法的理论与实务》,中国法制出版社1994年版,第192页。
② 参见王名扬:《法国行政法》,北京大学出版社2016年版,第578页。
③ 参见陈春龙:《中国司法赔偿》,法律出版社2002年版,第12页。

规定,任何人被拘押或拘禁后被判无罪时,得依法律之规定,向国家请求赔偿。西班牙《宪法》第 41 条规定,凡人民因判决错误或司法官渎职所受之损害,得依照法律规定要求赔偿。

二是制定专门的冤狱赔偿法或司法赔偿方面的法律,如 1971 年德国的《刑事追诉措施赔偿法》、1950 年日本的《刑事补偿法》、1969 年奥地利的《刑事赔偿法》、1959 年我国台湾地区的"冤狱赔偿法"(2011 年修改为"刑事补偿法")。德国《刑事追诉措施赔偿法》第 1 条规定,对于因一项刑事法庭判决遭受损害者,如其判决在再审程序的刑事诉讼中被取消或被减轻,或者在能使该判决有效的其他刑事诉讼中被取消或被减轻时,由国库予以赔偿。第 2 条第 1 项规定,如果当事人已被释放,或者针对他的刑事诉讼已经终止,或者法院拒绝对他开庭审判,当事人由于受羁押或其他刑事追诉措施而遭受的损失,由国库予以赔偿。第 2 项规定,其他刑事追诉措施包括:(1)依据刑事诉讼法和青少年法院法规定的暂时或监视留置;(2)依据刑事诉讼法第 127 条第 2 款规定的暂时拘留;(3)终止执行逮捕令的法官采取的措施(刑事诉讼法第 116 条);(4)在其他法律没有规定补偿的情况下,依据刑事诉讼法第 111A 条规定的诉讼保全、没收、扣押以及搜查;(5)暂时吊销驾驶执照;(6)暂时职业禁止。可见,《刑事追诉措施赔偿法》所规定的赔偿范围是相当宽的,无论是否有罪只要判决被纠正即应赔偿。

三是在刑事法律或民事法律中对司法赔偿作出规定。如法国《刑事诉讼法》第 626 条规定,在使被判刑人无罪的裁判中,可以根据被判刑人在因有罪判决所遭受的损害方面提出的要求,给予补偿金。如果遭受司法错判的受害人已经死亡时,要求损害赔偿的权利,在同样的条件下,属于他的配偶及其直系尊亲属和卑亲属。如果远亲等的亲属证明自己因有罪判决遭受物质损失时,也具有要求补偿的权利。1972 年法国颁布了《建立执行法官和关于民事诉讼程序改革法》,规定了国家对民事诉讼中因公务过错和拒绝司法而产生的损害承担赔偿责任。

四是以判例为主、成文法为辅的司法赔偿制度。早在 1455 年英国便有了刑事损害赔偿的判例。1816 年英国国会制定了《人身出庭状》,较为详尽地规定了对司法人员因其失职行为造成被告或者被害人损害时应当承担的赔偿责任。[①]1947 年,英国在其颁布的《王权诉讼法》中正式明确规定:除陆海空军人以外,国家对其所属的公务员如有侵害公民权利时,也有负责赔偿被害人损失的义务。但是,由于英国是典型的判例法国家,所以至今也没有颁布正式的刑事赔偿法典,对刑事损害赔偿的唯一方法,就是由法院请求国会就个别刑事损害赔偿案件通过法案,并拨专款给法院,法院据此赔偿受害人的损失。值得注意的是,美国与英国虽同属普通法系,但美国早在 1938 年就已颁布了《对于人民受联邦法院

---

① 参见房绍坤等:《国家赔偿法原理与实务》,北京大学出版社 1998 年版,第 179 页。

错误判决之救济法》,该法规定,对于因不公正判决有罪或拘押所受侵害,或判徒刑已全部或部分执行,因上诉或重新审理而认为对所判之罪不正确或事后认为无辜而或赦免者,可以向国家请求赔偿。美国的立法及司法实践均肯定了冤狱赔偿制度。美国现行 1992 年《刑事诉讼法》则对冤狱赔偿作了更加具体的规定。[①]

总结国外司法赔偿的立法模式可以发现:第一,无论通过成文法还是判例法,无论是单独立法还是附属于其他法,司法赔偿都被作为基本法律制度确定下来。第二,宪法规定了司法赔偿的基本原则和内容。几乎从所有国家的宪法中,我们都可以发现,司法赔偿是作为公民权利和司法机关的义务被宪法确认和保护的。第三,单独制定司法赔偿法律已成为大势所趋。第四,协调好国家赔偿法与司法赔偿法的关系十分必要。

我国立法工作者在总结世界各国和地区司法赔偿立法经验的基础上,同时考虑到我国国情,将司法赔偿与行政赔偿并列,分别列专章规定在统一的《国家赔偿法》中。与其他国家的司法赔偿立法相比,我国的司法赔偿立法突具有如下特点:

首先,在宪法中确认了司法赔偿的基本原则。我国《宪法》第 41 条第 3 款明确规定,由于国家机关或国家工作人员侵犯公民权利而受到损失的人,有依照法律取得赔偿的权利。从而将以往所给予受害人的"抚恤金"或者"救济金"上升为法律意义上的"赔偿"。1994 年 5 月 12 日通过的《国家赔偿法》正式确立了我国的司法赔偿制度。

其次,我国的司法赔偿统一规定在国家赔偿法中,具体由《国家赔偿法》的第三章刑事赔偿和第五章第 38 条体现出来。采取这种立法模式,既有利于立法机关制定法律,又有利于司法机关适用法律,同时也方便受害人获得赔偿。

最后,司法赔偿范围较广,既包括刑事损害赔偿,也包括民事诉讼、行政诉讼中的特定损害赔偿。刑事赔偿既包括对因错拘、错捕、错判而造成的人身自由权损害、生命健康权损害的赔偿,也包括对公民、法人和其他组织财产权造成的损害的赔偿,还包括对刑讯逼供、殴打等事实行为造成损害的赔偿。此外,在司法赔偿中,既包括对司法机关的侵权行为的赔偿(如错捕、错判、错羁或错误执行等),也包括司法机关工作人员行使职权所导致的侵权行为的赔偿(如非法拘禁、侮辱殴打、非法使用器械致人伤亡等)。

四、司法赔偿的功能

赔偿制度是对被害人进行补救、维护社会稳定发展的重要法律手段,它的有

[①] 参见胡锦光、余凌云、吴鹏主编:《国家赔偿法(第三版)》,中国人民大学出版社 2017 年版,第 79 页。

无是衡量一个国家民主和法治程度的一个标志。司法赔偿是国家赔偿的重要组成部分,其功能主要表现为以下几个方面:

(一) 对司法侵权行为的救济功能

对于司法机关和司法机关工作人员行使职权造成的损害给予救济,是司法赔偿的基本功能,也是国家实行包括司法和行政赔偿在内的国家赔偿制度的根本目的。司法赔偿的其他功能都是从该功能中派生出来的。因此,评价一个国家司法赔偿的优劣得失,主要应考察其救济功能的大小及在现实生活中的实现程度。① 这是因为,司法侵权行为的直接后果,就是对公民、法人和其他组织的合法权益的侵害,其中包括无辜的人被拘、被捕、被处以刑罚,也包括没有犯死刑罪的人判处死刑等。如果国家对这些冤假错案不予纠正,对受害人不给予赔偿,公民的合法权益也就得不到保障,这与倡导保障人权的时代是不相符合的。

(二) 促进社会稳定、发展的功能

"有侵权必有救济,有损害必有赔偿。"为使社会处于有序状态,任何人都必须对自己的行为负责,国家司法机关也不例外。建立司法赔偿制度,可以减少不必要的纷争,使受害人受到的损害得到合理的赔偿,从而缓解或消除国家与个人之间的矛盾,防止公民、法人和其他组织对司法活动产生不满和对立情绪,有利于国家稳定和社会进步。同时,司法赔偿制度的确立,也有利于创造良好的投资环境。对一个投资者来说,最关心的是其合法权益有无法律的保障,一旦发生侵权损害,有无获得救济赔偿的途径。有了司法赔偿制度,就能对司法侵权行为实施充分有效的救济,这就给投资者吃了一个定心丸。

(三) 促进司法机关及其工作人员依法行使司法权的功能

我国《国家赔偿法》明文规定作出侵权行为的司法机关是赔偿义务机关,并且规定赔偿义务机关赔偿后,应当向有过错的工作人员追偿部分或全部费用。这无疑将促进司法机关及其工作人员依法行使职权,减少错案的发生。当然,由于司法赔偿是以国家名义向受害人承担法律责任的国家赔偿,即国家才是真正的赔偿责任主体,这就体现了国家保护司法人员不因其职务行为受到被侵害人的起诉。总之,对司法机关及其工作人员的监督和惩处必须控制在一定限度内。如果追究个人经济责任的面过宽,就会损害司法机关及其工作人员执行国家公务的主动性、积极性和创造性,损害工作效率,情况严重的还可能造成局部工作瘫痪。

---

① 参见皮纯协、冯军主编:《国家赔偿法释论(第三版)》,中国法制出版社2010年版,第12页。

第三节 司法赔偿的归责原则与构成要件

一、司法赔偿的归责原则

从国外的司法赔偿实践来看,司法赔偿大多实行以无过错责任原则为主、辅之以过错责任原则或公平原则的做法。对此,我国台湾地区学者何孝元指出:"近代各国立法之趋势,正由过失赔偿责任主义进入无过失赔偿责任主义,换言之,行为人似无过失,但若其行为结果损及他人,亦须赔偿。'无过失赔偿责任'之所以成为各国冤狱赔偿法立法之共同趋向者,乃因冤狱赔偿除为昭雪冤枉外,并寓有对于无辜之受害人施于救济之重大意义。"①

法国在司法赔偿领域实行以无过错责任原则为主,以过错责任原则为辅。首先,在刑事赔偿领域实行无过错责任原则,不问有无主客观过错一律赔偿。法国于1970年颁布的《刑事诉讼法》第149条和第150条规定,在刑事诉讼程序中被临时拘禁的被告,预审的结果决定不起诉,或起诉以后法院判决无罪释放时,被告如果因此受到重大损害,可以请求赔偿。这种赔偿责任属于无过错责任。因为不起诉的裁决和无罪释放的判决,不一定表示拘禁和预审中有过错存在。②但在非刑事司法赔偿中,法国实行过错责任原则。1972年颁行的《建立执行法官和关于民事诉讼程序改革法》中规定,国家必须赔偿由于司法公务活动的缺陷而产生的损害。这个责任只在重过错和拒绝司法时才发生。③同时,法国的《民事诉讼法》也规定,司法官因诈欺、渎职、拒绝裁判或其他职务上的重大过失而受有罪判决确定的,被害人得依本法规定,请求国家赔偿。

德国在刑事赔偿中实行无过错责任原则同时兼顾公平原则。1971年《刑事追诉措施赔偿法》中关于对错误判决的赔偿和错误刑事追诉措施的赔偿,均实行无过错责任原则,不以司法机关或法官的过错及行为违法为前提。如该法第1条规定:一项刑事判决在再审或其他刑事诉讼程序中被取消或减轻后,因该判决遭受损失者,由国库予以赔偿;第2条规定:如果当事人已被释放,或终止对其刑事诉讼,或法院拒绝开庭,当事人由于受羁押和其他刑事追诉措施而遭受的损失,由国库予以赔偿。为了更好地保护被错误刑事追诉者的权益,第4条又专门增设公平原则以作补充。该条规定:只要符合公平、合理的情况,如果法院没有判刑,如果刑事追诉措施的结果大于刑事法庭判决的结果,如果刑事法庭认为该

---

① 何孝元:《损害赔偿之研究》,我国台湾地区商务印书馆1983年版,第316页。
② 参见王名扬:《法国行政法》,北京大学出版社2016年版,第578—579页。
③ 同上书,第579页。

行为只属于扰乱社会治安范围,均可以对第 2 条所指的刑事追诉措施进行赔偿。①

在我国,司法赔偿与行政赔偿共同构成了国家赔偿。关于国家赔偿的归责原则,前已说明,应当适用无过错责任原则。因此,作为国家赔偿组成部分的司法赔偿,也应为无过错责任原则。无过错责任原则将损害后果作为行为人承担责任的首要条件,而不以司法人员的主观过错为成立条件。我国《国家赔偿法》规定的"对公民采取逮捕措施后,决定撤销案件、不起诉或者判决宣告无罪终止追究刑事责任的""依照审判监督程序再审改判无罪,原判刑罚已经执行的"等情形,都说明不需证明刑事司法机关职权行为上的过错,无须证明刑事司法机关是否严格按照法定程序行使职权,只需证明无罪羁押的事实存在即可构成司法赔偿。

二、司法赔偿的构成要件

司法赔偿的构成要件,是指国家承担司法赔偿时必须具备的条件。司法赔偿的构成要件与司法赔偿的归责原则紧密联系,相辅相成,缺一不可。根据无过错责任原则的要求,司法赔偿的构成应当具备的要件包括:特定的侵权主体、特定的侵权行为、特定的损害事实、侵权行为与损害事实之间具有因果关系。

(一)特定的侵权主体

根据我国《国家赔偿法》规定,司法侵权行为主体为国家司法机关及其工作人员,具体包括以下几类:

1. 侦查机关及其工作人员

依《刑事诉讼法》的规定,公安机关(含国家安全机关)行使侦查权,负责对案件进行侦查,调查收集证据,并有权在侦查过程中对犯罪嫌疑人采取强制措施。因而在我国,行使国家侦查权的公安机关(含国家安全机关)及其工作人员都可以成为司法侵权行为主体。"这里应包括事实上的工作人员,如某公民自愿并经侦查人员认可协助侦查人员追击一在逃犯,在追击过程中致其他公民身体伤害的,国家也应予以赔偿。"②同时,也应包括对军队内部的犯罪案件行使侦查权的军队保卫部门及其工作人员。

2. 检察机关及其工作人员

依《宪法》的规定,在我国,行使国家检察权的有各级人民检察院、专门检察院和军事检察院。检察机关对部分刑事案件有自侦权,对犯罪嫌疑人有批捕权、提起公诉权和不予起诉权,还有采取其他措施的权力等。检察机关及其工作人

---

① 参见陈春龙:《中国司法赔偿》,法律出版社 2002 年版,第 81—82 页。
② 薛刚凌:《国家赔偿法教程》,中国政法大学出版社 1997 年版,第 221 页。

员均可成为司法侵权行为主体。

3. 审判机关及其工作人员

依《宪法》的规定，我国的司法审判权统一由人民法院行使，各级人民法院、专门人民法院和军事法院及其工作人员均可成为司法侵权行为主体。

4. 看守所、监狱管理机关及其工作人员

我国行使监狱管理职权的国家机关为公安看守所、少管所、监狱等机关，其中公安看守所隶属于公安机关，少管所、监狱隶属于司法行政机关。看守所、监狱管理机关虽然属于行政机关系列，但负有执行刑罚的职能，因而被看做是司法侵权行为的主体。

(二) 特定的侵权行为

司法赔偿所要求的行使职权的行为是特定的，只能是法律明确规定由国家承担赔偿责任的行为。也就是说，只要法律明确规定某种行使职权行为造成的损害应当由国家承担赔偿责任，即可在损害发生后引起国家赔偿。

(三) 特定的损害事实

国家对司法侵权行为是否承担赔偿责任，不仅要看公民、法人和其他组织的合法权益是否受到损害，更要看是否发生了《国家赔偿法》所要求的特定损害事实。根据《国家赔偿法》的规定，引起司法赔偿的损害只限于人身权损害和财产权损害，对政治权利的损害不产生赔偿，如对无罪的公民判处剥夺政治权利的，不予赔偿。同时，对人身权中人身自由权的损害赔偿，只限于剥夺人身自由权的侵权行为，对于限制人身自由权的侵权损害，国家不承担刑事赔偿责任。

(四) 侵权行为与损害事实之间具有因果关系

损害事实与司法机关及其工作人员行使司法权的行为之间有因果关系，是司法赔偿构成的又一要件。它是指引起司法赔偿的损害确为司法机关及其工作人员执行职务的行为所致，即司法侵权行为与损害结果之间存在因果关系。否则，国家不应承担赔偿责任。

(五) 法律明确规定属于赔偿的范围

由于《国家赔偿法》对司法赔偿的范围作了明确具体的列举，凡是法律没有明确规定应由国家承担赔偿责任的司法侵权行为，即使公民、法人和其他组织的合法权益受到损害，也无权请求国家赔偿。因而我国司法赔偿的范围较窄，原则上限于《国家赔偿法》第17条、第18条、第38条列举的司法侵权行为所引起的损害。

第九章 司法赔偿的范围

第一节 司法赔偿范围概述

一、司法赔偿范围的含义

司法赔偿的范围是指国家对司法机关及其工作人员行使职权给公民、法人和其他组织的合法权益造成的哪些损害予以赔偿的范围。

司法赔偿的范围在内容上不仅涉及国家对哪些司法侵权行为造成的损害予以赔偿,而且也涉及国家对司法侵权行为给哪些合法权益造成的哪些损害予以赔偿。因而,对如何确定司法赔偿的范围,理论界有两种主张:一是根据司法侵权行为确定赔偿与否;二是根据损害形态及因果关系的密切程度确定赔偿与否。我国《国家赔偿法》是根据前者确定司法赔偿范围的,因此,司法赔偿的范围应包括:刑事赔偿范围与民事诉讼、行政诉讼中的司法赔偿范围以及上述司法赔偿责任的例外。对此,《国家赔偿法》第17、18、19、38条作了明确规定。

明确司法赔偿范围,无论是对司法侵权行为的受害人,还是对司法赔偿义务机关以及人民法院都有重要的意义。

首先,对司法侵权行为的受害人来说,司法赔偿范围决定了其享有的司法赔偿请求权的范围,在法定的司法赔偿范围内,受害人才可以就自己所受损害请求赔偿。

其次,对司法赔偿义务机关来说,司法赔偿范围确定了司法赔偿义务机关承担赔偿义务的范围,这样司法赔偿义务机关就可以在司法赔偿范围内积极、主动地承担其赔偿义务,给受害人以及时、切实的法律救济;而对司法赔偿范围以外的损害,司法赔偿义务机关由于没有相应的赔偿义务,则不予以赔偿。

最后,对人民法院来说[①],司法赔偿范围明确了人民法院解决纠纷的范围,能使人民法院把握好赔与不赔的合适尺度,既合法保护公民、法人和其他组织受侵害的合法权益,又严格执行法律规定,不在法定赔偿范围之外予以赔偿。

---

① 根据我国《国家赔偿法》第29条的规定,中级以上的人民法院设立赔偿委员会专门处理有关赔偿纠纷。

二、司法赔偿范围的确定

司法赔偿范围的确定受多种因素的影响,概括起来说主要包括以下几个方面:

第一,司法赔偿范围的确定取决于国家的法治状况。由于受"国家豁免理论"的影响,国家赔偿制度在西方国家是通过渐进式立法建立起来的。也就是说,国家赔偿制度是随着民主政治的发展而逐步发展起来的,是民主和法治的产物。在政治独裁、权力专横的社会,不可能有国家赔偿制度,因为"专制的国家是无所谓法律的"①。而在法治状况良好的国家,国家赔偿的范围宽泛,相应地司法赔偿的范围也宽泛。

第二,司法赔偿范围的确定还受制于国家的财力状况。由于国家财力的局限,国家不可能对所有的司法侵权行为一概承担损害赔偿责任,只能是有选择地通过法律规定哪些侵权应当赔偿,即通常所说的"法定赔偿原则"。例如,在奉行判例法的美国,国家赔偿均源自不同时期的制定法和判例,联邦政府官员违法赔偿责任,依据1971年《美国法典》第28编第1983条规定处理;联邦政府官员的个人赔偿责任,源自1971年最高法院毕恩斯判例处理,其他政府性质的赔偿责任依联邦侵权法处理。如果法律没有规定,并不是任何损害都能进入诉讼程序得到赔偿。② 我国也采用法定赔偿原则,只有法律、法规或有关司法解释明文规定应由国家承担赔偿责任的事项,才属司法赔偿的范围。

第三,在司法实践中,司法侵权数量的多寡对司法赔偿范围的确定也是一个不得不考虑的现实因素。如果司法队伍整体素质不高,权力监督和制约机制不健全,执法的社会环境和外部因素不理想,国家给司法系统提供的物质保障不充裕,刑事、民事、行政诉讼中的违法侵权数量较高,那么,在此种情况下,司法赔偿范围的确定就不可能太宽泛。我国在起草《国家赔偿法》时曾就赔偿费用作过测算,每年大致需20亿元,而国家财政仅能承受2亿元。尽管事实证明这项预测不够准确,实际上2亿元预算也远未使用,但法定司法赔偿范围却只能是有限的。③

那么,究竟应如何确定国家赔偿的范围呢?对此,各国法律规定不一。

首先,关于刑事赔偿的范围。以德国为代表的一些国家,法律将刑事赔偿的范围确定得很宽,他们不是以有罪无罪确定赔偿的范围,而是以刑事追诉措施是否被改正作为是否予以赔偿的界限。就是说,对于无罪羁押的,应属刑事赔偿的

---

① 参见〔法〕孟德斯鸠:《论法的精神》(上),张雁深译,商务印书馆1961年版,第76页。
② 转引自〔美〕乔治·贝尔蒙:《美国国家赔偿制度》,载于《行政立法参考资料》第14辑。
③ 参见陈春龙:《中国司法赔偿》,法律出版社2002年版,第95页。

范围;对于轻罪重判等行为造成的损害,也属于刑事赔偿的范围。这种立法可以称之为有罪错误羁押赔偿原则。德国《刑事追诉措施赔偿法》第1条规定:"(一)对于因一项刑事法庭判决遭受损害者,如其判决在再审程序的刑事诉讼中被取消或被减轻,或者在能使该判决有效的其他刑事诉讼中被取消或被减轻时,由国库予以赔偿;(二)如果没有作判决而处以矫正或保安处分或一项附随结果时,相应适用第1款。"第2条第1项规定:"如果当事人已被释放,或者针对他的刑事诉讼已经终止,或者法院拒绝对他开庭审判,当事人由于受羁押或其他刑事追诉措施而遭受的损失,由国库予以赔偿。"根据这一规定,无论原判决或矫正或保安处分等被取消还是被减轻,国家都应负责赔偿而无论取消或减轻的原因是无罪还是轻罪重判。比利时法律也有类似德国的规定,即原判决撤销重判较轻的罪刑时,被告人依法有权请求国家赔偿。与此相反,日本等国家则实行无罪羁押赔偿原则,即只有被羁押的人被确定无罪时,被羁押人才有权请求国家赔偿,而对有罪羁押的人,则不能请求国家赔偿。日本《刑事补偿法》第1条第1项规定:"在根据刑事诉讼法规定的普通程序、再审或非常上告程序中,受到审判宣告无罪的人,如果在判决前曾依据刑事诉讼法、少年法和经济调查厅法的规定,受到关押或拘禁时,可以根据关押或拘禁的情况,向国家请求补偿。"第2项规定:"在根据恢复上诉权的规定而提起上诉、再审或非常上告的程序中,受到审判宣告无罪的人,如果已按照原判决受到刑的执行,或根据刑法第11条第2款的规定受到拘押时,可以根据刑的执行或拘押的情况,向国家请求补偿。"第25条规定:"受到根据刑事诉讼法规定所作的免诉或公诉不受理判决的人,如果有充分理由认为没有应判决免诉或公诉不受理的事由,而应受到无罪判决时,可以根据关押及拘禁的情况,向国家请求补偿或根据刑的执行或拘押的情况请求补偿。"从这些规定中不难发现,日本的刑事赔偿实行的是无罪羁押赔偿原则。

其次,关于民事诉讼、行政诉讼中的司法赔偿范围。对在民事诉讼、行政诉讼过程中的司法侵权行为所造成的损害赔偿责任,世界许多国家和地区都在有关法律中作出了相应规定。如法国在《民事诉讼法》和1972年《建立执行法官和关于民事诉讼程序改革法》中规定:司法官因诈欺渎职、拒绝裁判或其他职务上的重大过失而造成的损害,国家负赔偿责任。西班牙《宪法》第106条规定:凡人民因判决错误或司法官渎职所受之损害,得依照法律规定要求赔偿。此项赔偿,应由国家负责。瑞士《国家民事责任法》第1条规定:日内瓦行政区对于司法官于执行职务时,因故意、过失或疏忽之不法行为,致使第三人受到损害者,应予赔偿。但是,"从现有资料看,国外对于民事行政诉讼中的错判极少有规定国家赔偿的"[①]。

[①] 房绍坤等:《国家赔偿法原理与实务》,北京大学出版社1998年版,第205页。

我国在确定司法赔偿范围时,主要是基于司法工作的实际和国家的财力状况,实行有限赔偿,具体遵循以下两项原则:

一是刑事赔偿采取无罪羁押赔偿的原则。依据我国《国家赔偿法》的规定,在刑事诉讼过程中发生错拘、错捕、错判的,只有在受害人完全无罪的情形下,国家才承担赔偿责任;如果属于轻罪重判或犯此罪而被判成彼罪等情形,虽也属于错判,但由于被处刑人存在犯罪事实,国家不承担赔偿责任。

这里需要注意的一个问题是:如果被处刑人有罪,但依法不应判处死刑,却被判死刑并已执行的,国家是否应该赔偿?《国家赔偿法》对此情形虽无规定,但目前比较一致的看法是国家应负赔偿责任。对于其理由,有人认为,这是"无罪"原则的一种特殊表现,虽然受害人有罪[①],但受害人的犯罪事实不应被判处死刑,也就是说,在其依法服刑之后仍然享有生命及自由权。因此可以说,如果对其执行了死刑,也是对该"无死刑罪"公民生命权的剥夺,国家应予赔偿。[②] 还有人认为,这并不违反"无罪赔偿"原则。因为"无罪赔偿"应理解为"是无罪羁押赔偿,是指侵犯自由权的赔偿,但错杀的是侵犯生命权的赔偿,这是两个不同的问题,不应混淆"[③]。

二是对民事诉讼、行政诉讼中的司法赔偿采取限制原则。我国《国家赔偿法》对民事诉讼、行政诉讼中的司法赔偿采取限制原则,即将其赔偿范围限制在法律明示列举的违法采取对妨害诉讼的强制措施、违法采取保全措施、对生效法律文书执行错误三个方面,从而排除了对民事诉讼、行政诉讼中其他错误如错误判决、错误裁定等的赔偿。这主要是考虑到受害人可以要求不当得利一方返还财产或给予赔偿,无须法院赔偿。

遵循以上两项原则,根据我国《国家赔偿法》第 17、18、19、38 条的规定,国家承担司法赔偿的范围,仅限于司法机关及其工作人员特定的侵权行为对公民、法人和其他组织人身权、财产权的损害。

三、司法赔偿范围的立法方式

关于司法赔偿范围的确定所采取的立法方式,各国立法例各不相同。有的国家将其规定于刑事、民事诉讼法中,并通过司法解释和判例加以界定。如法国 1895 年《刑事诉讼法》规定,被告经高等法院判决无罪后,对原审有罪判决所致损害,有请求赔偿权。《民事诉讼法》第 505 条规定,因法官存在欺诈、渎职、拒绝裁判或其他职务上重大过失而被判有罪者,有权请求国家赔偿。有的国家授权

[①] 这里的受害人,是指国家司法侵权中的受害人。
[②] 参见薛刚凌:《国家赔偿法教程》,中国政法大学出版社 1997 年版,第 227 页。
[③] 参见肖峋:《中华人民共和国国家赔偿法理论与实用指南》,中国民主法制出版社 1994 年版,第 176 页。

由各州的法律予以规定,而联邦法律则不作具体规定,如美国。有的国家则制定了专门的刑事补偿法,如日本。还有的国家则在国家赔偿法中作概括性规定,如奥地利。我国《国家赔偿法》首先在第 2 条采取概括式规定了司法赔偿的范围,然后以列举的方式,在第 17 条、第 18 条和第 38 条列举式规定了国家承担司法赔偿的事项,在第 19 条规定了国家不负司法赔偿的事项。

第二节 刑事赔偿的范围

刑事赔偿是指国家司法机关在行使刑罚权过程中,因刑事司法侵权而应对受害人承担的赔偿责任。刑事赔偿范围就是国家应当对哪些刑事司法侵权行为造成的损害承担赔偿责任。根据我国《国家赔偿法》第 17 条和第 18 条规定,国家应当承担刑事赔偿的司法侵权事项主要包括两大类,即侵犯人身权的事项和侵犯财产权的事项,而侵犯人身权的事项主要包括侵犯人身自由权和侵犯生命权、健康权两种情形。

一、侵犯人身权的刑事赔偿

根据我国《国家赔偿法》第 17 条规定,侵犯人身权的司法赔偿包括以下五种情形:

(一)错误刑事拘留和超期限刑事拘留

刑事拘留即刑事诉讼中的拘留,是指行使侦查权的机关在紧急情况下依法临时剥夺现行犯或者重大嫌疑分子人身自由的一种强制措施。根据《刑事诉讼法》的规定,在刑事诉讼中,行使侦查权的公安机关(包括国家安全机关和军队的保卫部门)有权作出拘留决定。与此同时,《刑事诉讼法》对拘留的条件、程序和时限作了明确规定。《刑事诉讼法》第 82 条规定,公安机关对于现行犯或者重大嫌疑分子,如果有下列情形之一的,可以先行拘留:(一)正在预备犯罪、实行犯罪或者在犯罪后即时被发觉的;(二)被害人或者在场亲眼看见的人指认他犯罪的;(三)在身边或者住处发现有犯罪证据的;(四)犯罪后企图自杀、逃跑或者在逃的;(五)有毁灭、伪造证据或者串供可能的;(六)不讲真实姓名、住址,身份不明的;(七)有流窜作案、多次作案、结伙作案重大嫌疑的。《刑事诉讼法》第 165 条规定,人民检察院直接受理的案件中符合本法第 81 条、第 82 条第 4 项、第 5 项规定情形,需要逮捕、拘留犯罪嫌疑人的,由人民检察院作出决定,由公安机关执行。第 85 条规定,公安机关拘留人的时候,必须出示拘留证。第 86 条规定,公安机关对于被拘留的人,应当在拘留后的 24 小时以内进行讯问。在发现不应当拘留的时候,必须立即释放,发给释放证明。对需要逮捕而证据还不充足的,可以取保候审或者监视居住。第 91 条规定,公安机关对被拘留的人,认为需要逮捕的,应当在拘留后的3日以内,提请人民检察院审查批准。在特殊情况下,提请审查批准的时间可以延长1日至4日。对于流窜作案、多次作案、结伙作案的重大嫌疑分子,提请审查批准的时间可以延长至30日。人民检察院应当自接到公安机关提请批准逮捕书后的7日以内,作出批准逮捕或者不批准逮捕的决定。人民检察院不批准逮捕的,公安机关应当在接到通知后立即释放,并且将执行情况及时通知人民检察院。对于需要继续侦查,并且符合取保候审、监视居住条件的,依法取保候审或者监视居住。第92条规定,公安机关对人民检察院不批准逮捕的决定,认为有错误的时候,可以要求复议,但是必须将被拘留的人立即释放。如果意见不被接受,可以向上一级人民检察院提请复核。上级人民检察院应当立即复核,作出是否变更的决定,通知下级人民检察院和公安机关执行。

根据最高人民法院、最高人民检察院《关于办理刑事赔偿案件适用法律若干问题的解释》第5条的规定,对公民采取刑事拘留措施后终止追究刑事责任,具有下列情形之一的,属于《国家赔偿法》第17条第1项规定的违法刑事拘留:(1)违反刑事诉讼法规定的条件采取拘留措施的;(2)违反刑事诉讼法规定的程序采取拘留措施的;(3)依照刑事诉讼法规定的条件和程序对公民采取拘留措施,但是拘留时间超过刑事诉讼法规定的时限。可见,因刑事拘留而引起的国家赔偿包括以下两种情形:

一是侦查机关违反《刑事诉讼法》规定的条件和程序对公民采取拘留措施的,其后决定撤销案件、不起诉或者判决宣告无罪终止追究刑事责任的。侦查机关如违反《刑事诉讼法》规定的拘留条件、程序对公民实施了拘留,则构成违法拘留,受害公民可以申请国家赔偿。在司法实践中,属于此类情况的主要情形包括:侦查机关明知被拘留的人没有犯罪或缺少证明其犯罪的证据,仍将其拘留的;侦查机关拘留被拘留人后,经讯问发现不应拘留,但却不释放的或延期释放的;侦查机关实施拘留时,有一定事实证明被拘留人有重大嫌疑,但是经讯问仅属于一般违法行为,不应拘留的,而仍然不予释放等各种违反刑事诉讼法规定采取拘留措施的情形。[①]

二是侦查机关依照《刑事诉讼法》规定的条件和程序对公民采取拘留措施,但是拘留时间超过《刑事诉讼法》规定的时限,其后决定撤销案件、不起诉或者判决宣告无罪终止追究刑事责任的。此种情况属于拘留时有证据证明行为人有犯罪嫌疑,并且侦查机关也按法律规定的程序对其采取了刑事拘留措施,后来对行为人排除了犯罪嫌疑,或者不具备起诉的条件,或者犯罪情节轻微不需要追究刑事责任的,司法机关决定撤销案件、不起诉或者判决宣告无罪终止追究刑事责

[①] 马怀德主编:《中华人民共和国国家赔偿法释义》,中国法制出版社2010年版,第111页。

任,但是拘留时间超过《刑事诉讼法》第 91 条规定的时限。对于这种情况,国家应承担赔偿责任,受害人可以申请国家赔偿。

(二)采取逮捕措施后,决定撤销案件、不起诉或者判决宣告无罪终止追究刑事责任

逮捕是指经人民检察院或者人民法院批准或决定,由有权执行逮捕的公安机关依法对犯罪嫌疑人或者被告人实行羁押,限制其人身自由的一种强制措施。《刑事诉讼法》第 81 条对适用逮捕的条件作了明确规定,对有证据证明有犯罪事实,可能判处徒刑以上刑罚的犯罪嫌疑人、被告人,采取取保候审、监视居住等方法,尚不足以防止发生社会危险性,而有逮捕必要的,应即依法逮捕。对应当逮捕的犯罪嫌疑人、被告人,如果患有严重疾病,或者是正在怀孕、哺乳自己婴儿的妇女,可以采用取保候审或者监视居住的办法。与此同时,《刑事诉讼法》第 87—90 条对逮捕应遵循的程序也作了规定。司法机关如果对不符合逮捕条件的公民采取逮捕措施,或者不遵循逮捕程序对公民采取逮捕措施,则构成刑事诉讼法上的错误逮捕。

根据《国家赔偿法》第 17 条第 2 项的规定,逮捕后决定撤销案件、不起诉或者判决宣告无罪终止追究刑事责任的情形主要包括以下几个情形:一是对根本不存在犯罪事实,或者仅存在轻微违法行为尚不构成犯罪的行为人,予以逮捕的;二是没有充分证据证明犯罪事实存在,而予以逮捕的;三是逮捕前认为存在犯罪事实,逮捕后经侦查不构成犯罪的。①

根据最高人民法院、最高人民检察院《关于办理刑事赔偿案件适用法律若干问题的解释》第 2 条的规定,解除、撤销拘留或者逮捕措施后虽尚未撤销案件、作出不起诉决定或者判决宣告无罪,但是符合下列情形之一的,属于《国家赔偿法》第 17 条第 1 项、第 2 项规定的终止追究刑事责任:(1)办案机关决定对犯罪嫌疑人终止侦查的;(2)解除、撤销取保候审、监视居住、拘留、逮捕措施后,办案机关超过 1 年未移送起诉,作出不起诉决定或者撤销案件的;(3)取保候审、监视居住法定期限届满后,办案机关超过 1 年未移送起诉、作出不起诉决定或者撤销案件的;(4)人民检察院撤回起诉超过 30 日未作出不起诉决定的;(5)人民法院决定按撤诉处理后超过 30 日,人民检察院未作出不起诉决定的;(6)人民法院准许刑事自诉案件自诉人撤诉的,或者人民法院决定对刑事自诉案件按撤诉处理的。赔偿义务机关有证据证明尚未终止追究刑事责任,且经人民法院赔偿委员会审查属实的,应当决定驳回赔偿请求人的赔偿申请。

(三)依照审判监督程序再审改判无罪,原判刑罚已经执行

这种情形也称无罪错判,是指行为人的行为不构成犯罪,但由于法院的错

---

① 马怀德主编:《中华人民共和国国家赔偿法释义》,中国法制出版社 2010 年版,第 115 页。

判,使其被判决确定为有罪。如果有罪判决被全部或者部分执行,必然侵害行为人的合法权益,国家依法应当承担赔偿责任。根据《国家赔偿法》第17条第3项的规定,国家应予赔偿的错判,是指发生法律效力的判决将无罪的公民认定为有罪,并被判处剥夺人身自由或生命的刑罚,且判处的刑罚已经执行,在刑罚执行过程中或者执行后,人民法院依审判监督程序予以改判宣告无罪的。据此,构成无罪错判的国家赔偿应具备以下三个条件:

第一,人民法院作出错误判决并判处无罪的人刑罚。这里的"错误判决"仅指无罪错判,国家只有在对无罪的人错判的情况下才承担赔偿责任。如果被告人的行为已经构成犯罪,但量刑过重超出法定刑幅度而引起再审程序,最终改判轻刑,此时原判决虽然存在错误,但也不属于《国家赔偿法》所规定的错判,国家不承担赔偿责任。① 这主要是考虑到司法工作的难度和国家的财力有限,同时也考虑到有罪的人触犯了刑律,因而与无罪的人应区别对待。这里需要注意:一是如果被法院判处免予刑事处分的人,经再审改判宣告无罪,不发生错判的国家赔偿。因为法院此前只是作出一个有罪宣告,而没有对被告人实际判处和执行刑罚,没有发生国家赔偿法上所要求的损害事实。二是如果被判处缓刑的人经再审程序改判宣告无罪的,亦不应发生错判的国家赔偿。因为在这种情况下,法院虽然作出有罪判决并判处被告人刑罚,但严格地说,缓刑不是刑罚的执行,而是附条件地不执行,也就没有发生国家赔偿法上要求的损害事实。

第二,刑罚已经执行。刑罚已经执行包括两种情况:一是判决的刑罚已经全部执行完毕;二是判决刑罚已经部分执行。被无罪错判的人如果已经全部执行了判决刑罚,国家应对全部错判刑罚承担赔偿责任;如果在执行过程中经审判监督程序再审宣告无罪释放的,国家则应对已执行部分的错判刑罚承担赔偿责任。这里需要注意的是:在刑罚执行期间,发生依法减刑或者假释的情况,对于被减刑或者假释部分的错判刑罚,国家不承担赔偿责任。

第三,错误判决经审判监督程序再审改判无罪。根据《国家赔偿法》的规定,应当给予国家赔偿的错判只适用于"依照审判监督程序再审改判无罪"的情况,其他任何情况下的"错判"或者判决不当都不应发生国家赔偿问题。

在认定错判的国家赔偿时,还应注意的一点是:法院在一审生效判决或二审判决中宣告被告人无罪,对判决前被羁押的,国家应当承担赔偿责任。因为从司法实践看,这种侵害行为一般表现为两种情况:一是错误逮捕;二是错误拘留。只是其违法性不是在侦查阶段被否定,而是在审判阶段被否定,都是对公民人身

---

① 从实践角度看,错误判决的表现形式具有多样性,具体包括无罪判有罪、有罪判无罪、此罪判彼罪、轻罪重判、重罪轻判等情形,但并非所有错判决动都能引起国家赔偿问题。参见胡锦光、余凌云、吴鹏主编:《国家赔偿法(第三版)》,中国人民大学出版社2017年版,第86页。

权的侵害,国家应当承担赔偿责任。

(四)刑讯逼供或者以殴打、虐待等行为或者唆使、放纵他人以殴打、虐待等行为造成公民身体伤害或者死亡

刑讯逼供是指司法机关工作人员在办理刑事案件过程中,对犯罪嫌疑人或被告人使用肉刑或者变相肉刑逼取口供的行为。刑讯逼供会造成公民身体伤害或者死亡,严重侵犯了公民的人身权。另外,司法机关工作人员在行使职权时,还可能基于其他目的(非逼取口供的目的),而对公民实施殴打、虐待等行为或者唆使、放纵他人对公民实施殴打、虐待等行为,造成公民身体伤害或者死亡,同样会严重侵犯公民的人身权。国际社会为促进对人权和基本自由的普遍尊重,制定了《禁止酷刑和其他残忍不人道或者有辱人格的待遇或处罚公约》,根据该公约,公职人员或以官方身份行使职权的其他人,非因法律制裁,蓄意使公民在肉体上或精神上遭受剧烈痛苦或痛苦的行为,都应受到禁止,受害者享有获得公平和足够赔偿的权利。我国《国家赔偿法》第17条第4项也明确规定,刑讯逼供或者以殴打、虐待等行为或者唆使、放纵他人以殴打、虐待等行为造成公民身体伤害或者死亡的,国家应当承担赔偿责任。

根据我国《国家赔偿法》的规定,国家承担此类赔偿责任,应具备以下几个方面的条件:第一,实施此类行为的主体是司法机关工作人员。如果是受司法机关及其工作人员唆使实施了此类行为的人员,国家也应承担赔偿责任。第二,此类行为必须发生在行政职权的过程中,且与职权行使有一定的关联性。只要这种行为发生在司法机关工作人员行使职权的过程中,与行使职权的行为有关,无论是作为行使职权的一种手段,还是假借行使职权的名义实施的,都应当由国家承担赔偿责任。对于在非行使职权过程中发生的,与行使职权的行为无关的个人行为,国家不承担赔偿责任。第三,此类行为一般表现为刑讯逼供或者以殴打、虐待等行为或者唆使、放纵他人以殴打、虐待等行为造成公民身体伤害或者死亡的后果。根据《国家赔偿法》的规定,司法机关工作人员实施此类行为必须在造成公民身体伤害或者死亡的情况下,国家才承担赔偿责任。如果司法机关工作人员只是实施了轻微的暴力行为,或者仅仅用言词侮辱,没有对公民的身体造成伤害或者死亡后果的,国家不承担赔偿责任。

(五)违法使用武器、警械造成公民身体伤害、死亡

为了保障司法机关依法履行职责,及时有效地制止违法犯罪行为,维护公共安全和社会秩序,保护公民的人身安全和公私财产不受侵犯,法律有必要赋予某些机关工作人员佩带和使用武器的权力。同时,为了保护公民的人身权不受非法侵犯,《人民警察法》《人民警察使用警械和武器条例》《看守所条例》等法律、法规,对司法机关工作人员佩带、使用武器、警械作了严格规定。根据《国家赔偿法》第17条第5项的规定,违法使用武器、警械造成公民身体伤害或者死亡的,

受害人有获得赔偿的权利。在实践中,司法机关工作人员违法使用武器、警械造成公民身体伤害或者死亡的情形主要包括以下几种:第一,司法机关给依法不应配备武器、警械的工作人员配备武器、警械,该工作人员在行使职权过程中使用的;第二,依法不应佩带武器、警械的司法机关工作人员私自携带武器、警械并在行使职权的过程中使用的;第三,依法佩带武器、警械的司法机关工作人员违反法律、法规的规定,在不应当使用武器、警械的情况下使用的,如对无辜的人使用武器、警械等。

二、侵犯财产权的刑事赔偿

根据我国《国家赔偿法》第18条的规定,刑事赔偿中侵犯财产权应当赔偿的范围包括两项:一是违法对财产采取查封、扣押、冻结、追缴等措施的行为;二是依照审判监督程序再审改判无罪,原判罚金、没收财产已经执行的行为。

(一)违法对财产采取查封、扣押、冻结、追缴等措施

为了保证刑事诉讼的正常进行,法律赋予司法机关对财产采取查封、扣押、冻结、追缴等措施的权力。但由于这种司法强制权力极易造成违法侵权的不当后果,所以受到相关法律的严格限制,要求司法机关必须依照法定权限和程序行使该权力。根据《刑事诉讼法》及有关司法解释,在刑事诉讼中,司法机关可采取查封、扣押和冻结措施的情况有三种:(1)在刑事侦查中采用。如根据《刑事诉讼法》第141条规定,在侦查活动中发现的可用以证明犯罪嫌疑人有罪或无罪的各种财物、文件,应当查封、扣押(第141条);侦查人员认为需要扣押犯罪嫌疑人的邮件、电报的,经公安机关或检察机关批准,即可通知邮电机关将有关的邮件、电报检交扣押。不需要继续扣押时,应立即通知邮电机关(第143条);人民检察院、公安机关根据侦查犯罪的需要,可以依照规定查询、冻结犯罪嫌疑人的存款、汇款、债券、股票、基金份额等财产(第144条);对于查封、扣押的财物、文件、邮件、电报或者冻结的存款、汇款、债券、股票、基金份额等财产,经查明确实与案件无关的,应当在3日内解除查封、扣押、冻结,予以退还(第145条)。(2)在刑事审判中采用。根据《刑事诉讼法》第196条的规定,人民法院在调查核实证据时,可以进行勘验、检查、查封、扣押、鉴定和查询、冻结。(3)在刑事附带民事诉讼中,人民法院在必要时,可以查封、扣押或者冻结被告人的财产。

根据最高人民法院、最高人民检察院《关于办理刑事赔偿案件适用法律若干问题的解释》第3条的规定,对财产采取查封、扣押、冻结、追缴等措施后,有下列情形之一,且办案机关未依法解除查封、扣押、冻结等措施或者返还财产的,属于《国家赔偿法》第18条规定的侵犯财产权:(1)赔偿请求人有证据证明财产与尚未终结的刑事案件无关,经审查属实的;(2)终止侦查、撤销案件、不起诉、判决宣告无罪终止追究刑事责任的;(3)采取取保候审、监视居住、拘留或者逮捕

措施,在解除、撤销强制措施或者强制措施法定期限届满后超过1年未移送起诉、作出不起诉决定或者撤销案件的;(4)未采取取保候审、监视居住、拘留或者逮捕措施,立案后超过2年未移送起诉、作出不起诉决定或者撤销案件的;(5)人民检察院撤回起诉超过30日未作出不起诉决定的;(6)人民法院决定按撤诉处理后超过30日,人民检察院未作出不起诉决定的;(7)对生效裁决没有处理的财产或者对该财产违法进行其他处理的。

(二)再审改判无罪,原判罚金、没收财产已经执行

罚金和没收财产均是我国《刑法》中规定的附加刑的刑种。罚金是指人民法院判处犯罪人向国家缴纳一定数额金钱的刑罚方法;没收财产是指将犯罪分子个人所有财产的一部或者全部强制无偿地收归国有的刑罚方法。如果依照审判监督程序再审改判被告人无罪,则说明原判处的罚金或者没收财产也是不正确的。如果已经执行,那么,交纳的罚金、没收的财产皆应予以退还。如果非金钱形式的财产已经毁损灭失的,国家应当作出相应的金钱赔偿。因此,构成此项国家赔偿,必须具备以下三个条件:(1)已生效的判决涉及罚金、没收财产;(2)经过审判监督程序,再审改判被告人无罪;(3)原判决的罚金、没收财产已经全部或部分执行。

第三节 民事、行政诉讼中的赔偿范围

民事、行政诉讼中的侵权损害赔偿是司法赔偿的重要组成部分。[①] 世界上许多国家均以不同的法律形式规定了民事、行政诉讼中的损害赔偿问题。我国《国家赔偿法》第38条规定,人民法院在民事诉讼、行政诉讼过程中,违法采取对妨害诉讼的强制措施、保全措施或者对判决、裁定及其他生效法律文书执行错误,造成损害的,赔偿请求人要求赔偿的程序,适用本法刑事赔偿程序的规定。根据这一规定,国家只对人民法院在民事诉讼、行政诉讼过程中,违法采取强制措施、保全措施,或者对判决、裁定及其他生效法律文书执行错误,造成损害的承担赔偿责任。同时,根据最高人民法院《关于审理民事、行政诉讼中司法赔偿案件适用法律若干问题的解释》(法释〔2016〕20号)第6条的规定,司法机关及其工作人员在民事、行政诉讼过程中,以殴打、虐待等行为或者唆使、放纵他人以殴打、虐待等行为以及违法使用武器、警械,造成公民身体伤害或者死亡的,国家也应予以赔偿。

---

① 与刑事赔偿相对应,法学理论和司法实务中也将民事诉讼和行政诉讼中的侵权损害赔偿称为"非刑事司法赔偿"。例如,2000年1月11日最高人民法院公布的《关于刑事赔偿和非刑事司法赔偿案件案由的暂行规定(试行)》首次使用了"非刑事司法赔偿"这一概念。

一、民事、行政诉讼中违法采取对妨害诉讼的强制措施

人民法院在审理民事、行政案件的过程中,为保证审判活动的正常进行和法院裁判的顺利执行,有权对有妨碍民事行政诉讼秩序行为的人所采取必要的强制措施。根据我国《民事诉讼法》的规定,法院对妨害民事诉讼采取的强制措施有拘传、训诫、责令退出法庭、罚款和拘留;根据我国《行政诉讼法》的规定,在行政诉讼中,法院对妨害诉讼采取的强制措施有训诫、责令具结悔过、罚款和拘留。

妨害诉讼行为的存在是法院采取妨害诉讼的强制措施的前提。如果没有妨害诉讼的行为,法院就不能采取这类强制措施。我国《民事诉讼法》第109—114条详细列举了妨害民事诉讼的行为,同时规定了法院可以针对各种行为采取的强制措施。该法第115条还规定了罚款的限额(个人为人民币10万元以下,单位为人民币5万元以上100万元以下)和拘留的期限(15日以下)。《行政诉讼法》第59条列举了妨害行政诉讼的行为,并规定对这些行为人可以给予1万元以下罚款、15日以下拘留措施。人民法院必须依照法定的条件和法定程序,在法定权限范围内适用强制措施。例如,人民法院采取罚款、拘留等强制措施必须适用决定书,必须经法院院长批准。

根据最高人民法院《关于审理民事、行政诉讼中司法赔偿案件适用法律若干问题的解释》第2条的规定,违法采取对妨害诉讼的强制措施,包括以下情形:(1)对没有实施妨害诉讼行为的人采取罚款或者拘留措施的;(2)超过法律规定金额采取罚款措施的;(3)超过法律规定期限采取拘留措施的;(4)对同一妨害诉讼的行为重复采取罚款、拘留措施的;(5)其他违法情形。由此可见,在诉讼中的诸多司法强制措施中,目前仅对人民法院违法实施司法拘留和违法罚款实行国家赔偿。对于人民法院违法采取的其他强制措施,包括训诫、责令退出法庭、责令具结悔过、责令履行协助义务,由于一般不会对公民的人身权、财产权产生损害,或者即使产生一定的损害,但尚未达到需要赔偿的程度,故不涉及国家赔偿问题。

二、违法采取保全措施

诉讼中的保全措施可以分为证据保全和财产保全两种类型。所谓证据保全,是指在证据可能灭失或者以后难以取得的情况下,人民法院依诉讼参加人的申请或者依职权主动采取的保全措施。例如,对书证进行拍照、复制,对物证进行勘验、绘图、拍照、录像或保管原物等。所谓财产保全,是指人民法院根据利害

关系人的申请,或者依职权对与本案有关的财物采取的一种强制性措施。① 人民法院在民事诉讼和行政诉讼中采取的财产保全措施,虽然可以区分为依申请的保全措施和依职权的保全措施,但国家赔偿法对财产保全的启动方式未做区分,只要是诉讼过程中违法采取保全措施并造成损害的,国家均需承担赔偿责任。

我国《民事诉讼法》第100条规定,人民法院对于可能因为当事人一方的行为或者其他原因,使判决不能执行或者难以执行的案件,可以根据对方当事人的申请,作出财产保全的裁定;当事人没有提出申请的,人民法院在必要时也可以裁定采取财产保全措施。人民法院采取财产保全措施,可以责令申请人提供担保;申请人不提供担保的,驳回申请。人民法院接受申请后,对情况紧急的,必须在48小时内作出裁定。裁定采取保全措施的,应当立即开始执行。第101条规定,利害关系人因情况紧急,不立即申请财产保全将会使其合法权益受到难以弥补的损害的,可以在起诉前向人民法院申请采取财产保全措施,申请人应当提供担保,不提供担保的,驳回申请。人民法院接受申请后,必须在48小时内作出裁定。裁定采取财产保全措施的,应当立即开始执行。申请人在人民法院采取保全措施后30日内不起诉或不申请仲裁的,人民法院应当解除财产保全。第102条规定,财产保全的财产限于请求的范围,或者与本案有关的财物。财产保全措施有查封、扣押、冻结或法律规定的其他方法。

根据最高人民法院《关于审理民事、行政诉讼中司法赔偿案件适用法律若干问题的解释》第3条的规定,违法采取保全措施包括以下情形:(1)依法不应当采取保全措施而采取的;(2)依法不应当解除保全措施而解除,或者依法应当解除保全措施而不解除的;(3)明显超出诉讼请求的范围采取保全措施的,但保全财产为不可分割物且被保全人无其他财产或者其他财产不足以担保债权实现的除外;(4)在给付特定物之诉中,对与案件无关的财物采取保全措施的;(5)违法保全案外人财产的;(6)对查封、扣押、冻结的财产不履行监管职责,造成被保全财产毁损、灭失的;(7)对季节性商品或者鲜活、易腐烂变质以及其他不宜长期保存的物品采取保全措施,未及时处理或者违法处理,造成物品毁损或者严重贬值的;(8)对不动产或者船舶、航空器和机动车等特定动产采取保全措施,未依法通知有关登记机构不予办理该保全财产的变更登记,造成该保全财产所有权被转移的;(9)违法采取行为保全措施的;(10)其他违法情形。

这里需要注意的是,对于依当事人的申请采取保全措施造成的违法,给公

---

① 需要注意的是,由于证据保全除物证保全外,主要采取调查、制作笔录、录音录像、提取样品等方式,一般不会产生直接的财产损失。而财产保全则只针对当事人的财物,因此,国家赔偿法上的"违法采取保全措施",通常是指违法的财产保全措施。

民、法人和其他组织造成损害的,应区别具体情况处理。依照我国《民事诉讼法》第 105 条的规定,申请有错误的,申请人应当赔偿被申请人因财产保全所遭受的损失;如果当事人的申请没有错误,而是由于法院执行保全措施过程中违法,则应由国家承担赔偿责任。在行政诉讼过程中,法院依据被告行政机关的申请对原告采取保全措施的,一旦违法并造成损害,应当由申请的行政机关承担赔偿责任。

三、对判决、裁定及其他生效法律文书执行错误

根据《民事诉讼法》和《行政诉讼法》的规定,人民法院在民事诉讼、行政诉讼过程中,对拒不履行判决、裁定及其他生效法律文书的当事人,有权依法采取强制措施。人民法院可以依法采取的强制执行措施主要有:查询、冻结、划拨被执行人存款;查封、扣押、冻结、拍卖、变卖被执行人的财产;强制拆迁、强制退出土地、罚款、追究刑事责任等等。我国《民事诉讼法》和《行政诉讼法》对采取强制执行措施的条件和程序都作了具体规定,人民法院如果违法采取强制执行措施造成被执行人损害的,国家应当承担赔偿责任。

这里所谓的"执行错误",是指人民法院对已经发生法律效力的判决、裁定、民事制裁决定、调解、支付令、仲裁裁决、具有强制执行效力的公证债权文书以及行政处罚、处理决定等执行过程中的错误。但"执行错误"不包括人民法院作出的执行裁定本身错误[①],因为我国《国家赔偿法》不承认民事诉讼和行政诉讼中错判的国家赔偿责任。

根据最高人民法院《关于审理民事、行政诉讼中司法赔偿案件适用法律若干问题的解释》第 5 条的规定,对判决、裁定及其他生效法律文书执行错误,包括以下情形:(1) 执行未生效法律文书的;(2) 超出生效法律文书确定的数额和范围执行的;(3) 对已经发现的被执行人的财产,故意拖延执行或者不执行,导致被执行财产流失的;(4) 应当恢复执行而不恢复,导致被执行财产流失的;(5) 违法执行案外人财产的;(6) 违法将案件执行款物执行给其他当事人或者案外人的;(7) 违法对抵押物、质物或者留置物采取执行措施,致使抵押权人、质权人或者留置权人的优先受偿权无法实现的;(8) 对执行中查封、扣押、冻结的财产不履行监管职责,造成财产毁损、灭失的;(9) 对季节性商品或者鲜活、易腐烂变质以及其他不宜长期保存的物品采取执行措施,未及时处理或者违法处理,造成物品毁损或者严重贬值的;(10) 对执行财产应当拍卖而未依法拍卖的,或者应当由资产评估机构评估而未依法评估,违法变卖或者以物抵债的;(11) 其他错误

[①] 参见胡锦光、余凌云、吴鹏主编:《国家赔偿法(第三版)》,中国人民大学出版社 2017 年版,第 104 页。

情形。

四、民事诉讼、行政诉讼或者执行中违法造成人身伤害

我国《国家赔偿法》没有像规定行政赔偿范围和刑事赔偿范围那样,把殴打、虐待等行为与违法使用武器、警械行为列入民事、行政司法赔偿的范围,但是无论从我国《国家赔偿法》所确立的原则来看,还是从民事、行政诉讼中审判权与国家行政权、刑事司法权同属于国家权力这一点来看,国家都应当对此类严重侵害公民人身权的违法行为承担赔偿责任。对此,最高人民法院《关于审理民事、行政诉讼中司法赔偿案件适用法律若干问题的解释》第 6 条明确规定:人民法院工作人员在民事、行政诉讼过程中,有殴打、虐待或者唆使、放纵他人殴打、虐待等行为,以及违法使用武器、警械,造成公民身体伤害或者死亡的,适用《国家赔偿法》第 17 条第 4 项、第 5 项的规定予以赔偿。

第四节　司法赔偿的免责范围

一、刑事赔偿的免责范围

从世界各国的立法例看,司法赔偿制度发达的西方国家通常在法律中明文规定国家不承担刑事赔偿责任的例外情形。如 1971 年德国《刑事追诉措施赔偿法》第 5 条和第 6 条,明确规定了国家免予赔偿或拒绝赔偿的情况;1969 年奥地利《刑事赔偿法》第 3 条,规定了国家不予赔偿的 4 种情形;1950 年日本《刑事补偿法》第 3 条规定了两种不予赔偿的情况。[①]

根据我国《国家赔偿法》第 19 条和有关司法解释的规定,刑事赔偿的免责范围包括以下几种类型:

(一) 因公民故意作伪证而被羁押或者被判处刑罚

我国《国家赔偿法》第 19 条第 1 项规定,因公民自己故意作虚伪供述或者伪造其他有罪证据被羁押或者被判处刑罚的,国家不承担赔偿责任。这一免责事由,在许多国家的法律中也都有所体现。例如,1950 年日本《刑事补偿法》第 3 条规定:"本人以使侦查或审判陷于错误为目的,而故意作虚伪的供认或制造其他有罪证据,以致被认为应受到起诉,判决前的关押或拘禁和有罪判决的,法院可以不给予一部或全部的补偿。"1969 年奥地利《刑事赔偿法》第 3 条规定:"如果被害人故意引起导致关押或判决的嫌疑"等,国家不予赔偿。1971 年德国《刑事追诉措施赔偿法》规定:"对于因被告故意或严重过失而对其采取刑事追诉措

---

① 参见陈春龙:《中国司法赔偿》,法律出版社 2002 年版,第 231 页。

施的","被告在关键问题上作伪证或者证词前后矛盾,或者对能减免罪责的情节缄口不言,并因此引起刑事追诉处分的,不论被告是否已就此认错",国家均不承担刑事赔偿责任。对于因公民故意作伪证和致被羁押或者被判处刑罚的,国家不承担赔偿责任的理由是:

第一,司法机关的错羁或者错判行为完全是由于当事人的故意作伪证和故意诱导所造成,国家不应承担任何赔偿责任。

第二,在这种情况下,被羁押或被错判的人是故意要承担"犯罪"后果的,他对于自己被羁押或误判的后果早已料到并且自愿承受,是"自作自受","自讨苦吃",其行为本身已表明他自动放弃了请求国家赔偿的权利。

第三,被告人的这种行为是一种扰乱国家司法机关正常工作程序的行为,必然会给国家造成不良影响和损失。可以说,《国家赔偿法》排除被告请求国家赔偿的权利,是对被告欺骗行为的一种惩罚。对此类行为,国家不但不应赔偿,反而应当要求此当事人赔偿他给国家造成的损失。

根据我国《国家赔偿法》第19条第1项规定,对于因公民自己故意作虚伪供述或者伪造其他有罪证据被羁押或者被判处刑罚的,国家不承担刑事赔偿责任应当符合以下四个条件:(1)必须是公民本人作出虚伪供述,或者伪造有罪证据。这种供述或者伪造有罪证据必须是本人亲自向司法机关作出的,不能由其他人转告;并且行为人应当是有完全民事行为能力的人。如果司法机关凭其他公民提供的伪证,或者凭限制民事行为能力的人作出的虚伪供述,而导致对其错羁或错判,国家则不能免除刑事赔偿责任。(2)必须是公民本人故意作虚伪供述或者伪造证据。这里所谓的"故意",是指公民在作出虚假供述或者伪造有罪证据时,必须处于明知的心理状态,即其明知将会受到的处罚后果而希望或放任这种结果的发生。与此相应,因公民自己的过失导致其被司法机关错误羁押或者错判的,国家则不能免除刑事赔偿责任。另外需要注意的是,此种主观故意还必须是公民自愿状态下的"故意",如存在诱供、逼供等违背公民意志的情形,则不能认定其具有主观故意,国家也不能免责。最后,公民是否存在故意伪证情形,应当由赔偿义务机关承担举证责任。①(3)公民所作的虚假供述或伪造有罪证据,应当对认定犯罪具有关键性作用或者决定作用。换言之,公民所作的伪证,足以导致司法机关作出羁押决定或者有罪判决,二者之间具有直接因果关系。如果公民本人虽作了虚伪供述或提供了伪证,但不足以被认定犯罪;或者认定公民有罪实际上是依靠其他证据定案,排除了公民本人的虚伪供述或伪造证据的,虚假供述与损害结果之间缺少直接因果关系,亦不属于本款规定情形。

---

① 参见沈岿:《国家赔偿法:原理与案例(第二版)》,北京大学出版社2017年版,第210页。

(二) 依照《刑法》规定不负刑事责任的人被羁押

依照《刑法》第 17 条、第 18 条规定，没有刑事责任能力的人员，即使犯有罪行，也不负刑事责任。不负刑事责任的人包括：不满 14 周岁的人；已满 14 周岁不满 16 周岁的人，犯故意杀人、故意伤害致人重伤或者死亡、强奸、抢劫、贩卖毒品、放火、爆炸、投毒罪以外的罪；不能辨认或者不能控制自己行为的精神病人犯罪。

按照《国家赔偿法》第 19 条第 2 项的规定，依照《刑法》第 17 条、第 18 条规定不负刑事责任的人被羁押的，国家不承担赔偿责任。该条款展现的立法宗旨是，无刑事责任能力的人虽然对特定犯罪活动不负刑事责任，但并不能就此否定对其进行羁押的合法性，其理由在于：第一，无刑事责任能力的人确实实施了违法犯罪行为，特定情形下对其羁押是制止犯罪、避免社会危害的必要手段。第二，司法机关对现行犯或者犯罪嫌疑人实施羁押，被羁押人是否为无刑事责任能力的人，在紧急情况或者短时间内难以作出准确判断，必须在对其羁押后通过进一步调查取证，才能依法作出后续处理决定。第三，在这种情况下，司法机关不存在错误羁押问题，被羁押的人之所以会被释放，并不是由于没有犯罪事实，而是法律基于人道主义的考虑豁免了行为人的刑事责任，因此国家对此种羁押不予赔偿是合理的。

应当注意的是，国家在下述情况下仍需承担赔偿责任：一是被羁押的无刑事责任能力人没有犯罪事实的，属于错误羁押；二是被羁押的无刑事责任能力人有犯罪事实，但自其无刑事责任能力被确认后，司法机关继续羁押、迟延释放的。换言之，以无刑事责任能力被确认之日为界，在此之前的羁押，国家可以免责；在此之后的羁押，国家仍需赔偿；三是依照刑法不负刑事责任的人被羁押，起诉后经人民法院判处拘役、有期徒刑、无期徒刑和死刑并已执行的，国家应予赔偿，但判决确定前被羁押的部分依法不予赔偿。[①]

(三) 法律规定不追究刑事责任的人被羁押的

根据《国家赔偿法》第 19 条第 3 项的规定，依照《刑事诉讼法》第 16 条、第 177 条第 2 款规定不追究刑事责任的人被羁押的，国家不承担赔偿责任。这里的"不追究刑事责任"的情形主要有：(1) 情节显著轻微，危害不大，不认为是犯罪的；(2) 犯罪已过追诉时效期限的；(3) 经特赦令免除刑罚的；(4) 依照刑法告诉才处理的犯罪，没有告诉或者撤回告诉的；(5) 犯罪嫌疑人、被告人死亡的；(6) 其他法律规定免予追究刑事责任的；(7) 对于犯罪情节轻微，依照刑法规定不需要判处刑罚或者免除刑罚的，人民检察院可以作出不起诉决定。在上述任

---

① 参见最高人民法院《关于人民法院执行〈中华人民共和国国家赔偿法〉几个问题的解释》(法发〔1996〕15 号)第 1 条。

何一种情形下,当事人被羁押后又依据《刑事诉讼法》的规定被释放的,国家对羁押行为不承担赔偿责任。其理由在于,这种羁押是司法机关依法进行的,无错误可言,与前面讲到的错误羁押有本质区别。

这里需要注意的是,如果司法机关在释放被羁押人的过程中有违法延迟行为,造成被羁押人不应有的损害的,国家应对由此产生的被羁押人人身权的损害负赔偿责任。另外,对于不负刑事责任的人不追究刑事责任的人被羁押,国家虽然不承担赔偿责任。但是,对起诉后经人民法院错判拘役、有期徒刑、无期徒刑并已执行的,人民法院应当对该判决确定后继续监禁期间侵犯公民人身自由权的情形予以赔偿。①

(四)司法机关工作人员与行使职权无关的个人行为

我国《国家赔偿法》第19条第4项规定,行使国家侦查、检察、审判职权的机关以及看守所、监狱管理机关的工作人员与行使职权无关的个人行为造成损害的,国家不承担赔偿责任。这项规定充分体现了国家赔偿的基本原理,即国家机关及其工作人员履行公职的侵权行为,均属可归咎于国家的责任范畴;对于国家机关工作人员的个人行为造成的损害,则由工作人员自己承担责任。无论行政赔偿或者司法赔偿,这一原理是共通的。在西方国家,"如果法官的行为不在职权范围之内,法官就不能享有豁免权。"②在我国国家赔偿制度中,国家对司法机关工作人员实施的侵权行为负责是有限度的,即仅对执行职务行为所造成的损害承担赔偿责任。

对于职务行为与个人行为的区分与认定,"在西方国家,出于司法独立的考虑,一般对法官都给予特殊的保障,因而对职务行为的解释往往比较宽泛。只要法官善意地认为其行为是依职权进行的,即使其行为事实上是在职权范围之外,也有权享有豁免"③。在我国,则以国家赔偿构成要件中执行职务行为的认定标准来衡量。一般有以下两种情形:(1)司法机关工作人员作出的与其所行使职权无关的行为。如工作人员在购物时与他人发生争端,在度假时与人互相殴斗致他人受伤。(2)利用司法机关工作人员的身份为自己谋取非法利益的行为。例如,某公安看守所干警对被拘留人的家属索取贿赂,并许诺将被关押的人立即放出,这一许诺以及其索贿行为都是个人行为。

(五)因公民自伤、自残等故意行为致使损害发生

我国《国家赔偿法》第19条第5项规定,因公民自伤、自残等故意行为致使损害发生的,国家不承担赔偿责任。在司法实践中,有的公民为了实现逃避刑事

---

① 参见最高人民法院、最高人民检察院《于办理刑事赔偿案件适用法律若干问题的解释》第7条。
② 皮纯协、冯军主编:《国家赔偿法释论(第三版)》,中国法制出版社2010年版,第171页。
③ 房绍坤等:《国家赔偿法原理与实务》,北京大学出版社1998年版,第217页。

制裁、获取保外就医、获取假释或者监外执行等目的,而故意采取自伤、自残行为致使自己遭受损害。由于这种损害是公民的故意自伤、自残行为所致,国家不应负赔偿责任。但是,对以下两种情形国家应承担部分或全部赔偿责任:(1)司法人员存在某种过失,对公民的故意自伤、自残行为不予以制止,致使损害扩大,国家应当对扩大了的损害部分承担一定的赔偿责任;(2)公民的自伤、自残行为是因为司法人员的刑讯逼供、暴力行为或者精神虐待等违法侵害行为所引发。对于此种情形所造成的损害,国家应当承担赔偿责任。

(六)法律规定的其他情形

除依据《国家赔偿法》规定的国家不承担刑事赔偿的五类情形外,我国法律还规定了有特定情况下免除国家赔偿责任的情形,如不可抗力、正当防卫、紧急避险、第三人过错造成的损害等。

二、民事、行政诉讼中的司法赔偿的免责范围

我国对民事诉讼、行政诉讼中的司法赔偿遵循有限赔偿原则。根据《国家赔偿法》和相关司法解释的规定,仅在五种情形下国家承担赔偿责任,除此以外,国家均不承担赔偿责任。为充分保障公民、法人和其他组织的权利救济,严格规范人民法院的民事、行政审判和执行行为,有效统一非刑事司法赔偿案件的裁量标准,最高人民法院《关于审理民事、行政诉讼中司法赔偿案件适用法律若干问题的解释》第7条对申请保全错误,申请先予执行后败诉,错判执行回转,申请执行人提供执行标的物错误,保管人侵权,人民法院工作人员个人侵权,不可抗力、正当防卫和紧急避险致害等国家不承担赔偿责任的情形予以明确规定。为正确理解和适用国家不承担赔偿责任的条款,需要从两个方面把握:一是要防止以国家赔偿责任替代民事责任。人民法院在民事、行政诉讼过程中,因违法行使职权造成损害而产生的国家赔偿责任与当事人双方之间原有的债权债务关系而产生的的民事责任,二者不能相互替代,不能因人民法院有违法侵权行为而使原债权债务关系归于无形,必须分清二者的责任范围。二是要防止以民事责任逃避国家赔偿责任。在申请保全错误、申请先予执行后败诉、申请执行人提供执行标的物错误、保管人侵权等情形中,同时还存在人民法院及其工作人员违法或者过错行使职权行为的,人民法院必须对自身的违法或者过错侵权行为承担相应的国家赔偿责任,不能因存在民事责任主体而逃避依法应当承担的国家赔偿责任。[①]

根据我国《国家赔偿法》和有关司法解释的规定,民事、行政诉讼中的司法赔

[①] 参见司法解释起草小组:《非刑事司法赔偿中的若干重大法律问题》,载《法律适用》2016年第11期。

偿的免责情形主要有如下几项：

（一）错误的民事、行政判决

从《国家赔偿法》和有关司法解释的规定，可以发现，对错误的民事、行政判决，国家原则上不承担赔偿责任，其理由有以下两点：一方面，民事、行政诉讼的裁判原理和证据制度使错判的担当主体主要是当事人自己。在民事、行政诉讼中，法院处于中立地位进行裁判。民事诉讼实行谁主张、谁举证的原则，行政诉讼中被告对作出的具体行政行为负有举证责任。在实践中，很多案件是因当事人提供证据不到位、不及时而导致败诉。另外，民事、行政案件中，法官具有较大自由裁量权，尤其在缺少法律明确规定的场合，法官不得不依据经验和习惯作出裁判。所以，诸多原判错误而被纠正后，难以简单归咎为法官的责任。另一方面，民事、行政诉讼不同于刑事诉讼，不涉及追究和制裁犯罪行为，而是解决诉讼当事人之间的纠纷，确定他们之间的人身关系和财产关系。尤其是民事诉讼在绝大多数情况下，不具有剥夺限制人身自由和侵犯生命权、健康权的问题。所以，民事诉讼中的错判一般仅限于财产关系的判决。对于财产关系的错误判决，一般通过执行回转的方式就能够纠正，并使当事人的利益得到恢复。《民事诉讼法》第233条对此作了明确的规定，执行完毕后，据以执行的判决、裁定和其他法律文书确有错误，被人民法院撤销的，对已被执行的财产，人民法院应当作出裁定，责令取得财产的人返还；拒不返还的，强制执行。由此可见，通过执行回转，就可以使当事人的损害得以弥补，国家无须承担赔偿责任。

当然，上述观点虽属理论通说，但近年来，主张将民事错案纳入司法赔偿范围的呼声也很高，其基本理由在于，民事错案被纠正后，存在无法执行回转的情况，导致当事人的损失无法得到弥补和救济。[1] 当然，将民事错案纳入司法赔偿范围应当具有严格的条件限制，具体包括：(1) 已经发生法律效力的民事裁判存在错误，且经审判监督程序予以改判；(2) 原审民事错判已经执行，且当事人的损失无法通过执行回转程序予以恢复；(3) 民事错判系因审判人员错误或不当行使职权导致。[2]

（二）受害人自己过错或第三人过错的致害行为

最高人民法院《关于审理民事、行政诉讼中司法赔偿案件适用法律若干问题的解释》第7条第1项、第2项和第3项规定了受害人自己过错或第三人过错造成损害，国家免责的具体情形：(1) 申请财产保全有错误的，申请人应当赔偿被申请人因保全所遭受的损失；(2) 先予执行申请人败诉的，应当赔偿被申请人因

---

[1] 参见梅云：《民行错案纳入司法赔偿范围之探究》，载孙华璞编：《国家赔偿审判前沿》（第二卷），法律出版社2014年版，第234页。

[2] 参见刘海红：《特定条件下的民事错判纳入国家赔偿范围探析》，载孙华璞编：《国家赔偿审判前沿》（第二卷），法律出版社2014年版，第189页。

先予执行遭受的财产损失;(3)申请执行人提供的执行标的物有错误导致被执行人损失的,申请人应当赔偿。但人民法院明知该标的物错误仍予以执行的除外。(4)人民法院依法指定的保管人对查封、扣押、冻结的财产违法动用、隐匿、毁损、转移或者变卖的,应当追究指定保管人员的责任。

（三）国家不承担赔偿责任的其他情形

根据最高人民法院《关于审理民事、行政诉讼中司法赔偿案件适用法律若干问题的解释》第7条第4项、第5项和第6项的规定,国家不承担赔偿责任的情形还有:(1)人民法院工作人员与行使职权无关的个人行为;(2)因不可抗力、正当防卫和紧急避险造成损害后果的;(3)依法不应由国家承担赔偿责任的其他情形。

三、民事、行政诉讼中的司法赔偿责任的减轻

最高人民法院《关于审理民事、行政诉讼中司法赔偿案件适用法律若干问题的解释》明确规定了减轻国家赔偿责任的具体情形。如前所述,在民事、行政诉讼过程中,争议双方的权利义务冲突是诉讼程序启动的原因,人民法院只是处于中立地位进行评价、裁判和执行。因此,国家赔偿限于人民法院自身违法侵权行为造成损害的部分,而不能替代当事人、第三人、案外人等其他责任人的民事责任。所以,必须要厘清在诉讼中造成损害后果的主体是谁、不同责任主体的责任大小以及避免重复赔偿的问题。根据最高人民法院《关于审理民事、行政诉讼中司法赔偿案件适用法律若干问题的解释》第8—10条的规定,减轻国家赔偿责任的情形包括:

第一,对于数个原因造成同一损害结果的非刑事司法赔偿案件,主要根据人民法院及其工作人员行使职权的行为对损害结果的发生或者扩大所起的作用大小以及过错程度等因素来确定国家赔偿责任的份额。例如,人民法院工作人员在执行中存在违法情形,但第三人或者案外人也存在过错,甚至还有不可抗力等自然原因,共同导致损害结果发生的。对于此类情形,依照作用力来确定国家赔偿责任的份额。

第二,受害人对损害结果的发生或者扩大也有过错的,可以减轻赔偿义务机关的责任。例如,人民法院违法保全财产并导致损害,但被保全人对属于自己所有且就地保全的财产不尽注意义务,放任财产被他人或者自然原因损害,甚至自己故意弃毁财产的,对于因自身过错导致损害的部分,可以减轻人民法院的责任。

第三,损失依法定程序获得赔偿、补偿的,人民法院对该部分损失不承担国家赔偿责任。在民事、行政诉讼过程中,当事人或者第三人主张人民法院的职权行为侵害其合法权益的,法律、司法解释提供了权利救济渠道,如司法强制措施的复议、保全和先予执行的复议、执行程序中的复议和异议以及执行监督制度等。在诉讼程序或者执行程序尚未终结时，当事人或者第三人通过上述救济途径主张权利，人民法院查证属实并对其所遭受损害通过回转、返还、修复或者赔偿予以救济的，应视为损失已经获得弥补。对于该部分损害，当事人或者第三人在诉讼、执行程序终结后又请求国家赔偿的，人民法院不应承担赔偿责任。

第十章　司法赔偿关系的主体

第一节　司法赔偿请求人

一、司法赔偿请求人的概念

司法赔偿请求人是指在刑事诉讼、民事诉讼和行政诉讼中,因司法机关及其工作人员行使职权侵害其人身权和财产权,依照《国家赔偿法》的有关规定有权提起司法赔偿请求的人,包括公民、法人和其他组织。

二、司法赔偿请求人的资格

司法赔偿请求人必须具备法定的资格条件,才有权向国家有关的赔偿义务机关提出司法赔偿请求。关于司法赔偿请求人的资格条件,我国《国家赔偿法》第20条针对刑事赔偿规定,赔偿请求人的确定依照本法第6条的规定。关于非刑事司法(民事诉讼和行政诉讼)赔偿请求人的资格条件,《国家赔偿法》第38条规定,赔偿请求人要求赔偿的程序,适用本法刑事赔偿程序的规定。因此,归根结底,无论是刑事赔偿的请求人还是非刑事司法赔偿请求人,都统一遵循《国家赔偿法》第6条关于行政赔偿请求人的原则性规定。具体而言:(1)受害的公民、法人和其他组织有权要求司法赔偿。(2)受害的公民死亡的,其继承人和其他有扶养关系的亲属有权要求司法赔偿。依法享有继承权的同一顺序继承人有数人时,其中一人或者部分人作为赔偿请求人申请国家赔偿的,申请效力及于全体;赔偿请求人为数人时,其中一人或者部分赔偿请求人非经全体同意,申请撤回或者放弃赔偿请求,效力不及于未明确表示撤回申请或者放弃赔偿请求的其他赔偿请求人。① (3)受害的法人或其他组织终止的,其权利承受人有权要求司法赔偿。总之,司法赔偿请求人与行政赔偿请求人的资格和范围是完全相同的。所不同的是,在行政赔偿关系中,如果通过诉讼程序解决赔偿纠纷,则行政赔偿请求人可以称为原告;而在司法赔偿中,由于不能通过诉讼程序解决赔偿纠纷,所以司法赔偿请求人也就没有原告的称谓。关于司法赔偿请求人的资格和范

---

① 参见最高人民法院、最高人民检察院《关于办理刑事赔偿案件适用法律若干问题的解释》第9条。

围,详见本书第六章第一节"行政赔偿请求人"。

第二节 司法赔偿义务机关

一、确定司法赔偿义务机关的模式

司法赔偿义务机关是指代表国家接受司法赔偿请求、履行赔偿义务的机关。在国家赔偿法原理上,司法赔偿的主体是国家,但国家是一个抽象的政治体,受害的公民、法人和其他组织无法直接请求抽象的国家承担具体的赔偿义务,于是"采国家赔偿、机关当被告"之原则[①],成为世界各国之通例。对于如何确定司法赔偿义务机关,各国立法例有不同的做法。概括地说,大致有以下三种模式:

(一)原处分机关或判决机关为赔偿义务机关

这种设定司法赔偿义务机关的模式,在理论上称之为"分散制"。在这种模式下,通常遵循"谁侵权,谁赔偿"的原则,以实施侵权行为的机关作为赔偿义务机关。如日本《刑事补偿法》第6条规定,补偿的请求,应向作出无罪判决的法院提出。《刑事诉讼法》第447条规定,对调查预审、检察机关和法院的公职人员由于不正当公务行为所造成的损害,相应的国家机关在法律特别规定的情况下和范围内承担财产责任。

(二)法院和政府司法行政机关为赔偿义务机关

这种设定司法赔偿义务机关的模式,在理论上称之为"双轨制"。在这种模式下,由法院和政府司法行政机关分别受理赔偿请求,法院和政府共同担负起国家赔偿的责任,这有利于对受害人提供更充分的救济。如德国《刑事追诉措施赔偿法》第9条规定,检察官终止刑事追诉程序后,由检察官所在地的初级法院对赔偿义务作出裁决。第15条规定,刑事诉讼一审法院所在州有赔偿义务。此外,根据该法第9条第1款的规定,对赔偿义务作出裁决的法院所在州也具有赔偿义务。

(三)由特定国家机关统一受理

这种设定司法赔偿义务机关的模式,又可称之为"统一制"。在这种模式下,由特定机关统一受理、统一裁决,比较便于管理。这种模式目前也被部分国家采用,但指定哪一国家机关作为赔偿义务机关,各国做法并不一致。有的国家将侵权机关所属的中央机关为赔偿义务机关,如捷克以主管中央机关为赔偿义务机关,规定对于因违法决定、羁押或刑罚造成损害而提出赔偿请求的,必须由主管中央机关进行初步审理。对于在民事程序、刑事程序或地方人民法院程序中作

[①] 参见翁岳生:《行政法》,中国法制出版社2002年版,第1642页。

出决定所提出的赔偿请求,其主管中央机关是作出第一次决定的机关所在地的共和国司法部。有的国家称为"赔偿审议会"或"专门的赔偿委员会",如美国一些州设专职处理赔偿案件的机构,如威斯康星州的"救济无辜判罪委员会",北达科他州的"错误拘禁救济局";法国则在最高法院内设"补偿委员会"审查有关的司法赔偿的请求。①

上述三种模式均是各国立法根据其自身的国情所作出的不同选择,也各有其合理之处,但从世界范围看,采用原处分或判决机关作为赔偿义务机关的"分散制"模式属于各国的普遍选择。我国《国家赔偿法》结合我国国情,在司法赔偿义务机关的确定上,也采用了这种原处分或判决机关为赔偿义务机关的"分散制"模式。理由在于:

第一,这种模式能够明确地呈现侵权机关对侵权行为所应当承担的责任。一个机关赔偿案件的多少或有无,就成为考核该机关工作质量和水平的一个重要指标,从而便于促进各机关依法办事,增强自我约束机制。在我国,根据《宪法》和《刑事诉讼法》的规定,侦查、起诉、审判及执行各机关分别自成体系,各自独立,相互之间是互相制约、互相配合、互相监督的关系,法院与检察院之间不是审检合一,而是各自向权力机关负责。与此同时,在刑事诉讼的不同阶段都有各自负责的机关,在某一阶段上出现的错误应当由相应的机关承担。因此,采取这种谁侵权、谁为赔偿义务机关的"分散制"模式,便于各司法机关各担其职、各负其责,既有利于侵权机关纠正自己的错误,也有利于上级机关监督,更有利于赔偿请求人行使赔偿请求权。

第二,这种模式有利于赔偿案件的审理。造成司法损害的原始案件或事件是侵权机关所经办的,由侵权机关负责受理赔偿案件,便于查清案件事实,尽快审结赔偿案件。当然,由侵权机关自身负责赔偿案件的审理,从理论和实践上说,容易产生偏私的弊端,这需要从立法上和体制上予以切实的监督和制约。

第三,这种模式有利于赔偿程序的顺利完成。与统一由政府或者司法行政部门、财政部门负责赔偿相比,采用这种模式可以减少程序环节,便于受害人请求赔偿。我国地域广大、司法机关数目众多的现实国情也决定了我国不可能设立相对集中统一的司法赔偿义务机关,而只能是"各负其责"。

二、我国的司法赔偿义务机关

我国《国家赔偿法》第 21 条第 1 款规定,行使侦查、检察、审判职权的机关以及看守所、监狱管理机关及其工作人员在行使职权时侵犯公民、法人和其他组织的合法权益造成损害的,该机关为赔偿义务机关。根据这一规定,我国司法赔偿

---

① 参见薛刚凌:《国家赔偿法教程》,中国政法大学出版社 1997 年版,第 249 页。

义务机关依照不同情况分别是公安机关(包括国家安全机关和军队保卫部门)、检察机关、审判机关和看守所以及监狱管理机关。具体而言,对于我国司法赔偿义务机关,应当按照下列原则予以确定:

(一) 违法采取拘留措施的机关作为赔偿义务机关

我国《国家赔偿法》第21条第2款规定,对公民采取拘留措施,依照本法的规定应当给予国家赔偿的,作出拘留决定的机关为赔偿义务机关。根据我国《刑事诉讼法》及其他有关法律规定,有权在侦查犯罪的过程中作出刑事拘留决定的机关分别是公安机关(包括国家安全机关和军队保卫部门)和人民检察院。上述任何一个机关,在违反《刑事诉讼法》的规定对公民采取拘留措施的,或者依照《刑事诉讼法》规定的条件和程序对公民采取拘留措施,但是拘留时间超过《刑事诉讼法》规定的时限,其后决定撤销案件、不起诉或者判决宣告无罪终止追究刑事责任的,作出拘留决定的机关就会成为赔偿义务机关,受害人有权向其请求国家赔偿。

(二) 作出错误逮捕决定的机关作为赔偿义务机关

我国《国家赔偿法》第21条第3款规定,对公民采取逮捕措施后决定撤销案件、不起诉或者判决宣告无罪的,作出逮捕决定的机关为赔偿义务机关。我国《刑事诉讼法》第80条规定,逮捕犯罪嫌疑人、被告人,必须经过人民检察院批准或者人民法院决定,由公安机关执行。可见,在我国有权作出逮捕决定的机关只有人民检察院和人民法院。根据我国《国家赔偿法》第21条第3款所确定的原则,如果人民检察院或者人民法院作出了错误的逮捕决定,侵害受害人合法权益的,该人民检察院或者人民法院是赔偿义务机关,公安机关对其提起逮捕、执行逮捕行为,均不负侵害赔偿责任。根据最高人民法院、最高人民检察院《关于办理刑事赔偿案件适用法律若干问题的解释》第11条的规定,对公民采取拘留措施后又采取逮捕措施,国家承担赔偿责任的,作出逮捕决定的机关为赔偿义务机关。

(三) 作出错误的原生效判决的人民法院作为赔偿义务机关

我国《国家赔偿法》第21条第4款规定,再审改判无罪的,作出原生效判决的人民法院为赔偿义务机关。根据最高人民法院《关于人民法院执行〈中华人民共和国国家赔偿法〉几个问题的解释》(法发[1996]15号)第5条的规定,作出原生效判决的人民法院作为赔偿义务机关有两种情形:一是原一审人民法院作出判决后,被告人没有上诉,人民检察院没有抗诉,判决发生法律效力的,原一审人民法院为赔偿义务机关;二是被告人上诉或者人民检察院抗诉,原二审人民法院维持一审判决或者对一审人民法院判决予以改判的,原二审人民法院为赔偿义务机关。

（四）作出错误的一审有罪判决的人民法院作为赔偿义务机关

根据我国《国家赔偿法》第 21 条第 4 款的规定，二审改判无罪的，以及二审发回重审后作无罪处理的，作出一审有罪判决的人民法院为赔偿义务机关。根据最高人民法院、最高人民检察院《关于办理刑事赔偿案件适用法律若干问题的解释》第 12 条的规定，一审判决有罪，二审发回重审后具有下列情形之一的，属于《国家赔偿法》第 21 条第 4 款规定重审无罪赔偿，作出一审有罪判决的人民法院为赔偿义务机关：(1) 原审人民法院改判无罪并已发生法律效力的；(2) 重审期间人民检察院作出不起诉决定的；(3) 人民检察院在重审期间撤回起诉超过 30 日或者人民法院决定按撤诉处理超过 30 日未作出不起诉决定的。

（五）实施其他侵权行为的刑事司法机关作为赔偿义务机关

我国《国家赔偿法》第 21 条第 1 款规定，行使侦查、检察、审判职权的机关以及看守所、监狱管理机关及其工作人员在行使职权时侵犯公民、法人和其他组织合法权益造成损害的，该机关为赔偿义务机关。据此，刑事司法机关工作人员在行使职权过程中采取刑讯逼供或者以殴打、虐待等行为或者唆使、放纵他人以殴打、虐待等行为造成公民身体伤害或者死亡的，或者违法使用武器、警械造成公民身体伤害或者死亡的，由作出上述行为的工作人员所在的机关为赔偿义务机关。

另外，刑事司法机关在没有组织法依据的情况下设立的分支机构、派出机构中接受聘任、任命的人员，如联防人员、治安员、聘用民警等，视为受该刑事司法机关委托行使职权的人员。他们行使职权的行为引起的刑事赔偿，由设立该派出机构、分支机构的刑事司法机关作为赔偿义务机关。①

（六）在民事、行政诉讼中实施侵权行为的人民法院作为赔偿义务机关

我国《国家赔偿法》第 38 条规定，人民法院在民事诉讼、行政诉讼过程中，违法采取对妨害诉讼的强制措施、保全措施或者对判决、裁定及其他生效法律文书执行错误，造成损害的，赔偿请求人要求赔偿的程序，适用本法刑事赔偿程序的规定。据此规定，人民法院在民事、行政案件审判过程中违法采取强制、保全措施和执行行为的，根据"谁侵权、谁负责"的原则，当然应当由具体实施该侵权行为的人民法院作为赔偿义务机关。另外，最高人民法院《关于审理民事、行政诉讼中司法赔偿案件适用法律若干问题的解释》第 18 条规定，人民法院在民事、行政诉讼过程中，违法采取对妨害诉讼的强制措施、保全措施、先予执行措施，或者对判决、裁定及其他生效法律文书执行错误，系因上一级人民法院复议改变原裁决所致的，由该上一级人民法院作为赔偿义务机关。这一规定是专门针对经过上级法院复议而改变原裁决并导致下级法院据此实施侵权行为的，赔偿义务机

---

① 参见张步洪：《国家赔偿法判解与应用》，中国法制出版社 2000 年版，第 154 页。

关的确定仍然遵循"谁侵权、谁负责"的原则,因为此时导致侵权结果的真正动因是上级法院,自然由上级法院作为赔偿义务机关。

第三节 司法追偿

一、司法追偿的含义

司法追偿是指司法赔偿义务机关在向受害人履行赔偿义务后,依法责令有责任的工作人员承担部分或全部赔偿费用的制度。司法赔偿义务机关为依法享有追偿权的主体,有责任的工作人员为被追偿主体。

司法机关工作人员在行使职权的过程中,因故意或重大过失侵害了公民、法人和其他组织的合法权益,使其受到损害的,根据我国《国家赔偿法》的规定,司法机关应当首先对受害人予以赔偿。这是因为:(1)司法机关工作人员执行公务是受国家委托代表国家的,国家在授权形成时就应当对司法机关工作人员的违法行为承担风险责任,国家应是承担赔偿义务的主体;(2)对于因司法机关工作人员故意或重大过失侵害了公民、法人和其他组织的合法权益造成的损害,先由国家承担,能及时充分地给受害人予以赔偿。如果让司法机关工作人员个人承担赔偿责任,由于受个人财产状况的限制,不可能给受害人以合理及时的赔偿。

与此同时,根据我国《国家赔偿法》的规定,司法赔偿义务机关还应对其工作人员在行使职权时有故意或重大过失行为造成的损害,行使追偿权。这是因为:司法机关工作人员在行使司法职权时,本应依法办事,认真负责,这是国家对每一个司法机关工作人员的基本要求。如果司法机关工作人员对其职权行为敷衍塞责,甚至恶意行使其职权,以致使公民、法人和其他组织遭受损害,理应承担一定的责任。如果国家完全承担赔偿责任后不对司法机关工作人员行使追偿权,则有可能放纵有过错的司法机关工作人员,使其得不到应有的惩罚与追究,从而使其对工作更加不负责任,无视公民、法人和其他组织的合法权益。因此,国家应对有过错的司法机关工作人员行使追偿权。大陆法系国家对司法追偿一般均作出明确规定。如瑞士1958年《国家赔偿法》规定:"如果联邦已经支付赔偿金,则联邦对故意或重大过失造成损害的公务员、包括联邦法院及联邦保险法院法官和候补法官等所有被授权行使公共职务的人员有追偿权,即使职务关系已经解除也不例外。"意大利《司法官责任法》规定:"根据判决或者庭外协议向受害人进行补偿之后,国家必须在一年之内向违法的司法官提起索赔之诉。"

另外,从我国《国家赔偿法》第31条所列举的国家应予追偿的各种情形看,我国的司法追偿范围是非常有限的,只对司法机关工作人员在行使职权时有故意或重大过失行为造成的损害,行使追偿权。并且在大多数情况下,只责令其有责任的工作人员承担部分赔偿费用。这是因为,司法追偿是一种惩戒性的法律责任,是对司法机关工作人员违法行为的否定和谴责。其目的之一是遏制司法机关工作人员行使职权的随意性、特权性、违法性,督促其奉公守法,兢兢业业,尽职尽责,努力学习,不断提高司法水平,慎重行使法律赋予的职权。如果对由于司法机关工作人员在履行其职权过程中形成的赔偿责任,国家不附条件地一概予以追究,可能会造成司法机关工作人员回避职责、畏首畏尾、不敢作为。因此,司法追偿应控制在科学合理的范围内。从世界各国的立法看,通常都将执行职务的司法机关工作人员有故意或重大过失作为国家行使追偿权的前提条件。这里所谓"故意",是指司法机关工作人员在行使职权过程中希望或者放任司法侵权损害结果的发生,如实施刑讯逼供等暴力行为。显然,司法机关工作人员在这种心态的支配下,极易造成公民、法人和其他组织的损害。所谓"重大过失",是指由于司法机关工作人员在行使职权过程中严重不负责任、玩忽职守而导致公民、法人和其他组织遭受损害,如司法机关工作人员违法使用武器、警械过失致人死亡的情况。因此,我国《国家赔偿法》的规定既是合理的,也是十分必要的。

二、司法追偿的范围和对象

在英国等一些国家,实行司法豁免制度,法官不负赔偿责任。在大多数国家,对司法人员的过错责任实行追偿,但通常对司法追偿持谨慎的态度,范围也比行政追偿相对狭窄一些。根据我国《国家赔偿法》第31条的规定,司法赔偿义务机关赔偿损失后,应当向有下列情形之一的工作人员追偿部分或者全部赔偿费用:(1)有《国家赔偿法》第17条第4、5项规定情形的;(2)在处理案件中有贪污受贿、徇私舞弊、枉法裁判行为的。据此,我国司法追偿的范围和对象包括以下三个方面:

(1)行使侦查、检察、审判职权的机关以及看守所、监狱管理机关的工作人员,在行使职权时刑讯逼供或者以殴打、虐待等行为或者唆使、放纵他人以殴打、虐待等行为造成公民身体伤害或者死亡的,国家对该工作人员有追偿权。

(2)行使侦查、检察、审判职权的机关以及看守所、监狱管理机关的工作人员,违法使用武器、警械造成公民身体伤害或者死亡的,国家对该工作人员有追偿权。

(3)行使侦查、检察、审判职权的机关以及看守所、监狱管理机关的工作人员,在处理案件中有贪污受贿、徇私舞弊、枉法裁判行为的,国家对其有追偿权。

另外,我国《国家赔偿法》还规定,对于有上述三种情形的责任人员,有关机关应当依法给予处分;如果责任人员的行为已经构成犯罪,应当依法追究其刑事责任。这一规定虽然不属于司法赔偿追偿权的范围,但体现了我国法律对责任人员的严正态度和追究责任人员法律责任的彻底性。

三、司法追偿的条件和程序

根据我国《国家赔偿法》的规定,对司法机关工作人员实施司法追偿必须符合以下条件:

(1) 司法赔偿的追偿权属于国家,但行使司法赔偿追偿权的主体应是具体的司法赔偿义务机关。

(2) 司法赔偿的被追偿人即司法机关工作人员有《国家赔偿法》所列举的国家应予追偿的情形。除此之外,不得向司法机关工作人员行使司法追偿权。

(3) 赔偿义务通过政府财政部门已经向赔偿请求人支付了赔偿金。即"赔偿在先,追偿在后",赔偿义务机关必须在已经履行了赔偿义务后才能对相关责任人员行使追偿权。

(4) 赔偿义务机关向责任人员追偿的范围可以是赔偿费用的一部分或者全部。具体如何追偿,《国家赔偿法》未有明确规定。我们认为,应当主要根据责任人员的责任程度(过错程度)和请求人受到的损害程度确定,责任人员有特别重大的过错(如故意)、损害程度特别严重的,应向其追偿全部的赔偿费用;责任人员的过错不属于特别重大、损害程度较轻的,可向其追偿部分赔偿费用。当然,在追偿时还应考虑责任人员的实际经济状况,在赔偿费用巨大的情况下,也只能追偿其部分的赔偿费用。

关于司法赔偿的追偿程序,我国《国家赔偿法》未作具体规定。由于从本质上讲司法追偿关系是司法机关系统内部的管理关系,与公民遭受损害要求司法赔偿的权利无直接关系,因此,追偿权应在赔偿义务机关内部按照一定的行政程序予以行使,具体操作程序可参照有关"行政追偿的程序"办理。

第十一章 司法赔偿的程序

第一节 司法赔偿程序概述

一、司法赔偿程序的概念和特点

司法赔偿程序是指由赔偿请求人、赔偿义务机关参加的,国家对于因司法机关及其工作人员在刑事、民事和行政诉讼过程中侵害公民、法人和其他组织的合法权益而受到损害的请求人予以赔偿的程序。它是国家司法赔偿制度的有机组成部分之一,是保障司法赔偿请求人实现自己的司法赔偿请求权的法定程序。

虽然司法赔偿程序是司法机关为了解决争议或者追究法律责任而适用的法定程序,但它有别于刑事、民事和行政诉讼程序,有其自身的一些特点,主要表现在以下几个方面:

第一,双方当事人不同。在司法赔偿中,它以在刑事、民事和行政诉讼中作出侵害行为的司法赔偿机关为一方当事人,以司法机关在上述诉讼中的侵权行为的受害人即司法赔偿请求人为另一方当事人。而在刑事、民事和行政诉讼中,除特殊情况(司法机关作为民事主体)外,司法机关不是当事人,而是解决争议的中立性的司法机关。

第二,解决争议的标的不同。司法赔偿程序所要解决的核心问题是确认受害人因司法机关及其工作人员行使职权受到的损害并由国家给予赔偿,而刑事、民事和行政诉讼解决的问题分别是定罪量刑、民事纠纷和不当或者违法的具体行政行为。

第三,争议发生的情形不同。司法赔偿只能发生在司法机关及其工作人员履行其司法职责的过程中,而刑事、民事或者行政诉讼中的争议则一般发生在司法活动以外的社会活动中(司法人员犯罪的情况除外)。

二、国外司法赔偿程序的模式

司法赔偿是一项综合性的法律制度,它将实体规范与程序规范融为一体。要实现实体规范规定的权利义务,必须依据一定的程序。由于各国的法律制度、政治体制等不同,不同国家司法赔偿程序的立法模式和程序设计模式各有特色。

首先,各国有关司法赔偿程序的立法模式各不相同,主要有以下两种情形:

(1) 立法集中规定司法赔偿程序。在司法赔偿(主要是刑事赔偿)程序的立法模式上,许多国家都在国家赔偿法中专门规定司法赔偿的程序问题,或者在专门的司法赔偿法中规定司法赔偿的程序事项,如日本的《刑事补偿法》、英国的《王权诉讼法》和《刑事伤害赔偿方案》等。可以说,制定统一的国家赔偿法或者专门的司法赔偿法,以成文法的形式规定司法赔偿程序,是各国立法的普遍趋势。(2) 司法赔偿程序适用其他法律的规定。由于法律演变、法律传统和现实制度不同,各国情况也不尽一致。有些国家至今没有国家赔偿或者司法赔偿的专门立法,只是在民法、民事诉讼法、刑事诉讼法以及其他法律中规定司法赔偿的实体和程序内容。如瑞士、意大利等国家就是将刑事赔偿作为一种特殊的民事赔偿加以规定,其赔偿程序除诉前程序有特殊规定外,诉讼程序适用民事诉讼程序。另外,英国和美国的一些州至今尚未有关于司法赔偿的成文法规定,只是在司法实践中通过判例法建立起一套司法赔偿的程序。

其次,各国在司法赔偿程序的设计上也各具特色。主要有以下几种情况:(1) 由设立在法院系统之外的专门机构解决司法赔偿。实施这一程序的国家以美国为代表。在美国,司法赔偿的机构和程序原则上由独立于普通法院系统之外的专门机构依特别程序解决。联邦普通法院系统的司法侵权案件,由单设的联邦赔偿法院审理。各州则由自己规定,如北达科他州由错误拘禁救济局审理,威斯康星州由救济无辜判罪委员会审理等。(2) 由再审或终审法院负责解决司法赔偿。许多国家都由再审或终审法院负责解决司法赔偿,如法国、德国、日本等。法国的司法赔偿由再审法院负责,但根据法国《刑事诉讼法》第 149 条、第 150 条的规定,对被拘禁的人因不起诉或判决无罪请求赔偿的,由最高法院内部设立的补偿委员会解决。补偿委员会由具有庭长或上诉法院审判员级别的 3 名最高法院审判官组成。受害人的补偿申请,应当在不予起诉、免予起诉或无罪裁判确定之日起 6 个月内向该委员会提出,委员会对该请求进行审理评议,申请人可以亲自陈述自己的要求,有关赔偿的诉讼程序则由行政法院的政令予以规定。审理结束后,由补偿委员会作出不附理由的决定,申请人对此决定不得提起任何性质的上诉。对于因无罪逮捕或正常的司法活动中的侵权行为发生的侵害,则由行政法院管辖。德国的刑事赔偿由终审或再审法院受理,但由检察官作出终止刑事追诉决定的,由检察官所在地法院受理。日本的做法类似德国,受害人应在无罪判决确定后 3 年内向作出该判决的法院提出。另外,在司法赔偿最终得以解决之前,多数国家往往还规定了其他一些先行处理程序,如德国的赔偿程序,只有在当事人对按照先行处理程序处理的结果不服时,才由相应最终处理机构负责处理。在德国,法院在作出无罪判决的同时,作出对受害人给付赔偿的裁定,书面送达请求权人。请求权人如不服法院作出的裁定,可以在裁定书送达后 6 个月内,向第一审法院所在地的地方检察机关呈递请求书状,该项请求由地方司法行政最高机关(现为司法部长)裁决之,并书面送达请求权人。不服前述之裁决时,请求权人可遵循普通司法程序,自裁决书送达之日起 3 个月内向地方法院民庭抗告。①

三、我国司法赔偿程序的特点

在我国,《国家赔偿法》颁布以前,对于司法赔偿程序的规定散见于一些政策、文件、法律和司法解释中,在程序上也无统一的程序规范。《国家赔偿法》对司法赔偿程序作出了统一的、严格的规定。这是在我国现行司法体制框架下,立足中国实际,借鉴国外科学做法的基础上确立的。我国司法赔偿程序具有以下两个方面的特点:

第一,由人民法院终局解决司法赔偿纠纷。由人民法院终局解决司法赔偿纠纷,是世界各国普遍采取的做法,我国司法赔偿程序的设计也遵循了这一原则。由人民法院终局解决司法赔偿纠纷的具体程序如下:赔偿请求人请求司法赔偿应首先向赔偿义务机关提出申请,赔偿义务机关根据赔偿请求人提出的申请,采用评议、协商、裁决等方式决定赔偿与否、赔偿多少;赔偿义务机关逾期不予赔偿或者对赔偿数额有异议的,赔偿请求人可以向其上一级机关申请复议,复议机关经过审理在法定期限内作出复议决定;赔偿请求人在不服复议决定或者复议机关逾期不作出复议决定时,可向在特定人民法院设立的赔偿委员会申请作出赔偿决定。人民法院赔偿委员会的决定为终局决定。

第二,人民法院赔偿委员会解决司法赔偿适用非诉讼程序。人民法院赔偿委员会是在人民法院内部设立的解决司法赔偿的专门机构。根据《国家赔偿法》的规定,人民法院赔偿委员会审理司法赔偿案件,不适用诉讼程序,实行非讼决定程序,即不开庭、不辩论;赔偿委员会根据案件审理需要,可以通知赔偿请求人、赔偿义务机关和复议机关的有关人员或者相关证人提供有关情况、案件材料、证明材料,或者到人民法院接受调查;赔偿委员会对赔偿请求人和被请求的赔偿义务机关、复议机关调查取证,应当分别进行;赔偿委员会讨论案件,实行少数服从多数的原则。半数以上委员的意见为赔偿委员会的决定意见;赔偿委员会决定一经作出,即发生法律效力,必须执行。

根据我国《国家赔偿法》的规定,司法赔偿程序由司法赔偿义务机关先行处理程序、复议程序、赔偿委员会决定程序组成。这表明我国已经具有较为完善的司法赔偿程序制度。

---

① 参见德国《再审无罪判决赔偿法》第 4 条、第 5 条;德国《羁押赔偿法》第 6 条。

第二节 司法赔偿的先行处理程序

一、司法赔偿先行处理程序的概念

司法赔偿的先行处理程序是指司法赔偿的请求人应当首先依法向赔偿义务机关提出赔偿申请,由赔偿义务机关予以审查和作出处理决定的程序。这种程序设计,在学理上称之为"赔偿义务机关先行处理原则"或"协议先行主义",为许多国家所采用。例如,韩国《国家赔偿法》第9条规定:"依本法损害赔偿之诉讼,非经赔偿审议会为赔偿金之决定后不得提起之。"我国《国家赔偿法》也采用了赔偿义务机关先行处理程序。由赔偿义务机关先行处理,既为请求人提供了便利,也为实施了违法行为的赔偿义务机关提供一个自己改正错误的机会,并且由于赔偿义务机关是专门的司法机关,了解案情、熟悉业务,可使赔偿得以迅速解决,有利于保护当事人的合法权益。

二、司法赔偿请求的提起

根据我国《国家赔偿法》第22条第2款的规定,赔偿请求人要求赔偿的,应当先向赔偿义务机关提起。赔偿请求人提出赔偿请求应当具备以下条件:

第一,赔偿请求人必须适格。赔偿请求人必须是其合法权益受到司法侵权行为侵犯造成损害的公民、法人或其他组织。

第二,请求赔偿的事项属于《国家赔偿法》第17条、第18条、第38条规定的情形。

第三,被请求赔偿的义务机关必须适格。被请求赔偿的义务机关必须是作出司法侵权行为的机关,或作出司法侵权行为的司法机关工作人员所属的司法机关。

第四,赔偿请求人应当递交申请书。赔偿申请书应当载明下列事项:(1)请求人的基本情况,包括姓名、性别、年龄、工作单位、住址、电话。如果请求人是法人或其他组织则应写明法人或其他组织的名称、住所、法定代表人或主要负责人的姓名及职务。(2)具体的赔偿要求,即请求赔偿的项目与金额。请求人向赔偿义务机关提出赔偿请求时,可以根据受到的不同损害同时提出数项赔偿要求。(3)事实根据和理由。要说明受到损害的事实,以及司法机关及其工作人员行使职权中的违法事实和受害人遭受损害的事实之间存在因果关系。(4)被申请的机关。(5)申请的时间。另外,赔偿请求人还应提供有关的附件,如法院的判决书、有关的证据材料等。

赔偿申请人书写申请书确有困难的,可以委托他人代书,也可以口头申请,由赔偿义务机关记入笔录,并由赔偿请求人签名或者盖章。赔偿请求人当面递交赔偿申请的,收到申请的人民法院应当当场出具加盖本院专用印章并注明收讫日期的书面凭证。申请材料不齐全的,收到申请的人民法院应当在5日内一次性告知赔偿请求人需要补正的全部内容。收到申请的时间自人民法院收到补正材料之日起计算。①

第五,请求必须在法律规定的时效内提出。如果赔偿请求人在法定期间内不请求赔偿的,即丧失赔偿请求权。关于申请赔偿的时效,我国《国家赔偿法》第39条规定:"赔偿请求人请求国家赔偿的时效为两年,自其知道或者应当知道国家机关及其工作人员行使职权时的行为侵犯其人身权、财产权之日起计算,但被羁押等限制人身自由期间不计算在内。"

三、司法赔偿请求的受理

赔偿义务机关在收到赔偿请求人的赔偿申请书后,应及时予以审查,决定是否受理。需要注意的是,我国《国家赔偿法》关于赔偿义务机关的先行处理没有规定受理程序,但相关司法解释针对审查事项、立案与受理作出了专门规定。②

具体而言,赔偿义务机关主要审查赔偿请求人的申请是否符合下列条件:(1)赔偿请求人具备法律规定的主体资格;(2)本院是赔偿义务机关;(3)有具体的申请事项和理由;(4)属于法定的司法赔偿范围;(5)在国家赔偿的请求时效内。

人民法院应当在收到申请之日起7日内决定是否立案。决定立案的,人民法院应当在立案之日起5日内向赔偿请求人送达受理案件通知书。经审查不符合立案条件的,人民法院应当在7日内作出不予受理决定,并应当在作出决定之日起10日内送达赔偿请求人。

人民检察院对符合立案条件的赔偿申请,人民检察院应当立案,并在收到赔偿申请之日起5日内,将《刑事赔偿立案通知书》送达赔偿请求人;认为不符合立案条件的,应当根据不同情况予以处理,均应当填写《审查刑事赔偿申请通知书》,并说明理由,在收到赔偿申请之日起5日内送达赔偿请求人。

另外,赔偿请求权作为申请人的一项权利,申请人既可以主张此项权利,也可以放弃。所以,申请人在提出赔偿请求后可以在赔偿决定作出之前撤回请求。但是,根据诉讼制度中"一事不再理"的原则,申请人一旦撤回请求,就不能对同一案件提出赔偿请求。对此,许多国家的立法中都作了规定。如日本《刑事补偿

---

① 参见最高人民法院《关于国家赔偿案件立案工作的规定》第3条。
② 参见最高人民法院《关于国家赔偿案件立案工作的规定》第4条、第9条和《人民检察院国家赔偿工作规定》第8、9、10条。

法》第 13 条规定,提出补偿请求的人,在提出撤销请求后,该撤销补偿请求人就不得再提出补偿请求。我国《国家赔偿法》未作明文规定,但我们认为亦应如此。①

四、先行处理决定的作出

根据我国《国家赔偿法》第 23 条的规定,赔偿义务机关应当自收到申请书之日起 2 个月内,作出是否赔偿的决定。赔偿义务机关作出赔偿决定,应当充分听取赔偿请求人的意见,并可以与赔偿请求人就赔偿方式、赔偿项目和赔偿数额依照《国家赔偿法》第四章的规定进行协商。据此,赔偿义务机关作出处理决定的主要程序如下:

(1) 听取意见。赔偿义务机关处理赔偿申请,听取赔偿请求人的意见是必经程序,是国家赔偿遵循正当程序原则的具体体现,既有利于申请人充分表达请求赔偿的事实和理由,也有利于赔偿义务机关了解案情、自我纠错和正确处理纠纷。关于听取意见的具体方式,可以采取听证会、论证会、提交书面意见、口头申辩等多种方式。

(2) 双方协商。关于赔偿义务机关作出处理决定的方式主要有两种:一是赔偿义务机关单方作出是否赔偿以及赔偿方式和金额的决定;二是赔偿义务机关与请求人协商达成赔偿协议。总体来看,各国普遍采用协商程序来处理司法赔偿。因为协商方式有助于化解冲突和维护社会稳定,真正做到案结事了。例如,美国《联邦侵权赔偿法》规定,对超过 2.5 万美元的裁决、妥协与和解,应事先征得司法部长或其授权人之书面批准。我国《国家赔偿法》也新增了听取意见、协商和说明理由等民主程序,规定赔偿义务机关作出赔偿决定,可以与赔偿请求人就赔偿方式、赔偿项目和赔偿数额进行协商。经过协商,双方就赔偿方式、赔偿项目和赔偿数额达成协议的,应制作赔偿协议书,作为赔偿义务机关作出赔偿决定的依据。

(3) 作出处理决定。根据我国《国家赔偿法》第 23 条第 2、3 款的规定,对于已经受理的赔偿申请,赔偿义务机关应及时、全面地审查案件材料,必要时可调取有关的案卷材料,并在充分听取赔偿请求人意见的基础上,根据具体情况作出是否赔偿的决定。其一,赔偿决定。赔偿义务机关经过审查,认为赔偿请求人的赔偿申请符合法律规定的条件,赔偿义务机关应以赔偿协议书为依据,在法定期限内作出给予赔偿的决定,并制作赔偿决定书。赔偿义务机关制作的赔偿决定书,应自作出决定之日起 10 日内送达赔偿请求人。其二,不予赔偿决定。赔偿义务机关经过审查,认为赔偿请求人的赔偿申请不符合法律规定的条件,应在法

---

① 参见房绍坤等:《国家赔偿法原理与实务》,北京大学出版社 1998 年版,第 237 页。

定期限内作出不予赔偿的决定,并说明不予赔偿的理由。赔偿义务机关决定不予赔偿的,应当自作出决定之日起10日内书面通知赔偿请求人。

需要注意的是,在刑事诉讼阶段参加过该案的侦查、检察、审判、执行等工作的工作人员或实施不法侵害行为的司法机关工作人员,或者在民事、行政诉讼阶段参加过该案的审理、违法采取妨害诉讼的强制措施、保全措施或错误执行生效的法律文书的工作人员,以及与本案有利害关系的人员,不得参加司法赔偿案件的处理。上述人员应当提出回避,申请人也可以向赔偿义务机关提出回避申请,要求有利害关系的人回避。

第三节 司法赔偿的复议程序

一、司法赔偿复议程序的概念和特点

司法赔偿的复议程序是指司法赔偿请求人向赔偿义务机关提出赔偿请求后,赔偿义务机关不予赔偿,或者赔偿请求人对赔偿义务机关作出的赔偿决定有异议时,向赔偿义务机关的上一级机关提出复议申请,由复议机关进行审查并对司法赔偿争议作出决定的程序。这是司法赔偿请求人申请司法赔偿的第二项程序。

关于司法赔偿复议的程序,我国《国家赔偿法》只作了原则性的规定,但最高人民检察院《人民检察院刑事赔偿工作规定》专章规定了复议程序,最高人民法院、最高人民检察院《关于办理刑事赔偿案件适用法律若干问题的解释》也有相关规定。总体而言,我国司法赔偿的复议程序主要具有以下两个方面的特点:

一是司法赔偿复议程序适用范围的有限性。司法赔偿请求人请求赔偿义务机关予以赔偿而未实现其请求的,可向赔偿义务机关的上一级机关申请复议,但司法赔偿的复议程序仅适用于公安机关(包括安全机关和军队保卫部门)、检察机关和看守所、监狱管理机关等作为赔偿义务机关的情况。如果以人民法院为赔偿义务机关时,司法赔偿只要经过先行处理程序和原赔偿义务机关的上一级人民法院赔偿委员会决定两个程序即可完成。换言之,我国司法赔偿复议程序的适用,排除人民法院作为赔偿义务机关的情形。其原因在于,如果仍适用复议程序,赔偿复议机关和上一级人民法院赔偿委员会同属一个人民法院,这势必造成累讼和程序上的冲突。

二是启动司法赔偿复议程序事由的特定性。根据我国《国家赔偿法》第24条第1、2款的规定,在下列情况下,赔偿申请人可以启动复议程序:(1)赔偿请求人提出赔偿请求后,赔偿义务机关拒绝受理;(2)赔偿义务机关受理赔偿请求后,作出不予赔偿的决定;(3)赔偿请求人对赔偿决定中有关赔偿金额、赔偿方

式等内容有异议;(4)赔偿义务机关在收到赔偿请求后,法定期限内未作出是否赔偿的决定。

二、司法赔偿复议与行政赔偿复议的区别

我国《国家赔偿法》上的行政赔偿程序和司法赔偿程序中均规定了复议程序,但这两种复议程序除了均规定赔偿义务机关的上一级机关作为复议机关之外,二者存在显著差异:

第一,行为性质和法律依据不同。因行政赔偿而提起的复议属于《行政复议法》所调整的一种特殊行政行为,其法律依据是《国家赔偿法》和《行政复议法》;而司法赔偿复议在本质上属于属于司法法律行为,其法律依据是《国家赔偿法》及有关的司法解释。

第二,是否经过"先行处理"不同。行政赔偿请求人要求赔偿,可以先向赔偿义务机关提出,也可以不经过与赔偿义务机关的交涉过程,而在申请行政复议时一并提出行政赔偿请求;而司法赔偿请求人要求赔偿,必须先向赔偿义务机关提出,对赔偿义务机关的决定不服时,才可向赔偿义务机关的上一级机关申请复议。

第三,审查决定的内容不同。行政复议机关主要针对复议被申请人作出的具体行政行为的合法性与合理性进行审查,进而一并解决赔偿问题;而司法赔偿复议主要审查下一级机关作出的司法赔偿决定是否正确、恰当,并依法作出复议决定。

第四,救济途径不同。行政赔偿请求人对行政复议决定不服,可以提起行政诉讼;而司法赔偿请求人对司法赔偿复议决定不服,不能起诉,只能向复议机关所在地的同级人民法院赔偿委员会申请作出赔偿决定。

第五,复议机关不同。行政赔偿复议的机关是行政机关,而司法赔偿复议的机关则是除了人民法院外,还包括公安机关(含安全机关和军队保卫部门)、检察机关和看守所、监狱管理机关。

三、司法赔偿复议的申请与受理

根据我国《国家赔偿法》第24条第1、2款的规定,赔偿请求人对赔偿义务机关在规定期限内未作出是否赔偿的决定,赔偿请求人可以自期限届满之日起30日内向赔偿义务机关的上一级机关申请复议。赔偿请求人对赔偿义务机关作出的赔偿决定有异议或赔偿义务机关作出不予赔偿决定的,赔偿请求人可以自赔偿义务机关作出赔偿或者不予赔偿决定之日起30日内,向赔偿义务机关的上一级机关申请复议。

赔偿请求人提起复议申请,应当向复议机关递交申请书,也可以由赔偿义务

机关转交。复议申请书应当载明的事项可以参照赔偿请求申请书的有关规定和要求,同时应附具赔偿义务机关的书面决定或赔偿义务机关不予答复的证明材料。

复议机关接到复议申请书后,应及时全面地对赔偿请求人的申请进行审查,并分别不同情况作出相应的处理:(1)对符合法定条件的复议申请,复议机关应予受理;(2)对超过法定期间提出的,复议机关不予受理;(3)对申请复议的材料不齐备的,告知赔偿请求人补充有关材料;(4)赔偿请求人未经赔偿义务机关先行处理而直接提出复议申请的,复议机关应当告知赔偿请求人向赔偿义务机关提出赔偿请求;(5)赔偿请求人递交复议申请的机关不是赔偿义务机关的上一级机关的,收到复议申请的机关应告知赔偿请求人向正确的复议机关提出申请。[①]

三、复议机关的审理和复议决定

司法赔偿复议实行一次复议制,通常采用采用书面审查方式。复议机关收到复议申请后,应指定与本案无利害关系的工作人员办理。工作人员应当在充分听取赔偿请求人意见的基础上,及时调取案卷和有关材料进行审查。对事实不清的,可以要求原承办案件的司法机关补充调查,也可以自行调查。

对审查终结的复议案件,承办人应制作司法赔偿复议案件的审查报告,提出具体处理意见,经部门负责人审核,报司法机关负责人决定,重大疑难案件需司法机关负责人集体讨论决定。复议机关对申请复议的司法赔偿案件,应分别不同情况作出以下决定:(1)原决定事实清楚,适用法律正确,赔偿方式、数额适当的,予以维持;(2)原决定认定事实或适用法律错误的,予以纠正,赔偿方式、数额不当的,予以变更;(3)赔偿义务机关逾期未作出决定的,依法作出决定。

复议机关应当自收到申请之日起2个月内作出决定。复议决定作出后,应当制作司法赔偿复议决定书,直接送达赔偿义务机关和赔偿请求人。直接送达赔偿请求人有困难的,可以委托其所在地的司法机关代为送达。复议决定一经生效,赔偿义务机关必须执行。赔偿请求人不服复议决定的,可以在收到复议决定之日起30日内向复议机关所在地的同级人民法院赔偿委员会申请作出赔偿决定;复议机关逾期不做决定的,赔偿请求人可以自期间届满之日起30日内向复议机关所在地的同级人民法院赔偿委员会申请作出赔偿决定。

---

① 参见《人民检察院国家赔偿工作规定》第22条。

第四节 司法赔偿的决定程序

无论行政赔偿还是司法赔偿,终局解决赔偿纠纷的机关都是人民法院,这是司法终局原则的体现。司法赔偿最终可由人民法院设立的专门赔偿委员会决定,其决定程序为一种非诉讼的特别程序,实行"一审终结"制。

一、赔偿委员会的机构设置与受案范围

对于司法赔偿请求人不服赔偿义务机关、复议机关的赔偿处理决定,或者赔偿义务机关、复议机关逾期不作出赔偿决定的情况,究竟应当采用何种程序最终解决司法赔偿争议?从国外关于司法赔偿程序的立法看,主要有两种模式:一种是由法院通过诉讼程序最终解决赔偿争议;另一种是由专门机构通过非诉讼程序最终解决赔偿争议。我国《国家赔偿法》基于方便赔偿请求人主张请求权的考虑,选择了通过非诉讼性质的特别程序即赔偿委员会的决定程序,以最终解决司法赔偿争议。

赔偿委员会是设置于中级以上人民法院内部的一个专门机构。根据我国《国家赔偿法》第29条第1款的规定,中级以上的人民法院设立赔偿委员会,由人民法院3名以上审判员组成,组成人员的人数应为单数。赔偿委员会具体负责处理有关刑事赔偿以及民事、行政司法赔偿案件,行政赔偿案件由人民法院行政审判庭负责。根据相关司法解释的规定,中级人民法院的赔偿委员会由3名或5名委员组成,高级人民法院赔偿委员会由5名或7名委员组成。赔偿委员会委员由审判员担任,其组成人员须报上一级法院批准。赔偿委员会设主任委员1人,由副院长兼任,亦可设专职主任主持工作。赔偿委员会下设办公室,配备2名至5名工作人员,负责办理具体事宜。我国《国家赔偿法》对赔偿委员会审理司法赔偿案件的程序规定条文过少,规范化程度不足。为此,最高人民法院发布了《关于人民法院赔偿委员会审理国家赔偿案件程序的规定》(法释〔2011〕6号),对赔偿委员会审理司法赔偿案件的程序作出了详细规定。另外,最高人民法院《关于人民法院赔偿委员会适用质证程序审理国家赔偿案件的规定》(法释〔2013〕27号),强化了《国家赔偿法》第27条规定的质证程序的可操作性。

根据我国《国家赔偿法》和有关司法解释的规定,人民法院赔偿委员会受理下列案件:

(1)行使侦查、检察职能的机关以及看守所、监狱管理机关为赔偿义务机关的,赔偿请求人必须经过赔偿义务机关先行处理程序之后,因不服赔偿义务机关的处理决定而经过复议程序,因对复议决定不服或者复议机关逾期不作决定,赔偿请求权人才能在法定期间内向复议机关所在地的同级人民法院赔偿委员会申

请作出赔偿决定。

(2) 人民法院为赔偿义务机关的,赔偿请求人对人民法院不作决定、作出不予赔偿决定不服或者对赔偿决定有异议,可以向作为赔偿义务机关的上一级人民法院赔偿委员会申请作出赔偿决定。

二、赔偿请求的申请与受理

赔偿请求人因赔偿请求得不到满足,在经过复议程序后(人民法院作为赔偿义务机关的无需经过复议程序),可以向人民法院赔偿委员会申请作出赔偿决定。根据我国《国家赔偿法》和相关司法解释的规定,赔偿请求人向赔偿委员会提出的赔偿申请必须符合以下要求:

(1) 赔偿申请符合法定要件,包括资格要件、事实要件和程序要件。所谓资格要件,是指赔偿请求人应当符合《国家赔偿法》第 6 条规定的请求权资格要件;所谓事实要件,是指赔偿义务机关实施违法行使职权的行为,对公民、法人或其他组织的人身权、财产权等造成实际损害。换言之,赔偿请求人申请赔偿的事项应在法定的赔偿事项范围内,即只有属于《国家赔偿法》第 17 条、第 18 条规定情形之一的,赔偿请求人才可以申请国家赔偿;所谓程序要件,是指赔偿请求人已经向赔偿义务机关提出过申请,并经过了复议程序(赔偿义务机关是人民法院的除外),才可以在法定期限内向人民法院赔偿委员会申请赔偿。

(2) 赔偿申请符合法定期限。根据《国家赔偿法》第 23 条的规定,赔偿义务机关作出决定的期限是自收到申请之日起 2 个月内。根据《国家赔偿法》第 25 条的规定,复议机关作出复议决定的期限是自收到复议申请之日起 2 个月内。在此背景下,赔偿请求人向人民法院赔偿委员会提出赔偿申请的期限可以区分为两种情况:一是赔偿义务机关非为人民法院的,赔偿请求人必经复议程序,如果赔偿请求人不服复议决定的,可以在收到复议决定之日起 30 日内向复议机关所在地的同级人民法院赔偿委员会申请作出赔偿决定;如果复议机关逾期不作决定的,赔偿请求人可以自期限届满之日起 30 日内向复议机关所在地的同级人民法院赔偿委员会申请作出赔偿决定。二是赔偿义务机关为人民法院的,则不必经过复议程序,人民法院自收到赔偿申请之日起 2 个月内未作出是否赔偿的决定,赔偿请求人可以自期限届满之日起 30 日内向其上一级人民法院赔偿委员会申请赔偿;如果人民法院作出了处理决定,但赔偿申请人不服的,在人民法院作出处理决定之日起 30 日内,可以向其上一级人民法院赔偿委员会申请赔偿。

(3) 赔偿申请符合法定方式。根据最高人民法院《关于人民法院赔偿委员会审理国家赔偿案件程序的规定》第 1 条的规定,赔偿请求人向赔偿委员会申请作出赔偿决定,应当递交赔偿申请书一式四份。赔偿请求人书写申请书确有困难的,可以口头申请。口头提出申请的,人民法院应当填写《申请赔偿登记表》,由赔偿请求人签名或者盖章。

(4)应当提交与赔偿申请相关的法律文书和证明材料。根据最高人民法院《关于人民法院赔偿委员会审理国家赔偿案件程序的规定》第2条的规定,赔偿请求人向赔偿委员会申请作出赔偿决定,应当提供以下法律文书和证明材料:赔偿义务机关作出的决定书;复议机关作出的复议决定书,但赔偿义务机关是人民法院的除外;赔偿义务机关或者复议机关逾期未作出决定的,应当提供赔偿义务机关对赔偿申请的收讫凭证等相关证明材料;行使侦查、检察、审判职权的机关在赔偿申请所涉案件的刑事诉讼程序、民事诉讼程序、行政诉讼程序、执行程序中作出的法律文书;赔偿义务机关职权行为侵犯赔偿请求人合法权益造成损害的证明材料;证明赔偿申请符合申请条件的其他材料。

根据《国家赔偿法》和有关司法解释的规定,赔偿委员会收到赔偿申请后,经审查认为符合申请条件的,应当在7日内立案,并通知赔偿请求人、赔偿义务机关和复议机关;认为不符合申请条件的,应当在7日内决定不予受理;立案后发现不符合申请条件的,决定驳回申请。如果发现申请材料不齐全的,赔偿委员会应当在5日内一次性告知赔偿请求人需要补正的全部内容,收到赔偿申请的时间应当自赔偿委员会收到补正材料之日起计算。

如果赔偿委员会经过审查,认为赔偿请求人的赔偿申请依法不属于赔偿委员会受理的,应当告知赔偿请求人向有关机关提出赔偿申请,或者转送有关机关处理,并通知赔偿请求人。赔偿委员会立案后,在依法作出决定之前,赔偿请求人申请撤回赔偿申请的,应当准许。

三、赔偿案件的审理

根据《国家赔偿法》和有关司法解释的规定,人民法院赔偿委员会决定立案审理的赔偿案件,应当指定1名审判员负责具体承办。负责具体承办赔偿案件的审判员应当查清事实并写出审理报告,提请赔偿委员会讨论决定。赔偿委员会作赔偿决定,必须有3名以上审判员参加,按照少数服从多数的原则作出决定。另外,法院的审判人员如果是本案赔偿请求人的近亲属、是本案代理人的近亲属、与本案有利害关系、与本案有其他关系可能影响对案件公正审理的,应当回避。[①] 赔偿请求人和赔偿义务机关有权以书面或者口头方式申请其回避。

在赔偿委员会审理案件的组成人员符合法定要求的前提下,赔偿案件还应当遵循下列方式和程序:

---

① 参见最高人民法院《关于人民法院赔偿委员会审理国家赔偿案件程序的规定》第8条。

(一) 审理方式

根据我国《国家赔偿法》第 27 条的规定,赔偿委员会处理赔偿请求,采取书面审查的办法。必要时,可以向有关单位和人员调查情况、收集证据。赔偿请求人与赔偿义务机关对损害事实及因果关系有争议的,赔偿委员会可以听取赔偿请求人和赔偿义务机关的陈述和申辩,并可以进行质证。据此,人民法院赔偿委员会审理赔偿案件原则上不公开进行,遵循书面审查原则。但在依据书面审查方式无法准确认定事实和争议的场合,则需要变被动为主动,积极开展调查取证、听取意见乃至公开组织辩论和质证。

(二) 审理期限

根据我国《国家赔偿法》第 28 条规定,赔偿委员会应当自收到赔偿申请之日起 3 个月内作出决定;属于疑难、复杂、重大案件的,经本院院长批准,可以延长 3 个月。

(三) 证据规则

人民法院赔偿委员会审理赔偿案件,主要有调查取证、举证和质证三项证据规则。

(1) 调查取证。根据我国《国家赔偿法》第 27 条的规定,人民法院赔偿委员会在必要时,可以向有关单位和人员调查情况、收集证据。因而赔偿委员会根据审理案件的需要,可以通知赔偿请求人、赔偿义务机关和复议机关的有关人员或者证人提供有关情况,提供案件材料、证明材料或者到人民法院接受调查。赔偿请求人可以在举证期限内申请赔偿委员会调取下列证据:① 由国家有关部门保存,赔偿请求人及其委托代理人无权查阅调取的证据;② 涉及国家秘密、商业秘密、个人隐私的证据;③ 赔偿请求人及其委托代理人因客观原因不能自行收集的其他证据。

(2) 举证。根据我国《国家赔偿法》第 26 条的规定,赔偿委员会处理司法赔偿案件举证责任的分配有两种情况:一是谁主张谁举证,即赔偿委员会处理赔偿请求,赔偿请求人和赔偿义务机关应当对自己提出的事实和主张提供证据。没有证据或者证据不足以证明其事实主张的,由负有举证责任的一方承担不利后果。二是举证责任倒置,即因赔偿义务机关具有证据能力的优势,针对特定事实,应当由赔偿义务机关承担举证责任。根据最高人民法院《关于人民法院赔偿委员会适用质证程序审理国家赔偿案件的规定》的规定,下列事实需要证明的,由赔偿义务机关负举证责任:① 赔偿义务机关行为的合法性;② 赔偿义务机关无过错;③ 因赔偿义务机关过错致使赔偿请求人不能证明的待证事实;④ 赔偿义务机关行为与被羁押人在羁押期间伤亡或者丧失行为不存在因果关系(第 6 条)。下列情形,由赔偿义务机关负举证责任:① 存在法定免责情形;② 赔偿请求超过法定时效;③ 其他抗辩事由(第 7 条)。

(3) 质证。我国《国家赔偿法》第 27 条规定:"赔偿请求人与赔偿义务机关对损害事实及因果关系有争议的,赔偿委员会可以听取赔偿请求人和赔偿义务机关的陈述和申辩,并可以进行质证。"根据最高人民法院《关于人民法院赔偿委员会适用质证程序审理国家赔偿案件的规定》第 2 条的规定,赔偿委员会可以组织赔偿请求人和赔偿义务机关进行质证:① 对侵权事实、损害后果及因果关系有争议的;② 对是否属于《国家赔偿法》第 19 条规定的国家不承担赔偿责任的情形有争议的;③ 对赔偿方式、赔偿项目或者赔偿数额有争议的;④ 赔偿委员会认为应当质证的其他情形。质证一般按照下列顺序进行:① 赔偿请求人、赔偿义务机关分别陈述,复议机关进行说明;② 审判员归纳争议焦点;③ 赔偿请求人、赔偿义务机关分别出示证据,发表意见;④ 询问参加质证的证人、鉴定人、勘验人;⑤ 赔偿请求人、赔偿义务机关就争议的事项进行质询和辩论;⑥ 审判员宣布赔偿请求人、赔偿义务机关认识一致的事实和证据;⑦ 赔偿请求人、赔偿义务机关最后陈述意见。[①]

除涉及国家秘密、个人隐私或者法律另有规定的以外,质证应当公开进行。对于证据较多或者疑难复杂的案件,赔偿委员会可以组织赔偿请求人、赔偿义务机关在质证前交换证据,明确争议焦点,并将交换证据的情况记录在卷。赔偿请求人、赔偿义务机关在证据交换过程中没有争议并记录在卷的证据,经审判员在质证中说明后,可以作为认定案件事实的依据。适用质证程序审理国家赔偿案件,未经质证的证据不得作为认定案件事实的依据,但法律、司法解释另有规定的除外。[②]

(四) 报请赔偿委员会主任提交赔偿委员会审理

案件承办人员经审查,认定赔偿案件事实清楚,证据确实、充分的,应当制作案件审查报告,报请赔偿委员会主任提交赔偿委员会审理。案件审查报告应当包括以下内容:(1) 案件的由来;(2) 赔偿请求人的基本情况,赔偿义务机关、复议机关的名称及其法定代表人;(3) 赔偿请求人申请的事项和理由;(4) 申请赔偿案件的确认情况、赔偿义务机关的决定情况以及复议机关的复议情况;(5) 承办人审查认定的事实及依据;(6) 处理意见和理由。

赔偿委员会作赔偿决定,实行少数服从多数的原则。赔偿委员会半数委员以上的意见为赔偿委员会的决定意见。赔偿委员会认为重大、复杂的案件,必要时由赔偿委员会主任报请院长提交审判委员会讨论决定。审判委员会作出的决定,赔偿委员会应当执行。

[①] 参见最高人民法院《关于人民法院赔偿委员会适用质证程序审理国家赔偿案件的规定》第 17 条。

[②] 参见最高人民法院《关于人民法院赔偿委员会适用质证程序审理国家赔偿案件的规定》第 12、14 条。

四、赔偿案件的决定与执行

人民法院赔偿委员会审理赔偿案件,应当在收到赔偿申请之日起3个月内,区分情况作出不同决定:(1)维持决定。即认为赔偿义务机关的决定或者复议机关的决定认定事实清楚、适用法律正确的,依法予以维持。(2)重新决定。重新决定有两种情形:一是赔偿义务机关的决定、复议机关的复议决定认定事实清楚,但适用法律错误的,依法重新决定;二是赔偿义务机关的决定、复议机关的复议决定认定事实不清、证据不足的,查清事实后依法重新决定。(3)作出决定。赔偿义务机关、复议机关逾期未作决定的,查清事实后依法作出决定。[①]

赔偿委员会审理案件作出的决定,应当制作人民法院赔偿委员会决定书。根据最高人民法院《关于人民法院赔偿委员会审理国家赔偿案件程序的规定》第21条规定,决定书应当载明下列事项:(1)赔偿请求人的基本情况,赔偿义务机关、复议机关的名称及其法定代表人;(2)赔偿请求人申请事项及理由,赔偿义务机关的决定、复议机关的复议决定情况;(3)赔偿委员会认定的事实及依据;(4)决定的理由及法律依据;(5)决定内容。人民法院赔偿委员会决定书由赔偿委员会主任审核签发,并加盖人民法院院印。

赔偿委员会决定一经作出,即发生法律效力,必须执行。赔偿请求人不服的,只能提起申诉,不能向人民法院起诉。赔偿请求人可据此要求赔偿义务机关履行赔偿义务,也可要求人民法院执行。赔偿委员会决定书应当分别送达赔偿请求人、赔偿义务机关和复议机关。

赔偿委员会决定一经作出,即发生法律效力,必须执行。赔偿请求人可据此要求赔偿义务机关履行赔偿义务,也可要求人民法院执行。赔偿委员会决定书应当分别送达赔偿请求人、赔偿义务机关和复议机关。

五、对人民法院赔偿委员会的监督

由于人民法院赔偿委员会对司法赔偿案件的审理实行"一审终审",为了保证人民法院作出的赔偿决定更加合法、合理,充分保护当事人的合法权益,我国《国家赔偿法》规定了对赔偿委员会的监督机制,即申诉程序和重新审查程序。

(一)赔偿请求人和赔偿义务机关的申诉程序

赔偿请求人和赔偿义务机关对赔偿委员会生效的赔偿决定不服的,不能向法院提起诉讼,但是可以向上一级人民法院赔偿委员提出申诉。根据《国家赔偿法》第30条第1款的规定,赔偿请求人或者赔偿义务机关对赔偿委员会作出的决定,认为确有错误的,可以向上一级人民法院赔偿委员会提出申诉。但申诉审

[①] 参见最高人民法院《关于人民法院赔偿委员会审理国家赔偿案件程序的规定》第19条。

查期间,不停止生效决定的执行。为了保障赔偿请求人和赔偿义务机关的申诉权,规范国家赔偿监督程序,2017年2月27日最高人民法院发布了《关于国家赔偿监督程序若干问题的规定》(法释【2017】9号),对提出申诉的情形、申诉材料、申诉立案与受理、重新审理、重新决定等作了具体规定。

(二) 赔偿委员会的重新审查程序

重新审查主要有两种情形:一是根据我国《国家赔偿法》第30条第2款的规定,赔偿委员会作出的赔偿决定生效后,如发现赔偿决定违反本法规定的,经本院院长决定或者上级人民法院指令,赔偿委员会应当在2个月内重新审查并依法作出决定,上一级人民法院赔偿委员会也可以直接审查并作出决定。二是根据我国《国家赔偿法》第30条第3款的规定,最高人民检察院对各级人民法院赔偿委员会作出的决定,上级人民检察院对下级人民法院赔偿委员会作出的决定,发现违反本法规定的,应当向同级人民法院赔偿委员会提出意见,同级人民法院赔偿委员会应当在2个月内重新审查并依法作出决定。

第四编　国家赔偿法的适用

第十二章　国家赔偿的方式、标准及费用

第一节　国家赔偿的方式

一、国家赔偿方式概述

在法律上,任何人实施了违法行为,都应当承担相应的法律责任,如刑事责任、行政责任、民事责任等。行为人所承担的具体的法律责任,我们通常称之为责任形式或责任方式。在我国民法上,侵权责任的方式包括:停止侵害;排除妨害;消除危险;返还财产;恢复原状;赔偿损失;赔礼道歉;消除影响、恢复名誉。在这些责任方式中,赔偿损失是民法中适用最为广泛的责任方式。所谓赔偿损失,是指违法行为人支付一定的金钱赔偿因其违法行为给他方所造成的损害。那么,国家赔偿方式是否仅指赔偿损失呢?回答当然是否定的。因为国家赔偿法中所指的"赔偿"实际上是指国家侵权责任,即使在民法中也是如此。如在传统民法中,民事责任方式被称为损害赔偿方法。而我们通常所说的侵权损害赔偿也指的是侵权责任。所以,国家赔偿方式实际上也就是国家侵权责任的方式,即国家对自己的侵权行为用什么样的责任方式承担法律后果。

国家对自己的侵权行为以什么样的方式承担赔偿责任,对于国家和受害人都至关重要,它直接关系到国家和受害人的权益。所以,许多国家的国家赔偿法都很重视赔偿方式,对其都作了明文规定。从各国国家赔偿法的规定来看,国家赔偿的方式无外乎金钱赔偿和恢复原状两种,但各国的具体规定则有所不同,主要有三种立法例:第一种立法例是采取任意选择方式,即允许受害人选择赔偿方式。例如,德国《国家赔偿法(草案)》规定:公权力主体对受害人因侵权行为而受到的损害,应以金钱赔偿;公权力主体对受害人因侵权行为造成不利状态的,应予恢复原状,受害人有权以金钱赔偿代替恢复原状。该法对选择赔偿方式作了三点规定:一是如果恢复原状不足以除去损害的,必须采取金钱赔偿方式。二是

恢复原状事实上不可能、不合法或不可期待的,国家没有恢复的义务。三是受害人对违法状况的发生有责任的,在他分担相当的恢复原状费用时,才可以请求恢复原状。①《俄罗斯民法典》第1082条规定了国家赔偿的方式采取实物赔偿(给付同种类和同质量的物,修复被损坏的物等)或者支付赔偿金的方式。第二种立法例是采取以金钱赔偿为原则,以恢复原状为例外。例如,在法国,行政法院只能判决行政主体负担金钱赔偿义务,不能判决行政主体采取实际执行行为以恢复物质损害的原状。但行政法院可能在判决行政主体负责赔偿时,指出如行政机关自愿恢复原状,不用支付赔偿金。行政法院也可以判决行政机关在损害继续存在时,每天赔偿金额若干,从而达到恢复原状的目的。对于身体上的损害和在性质上不可恢复的损害,只能判决金钱赔偿。②日本《国家赔偿法》虽然没有在条文中明确规定金钱赔偿原则,但从其规定来看,国家赔偿的方式是适用民法规定的侵权赔偿方式。而日本民法规定的侵权赔偿方式是以金钱赔偿为原则,以恢复原状为例外的。英、美等国家的国家赔偿方式也是以金钱赔偿为主,同时兼采恢复原状方式。第三种立法例是仅采用金钱赔偿方式。如奥地利《国家赔偿法》规定,损害赔偿形式仅为金钱赔偿。从以上可以看出,国家赔偿采取金钱赔偿原则,或者以金钱赔偿方式为主,是各国的通例。

在我国《国家赔偿法》的立法过程中,对国家赔偿的方式曾存在不同看法。有人主张,国家赔偿应以金钱赔偿为原则,以恢复原状为例外。其理由是,如果以恢复原状为原则的话,国家机关将因此承担许多不必要的工作,不仅浪费人力、物力,不符合经济要求,而且也会影响国家机关正常的管理活动和工作效率。有人则主张,国家赔偿应以恢复原状为主要赔偿方式。其理由是,国家赔偿应是全面赔偿,其宗旨在于恢复受损害的合法权益,从我国的具体情况看,恢复原状比金钱赔偿更适于填补受害人的损害。我国在制定《国家赔偿法》过程中,是根据以下三项原则确定国家赔偿方式的:一是要使受害人所受到的损失能够得到适当的弥补;二是考虑国家的经济和财力能够负担的状况;三是便于计算,简便易行。③按照上述原则,我国《国家赔偿法》明确规定了国家赔偿以金钱赔偿为主、以其他赔偿方式为辅的赔偿方式体系。该法第32条规定:"国家赔偿以支付赔偿金为主要方式。能够返还财产或者恢复原状的,予以返还财产或者恢复原状。"同时,该法第35条又规定:"有本法第3条或者第17条规定情形之一,致人精神损害的,应当在侵权行为影响的范围内,为受害人消除影响,恢复名誉,赔礼道歉;造成严重后果的,应当支付相应的精神损害抚慰金。"

---

① 参见皮纯协、冯军主编:《国家赔偿法释论(第三版)》,中国法制出版社2010年版,第203页。
② 参见皮纯协、何寿生:《比较国家赔偿法》,中国法制出版社1998年版,第130页。
③ 参见胡康生:《关于〈中华人民共和国国家赔偿法〉(草案)的说明》(1993年10月22日在第八届全国人大常委会第四次会议上)。

从我国《国家赔偿法》的规定来看,国家赔偿的方式可以分为财产赔偿方式和非财产赔偿方式两大类。前者包括金钱赔偿、返还财产和恢复原状;后者包括消除影响、恢复名誉、赔礼道歉。

二、财产赔偿方式

财产赔偿方式是指以经济为内容的赔偿方式,适用于公民、法人和其他组织的财产权利和人身权利受损害的场合。这是为补救受害人的财产方面的损害而设置的赔偿方法,是国家赔偿中普遍适用的赔偿方式。根据我国《国家赔偿法》的规定,财产赔偿方式包括金钱赔偿、返还财产和恢复原状三种形式。

(一)金钱赔偿

金钱赔偿是指赔偿义务机关以支付货币的形式向受害人履行赔偿义务。根据我国《国家赔偿法》第32条第1款的规定,金钱赔偿是国家赔偿的主要方式。所谓主要方式,是指除特别情形外,国家赔偿应当通过支付货币的方式进行。只有在适当的情况下,才能采取返还财产、恢复原状等赔偿方式。因此,无论是侵犯财产权的损害,还是侵犯人身权的损害,一般应通过金钱赔偿为之。国家赔偿之所以以金钱赔偿为主要方式,其原因主要有:(1)金钱赔偿的适应性强。从民法角度看,金钱是一种特殊的种类物。作为一般等价物,具有支付的功能。所以,任何损害,无论其性质如何,如人身自由的限制、生命权和健康权的损害、财产的毁损灭失等,都可以通过金钱予以计算,并进而利用金钱进行赔偿。这是其他任何赔偿方式所不具有的优点。(2)金钱赔偿的操作性强。在国家赔偿案件中,无论损害的性质如何,无论损害情况如何复杂,损害后果如何严重,都可以按照法定的标准计算出受害人的实际损失数额,赔偿义务机关就可以依照该损失数额进行赔偿。很显然,金钱赔偿的方式要比其他赔偿方式更具有操作性,更为便捷。(3)金钱赔偿的效率性强。一方面,赔偿义务机关以金钱赔偿履行赔偿义务,可以及时解决赔偿纠纷,避免国家机关因赔偿问题而造成人力、物力的不应有的浪费,影响国家机关的正常公务工作。另一方面,受害人也可以通过金钱赔偿迅速获得赔偿,以便及时恢复自己所受到的损害。而受害人的有些损害非金钱赔偿不可,如医疗费、误工损失等。

在人身损害赔偿中,金钱赔偿是唯一的财产赔偿方式。虽然人身损害无法用金钱直接加以衡量,但是人身一旦受到损害,就会使其丧失获取财产的能力,或者使其为恢复损害而支出一定的费用。获取财产能力的丧失和恢复损害费用的支出,是可以通过法律规定的一定标准加以确定的。所以,对人身损害就可以进行金钱赔偿。而其他的财产赔偿方式,如恢复原状、返还财产则对人身损害毫无用武之地,因为它们是以财产受到损害为适用前提的。根据我国《国家赔偿法》的规定,适用金钱赔偿的人身损害包括:(1)侵犯人身自由的赔偿。侵犯公民的人身自由的,赔偿义务机关应当按照法律规定的标准进行金钱赔偿。(2)侵犯生命权、健康权的赔偿。侵犯公民的生命健康权的,赔偿义务机关应当赔偿医疗费、护理费、因误工减少的收入、残疾生活辅助具费、康复费、残疾赔偿金、死亡赔偿金、丧葬费、受扶养人的生活费等。(3)侵犯人身权的精神损害赔偿。侵犯公民人身权,赔偿义务机关不仅应该就其人身自由、生命权、健康权的损害进行金钱赔偿,还应该对公民遭受的具有严重后果的精神损害,支付相应的精神损害抚慰金。这是2010年《国家赔偿法》修改新加入的内容,是国家赔偿领域人身自由和生命权、健康权法律保障的延伸,体现了对公民人身权利的充分尊重与周到保护。

在财产损害赔偿中,金钱赔偿是主要的赔偿方式。与人身损害不同,财产损害可以直接用金钱进行赔偿。因为,在一般情况下,财产损害都可以折算为金钱,并按折算的金钱数额进行赔偿。根据我国《国家赔偿法》的规定,适用金钱赔偿的财产损害主要包括:(1)查封、扣押、冻结财产的,解除对财产的查封、扣押、冻结,造成财产损坏或者灭失的,应当依照规定进行金钱赔偿;(2)应当返还的财产损坏,不能恢复原状的,按照损害程度给付相应的赔偿金;(3)应当返还的财产灭失的,给付相应的赔偿金;(4)财产已经拍卖或者变卖的,给付拍卖或者变卖所得的价款。变卖的价款明显低于财产价值的,应当支付相应的赔偿金;(5)吊销许可证和执照、责令停产停业的,赔偿停产停业期间必要的经常性费用开支;(6)返还执行的罚款或者罚金、追缴或者没收的金钱,解除冻结的存款或者汇款的,应当支付银行同期存款利息;(7)对财产权造成其他损害的,按照直接损失给予赔偿。

(二)返还财产

返还财产是指赔偿义务机关将违法取得的财产返还给受害人的赔偿方式。我国《国家赔偿法》第32条第2款规定,国家在赔偿时,能够返还财产的,应当予以返还财产。返还财产作为国家赔偿的辅助方式,适用于公民、法人和其他组织财产权受到侵害的情形,如赔偿义务机关处罚款、罚金、追缴、没收财产或者违反国家规定征收财物、摊派费用的,应返还财产。

返还财产的赔偿方式的适用,应当具备下列条件:(1)原物须存在。返还财产的适用,必须有财产的存在。这里的财产,我们通常称之为原物。所以,只有原物存在,才能适用返还财产的赔偿方式。如果原物已经不复存在,则不能适用返还财产的赔偿方式,而只能适用金钱赔偿的方式。这里的原物既可以是特定物,也可以是金钱。在返还财产时,如果应返还的财产产生了孳息,则孳息应一并返还。因为,根据民法原理,在法律没有另外规定、当事人也没有另外约定的情况下,孳息应归原物所有人所有。(2)返还财产比金钱赔偿更便捷。金钱赔偿是国家赔偿的主要方式,而返还财产只是一种辅助赔偿方式。所以,赔偿义务机关在进行赔偿时,如果适用金钱赔偿更为便捷,则应采用金钱赔偿的方式。只有在采用返还财产比金钱赔偿更便捷时,才能采用返还财产的赔偿方式。例如,如果行政机关违法征收、征用的财产还存在的话,则返还该财产比将财产折算成金钱再予以金钱赔偿便捷得多,此时就可以采取返还财产的赔偿方式。而如果被征收、征用的财产已被处理,若要返还该财产,行政机关就要花费时间和人力寻回该财物,这就比将该财产折算成金钱再予以赔偿麻烦得多。此时就不能采取返还财产的赔偿方式,而应采取金钱赔偿的方式。(3)不影响赔偿义务机关的公务。实行国家赔偿,一方面要保护公民、法人和其他组织的合法权益,另一方面也要维护国家公务活动的正常进行。所以,在决定是否采取返还财产的赔偿方式时,就不得不考虑国家公务活动的需要。如果采用返还财产的赔偿方式,影响了赔偿义务机关的公务活动,就不符合实行国家赔偿的目的。因此,就不应当采用返还财产的赔偿方式,而只能采用金钱赔偿的方式。例如,被征收、征用的财产已被用于公务活动,则返还财产就会影响公务活动的正常进行。因而,就不应当采用返还财产的赔偿方式,而只能进行金钱赔偿。

(三)恢复原状

恢复原状有广义和狭义之分。广义的恢复原状是指恢复权利未被侵害前的状态,即回复原状。如返还财产、恢复名誉、消除影响、赔礼道歉等都是广义的恢复原状;狭义的恢复原状是指将被损坏的财产修复。我国《国家赔偿法》第32条第2款规定,财产被损坏的,能够恢复原状的,予以恢复原状。可见,《国家赔偿法》中所规定的恢复原状指的是狭义上的恢复原状。恢复原状与返还财产一样都是国家赔偿的辅助方式,适用于公民、法人和其他组织财产权受到侵害的情形。例如,赔偿义务机关应当返还的财产损坏的,能够恢复原状的,应恢复原状;查封、扣押、冻结财产的,应解除查封、扣押、冻结等。恢复原状能够比较合理地使受害人的损害得到补偿,是一种比较合适的国家赔偿方式。但恢复原状作为国家赔偿的一种辅助方式,其操作比较复杂,只有在符合下列条件的情况下,才能适用:(1)须有恢复原状的可能。就是说,受害人受到的财产损害是可以恢复的,才有可能采用恢复原状的赔偿方式。如果被损坏的财产没有修复的可能,则不能采用恢复原状的方式。(2)须有恢复原状的必要。被损坏的财产有无修复的必要,应从社会效益、经济效益、所有人的需要等诸因素综合考虑。如果修复财产从社会经济效益上讲是不合算的,或者所有人已不再需要,则不能采用恢复原状的赔偿方式。(3)须不产生违法后果。如果在某些情况下,恢复原状的行为带有违法性,并会产生违法后果,则就不能适用恢复原状的赔偿方式。(4)须不影响公务。恢复原状在具体操作上是比较复杂的,不仅要了解需要恢复的财产的基本状态,而且还要花费一定的人力、物力。因此,采用恢复原状的赔偿方式很有可能影响赔偿义务机关的正常公务活动。如此,恢复原状的赔偿方式就不应采用。例如,行政机关因强行拆除某人房屋而被承担赔偿责任时,如采取恢复原状的方式,则行政机关不得不分出人力、物力组织建房,这就必然会影响行政机关的工作。有一种观点认为,恢复原状的适用须有受害人的请求。这样可以避免受害人故意拖延选择赔偿方式,造成赔偿久拖不决,影响国家机关的正常公务活动。① 我们认为,受害人的请求不是适用恢复原状方式的必要条件。因为,尽管一些国家将受害人的请求作为适用恢复原状方式的必要条件,但我国《国家赔偿法》并没有类似的规定。我国《国家赔偿法》只是规定"能够"恢复原状的,予以恢复原状。可见,在国家赔偿案件中,采取何种赔偿方式不是取决于受害人的请求,而是由赔偿义务机关根据具体情况决定的。

根据我国《国家赔偿法》的规定,恢复原状只适用于财产被损坏的情形,其他损害则不适用恢复原状的赔偿方式。我们认为,我国《国家赔偿法》的这种规定有可探讨的余地。例如,某人被违法判处 5 年徒刑,后依审判监督程序而改判无罪,但原判徒刑已执行 3 年,且已被开除公职。在这种情况下,如果只采用金钱赔偿的方式赔偿受害人的损害,则根本不能弥补受害人的损害。但如果采用恢复原状的赔偿方式,予以恢复其公职,并予以金钱赔偿,则受害人的损害可得到弥补。所以,我国《国家赔偿法》的这种规定应予修改,确定恢复原状方式的适用对象不仅应包括侵害财产权,而且应该包括侵害人身自由。这样规定,并不会增加财政负担,却会对受害人有极大的救济作用。②

三、非财产赔偿方式

根据我国《国家赔偿法》的规定,非财产赔偿方式包括消除影响、恢复名誉、赔礼道歉三种形式。

消除影响是指通过相应的途径、方式消除因侵权行为对他人的人格权所造成的不良影响;恢复名誉是指恢复受害人被损害的名誉;赔礼道歉是指公开认错、赔不是。根据我国《国家赔偿法》的规定,具有下列情形之一,致人精神损害的,赔偿义务机关应当在侵权行为影响的范围内,为受害人消除影响,恢复名誉、赔礼道歉:(1) 行政机关及其工作人员违法拘留或者违法采取限制公民人身自由的行政强制措施的;(2) 行政机关及其工作人员非法拘禁或者以其他方法非法剥夺公民人身自由的;(3) 行政机关及其工作人员以殴打、虐待等行为或者唆使、放纵他人以殴打、虐待等行为造成公民身体伤害或者死亡的;(4) 行政机关及其工作人员违法使用武器、警械造成公民身体伤害或者死亡的;(5) 行政机关及其工作人员造成公民身体伤害或者死亡的其他违法行为;(6) 行使侦查、检

---

① 参见皮纯协、冯军主编:《国家赔偿法释论(第三版)》,中国法制出版社 2010 年版,第 205—206 页。

② 参见应松年主编:《国家赔偿法研究》,法律出版社 1995 年版,第 228 页。

察、审判职权的机关以及看守所、监狱管理机关及其工作人员违反刑事诉讼法的规定对公民采取拘留措施的,或者依照刑事诉讼法规定的条件和程序对公民采取拘留措施,但是拘留时间超过刑事诉讼法规定的时限,其后决定撤销案件、不起诉或者判决宣告无罪终止追究刑事责任的;(7)行使侦查、检察、审判职权的机关以及看守所、监狱管理机关及其工作人员对公民采取逮捕措施后,决定撤销案件、不起诉或者判决宣告无罪终止追究刑事责任的;(8)行使侦查、检察、审判职权的机关以及看守所、监狱管理机关及其工作人员依照审判监督程序再审改判无罪,原判刑罚已经执行的;(9)行使侦查、检察、审判职权的机关以及看守所、监狱管理机关及其工作人员刑讯逼供或者以殴打、虐待等行为或者唆使、放纵他人以殴打、虐待等行为造成公民身体伤害或者死亡的;(10)行使侦查、检察、审判职权的机关以及看守所、监狱管理机关及其工作人员违法使用武器、警械造成公民身体伤害或者死亡的。

根据最高人民法院《关于人民法院赔偿委员会审理国家赔偿案件适用精神损害赔偿若干问题的意见》和《关于审理国家赔偿案件确定精神损害赔偿责任适用法律的若干问题的解释》(法释[2021]3号),在适用消除影响、恢复名誉、赔礼道歉的赔偿方式时,应当注意以下问题:

(1)人民法院适用精神损害赔偿条款,要注意"消除影响、恢复名誉"与"赔礼道歉"作为非财产责任方式,既可以单独适用,也可以合并适用,并应当与侵权行为的具体方式和造成的影响范围相当。其中,消除影响、恢复名誉应当公开进行。

(2)人民法院可以根据案件具体情况,组织赔偿义务机关与赔偿请求人就消除影响、恢复名誉,或赔礼道歉的具体方式进行协商。协商不成作出决定的,应当采取下列方式:(1)在受害人住所地或所在单位发布相关信息;(2)在侵权行为直接影响范围内的媒体上予以报道;(3)赔偿义务机关有关负责人向赔偿请求人赔礼道歉。

(3)赔偿义务机关在损害作出前已为受害人消除影响、恢复名誉或者赔礼道歉,或者原侵权案件的纠正被媒体广泛报道,客观上已经起到消除影响、恢复名誉的作用的,可以在决定书中予以说明。

四、赔偿方式的适用

正确地适用国家赔偿的方式,对于弥补受害人的损害具有重要意义。在实践中,如何选择适用国家赔偿的方式,是正确处理国家赔偿案件的一个不可忽视的问题。在国家赔偿方式选择适用时,应当注意以下三个问题:

(一)国家赔偿方式的合并适用

《国家赔偿法》规定了以金钱赔偿为主、其他赔偿方式(返还财产、恢复原状、消除影响、恢复名誉、赔礼道歉)为辅的赔偿方式体系。这些赔偿方式可以单独适用,但能否合并适用,《国家赔偿法》并没有明确规定,学者间也有不同的看法。我们认为,根据我国《国家赔偿法》的规定,财产赔偿方式与非财产赔偿方式是完全可以合并适用的,非财产赔偿方式也完全可以合并适用。如公民被非法拘留的,并造成精神损害的,赔偿义务机关就应当给予金钱赔偿,同时应当为受害人消除影响、恢复名誉、赔礼道歉。最高人民法院《关于人民法院赔偿委员会审理国家赔偿案件适用精神损害赔偿若干问题的意见》也明确提出,侵权行为致人精神损害且造成严重后果的,人民法院赔偿委员会除依照前述规定决定由赔偿义务机关为受害人消除影响、恢复名誉或者向其赔礼道歉外,还应当决定由赔偿义务机关支付相应的精神损害抚慰金。这里既有金钱赔偿的财产赔偿方式与消除影响等非财产赔偿方式的合并适用,也有消除影响、恢复名誉、赔礼道歉等非财产赔偿方式之间的合并适用。问题在于,财产赔偿方式之间,即金钱赔偿与返还财产、恢复原状之间能否合并适用。从国外的国家赔偿的做法来看,大多是坚持以一种赔偿方式进行赔偿,尽可能不发生两种赔偿方式并用的情况。只是在某些特殊情况下,当金钱赔偿仍不能全面挽回损失时,才可以辅之以部分的恢复原状,以补金钱赔偿的不足,但凡是以恢复原状为主要方式的赔偿,则不再以金钱赔偿辅之。① 在民法上,赔偿损失与返还财产、恢复原状之间是完全可以合并适用的。就是说,在返还财产或恢复原状时,对受害人所遭受的其他财产损失,侵害人还应当予以赔偿。这种理论在国家赔偿中同样适用。即在一种赔偿方式不能满足受害人的要求时,还应补充其他形式的赔偿,不排除两种赔偿方式并用的可能。②

(二)国家赔偿方式的适用顺序

关于《国家赔偿法》所确定的赔偿方式的适用顺序,学界存在不同的认识。第一种意见认为,金钱赔偿方式与返还财产、恢复原状方式之间是主从关系,而非优先关系,"为主"并不意味着"优先"。在造成财产损害的情况下,是否支付赔偿金,以是否能够返还财产或恢复原状为前提。也就是说,只有在不可能返还财产或恢复原状时,才能采取金钱赔偿的方式。③ 第二种意见认为,在赔偿方式的选择上,应当尽量适用返还财产或恢复原状的方式。只有在不能或不宜采取返还财产或恢复原状方式的情况下,才适用金钱赔偿的方式,即金钱赔偿是最后的选择。④ 第三种观点认为,从我国《国家赔偿法》第32条规定来看,"能够"就表明返还财产和恢复原状应当优先于金钱赔偿而考虑适用,只有在不"能够"的情

---

① 参见皮纯协、冯军主编:《国家赔偿法释论(第三版)》,中国法制出版社2010年版,第208页。
② 参见张正钊主编:《国家赔偿制度研究》,中国人民大学出版社1996年版,第66页。
③ 参见高家伟:《国家赔偿法》,商务印书馆2004年版,第245页。
④ 参见石佑启等:《国家赔偿法新论》,武汉大学出版社2010年版,第246页。

况下,再适用金钱赔偿的方式。因此,应当按照返还财产、恢复原状、金钱赔偿的顺序进行赔偿。① 我们认为,我国《国家赔偿法》第 32 条所确立的赔偿方式体系,其目的仅在于明确金钱赔偿是主要的适用方式,并非确定哪种赔偿方式优先适用。因此,具体适用哪种赔偿方式,应当以国家赔偿方式设定之目的为标尺进行衡量,即哪种方式既能迅捷地给受害人以救济,又能使国家机关尽可能少地承担赔偿方式本身带来的成本。② 特别是返还财产与恢复原状之间,因适用条件的不同而不可能存在适用的先后顺序问题。

(三) 严格掌握国家赔偿方式的适用条件

我国《国家赔偿法》虽然明确规定了国家赔偿的具体方式,但并没有规定各种赔偿方式的适用条件。这就要求我们在处理国家赔偿案件时,严格掌握国家赔偿方式的适用条件。能够适用金钱赔偿的,就采用金钱赔偿的方式;能够返还财产或恢复原状的,就应予以返还财产或恢复原状;需要适用消除影响、恢复名誉、赔礼道歉的,就应当适用之。绝不能因考虑到国家机关的面子或者以公务需要等为借口,而回避采用应当采用的赔偿方式。

第二节 国家赔偿的计算标准

一、国家赔偿计算标准的原则

国家机关及其工作人员行使职权侵犯公民、法人和其他组织的合法权益造成损害的,受害人有权要求国家赔偿。国家如何赔偿受害人的损害,应当有一定的标准,这个标准就是国家赔偿的计算标准。国家赔偿的计算标准是国家赔偿法所确立的根据损害程度确定赔偿金额的依据,是国家赔偿得以实现、受害人的损害得以补偿的基本前提。没有这一标准,国家赔偿就很难落实到实处,受害人的权益就很难得到保障。

在民法上,计算赔偿范围应当坚持全部赔偿、过失相抵、损益相抵等原则。所谓全部赔偿,是指侵害人对因侵权行为造成的受害人的全部损失应完全赔偿。也就是说,侵害人的赔偿范围与受害人的损失范围相当。民法上所讲的损失既包括实际损失,也包括可得利益损失。民法上之所以适用全部赔偿原则,是由民事责任的补偿性所决定的,因为民事责任从根本上说是对受害人的一种补救。所谓过失相抵,是指如受害人对损害的发生存在过错,可以减轻侵害人的民事责任。这里的相抵,并不是侵害人和受害人之间的过失相抵,而是根据受害人的过错程度确定侵害人的责任范围。所谓损益相抵,是指受害人基于受损害的同一

---

① 参见上官丕亮主编:《国家赔偿法研究述评》,法律出版社 2017 年版,第 373—374 页。
② 参见沈岿:《国家赔偿法:原理与案例(第二版)》,北京大学出版社 2017 年版,第 394 页。

赔偿原因受有利益时,应从损害中扣除所受利益,以确定侵害人的实际赔偿数额。从实质上说,损益相抵仍为侵害人只对受害人的损失负赔偿责任,以免受害人得到不当得利。

那么,民法中确定赔偿范围的原则,在国家赔偿法中是否完全适用呢?我们认为,国家赔偿问题与一般的民事赔偿有所不同,因而,不能照搬民法的原则来确定国家赔偿计算标准的原则。

(一)关于全部赔偿原则

关于受害人的损害,应在多大程度上给予国家赔偿,各国都根据自己的国情,规定了不同的原则。从总体上看,各国所确定的原则可以归纳为三种不同的原则,即惩罚性赔偿原则、补偿性赔偿原则和抚慰性赔偿原则。

惩罚性赔偿原则是指国家赔偿额对侵害主体具有惩罚性,即侵害主体除向受害人支付弥补损失的费用外,还应支付一定的额外费用,以示惩罚。按照这种原则,国家赔偿的数额就是损失额加上惩罚金额。可见,按照这种原则计算国家赔偿范围,赔偿数额要高于损失额,带有惩罚性,其赔偿范围往往大于民法上的全部赔偿原则的赔偿范围,对受害人极为有利。这种原则大多是发达国家的国家赔偿法所采取的原则。

补偿性赔偿原则是指国家赔偿额以填补受害人的损失为限,即侵害主体按照受害人的损失额进行赔偿,以示补偿。按照这种原则,国家赔偿的数额就是受害人的损失的数额。这种原则基本上与民法上的全部赔偿原则相同。

抚慰性赔偿原则是指国家赔偿额以抚慰受害人为目的而不是赔偿受害人的全部损失,即侵害主体不可能完全填补受害人的全部损失,而只能在全部损失范围内尽可能赔偿受害人的损失,以示抚慰。按照这种原则,国家赔偿的数额一般要低于受害人的全部损失的数额,且控制在最高赔偿限额以内。

我国的国家赔偿法应当采取哪一种原则,能否适用民法上的全部赔偿原则,这在国家赔偿法的制定过程中,曾存在不同的看法。有人认为,应当从根治违法侵权出发,把赔偿标准定得高一些,即应根据惩罚性赔偿原则来确定赔偿标准。有人认为,国家赔偿要解决的问题,主要是通过赔偿来规范国家机关的行为,并将其重新纳入正轨,而不是对受害人给予完全充分的赔偿,加之初创国家赔偿制度,各方面经验不足,特别是在目前国家机关的执法、司法水平还不很高的情况下,采取惩罚性赔偿原则确定赔偿标准,国家机关很可能难以承受,这对国家机关执行职务,逐步改善执法、司法水平是不利的。因此,在国家赔偿制度初创时期,采取抚慰性赔偿原则是适当的。而补偿性赔偿原则由于目前条件下还存在很多侵权损害的确认、计算、统计上的具体问题,采此原则亦不适宜。还有人认为,国家赔偿应采取补偿性赔偿原则,即完全赔偿原则,对受害人的财产损害和精神损害、直接损失和间接损失都应予以赔偿。

从我国《国家赔偿法》的规定来看,国家赔偿计算标准确立的原则是抚慰性赔偿原则。在《国家赔偿法》制定之初,我国大都数学者对此持肯定态度,其原因主要以下几个方面:(1)在现阶段,中国国家赔偿法所解决的主要问题是通过赔偿来规范国家机关及其工作人员的行为,并使之重新走上正确的轨道,而不是对受害人作完全充分的损害赔偿;(2)目前中国国家机关及其工作人员的执法、司法水平从总体上说还不够高,如果现在采取惩罚性赔偿原则制定国家赔偿标准的话,国家机关及其工作人员无论是在能力上还是在心理上都是难以承受的,不利于国家职能的发挥,也不利于提高执法、司法水平;(3)目前,中国的经济发展水平和财政负担能力虽已有很大的提高,但中国仍然是一个发展中国家,财政困难仍比较多,如果采用惩罚性赔偿原则确立国家赔偿标准的话,国家财政负担必更加沉重,不利于国家建设的进一步发展;(4)由于中国国家赔偿制度的发展起步较晚,又长期受到不应有的干扰,在目前情况下采用补偿性赔偿原则确立赔偿标准,无论是对侵权损害的确认,还是在损害范围、损害程度的统计、计算方面都缺乏成功的经验可作参考,尚无法采用这一原则。[①]

我国《国家赔偿法》所采取的抚慰性赔偿原则,在人身损害和财产损害的适用上是有所不同的。即对人身损害,既赔偿实际损失(如医疗费、丧葬费等),也赔偿可得利益损失(如误工费)。尽管如此,因赔偿标准比较低,故也只能是抚慰性赔偿;而对财产损害则只赔偿实际损失,不赔偿可得利益损失。有人认为,根据我国《国家赔偿法》的规定,对于间接的人身上与财产上的损害不予赔偿。[②]这种看法是片面的。因为《国家赔偿法》只是对财产损害中的可得利益损失不予赔偿,而对人身损害中的间接损失如误工费,是给予赔偿的。而死亡赔偿金和残疾赔偿金中实际上都包含着可得利益损失的赔偿。

我们认为,我国《国家赔偿法》采取抚慰性赔偿原则,在目前情况下,虽并无不妥,但并非是最佳选择。应当说,在赔偿问题上,受害人损失多少就应当赔偿多少,即采取完全赔偿原则或补偿性赔偿原则,才是最理想的选择。2010年《国家赔偿法》的修改,已朝着这一方向作出了努力,确认了受害人在一定条件下获得精神损害赔偿的权利。我们相信,随着我国经济的发展和综合国力的提高,补偿性赔偿原则必将成为未来国家赔偿的计算标准,使受害人的财产损害(包括实际损失和可得利益损失)能够得到完全赔偿。对此,有学者指出,在我国《国家赔偿法》制定之初,采用抚慰性赔偿标准有其合理性,但随着我国国家整体法制水平及国家财力的不断提升,依旧坚持抚慰性标准已明显不合时宜,因此应当提高

---

① 参见张正钊主编:《国家赔偿制度研究》,中国人民大学出版社1996年版,第67—68页。
② 同上书,第107页。

国家赔偿标准,达到受害人损失多少就应当赔偿多少的目标。①

(二)关于损益相抵原则

如前所述,损益相抵是为防止产生不当得利而在侵权损害赔偿中设立的原则。在国家赔偿法中,一些国家和地区实行了损益相抵原则。例如,韩国《国家赔偿法》第3条规定:"受害者受到损害,同时又获得利益时,应从损害赔偿中,扣除相当于其利益之金额。"英国《王权诉讼法》第10条规定:"社会安全保险部大臣证明受害人或其家属有权取得抚恤金的,国家不负赔偿责任。"我国台湾地区的"国家赔偿法"虽然没有规定损益相抵原则,但在实践中也是适用损益相抵原则确定赔偿数额的。②

我国《国家赔偿法》对损益相抵原则没有明文规定,学者们的看法也不同。有人认为,国家赔偿法应当适用损益相抵原则。如果受害人因同一事实已从其他途径如保险、社会救济、抚恤等得到全部或部分补偿的,则应赔偿金额中扣除,国家因此免除或减轻赔偿责任。③ 但通说认为,国家赔偿法不适用损益相抵原则。④ 有学者指出,我国国家赔偿法之所以没有采用损益相抵原则,是因为:(1)适用损益相抵原则,国家赔偿就会经常出现"虚而不实",有"哗众取宠"之嫌;(2)更为重要的是,损益相抵原则并不合理。国家赔偿是侵权的国家机关应对自己的过错承担的责任,是国家向受害人表示歉意,而受害人从社会保障体系或个人劳动中获得的收益并不是作为侵权主体和责任主体的国家承担的责任,何必用后者去抵销前者呢?被冤杀的人的家属从社会保险中获得赔偿金,是其投保的结果,同国家作为侵权主体应承担的侵权责任不应混为一谈。所以,损益相抵原则的适用,其结果是国家赔偿的"雷声大,雨点小"。我国的国家赔偿法不采用损益相抵原则,结果是"实打实"地赔,受害人及其家属从其他渠道得到的收益仍然归己,这样,实际收入就会相应提高,有些情况下,得到的可以是"双份"。所以,我国的国家赔偿是"雷声小,雨点大",不是"虎头蛇尾",而是"虎头虎尾"。⑤

我们认为,我国《国家赔偿法》之所以没有采用损益相抵原则,并非基于上述所言及的理由。在民法中,损益相抵原则是各国所普遍确立的制度,其合理性已

---

① 参见上官丕亮主编:《国家赔偿法研究述评》,法律出版社2017年版,第387页。
② 参见曹竞辉:《国家赔偿法实用》,我国台湾地区五南图书出版公司1984年版,第325页;叶百修:《国家赔偿法》,我国台湾地区2017年作者自版,第546页。
③ 参见马怀德:《国家赔偿法的理论与实务》,中国法制出版社1994年版,第142—143页。
④ 参见应松年主编:《国家赔偿法研究》,法律出版社1995年版,第240—241页;肖峋:《中华人民共和国国家赔偿法理论与实用指南》,中国民主法制出版社1994年版,第248页;上官丕亮主编:《国家赔偿法研究述评》,法律出版社2017年版,第389页。
⑤ 参见肖峋:《中华人民共和国国家赔偿法理论与实用指南》,中国民主法制出版社1994年版,第248—249页。

不存在疑问。即使在国家赔偿中,上述所说的损益相抵原则的不合理性也是不存在的。因为损益相抵原则的适用是有严格条件的,并非可以随意适用,并且还有许多限制适用的情况。损益相抵原则适用的前提必须是在受害人所受损害与所受利益之间有因果关系,即损害和利益必须出于发生损害的同一原因。就是说,只有在同一致害原因既给受害人造成损害、又使受害人受有利益的情况下,才能适用损益相抵原则。例如,一个卖服装的个体户甲被违法吊销执照2个月,甲在这2个月内去蹬三轮车,每天挣50元,两个月共挣3000元。那么,假设适用损益相抵原则,国家在赔偿其停业期间必要的经常性费用开支的同时,也不能扣除这3000元的收入,因为3000元的收入并不是因为违法吊销执照这一损害原因而产生的。但如果甲因被违法吊销执照2个月而没有租用服装市场的摊位节省了租金,则该租金属于违法吊销执照的损害原因所产生的,则在赔偿时应予以扣除。至于人身保险金,通说认为,是投保人给付保险费的对价,且保险公司支付保险金之目的,并非在于填补加害人所造成的损害,与加害人的侵权行为全无关系,自不得损益相抵。所以,我国《国家赔偿法》没有采用损益相抵原则并不是因为该原则不合理。我们认为,《国家赔偿法》没有采用损益相抵原则,其真正的原因是国家赔偿计算标准的确立原则。如前所述,我国国家赔偿的计算标准采用的是抚慰性赔偿原则,而不是补偿性赔偿原则。在民法上,损益相抵是与全部赔偿紧密联系在一起的,也可以说,损益相抵是对全部赔偿原则的一种限制。所以,实行全部赔偿原则,就必须采用损益相抵。而我国并没有采用全部赔偿原则,采用的是抚慰性赔偿原则,这就排除了损益相抵原则适用的可能性。如果将来我国的国家赔偿法采用补偿性赔偿原则,即全部赔偿原则,则应当采用损益相抵原则。

(三) 关于过失相抵原则

过失相抵原则在国家赔偿中是否适用,我国《国家赔偿法》没有规定,学者们有两种看法。一种观点认为,当受害人对损害的发生和扩大负有责任时,国家可减轻和免除承担赔偿责任,即主张国家赔偿法应适用过失相抵原则[①];也有学者认为,在刑事赔偿中,对仅有违法行为的人,应当适用"过失相抵"原则加以处理。这似乎也是承认过失相抵原则的适用,其实不然。因为,这里所谓的"过失"并非是行为人主观状态的过失,"过"是指被告违法情节的轻重,"失"是指被告的权利损失。[②] 显然,这种观点是对古老的已为各国公认的"过失相抵"原则的莫大误解。从实际情况来看,有的国家是适用过失相抵原则的。日本判例承认过失相

---

① 参见马怀德:《国家赔偿法的理论与实务》,中国法制出版社1994年版,第143页。
② 参见肖峋:《中华人民共和国国家赔偿法的理论与实用指南》,中国民主法制出版社1994年版,第168—169页。

抵的事例颇多,且为大幅度地相抵。例如,基于道路管理之瑕疵而生的事故,因受害人有酩酊大醉超速驾驶之过失时,而将损害赔偿额减为1/5;站在汽车载货台上乘车之过失而减为2/3;违反注视前面义务之过失而减为3/4。又如,基于桥梁管理之瑕疵而生这事故,在朽坏之桥上始发动引擎之过失而减少为5/9。① 韩国《国家赔偿法施行令》第20条规定:"在决定支付的赔偿金中,如被害人有过失时,可以依法令所定标准算定的金额,扣除与过失程度相当的金额。"在我国台湾地区,学者也主张国家赔偿应适用过失相抵。② 例如,红绿灯虽然已损坏,然行人本身不但酒醉,而且横过马路时又不走人行道,致被汽车撞伤,则公有公共设施性质之红绿灯虽在管理上有瑕疵而欠缺安全性,但受害人对其被撞伤之身体损害之发生与扩大亦有过失,故可以减轻国家的赔偿金额或免除之。③

我们认为,在国家机关及其工作人员行使职权侵犯公民、法人和其他组织的合法权益造成损害时,尽管受害人是处于被动地位,一般没有过失可言。但如果受害人有过失且对损害的发生起一定的作用,受害人也就应承担一定的责任。所以,在处理国家赔偿案件时,可以适用过失相抵原则。对此,2016年10月1日起施行的最高人民法院《关于审理民事、行政诉讼中司法赔偿案件适用法律若干问题的解释》第9条明确规定,受害人对损害结果的发生或者扩大也有过错的,应当根据其过错对损害结果的发生或者扩大所起的作用等因素,依法减轻国家赔偿责任。

(四)赔偿请求不收费原则和赔偿金不征税原则

除上述原则外,在国家赔偿法中,还存在着两项保护受害人利益的特殊规则,即赔偿请求不收费原则和赔偿金不征税原则。

所谓赔偿请求不收费原则,是指受害人要求国家赔偿时,赔偿义务机关、复议机关和人民法院不得向赔偿请求人收取任何费用。我国《国家赔偿法》第41条第1款规定,赔偿请求人要求国家赔偿的,赔偿义务机关、复议机关和人民法院不得向赔偿请求人收取任何费用。赔偿请求不收取费用,这是国家赔偿与其他诉讼的一个重要区别,也是法律对受害人取得国家赔偿权的重要保障。请求国家赔偿不收取费用意味着不得以任何形式要求赔偿请求人缴纳费用,如不得要求赔偿请求人缴纳诉讼费、鉴定费、保全费、公告费等。即使赔偿请求人的赔偿请求未获成功,也不必缴纳任何费用。④ 当然,国家赔偿不收取费用,仅是对赔偿请求人而言的,对被请求人来说,如果法律规定应当缴纳费用的,则应当缴纳费用。如在赔偿请求人单独提起行政赔偿诉讼时,无论原告胜诉与否,都不应

---

① 参见刘清景、吴义雄等:《国家赔偿法实用》,我国台湾地区宏律出版社1981年版,第154页。
② 参见叶百修:《国家赔偿法》,我国台湾地区2017年作者自版,第546页。
③ 参见刘清景、吴义雄等:《国家赔偿法实用》,我国台湾地区宏律出版社1981年版,第153页。
④ 参见马怀德:《国家赔偿法的理论与实务》,中国法制出版社1994年版,第267页。

收取任何费用。但若作为被告的行政机关败诉,则被告应按规定缴纳诉讼费。同时,如果赔偿请求人通过行政诉讼一并提起赔偿请求的,则行政诉讼仍应缴纳诉讼费,不能因行政诉讼附带了行政赔偿就免除了原告的交费义务。

所谓赔偿金不征税原则,是指受害人从赔偿义务机关所获得的赔偿金,受害人无需向税收机关纳税。我国《国家赔偿法》第41条第2款规定,对赔偿请求人取得的赔偿金不予征税。之所以实行赔偿金不征税原则,是因为赔偿金不是个人的正常收入,而是填补损害的费用,并且数量有限,征税不利于保护受害人的利益。

二、人身损害的赔偿计算标准

(一)侵犯人身自由权的赔偿标准

人身自由权是公民的身体活动不受非法干扰的权利。侵犯人身自由权就是非法剥夺和限制公民的人身自由。国家机关及其工作人员侵犯公民人身自由的行为很多,我国《国家赔偿法》规定了如下侵犯公民人身自由的情形:(1)行政机关及其工作人员违法拘留或者违法采取限制公民人身自由的行政强制措施;(2)行政机关及其工作人员非法拘禁或者以其他方法剥夺公民人身自由;(3)司法机关及其工作人员违反刑事诉讼法的规定对公民采取拘留措施,或者依照刑事诉讼法规定的条件和程序对公民采取拘留措施,但是拘留时间超过刑事诉讼法规定的时限,其后决定撤销案件、不起诉或者判决宣告无罪终止追究刑事责任;(4)司法机关及其工作人员对公民采取逮捕措施后,决定撤销案件、不起诉或者判决宣告无罪终止追究刑事责任;(5)依照审判监督程序再审改判无罪,原判刑罚已经执行。

对于侵犯人身自由权的赔偿标准,各国和地区通常以受害人被羁押的时间计算赔偿数额,但标准不一。我国《国家赔偿法》第33条规定,侵犯公民人身自由的,每日赔偿金按照国家上年度职工日平均工资计算。这个赔偿标准具有计算简单、适应性较强的优点,与我国经济不断发展的趋势相符合。按照最高人民法院有关司法解释的规定,这里的"上年度",应为赔偿义务机关、复议机关或者人民法院赔偿委员会作出赔偿决定时的上年度;复议机关或者人民法院赔偿委员会决定维持原赔偿决定的,按作出原赔偿决定时的上年度执行。国家上年度职工日平均工资的具体数额,应当以职工年平均工资除以全年法定工作日数的方法计算。年平均工资以国家统计局公布的数字为准。[①]

(二)侵犯生命权和健康权的赔偿标准

生命权是指公民维护其生命的安全,不受他人侵犯的权利;健康权是公民维

---

① 参见最高人民法院《关于人民法院执行〈中华人民共和国国家赔偿法〉几个问题的解释》第6条。

护其身体机能和生理机能不受侵害的权利。侵犯生命权和健康权就是非法剥夺公民的生命和损害公民的健康。在国家赔偿中,侵犯公民生命权、健康权的情形主要包括:(1) 行政机关及其工作人员以殴打、虐待等行为或者唆使、放纵他人以殴打、虐待等行为造成公民身体伤害或者死亡,违法使用武器、警械造成公民身体伤害或者死亡,以及造成公民身体伤害或者死亡的其他违法行为;(2) 司法机关及其工作人员刑讯逼供或者以殴打、虐待等行为或者唆使、放纵他人以殴打、虐待行为造成公民身体伤害或者死亡,以及违法使用武器、警械造成公民身体伤害或者死亡。侵犯公民生命权、健康权所造成的损害,根据其严重程度,可分为一般伤害、残废和死亡。

1. 一般伤害的赔偿标准

一般伤害是指尚未造成残疾的人身损害,我国《国家赔偿法》称为身体伤害。根据我国《国家赔偿法》第 34 条第 1 款第 1 项的规定,造成身体伤害的,应当支付医疗费、护理费,以及赔偿因误工减少的收入。减少的收入每日的赔偿金按照国家上年度职工日平均工资计算,最高额为国家上年度职工年平均工资的 5 倍。

医疗费是指受害人为医治所受伤害、恢复健康所支出的费用,包括诊断费、治疗费、手术费、医药费、住院费等。根据最高人民法院、最高人民检察院《关于办理刑事赔偿案件适用法律若干问题的解释》第 13 条的规定,医疗费赔偿根据医疗机构出具的医药费、治疗费、住院费等收款凭证,结合病历和诊断证明等相关证据确定。赔偿义务机关对治疗的必要性和合理性提出异议的,应当承担举证责任。

护理费是指受害人因受到损害而导致生活不能自理,需要有人进行护理而产生的费用支出。在我国,修改前的《国家赔偿法》,对受害人住院期间的护理费是否赔偿未作规定。修改后的《国家赔偿法》,则明确将护理费作为国家赔偿的赔偿范围。赔偿护理费的前提是,受害人受到损害,且生活不能自理或者不能完全自理,需要有人进行专门护理。根据最高人民法院、最高人民检察院《关于办理刑事赔偿案件适用法律若干问题的解释》第 14 条的规定,护理费赔偿参照当地护工从事同等级别护理的劳务报酬标准计算,原则上按照一名护理人员的标准计算护理费;但医疗机构或者司法鉴定人有明确意见的,可以参照确定护理人数并赔偿相应的护理费。护理期限应当计算至公民恢复生活自理能力时止。公民因残疾不能恢复生活自理能力的,可以根据其年龄、健康状况等因素确定合理的护理期限,一般不超过 20 年。

因误工减少的收入是指受害人因受伤害不能工作而减少的误工工资和其他劳动收入。受害人的误工日期,应根据实际伤害程度、恢复状况并参照治疗医院出具的证明(休假证明)或者法医的鉴定等认定。在国家赔偿法中,对误工费的赔偿,按照国家上年度职工日平均工资计算,最高额为国家上年度职工年平均工资的 5 倍。根据最高人民法院、最高人民检察院《关于办理刑事赔偿案件适用法律若干问题的解释》第 16 条的规定,误工减少收入的赔偿根据受害公民的误工时间和国家上年度职工日平均工资确定,最高为国家上年度职工年平均工资的 5 倍。误工时间根据公民接受治疗的医疗机构出具的证明确定。公民因伤致残持续误工的,误工时间可以计算至作为赔偿依据的伤残等级鉴定确定前一日。

2. 残疾的赔偿标准

残疾是指丧失部分或全部劳动能力。根据我国《国家赔偿法》第 34 条的规定,造成部分或者全部丧失劳动能力的,应当支付医疗费、护理费、残疾生活辅助具费、康复费等因残疾而增加的必要支出和继续治疗所必需的费用,以及残疾赔偿金。造成全部丧失劳动能力的,对其扶养的无劳动能力的人,还应当支付生活费。关于医疗费、护理费的赔偿,已如前述。

残疾赔偿金根据丧失劳动能力的程度,按照国家规定的伤残等级确定,最高不超过国家上年度职工年平均工资的 20 倍。根据最高人民法院、最高人民检察院《关于办理刑事赔偿案件适用法律若干问题的解释》第 17 条的规定,造成公民身体伤残的赔偿,应当根据司法鉴定人的伤残等级鉴定确定公民丧失劳动能力的程度,并参照以下标准确定残疾赔偿金:(1) 按照国家规定的伤残等级确定公民为一级至四级伤残的,视为全部丧失劳动能力,残疾赔偿金幅度为国家上年度职工年平均工资的 10 倍至 20 倍;(2) 按照国家规定的伤残等级确定公民为五级至十级伤残的,视为部分丧失劳动能力。五至六级的,残疾赔偿金幅度为国家上年度职工年平均工资的 5 倍至 10 倍;七至十级的,残疾赔偿金幅度为国家上年度职工年平均工资的 5 倍以下。有扶养义务的公民部分丧失劳动能力的,残疾赔偿金可以根据伤残等级并参考被扶养人生活来源丧失的情况进行确定,最高不超过国家上年度职工年平均工资的 20 倍。

残疾生活辅助具费是指受害人因残疾而造成身体功能全部或者部分丧失,补偿其遭受创伤的肢体器官功能、辅助其实现生活自理或者从事生产劳动而购买、配制的生活辅助器具的费用。残疾生活辅助器具主要包括:(1) 肢残者用的支辅器、假肢及其零部件,假眼、假鼻、内脏拖带、矫形器、矫形鞋、非机动助行器、代步工具(不包括汽车、摩托车)、生活自助具、特殊卫生用品;(2) 视力残疾者使用的盲杖、导盲镜、助视器、盲人阅读器;(3) 语言、听力残疾者使用的语言训练器、助听器;(4) 智力残疾者使用的行为训练器、生活能力训练用品;(5) 其他生活辅助器具。实践中,残疾生活辅助具费赔偿的突出问题,是残疾生活辅助器具的选择和费用的具体确定。同一种残疾生活辅助器具,存在高、中、低档不同档次,不同档次的辅助器具价格差别很大。通常的做法,是按普遍适用的器具的合理费用标准进行计算。遇有特殊情况,则参照辅助器具配制机构的意见确定相应的费用标准。辅助器具的更换周期,一般按配制机构的意见来进行合理确定。

康复费是指受害人为恢复受到损害的器官功能而进行各种康复治疗所支出的费用。康复是综合协调应用医学、教育、社会、职业等方法,使受害人已经丧失的功能尽快得到恢复或者重建,使其体格上、精神上、社会上和经济上的各种能力得到最大限度的恢复,以重新开始正常的工作和生活。一般认为,康复费主要包括为使受害人受到损害的器官功能重新恢复而进行各种训练的费用,包括物理疗法、语言治疗以及作业疗法中的认知功能训练、手足功能训练等所需要的费用。除此之外的心理治疗、职业疗法等所付出的费用,则不属于这里所说的康复费。受害人因国家侵权行为受到损害而遭受的心理痛苦,需要通过心理治疗来进行恢复,有关的费用可通过要求赔偿义务机关支付精神损害抚慰金的方式来得到赔偿。

被扶养人的生活费是指受害人残疾前依靠其扶养而又无劳动能力的人的生活费。根据我国《国家赔偿法》的规定,受害人只有全部丧失劳动能力的,国家对其扶养的无劳动能力的人才应当支付生活费。这里的被扶养人应包括残疾人的未成年子女;依靠残疾人扶养的没有劳动能力的其他近亲属,如父母、配偶、祖父母和外祖父母、孙子女和外孙子女、兄弟姐妹等;与残疾人已经形成扶养关系的人。支付生活费的年限,按我国《国家赔偿法》的规定,被扶养的人是未成年人的,生活费给付至18周岁止;其他无劳动能力的人,生活费给付至死亡时止。根据最高人民法院、最高人民检察院《关于办理刑事赔偿案件适用法律若干问题的解释》第18条的规定,受害的公民全部丧失劳动能力的,对其扶养的无劳动能力人的生活费发放标准,参照作出赔偿决定时被扶养人住所地所属省级人民政府确定的最低生活保障标准执行。能够确定扶养年限的,生活费可协商确定并一次性支付。不能确定扶养年限的,可按照20年上限确定扶养年限并一次性支付生活费,被扶养人超过60周岁的,年龄每增加一岁,扶养年限减少一年;被扶养人年龄超过确定扶养年限的,被扶养人可逐年领取生活费至死亡时止。

3. 死亡的赔偿标准

死亡是指公民的生命的终结。根据我国《国家赔偿法》的规定,造成死亡的,应当支付死亡赔偿金、丧葬费,总额为国家上年度职工年平均工资的20倍。对死者生前扶养的无劳动能力的人,还应当支付生活费。关于被扶养人的生活费的赔偿,已如前述。

死亡赔偿金是对受害人因身体受到损害而致死亡应给予的赔偿;丧葬费是收殓及埋葬死者的费用。侵犯生命权致人死亡的,是最为严重的侵犯人身权的行为。因此,各国法律对此都十分重视,规定了不同的赔偿标准,但一般都有最高额的限制。例如,德国最高不得超过7.5万马克;日本规定为2000万日元;韩国规定为受害时月工资的60倍。我国《国家赔偿法》根据我国的财政负担情况,规定死亡赔偿金、丧葬费总额为国家上年度职工年平均工资的20倍。就是说,造成受害人死亡的,赔偿总额就是国家上年度职工年平均工资的20倍。这里的死亡赔偿金包括了死者生前所支出的医疗抢救费以及受害家属的精神损害赔偿金,医疗抢救费不再另行赔偿。这个标准简单易行,可以迅速、准确地向受害人家属支付赔偿金。但应当说,这样的赔偿标准并不算高,有待于我国经济的发展而提高。

死亡赔偿金(含丧葬费)与残疾赔偿金的赔偿标准都是国家上年度职工年平均工资的20倍。之所以如此规定,是因为受害人残废后虽然还活着,但其无法从事劳动,甚至丧失了正常生活的起码能力,受害人本人及家属无论从精神上还是肉体上都会遭受非常巨大的痛苦,有时要比死亡所遭受的痛苦还要大。二者所不同的是,死亡赔偿金给付给受害人的继承人,即间接受害人;而残疾赔偿金给付给残疾者本人,即直接受害人。

三、财产损害的赔偿计算标准

根据我国《国家赔偿法》第36条的规定,侵犯公民、法人和其他组织的财产权造成损害的,应当按照下列标准赔偿:

(一)违法罚款、罚金、追缴、没收财产或者违法征收、征用财产的赔偿标准

罚款是行政处罚中最常见、使用频率最高的处罚手段,是行政机关对违反行政法规的人强制其缴纳一定数额金钱的行政措施。罚金是我国刑法规定的一种附加刑,是人民法院判处犯罪分子向国家缴纳一定数额的金钱的刑罚方法。追缴是国家机关强制行为人缴纳应当缴纳的费用或交出违法所得的财产。追缴财产既可以是行政措施,也可以是司法措施。如排污者不按规定缴纳排污费的,环保机关可以追缴排污费或超标准排污费及滞纳金。犯罪分子违法所得的一切财物,根据刑法的规定,应当予以追缴。没收财产是我国刑法规定的一种附加刑,是将犯罪分子个人财产的一部或全部强制无偿收归国家所有的刑罚方法。没收财产在行政法中也有适用,如海关法、食品卫生法、渔业法、矿产资源法、森林法等法规中都规定了有关行政主管机关有没收违法行为的财物的权力。征收、征用财产,是国家为了公共利益的需要,依照法定权限和程序,取得、使用特定财产的行为。违法处罚款、罚金、追缴、没收财产或者违法征收、征用财产的,是侵犯公民、法人财产权的行为,侵权主体应当给予国家赔偿。如果罚款、罚金等侵权行为没有执行的,应停止执行。已经执行的,则应当返还财产。这里的财产包括财物和金钱。如果应当返还的财产损坏的,能够恢复原状的应予恢复原状,不能恢复原状的,按照损坏程度给付相应的赔偿金;如果应当返还的财产灭失的,应当给付相应的赔偿金。

那么,返还金钱是否应当计算利息呢?对此,各国法律规定不一。有些国家规定返还金钱应计算利息。如日本《刑事补偿法》第4条第5项规定:"由于执行

罚金或罚款而给予的补偿,应在已经征收的罚金或罚款额上,按照从征收的次日起至决定补偿之日止的日期,加上年息5厘的利率所得的数额交付补偿金。"第6项规定:"由于执行没收而给予的补偿,如果没收物尚未处理,应交还原物;没收财物已经处理的,应按与该物当时的价格相等的数额交付补偿金。另外,对征收的追征金,应在数额上按照从征收的次日起至决定补偿之日止的日期,加上年息5厘的利率所得的数额交付补偿金。"英国《王权诉讼法》第24条规定:"如果高等法院裁决给政府或裁决政府应交付的费用,那么除法院另有命令外,应根据这些费用支付利息。"但也有国家在返还金钱时,是不计利息的。如在德国,公法上的赔偿是不付利息的。[1] 在我国,修改前的《国家赔偿法》没有规定返还金钱要计算利息,修改后的《国家赔偿法》改变了这一状况,第36条第7项规定,返还执行的罚款或者罚金、追缴或者没收的金钱,解除冻结的存款或者汇款的,应当支付银行同期存款利息。根据最高人民法院、最高人民检察院《关于办理刑事赔偿案件适用法律若干问题的解释》第20条的规定,返还执行的罚款或者罚金、追缴或者没收的金钱,解除冻结的汇款的,应当支付银行同期存款利息,利率参照赔偿义务机关作出赔偿决定时中国人民银行公布的人民币整存整取定期存款一年期基准利率确定,不计算复利。复议机关或者人民法院赔偿委员会改变原赔偿决定,利率参照新作出决定时中国人民银行公布的人民币整存整取定期存款一年期基准利率确定。计息期间自侵权行为发生时起算,至作出生效赔偿决定时止;但在生效赔偿决定作出前侵权行为停止的,计算至侵权行为停止时止。被罚没、追缴的资金属于赔偿请求人在金融机构合法存款的,在存款合同存续期间,按照合同约定的利率计算利息。

（二）违法查封、扣押、冻结财产的赔偿标准

查封、扣押、冻结财产既是行政强制措施,也是司法机关经常采取的强制措施,是防止违法行为人转移财产的重要手段。查封、扣押、冻结直接涉及公民、法人和其他组织的财产利益,直接影响着他们的生活秩序和生产秩序,因此必须严格按照法律规定的条件进行。行政机关和司法机关违法查封、扣押和冻结公民、法人和其他组织财产的,根据我国《国家赔偿法》的规定,赔偿义务机关应按下列标准进行赔偿:首先,应解除对财产的查封、扣押、冻结。其次,财产能够返还的,应予返还财产。应当返还的财产损坏的,能够恢复原状的应予恢复原状。不能恢复原状的,应按照损害程度给付相应的赔偿金。再次,应当返还的财产灭失的,给付相应的赔偿金。

如何根据损害程度确定赔偿金的数额,有不同的主张。一种主张认为,应以

---

[1] 参见肖峋:《中华人民共和国国家赔偿理论与实用指南》,中国民主法制出版社1994年版,第243页。

损失发生当天作为计算损失的日期,因为受害人通常应当在损害当日或次日立即进行恢复或购置。如果无故延误修复而加重损失,则对加重部分的损失,国家不予赔偿。如果是因受害人在技术、法律上或经济上的原因不能立即修复或购置的,则以修复或购置成为可能时作为计算损失日期。另一种主张认为,应当以判决或决定赔偿之日作为计算损失的日期。因为遇有物价上涨等经济波动时,如按损害发生当时的价格修复或购置计算赔偿金,对受害人有失公平。还有一种主张认为,应区别不同情况确定赔偿金:财产损坏的当时可以修复或重新购置的,应以损害发生当时的价格为估价标准。损坏当时难以修复或购置的,则以判决或决定赔偿之日的估价予以赔偿。我们认为,由于我国《国家赔偿法》实行的是抚慰性赔偿原则,对受害人的赔偿标准已经较低,所以,应当尽量按照有利于受害人的原则进行估价。即以损坏当时的价格作为估价标准对受害人有利的,则应按财产损坏当时的价格进行估价;如果以判决或决定赔偿之日的估价对受害人有利的,则应按判决或决定赔偿之日进行估价。

(三)财产已经拍卖或者变卖时的赔偿标准

拍卖是一种特殊的买卖形式,是指以公开竞价的形式,将特定物品或者财产权利转让给最高应价者的买卖方式。赔偿义务机关对没收、查封、扣押、冻结的财产,应当返还财产的,如果财产已经拍卖或者变卖,再返还财产已经不可能,故只能采取金钱赔偿的方式。问题是,此时应按什么标准进行赔偿。对此,有人认为,应按财产的购进价赔偿;有人认为,应按财产的市场调节价赔偿;还有人认为,应按损害发生时的市场价结合该物新旧、损耗程度估价的结果进行赔偿。根据我国《国家赔偿法》的规定,在财产已经拍卖或者变卖时,应按拍卖或者变卖所得的价款进行赔偿;如果变卖的价款明显低于财产价值的,则应当支付相应的赔偿金。

(四)违法吊销许可证和执照、责令停产停业的赔偿标准

许可证和执照是公民、法人和其他组织从事生产经营活动的法律凭证。行政机关及其工作人员违法吊销许可证和执照、责令停产停业的,应当赔偿受害人的损失。根据我国《国家赔偿法》的规定,赔偿的标准为赔偿停产停业期间必要的经常性费用开支。至于停产停业期间的可得利益损失,即利润损失,赔偿义务机关不予赔偿。所谓的必要的经常性开支,是指受害人在停产停业期间用于维持生存的基本开支,如水电费、仓储保管费、职工的基本工资等。

(五)对财产权造成其他损害的赔偿标准

根据我国《国家赔偿法》第36条第8项的规定,对财产权造成其他损害的,应按照直接损失给予赔偿。对"对财产权造成其他损害"应如何理解,学者们仍有不同的看法。一种观点认为,由于该规定属于兜底性条款,所以,"对财产权造成其他损害"不应包括本条所列举的违法行为造成的其他损害,而是指违法行为

之外的其他行为造成的损害。如侵犯商标权的行为、侵犯专利权的行为、侵犯公民荣誉权、法人或其他组织的荣誉权的行为等。① 另一种观点认为,"对财产权造成其他损害"当然应包括本条所规定的行为所造成的损害,也包括其他违法行为所造成的损害。② 法律的这一规定,是为了防止出现法律没有规定的其他国家侵权行为造成公民、法人和其他组织的损害得不到应有赔偿的情况。所以,我们持前一种观点。应当指出,由于其他违法行为给公民、法人或其他组织的财产权造成其他损害,国家只赔偿直接损失,而不赔偿可得利益损失。对于何为直接损失,最高人民法院《关于民事、行政诉讼中司法赔偿若干问题的解释》第12条对在民事、行政诉讼中司法侵权行为所造成的直接损失作了列举式规定,该条规定,《国家赔偿法》第36条第8项规定的直接损失包括下列情形:(1)保全、执行过程中造成财物灭失、毁损、霉变、腐烂等损坏的。(2)违法使用保全、执行的财物造成损坏的。(3)保全的财产系国家批准的金融机构贷款的,当事人应支付的该贷款借贷状态下的贷款利息。执行上述款项的,贷款本金及当事人应支付的该贷款借贷状态下的贷款利息。(4)保全、执行造成停产停业的,停产停业期间的职工工资、税金、水电费等必要的经常性费用。(5)法律规定的其他直接损失。

四、精神损害的赔偿标准

我国《国家赔偿法》第35条规定,有本法第3条或者第17条规定情形之一,致人精神损害的,应当在侵权行为影响的范围内,为受害人消除影响,恢复名誉,赔礼道歉;造成严重后果的,应当支付相应的精神损害抚慰金。据此,公民在遭受精神损害且后果严重的情况下,就有权主张精神损害赔偿,要求赔偿义务机关向其支付精神损害抚慰金。

精神损害赔偿已成为当今世界国家赔偿立法的通行做法。俄罗斯联邦民法典和国家赔偿法中,国家机关侵权行为对公民健康造成损害的赔偿金额,就包含精神损害赔偿。法国、日本、美国、瑞士、韩国等国家的法律,也都确认了国家侵权的精神损害赔偿,给予受害人获得精神损害抚慰金的权利。是否确立国家赔偿,国家赔偿中是否确立精神损害赔偿,已成为衡量一个国家文明水平和民主建设的重要标志。我国现行《国家赔偿法》对精神损害赔偿的规定,符合国家赔偿制度的世界发展趋势。

国家赔偿法关于精神损害抚慰金的规定,消除了国家赔偿立法与民事立法之间的不协调状态,为彻底保护相对人的合法权益提供了充分保障。国家机关

---

① 参见应松年主编:《国家赔偿法研究》,法律出版社1995年版,第235页。
② 参见刘善春主编:《国家赔偿法释义与案例分析》,中国政法大学出版社1995年版,第65页。

侵权与民事主体侵权只是主体不同,不存在本质上的区别。只要造成了精神损害,都应给受害人以法律上的救济,赋予受害人精神损害赔偿请求权。在国家赔偿领域,确立精神损害赔偿还可以限制国家机关及其工作人员权力滥用权力,有效防止其违法或者不当行使职权,实现权力和责任的统一。

我国《国家赔偿法》对精神损害赔偿的确认,是有条件的。根据《国家赔偿法》第35条的规定,只有存在精神损害且"造成严重后果",受害人才能主张获得精神损害赔偿。也就是说,如果没有造成严重的后果,受害人就只能主张消除影响、恢复名誉、赔礼道歉,而不能要求赔偿义务机关支付精神损害赔偿抚慰金。精神损害赔偿,本质上是物质损害赔偿的一种补充,而不是完全取代物质损害赔偿。只有在物质损害赔偿不足以弥补当事人损失,且存在严重的精神损害时,才有适用精神损害赔偿的必要。国家赔偿,受到国家财力的限制,尤其应该如此。至于精神损害"严重后果"的判断,则需要赔偿义务机关或者法院根据具体情况来进行具体认定。

精神损害不同于一般的财产损失,不是一个看得见、摸得着的东西,无法用金钱直接衡量,很难准确直观地进行认定。精神损害抚慰金数额的确定,一直是精神损害赔偿的棘手问题。综观各国立法和司法实践,主要的做法有这样几种:(1)日标准赔偿方法,即确定每日的赔偿标准,赔偿的数额根据日标准进行计算,如丹麦法律就有这样的规定;(2)固定赔偿方法,即制定固定的抚慰金赔偿表,就不同性质的精神损害分别规定抚慰金的最高赔偿限额和最低赔偿标准,英国采取的就是这种赔偿方法;(3)最高限额赔偿方法,即只规定精神损害赔偿数额的最高标准,美国、瑞典、捷克等国家采取的都是这种方法;(4)医疗费比例赔偿方法,即精神损害抚慰金的数额根据受害人医疗费的一定比例加以确定,如秘鲁采取的就是这种方法;(5)酌定赔偿方法,即不制定统一的精神损害赔偿标准,而由法官或者赔偿义务机关根据具体案情进行自由裁量。这种方法没有量化的计算标准,精神损害抚慰金的具体数额取决于案件的具体情况,赔偿义务机关或者法官拥有很大的自由裁量权。上述确定精神损害抚慰金数额的各种方法,各有其自身的合理之处,又各有其不足或局限。

最高人民法院《关于人民法院赔偿委员会审理国家赔偿案件适用精神损害赔偿若干问题的意见》针对人民法院赔偿委员会审理国家赔偿案件适用精神损害赔偿问题,提出如下指导意见:(1)严格遵循精神损害赔偿的适用原则:一是依法赔偿原则,即严格依照《国家赔偿法》的规定,不得扩大或者缩小精神损害赔偿的适用范围,不得增加或者减少其适用条件;二是综合裁量原则,即综合考虑个案中侵权行为的致害情况,侵权机关及其工作人员的违法、过错程度等相关因素,准确认定精神损害赔偿责任;三是合理平衡原则,即坚持同等情况同等对待,不同情况区别处理,适当考虑个案及地区差异,兼顾社会发展整体水平和当地居民生活水平。(2)准确把握精神损害赔偿的前提条件和构成要件。人民法院赔偿委员会适用精神损害赔偿条款,应当以公民的人身权益遭受侵犯为前提条件,并审查是否满足以下责任构成要件:行使侦查、检察、审判职权的机关以及看守所、监狱管理机关及其工作人员在行使职权时有《国家赔偿法》第17条规定的侵权行为;致人精神损害;侵权行为与精神损害事实及后果之间存在因果关系。(3)依法认定"致人精神损害"和"造成严重后果"。人民法院赔偿委员会适用精神损害赔偿条款,应当严格依法认定侵权行为是否"致人精神损害"以及是否"造成严重后果"。依据最高人民法院《关于审理国家赔偿案件确定精神损害赔偿责任适用法律的若干问题的解释》(法释[2021]3号)第7条的规定,有下列情形之一的,可以认定为"造成严重后果":(1)无罪或者终止追究刑事责任的人被羁押6个月以上;(2)受害人经鉴定为轻伤以上或者残疾;(3)受害人经诊断、鉴定为精神障碍或者精神残疾,且与侵权行为存在关联;(4)受害人名誉、荣誉、家庭、职业、教育等方面遭受严重损害,且与侵权行为存在关联。受害人无罪被羁押10年以上;受害人死亡;受害人经鉴定为重伤或者残疾一至四级,且生活不能自理;受害人经诊断、鉴定为严重精神障碍或者精神残疾一至二级,生活不能自理,且与侵权行为存在关联的,可以认定为后果特别严重。(4)妥善处理两种责任方式的内在关系。人民法院赔偿委员会适用精神损害赔偿条款,应当妥善处理"消除影响,恢复名誉,赔礼道歉"与"支付相应的精神损害抚慰金"两种责任方式的内在关系。侵权行为致人精神损害但未造成严重后果的,人民法院赔偿委员会应当根据案件具体情况决定由赔偿义务机关为受害人消除影响、恢复名誉或者向其赔礼道歉。侵权行为致人精神损害且造成严重后果的,人民法院赔偿委员会除依照决定由赔偿义务机关为受害人消除影响、恢复名誉或者向其赔礼道歉外,还应当决定由赔偿义务机关支付相应的精神损害抚慰金。(5)综合酌定"精神损害抚慰金"的具体数额。精神损害赔偿的数额,应当在兼顾社会发展整体水平的同时,参考下列因素合理确定:(1)精神受到损害以及造成严重后果的情况;(2)侵权行为的目的、手段、方式等具体情节;(3)侵权机关及其工作人员的违法、过错程度、原因力比例;(4)原错判罪名、刑罚轻重、羁押时间;(5)受害人的职业、影响范围;(6)纠错的事由以及过程;(7)其他应当考虑的因素。精神损害抚慰金的具体数额,一般不少于一千元;数额在一千元以上的以4元为计算单位。受害人对精神损害事实和严重后果的产生或者扩大有过错的,可以根据其过错程度减少或者不予支付精神损害抚慰金。(6)人民法院审理《国家赔偿法》第3条、第38条规定的涉及侵犯人身权的国家赔偿案件,以及人民法院办理涉及侵犯人身权的自赔案件,需要适用精神损害赔偿条款的,可以参照最高人民法院《关于人民法院赔偿委员会审理国家赔偿案件适用精神损害赔偿若干问题的意见》处理。

第三节 国家赔偿费用

一、国家赔偿费用的概念

根据 2010 年 12 月 29 日国务院发布的《国家赔偿费用管理条例》第 2 条规定,国家赔偿费用,是指赔偿义务机关依照国家赔偿法的规定,应当向赔偿请求人支付的费用。实行国家赔偿,必须有一定的赔偿费用。如果赔偿费用得不到保证,受害人的损失就难以得到及时的赔偿,国家赔偿法的目的也就难以真正实现。所以,各国对国家赔偿费用都十分重视,在立法中都予以明确规定。

二、国家赔偿费用的编列

从各国和地区的国家赔偿法规定来看,国家赔偿费用一般都是由国库支出的。但具体的编列方式则有所不同,主要有以下几种:一是由中央政府统筹编列赔偿预算,如法国、新加坡等国;二是各级政府分别编列赔偿预算,如我国台湾地区;三是国家设立专项基金,国家与赔偿义务机关相结合共同负担赔偿费用,如美国;四是通过保险渠道支付赔偿费用,如法国的部分地区。[①]

在我国,根据《国家赔偿费用管理条例》第 3 条的规定,国家赔偿费用由各级人民政府按照财政管理体制分级负担。各级人民政府应当根据实际情况,安排一定数额的国家赔偿费用,列入本级年度财政预算。当年需要支付的国家赔偿费用超过本级年度财政预算安排的,应当按照规定及时安排资金。

三、国家赔偿费用的支付

国家赔偿以支付赔偿金为主要方式。赔偿义务机关能够通过返还财产或者恢复原状实施国家赔偿的,应当返还财产或者恢复原状。应当返还的财产已经上缴财政的,由赔偿义务机关向相关财政部门申请返还;未上缴财政的,由赔偿义务机关直接返还。

我国修改后的《国家赔偿法》废除了赔偿义务机关先行支付的程序,而改为由赔偿请求人向赔偿义务机关进行申请。其第 37 条第 2 款规定,赔偿请求人凭生效的判决书、复议决定书、赔偿决定书或者调解书,向赔偿义务机关申请支付赔偿金。第 3 款规定,赔偿义务机关应当自收到支付赔偿金申请之日起 7 日内,依照预算管理权限向有关的财政部门提出支付申请。财政部门应当自收到支付申请之日起 15 日内支付赔偿金。

---

① 参见马怀德:《国家赔偿法的理论与实务》,中国法制出版社 1994 年版,第 262—264 页。

赔偿义务机关对赔偿请求人提出的支付申请,应当根据情况分别作出处理。根据《国家赔偿费用管理条例》的规定,赔偿请求人申请支付国家赔偿费用的,应当向赔偿义务机关提出书面申请,并提交与申请有关的生效判决书、复议决定书、赔偿决定书或者调解书以及赔偿请求人的身份证明。赔偿请求人书写申请书确有困难的,可以委托他人代书;也可以口头申请,由赔偿义务机关如实记录,交赔偿请求人核对或者向赔偿请求人宣读,并由赔偿请求人签字确认。申请材料真实、有效、完整的,赔偿义务机关收到申请材料即为受理。赔偿义务机关受理申请的,应当书面通知赔偿请求人。申请材料不完整的,赔偿义务机关应当当场或者在3个工作日内一次告知赔偿请求人需要补正的全部材料。赔偿请求人按照赔偿义务机关的要求提交补正材料的,赔偿义务机关收到补正材料即为受理。未告知需要补正材料的,赔偿义务机关收到申请材料即为受理。申请材料虚假、无效,赔偿义务机关决定不予受理的,应当书面通知赔偿请求人并说明理由。赔偿请求人对赔偿义务机关不予受理决定有异议的,可以自收到书面通知之日起10日内向赔偿义务机关的上一级机关申请复核。上一级机关应当自收到复核申请之日起5个工作日内依法作出决定。上一级机关认为不予受理决定错误的,应当自作出复核决定之日起3个工作日内通知赔偿义务机关受理,并告知赔偿请求人。赔偿义务机关应当在收到通知后立即受理。上一级机关维持不予受理决定的,应当自作出复核决定之日起3个工作日内书面通知赔偿请求人并说明理由。①

根据《国家赔偿费用条例》的规定,赔偿义务机关应当自受理赔偿请求人支付申请之日起7日内,依照预算管理权限向有关财政部门提出书面支付申请,并提交下列材料:(1)赔偿请求人请求支付国家赔偿费用的申请;(2)生效的判决书、复议决定书、赔偿决定书或者调解书;(3)赔偿请求人的身份证明。财政部门收到赔偿义务机关的申请材料后,应当根据下列情况分别作出处理:(1)申请的国家赔偿费用依照预算管理权限不属于本财政部门支付的,应当在3个工作日内退回申请材料并书面通知赔偿义务机关向有管理权限的财政部门申请;(2)申请材料符合要求的,收到申请即为受理,并书面通知赔偿义务机关;(3)申请材料不符合要求的,应当在3个工作日内一次告知赔偿义务机关需要补正的全部材料。赔偿义务机关应当在5个工作日内按照要求提交全部补正材料,财政部门收到补正材料即为受理。财政部门应当自受理申请之日起15日内,按照预算和财政国库管理的有关规定支付国家赔偿费用。财政部门自支付国家赔偿费用之日起3个工作日内告知赔偿义务机关、赔偿请求人。②

---

① 参见《国家赔偿费用费用条例》第5—7条。
② 参见《国家赔偿费用费用条例》第8—11条。

根据《国家赔偿费用管理条例》第 12 条的规定,赔偿义务机关应当责令有关工作人员、受委托的组织或者个人承担或者向有关工作人员追偿部分或者全部国家赔偿费用。赔偿义务机关作出决定后,应当书面通知有关财政部门。有关工作人员、受委托的组织或者个人应当依照财政收入收缴的规定上缴应当承担或者被追偿的国家赔偿费用。

四、国家赔偿费用的监督

根据《国家赔偿费用管理条例》第 4 条的规定,国家赔偿费用由各级人民政府财政部门统一管理,国家赔偿费用的管理应当依法接受监督。《国家赔偿费用管理条例》第 13 条规定,赔偿义务机关、财政部门及其工作人员有下列行为之一,根据《财政违法行为处罚处分条例》的规定处理、处分;构成犯罪的,依法追究刑事责任:(1)以虚报、冒领等手段骗取国家赔偿费用的;(2)违反国家赔偿法规定的范围和计算标准实施国家赔偿造成财政资金损失的;(3)不依法支付国家赔偿费用的;(4)截留、滞留、挪用、侵占国家赔偿费用的;(5)未依照规定责令有关工作人员、受委托的组织或者个人承担国家赔偿费用或者向有关工作人员追偿国家赔偿费用的;(6)未依照规定将应当承担或者被追偿的国家赔偿费用及时上缴财政的。

第十三章 国家赔偿法的时效和效力

第一节 国家赔偿法的时效

一、国家赔偿时效概述

时效是指一定的事实状态持续一定时间而产生一定的法律后果的法律制度。时效因其事实状态的情形不同,可分为取得时效和消灭时效两种。取得时效是指一定的事实状态持续一定时间而取得权利的时效;消灭时效是指一定的事实状态持续一定时间而消灭权利的时效。

我国现行法仅规定了诉讼时效,而没有规定取得时效。诉讼时效是指权利人于一定期间内不行使请求人民法院保护其权利的请求权即丧失该权利,人民法院不再保护其权利的法律制度。权利人只有在法律规定的期间内请求法院通过诉讼程序保护自己的权利,法院才能给予保护。否则,法院对权利人的权利就不予保护。权利人向法院请求保护其权利的法定期间就是诉讼时效期间。由于诉讼时效期间届满后,权利人请求法院保护其权利的请求权丧失,所以,诉讼时效属于消灭时效。

我国《国家赔偿法》中所规定的时效是什么性质的时效呢?我们认为,国家赔偿时效既不是取得时效,也不是诉讼时效,而是请求时效。所谓请求时效,是指赔偿请求人请求国家赔偿的有效期限。即赔偿请求人只有在国家赔偿法规定的期限内请求赔偿义务机关赔偿,其请求权才能得到实现。超过法定的期限,则权利人的请求权便不能得到实现。请求时效虽然同诉讼时效一样都属于消灭时效,但请求时效不是诉讼时效。诉讼时效是权利人通过诉讼保护自己权利的有效期限,而在国家赔偿中,赔偿请求人请求赔偿的程序基本上不存在诉讼程序问题,即使存在诉讼程序,也必须首先通过先行处理程序。所以,国家赔偿的时效为请求时效,而不是诉讼时效。在我国,国家赔偿包括行政赔偿和司法赔偿两种。在行政赔偿中,根据《国家赔偿法》第9条的规定,赔偿请求人要求赔偿,应当先向赔偿义务机关提出,也可以在申请行政复议或者提起行政诉讼时一并提出。可见,行政赔偿程序分为两种情形,即单独提出赔偿请求和一并提出赔偿请求。赔偿请求人单独提出赔偿请求,必须首先向赔偿义务机关提出请求。根据我国《国家赔偿法》第13条的规定,赔偿义务机关应当自收到申请之日起两个月内依照规定给予赔偿。逾期不予赔偿或者赔偿请求人对赔偿数额有异议的,赔偿请求人可以自期间届满之日起3个月内向人民法院提起诉讼;在一并提出赔偿请求的情况下,由于赔偿请求只是处于附属地位,行政复议和行政诉讼主要解决的是具体行政行为是否合法的问题。因此,这里的赔偿请求只能适用行政复议和行政诉讼的时效规定。如果因行政复议和行政诉讼时效期间届满而丧失了请求确认具体行政行为违法的机会,赔偿请求也就失去了根据。在司法赔偿中,根本就不存在诉讼的问题。根据我国《国家赔偿法》的规定,赔偿请求人应向赔偿义务机关请求赔偿。赔偿义务机关在规定期间内不予赔偿或赔偿请求人对赔偿数额有异议的,赔偿请求人可以向其上一级机关申请复议。赔偿请求人对复议决定不服的或者复议机关逾期不作决定的,可以向复议机关所在地的同级人民法院赔偿委员会申请作出赔偿决定。赔偿义务机关是人民法院的,赔偿请求人可以向其上一级人民法院赔偿委员会申请作出赔偿决定。

可见,国家赔偿时效属于请求时效,且只适用于赔偿请求人单独提出赔偿请求的情形,在赔偿请求人一并提出赔偿请求时,不适用国家赔偿时效,而只能适用于行政复议和行政诉讼的时效。

二、国家赔偿时效期间及其起算

关于国家赔偿时效的期间,各国法律规定不一。美国《联邦侵权求偿法》根据当事人请求赔偿程序的不同,将赔偿时效分为两种:一是当事人向联邦行政机关提出的赔偿请求的,其时效期间为自损害发生时起2年;二是当事人通过诉讼提出赔偿请求的,其时效期间为自知悉损害发生时起6个月。奥地利《国家赔偿法》规定,时效期间为自知悉损害时起3年或知悉违法决议或处分后1年;受害人不知损害情形的,时效期间为自损害发生时起10年。英国《时限法》规定,人身损害赔偿请求权的时效期间为3年,财产损害赔偿请求权的时效期间为6年,对国家公务员所为错误行为损害赔偿请求权的时效期间为1年,对其他地方政府自治团体赔偿请求权的时效期间为6个月。日本、韩国国家赔偿法没有规定赔偿请求时效,而是适用民法关于时效的规定。

我国《国家赔偿法》第39条第1款规定,请求人向赔偿义务机关请求赔偿的时效为2年。那么,我国的2年赔偿请求时效期间应从何时起算呢?从上述介绍的各国关于赔偿请求时效期间的规定来看,有的是以知悉损害时起计算时效期间,有的是以损害发生时起计算时效期间。根据2010年修改前的《国家赔偿法》第32条的规定,2年赔偿请求时效自国家机关及其工作人员行使职权时的行为被依法确认为违法之日起计算,但被羁押期间不计算在内。之所以这样规定,是考虑到国家赔偿的前提是国家机关和国家机关工作人员违法行使职权侵犯了公民、法人和其他组织的合法权益并造成损害。只有国家机关和国家机关工作人员行使职权的行为被确认为违法,才能产生国家赔偿。2010年修改后的《国家赔偿法》第39条第1款则规定,赔偿请求人请求国家赔偿的时效为2年,自其知道或者应当知道国家机关及其工作人员行使职权时的行为侵犯其人身权、财产权之日起计算,但被羁押等限制人身自由期间不计算在内。

三、国家赔偿时效的中止

法律规定时效的目的,是为了促使权利人及时行使权利,及时解决纠纷,以稳定社会经济关系。但是,如果在时效期间的进行中出现了某种障碍,就应当采取相应的对策,时效的中止、中断、延长等就是如此。我国《国家赔偿法》对赔偿请求时效没有规定中断和延长,只规定了中止。该法第39条第2款规定:"赔偿请求人在赔偿请求时效的最后6个月内,因不可抗力或者其他障碍不能行使请求权的,时效中止。从中止时效的原因消除之日起,赔偿请求时效期间继续计算。"可见,国家赔偿时效的中止是指在赔偿请求时效期间的最后6个月内,因法定事由使权利人不能行使请求权,暂时停止计算赔偿请求时效期间,待法定事由消除后,继续计算时效期间的法律制度。

(一)国家赔偿时效中止的事由

阻碍时效进行的事由是由法律规定的,故称法定事由。依照我国《国家赔偿法》第39条的规定,国家赔偿时效中止的事由有如下两种:

(1)不可抗力。

不可抗力是指不能预见、不能避免并不能克服的客观现象。不可抗力既可以是自然现象,如地震、台风等;也可以是社会现象,如战争等。发生不可抗力,请求人即使主观上要行使赔偿请求权,客观上也无法行使。因此,赔偿请求时效应当停止进行。

(2)其他障碍。

其他障碍是指除不可抗力外使请求人无法行使赔偿请求权的客观情况。例如,请求人为无行为能力人或限制行为能力人而没有法定代理人,或者法定代理人死亡、丧失行为能力;继承开始后没有确定继承人等。凡非由请求人主观上所能够决定,而客观上使请求人无法行使请求权的情况,都应认定为适用时效中止的其他障碍。

(二)国家赔偿时效中止的时间

关于国家赔偿时效中止的时间,我国《国家赔偿法》第39条第2款规定,赔偿请求时效的中止只能发生在时效期间的最后6个月内。如果在赔偿请求时效期间的6个月前发生法定事由,至最后6个月时法定事由已经消除,则不能发生时效中止。但若该法定事由至最后6个月时仍继续存在,并没有消除,则应自最后6个月时中止时效的进行。可见,法定事由既可以是发生在时效期间的最后

6个月内,也可以是发生在时效期间的最后6个月前,但持续到最后6个月内。

(三) 国家赔偿时效中止的法律后果

国家赔偿时效中止的目的,是为了使请求人能有足够的时间和条件行使自己的请求权,以保护其合法权益。时效中止后,已经进行的时效期间并不能消灭效力,而只是待中止时效的原因消除之日起,赔偿请求时效期间继续计算。这也就是说,赔偿请求时效中止前后进行的时效期间要合并计算。

四、国家赔偿时效的效力

国家赔偿时效的效力是指赔偿时效期间届满后所产生的法律后果。在民法上,关于诉讼时效的效力,各国立法规定不一,主要有三种做法:一是实体权利消灭说,即时效期间届满后,权利人的实体权利消灭,权利人无权再接受义务人的履行。否则,构成不当得利。二是抗辩权发生说,即时效期间届满后,权利人的实体权利和诉权均不消灭,只是发生义务人得拒绝履行的抗辩权。三是诉权消灭说,即时效期间届满后,权利人的实体权利并不消灭,只是诉权消灭。在我国民法中,通说认为,诉讼时效期间届满后,抗辩权发生,实体权利和起诉权并不消灭。所以,义务人在超过诉讼时效期间时自愿履行的,不受诉讼时效的限制。权利人超过诉讼时效期间而起诉的,人民法院应当受理。

在国家赔偿法中,赔偿请求时效期间届满后,发生何等效力,我国《国家赔偿法》没有规定,学者间亦有不同的认识。有人认为,赔偿请求时效期间届满,请求人的请求权和实体权利消灭;也有人主张,赔偿请求时效届满后,只是请求人的请求权消灭,其实体权利并不消灭。我们持后一种主张。就是说,在赔偿请求时效届满后,赔偿义务机关可以根据时效的规定,不予赔偿,其上一级复议机关或人民法院赔偿委员会亦不受理赔偿请求。但是,如果赔偿义务机关自愿履行赔偿义务,受害人有权接受。但在实务中,更多采用的赔偿义务机关直接依据法律规定取得时效利益的立场。也就是说,即便赔偿义务机关没有提出时效抗辩,国家赔偿请求的审理机关也可依职权援引时效规定,对赔偿请求不予受理或者予以驳回。[①]

第二节 国家赔偿法的效力

国家赔偿法的效力,也就是国家赔偿法的适用范围,是指国家赔偿法于什么时间、在什么地点、对哪些人发生效力。明确国家赔偿法的效力范围,对于处理国家赔偿案件具有十分重要的意义。

---

① 参见沈岿:《国家赔偿法:原理与案例(第二版)》,北京大学出版社2017年版,第381页。

国家赔偿法的效力包括时间效力、空间效力和对人的效力。

一、《国家赔偿法》的时间效力

《国家赔偿法》的时间效力是指国家赔偿法在时间上的适用范围。时间效力主要涉及国家赔偿法的生效时间、失效时间和有无溯及力问题。

一般地说，法律的效力自实施之日发生，至废止之日停止。法律从何时生效，我国通常有两种做法：一是从法律公布之日起生效，即法律明确规定："本法自公布之日起实施。"二是法律规定有实施日期，并不是从法律公布之日生效，即法律明确规定："本法自×年×月×日起施行。"我国《国家赔偿法》的生效时间，采取了第二种做法，即先公布、后实施。《国家赔偿法》是1994年5月12日第八届全国人民代表大会常务委员会第七次会议通过的，并于同日公布。《国家赔偿法》第42条规定，本法自1995年1月1日起施行。关于法律的失效时间，多数立法不加规定，直到法律明文废止或修改时才停止生效。我国《国家赔偿法》亦是如此。

法律的溯及力，是法律是否具有溯及既往的效力，即新公布的法律是否对其生效前发生的事件和行为适用。如果适用，即具有溯及力；如果不适用，就没有溯及力。在我国法律中，一般的原则是新法没有溯及力。我国《国家赔偿法》也是没有溯及力的。最高人民法院《关于〈中华人民共和国国家赔偿法〉溯及力和人民法院赔偿委员会受案范围问题的批复》明确指出，《国家赔偿法》不溯及既往。即：国家机关及其工作人员行使职权时侵犯公民、法人和其他组织合法权益的行为，发生在1994年12月31日以前的，依照以前的有关规定处理。发生在1995年1月1日以后并经依法确认的，适用《国家赔偿法》予以赔偿。发生在1994年12月31日以前，但持续至1995年1月1日以后，并经依法确认的，属于1995年1月1日以后应予赔偿的部分，适用《国家赔偿法》予以赔偿；属于1994年12月31日以前应予赔偿的部分，适用当时的规定予以赔偿；当时没有规定的，参照《国家赔偿法》的规定予以赔偿。对于《国家赔偿法》2010年修改所产生的适用问题，最高人民法院《关于适用〈中华人民共和国国家赔偿法〉若干问题的解释（一）》作了如下规定：（1）国家机关及其工作人员行使职权侵犯公民、法人和其他组织合法权益的行为发生在2010年12月1日以后，或者发生在2010年12月1日以前、持续至2010年12月1日以后的，适用修正的《国家赔偿法》。（2）国家机关及其工作人员行使职权侵犯公民、法人和其他组织合法权益的行为发生在2010年12月1日以前的，一般适用修正前的《国家赔偿法》，除非2010年12月1日以前已经受理赔偿请求人的赔偿请求但尚未作出生效赔偿决定或赔偿请求人在2010年12月1日以后提出赔偿请求。（3）公民、法人和其他组织对行使侦查、检察、审判职权的机关以及看守所、监狱管理机关在2010年

12月1日以前作出并已发生法律效力的不予确认职务行为为违法的法律文书不服,未依据修正前的《国家赔偿法》规定提出申诉并经有权机关作出侵权确认结论,直接向人民法院赔偿委员会申请赔偿的,不予受理。(4)公民、法人和其他组织对在2010年12月1日以前发生法律效力的赔偿决定不服提出申诉的,人民法院审查处理时适用修正前的《国家赔偿法》,但仅就修正的《国家赔偿法》增加的赔偿项目以及标准提出申诉的,人民法院不予受理。(5)人民法院审查发现2010年12月1日以前发生法律效力的确认裁定、赔偿决定确有错误应当重新审查的,适用修正前的《国家赔偿法》。此外,最高人民检察院《关于适用修改后〈中华人民共和国国家赔偿法〉若干问题的意见》(高检发刑申字[2011]3号)对《国家赔偿法》的溯及力问题也作了类似的规定。

二、国家赔偿法的空间效力

国家赔偿法的空间效力又称地域效力,是指国家赔偿法在哪些地域范围发生效力。关于法律的空间效力,基本的原则是属地原则。即法律的效力及于制定该法律的机关所管辖的领域。在我国,凡属中央国家机关所颁布的法律,均在中华人民共和国领域内适用;凡属地方国家机关颁布的法律,只在该地方国家机关所管辖的地域内适用。

我国《国家赔偿法》是由全国人民代表大会常务委员会制定的法律,其效力及于中国的领域内,即在中国的领土、领空、领水以及按照国际法属于中国领域的范围(如我国驻外使馆、公海上航行的我国船舶等)内适用。只要在上述领域内发生国家侵权赔偿案件,均应按照我国《国家赔偿法》的规定予以赔偿。

应当指出,中华人民共和国的领域当然包括香港、澳门和台湾。但由于我国实行"一国两制",所以,我国《国家赔偿法》不适用于上述三个地区。

三、国家赔偿法对人的效力

国家赔偿法对人的效力是指国家赔偿法对哪些人发生效力。国家赔偿法对人的效力可以分为两种情况。

(一)对中国公民、法人和其他组织的效力

我国的国家赔偿法适用于一切中国公民、法人和其他组织。中国公民是指具有中华人民共和国国籍的自然人;中国法人是指按照中国法律设立的具有民事权利能力和民事行为能力,依法独立享有民事权利和承担民事义务的组织;其他组织是指不具有中国法人资格的各种社会组织,如法人分支机构、个人独资企业、合伙企业等。

(二)对外国公民、法人和其他组织的效力

关于国家赔偿法对外国公民、法人和其他组织的效力问题,各国国家赔偿法普遍采用对等原则。

对等原则又称相互保证主义，是指一国的国家赔偿法对他国的公民、法人或其他组织不予保护或限制的，他国国家赔偿法同样对该国的公民、法人或其他组织不予保护或予以限制。对等原则是各国法律所普遍采用的一项原则，我国的《民事诉讼法》《行政诉讼法》等也作出了明确的规定。① 在国家赔偿法中，各国或地区也都普遍采用了对等原则。但各国或地区确立对等原则的标准不尽相同，主要有四种立法例：一是只规定相互保证。如日本《国家赔偿法》规定："本法于外国人为受害人时，以有相互保证者为限，适用之。"二是以互惠条约作为相互保证的条件。如奥地利《国家赔偿法》规定："外国人以其本国与我国有互惠条约者为限，可以行使本法规定的请求权。"三是以有条约或其本国法令或惯例的存在为相互保证的条件。四是外国如不给予同等的损害赔偿，该外国的人不得依驻在国的国家赔偿法请求赔偿。如德国《国家赔偿法（草案）》规定："联邦政府可制定法令确立对等原则，如果德意志联邦共和国或德国人就相应的损害根据外国法律得不到该国同等的损害赔偿时，该外国和其在本法适用地区内设有住所或居所的国民，不享有本法请求权。"②

我国《国家赔偿法》第40条也明确规定了对等原则："外国人、外国企业和组织在中华人民共和国领域内要求中华人民共和国国家赔偿的，适用本法。外国人、外国企业和组织的所属国对中华人民共和国公民、法人和其他组织要求该国国家赔偿的权利不予保护或者限制的，中华人民共和国与该外国人、外国企业和组织的所属国实行对等原则。"可见，我国国家赔偿法中的对等原则包括以下内容：

（1）如果某国没有建立国家赔偿制度，则我国的国家赔偿法对该国的公民、法人和其他组织的国家赔偿请求权不予保护。

（2）如果某国建立了国家赔偿制度，而该国国家赔偿法适用于中国公民、法人和其他组织，则我国国家赔偿法亦适用于该国的公民、法人和其他组织。反之则否。

（3）如果某国的国家赔偿法在适用于中国公民、法人和其他组织时有所限制的，则我国的国家赔偿法在适用于该国的公民、法人和其他组织时给予同样的限制。

我国《国家赔偿法》对无国籍人是否适用，《国家赔偿法》没有规定，学者们的看法不一。有人认为，《国家赔偿法》所指的"外国人"应当包括无国籍人；而有人则认为，应当按照我国的司法惯例处理。我们认为，无国籍人与外国人是两个不

---

① 参见我国《民事诉讼法》第5条、《行政诉讼法》第99条。
② 参见应松年主编：《国家赔偿法研究》，法律出版社1995年版，第249页。

同的法律概念,不能混同。因为无国籍人没有所属国,所以不能按外国人决定其是否适用我国的国家赔偿法。按照2011年4月1日起施行的《涉外民事关系法律适用法》第19条规定,自然人无国籍或者国籍不明的,适用其经常居所地法律。据此如果该无国籍人已经定居在中国或住所在中国,则应与中国公民一样适用中国的国家赔偿法;如果该无国籍人尚未定居在中国,而其住所在外国的,则应按中国与该外国之间的对等原则处理。

附录　最高人民法院发布 25 起国家赔偿法颁布实施二十五周年典型案例

(2020 年 12 月 29 日)

1. 秦德义、李宁静等人申请湖南省衡南县人民法院错误执行国家赔偿案

【入选理由】

本案是《国家赔偿法》颁布实施后,赔偿请求人较早依据《国家赔偿法》向人民法院申请国家赔偿的案例,也是全国首例人民法院赔偿委员会审理的因错误执行而予以赔偿的国家赔偿案。

【基本案情】

中国工商银行衡南县支行诉衡南县糖酒副食品总公司(以下简称糖酒公司)贷款利息纠纷一案,经湖南省衡南县人民法院作出生效判决后,由该院执行。1994 年 12 月 29 日,衡南县人民法院执行人员在糖酒公司沿江北路批发部仓库拟查封库存的洋河大曲酒 500 件。糖酒公司批发部主任李宁静对查封提出异议,主张库存洋河大曲为私人寄存。法院执行人员要求李宁静提供证据,李宁静未能提供,法院执行人员采取了异地扣押措施。其后,秦德义、李宁静提供了其与衡阳市城北公安分局下属的雁北物资贸易公司购销洋河大曲的清账协议和调拨单,糖酒公司出具的被扣押的洋河大曲不是该公司所有的证明,及诉争的洋河大曲寄存在沿江北路批发部仓库以及仓储费证明。1995 年 2 月 21 日,衡南县人民法院根据申请人的要求和所提供的证据,决定解除扣押,将先前扣押的 500 件洋河大曲返还给赔偿请求人,并支付搬运费 350 元,对扣押期间损坏的 10 瓶洋河大曲赔偿 225 元。1995 年 3 月 28 日,秦德义等人依据《国家赔偿法》的相关规定,向衡南县人民法院申请国家赔偿,因不服该院作出的不予赔偿决定,于同年 5 月 3 日向湖南省衡阳市中级人民法院赔偿委员会申请作出赔偿决定。

【裁判结果】

衡阳市中级人民法院赔偿委员会经审理认为,衡南县人民法院在行使职权、扣押糖酒公司库存洋河大曲时,由于事先未能查清被扣押物的归属,且李宁静以

及被执行人的法定代表人王世友当场不能、不愿出具证明,导致错误扣押。后经查证被扣押的洋河大曲非糖酒公司所有,执行人员及时解除了扣押,返还给赔偿请求人,支付了返还的搬运费,并赔偿扣押期间原物损坏的价款。衡南县人民法院对错误扣押行为的处理是合适的,但处理决定形式欠妥,应予纠正。赔偿请求人要求赔偿货款利息以及扣押物因扣押在时间上可能造成的差价损失于法无据,不予支持,遂于1995年8月8日决定:解除对500件洋河大曲酒的扣押,并返还给赔偿请求人,驳回其他赔偿请求。

【典型意义】

法者,国之权衡,时之准绳也。1994年5月12日,第八届全国人民代表大会常务委员会第七次会议通过《国家赔偿法》,1995年1月1日实施,标志着国家赔偿在立法层面上升为国家意志,为今后国家赔偿审判工作的开展提供了规范遵循。我国国家赔偿制度的建立与实施,在国家的法治化进程中发挥了积极作用。《国家赔偿法》实施以来,司法机关依法处理了一批国家赔偿案件,一批当事人依法获得了国家赔偿。本案是《国家赔偿法》实施后,目前能够确认的人民法院受理的首例申请人依据《国家赔偿法》请求国家赔偿,人民法院依据《国家赔偿法》审理且作出赔偿决定的国家赔偿案件。案件的审理与决定尽管今天看来稍显粗糙,但案件中所隐含的对人民法院执行程序中错误扣押行为的认定、造成实际损失应予赔偿的规则,体现了《国家赔偿法》保障受害人依法享有国家赔偿权利、促进国家机关依法行使职权的立法宗旨和制度价值。

(案例提供:湖南省高级人民法院)

2. 郑传振申请福建省南平市中级人民法院再审无罪国家赔偿案

【入选理由】

本案是首例由高级人民法院审理并决定赔偿的刑事冤错国家赔偿案件,首次明确了数罪并罚的案件经再审改判部分罪名不成立,监禁期限超出再审判决确定的刑期的,赔偿请求人有权获得相应的国家赔偿。

【基本案情】

1991年5月,福建省邵武市人民法院作出刑事判决,以投机倒把罪判处郑传振有期徒刑一年,以盗窃罪判处郑传振有期徒刑七年,数罪并罚决定执行有期徒刑七年六个月。福建省南平地区中级人民法院裁定驳回上诉,维持原判。1995年3月15日,福建省高级人民法院作出刑事判决,维持一、二审法院对郑传振投机倒把罪的判项,撤销一、二审法院对郑传振盗窃罪的判项。1995年4月24日,郑传振被释放。同年6月,郑传振向南平市中级人民法院提出赔偿申请。因南平市中级人民法院决定不予赔偿,郑传振遂于同年8月向福建省高级人民法院赔偿委员申请作出赔偿决定。

【裁判结果】

福建省高级人民法院赔偿委员会经审理认为,本案虽不属于全案宣告无罪,但盗窃罪不能成立,原判郑传振盗窃罪被撤销,其盗窃罪已执行的刑期,赔偿请求人依法有取得国家赔偿的权利,南平市中级人民法院应当承担赔偿责任。对1995年1月1日以后羁押的部分,按照《国家赔偿法》的规定予以赔偿;对《国家赔偿法》实施以前羁押的部分,参照《国家赔偿法》的规定予以赔偿。据此,福建省高级人民法院赔偿委员会作出决定:撤销南平市中级人民法院南中法(1995)刑赔字第1号决定,由南平市中级人民法院赔偿郑传振限制人身自由赔偿金16501.12元。

【典型意义】

保障人民群众享有更加充分的权利和自由,是人民司法的最高理想追求。根据1995年1月1日起施行的《国家赔偿法》规定,依照审判监督程序再审改判无罪,原判刑罚已经执行的,受害人有取得赔偿的权利。但在数罪并罚情形下,经再审改判部分罪名不成立,监禁期限超出再审判决确定刑期的应否赔偿,法律没有明确规定。本案中,人民法院深刻把握《国家赔偿法》的立法精神,明确了数罪并罚案件再审后,部分罪名不成立但实际羁押时间超过再审改判确定刑期的,赔偿请求人有权获得相应的国家赔偿。这一通过个案审理确定的国家赔偿领域裁判规则,最终被2016年起施行的《最高人民法院、最高人民检察院关于办理刑事赔偿案件适用法律若干问题的解释》(第6条)所吸收,上升为司法解释规范。该案在深层次上推进了公平正义的实现与司法裁判的良规递进,体现出司法对基本人权的现实关怀与制度保障。

(案例提供:福建省高级人民法院)

3. 王建中申请吉林省高级人民法院再审无罪国家赔偿案

【入选理由】

本案是最高人民法院赔偿委员会审理的首例国家赔偿案件。该案的赔偿决定,明确了刑事赔偿案件中侵犯人身自由权、生命健康权的赔偿标准,以及恢复名誉的实施方式。本案的审判实践,体现了人民法院在早期对《国家赔偿法》立法精神的贯彻实施,对人权的切实保障。

【基本案情】

1981年5月18日,吉林省辉南县镇郊供销社综合商店被抢劫,更夫艾某被打伤致残。1981年12月,因王建中、施长喜涉嫌抢劫,吉林省通化地区中级人民法院作出刑事判决,判处王建中死刑,缓期二年执行,剥夺政治权利终身;判处施长喜有期徒刑十五年;并由吉林省高级人民法院作出裁定核准。1995年7月,辉南县公安局经侦查认定1981年"5.18"案件系顾某、于某所为。1995年9月,吉林省高级人民法院裁定撤销该院刑事裁定和通化地区中级人民法院刑事判决,发回原审法院重审。1995年9月,通化地区中级人民法院作出刑事判决,宣告王建中、施长喜无罪。王建中、施长喜于1995年12月以再审无罪为由申请国家赔偿。

【裁判结果】

吉林省高级人民法院决定赔偿王建中104846.29元,赔偿施长喜106475.92元,同时在赔偿请求人所在地召开会议,当场宣布赔偿决定,并当场给付赔偿金。后赔偿请求人王建中不服,向最高人民法院赔偿委员会申请作出赔偿决定。1997年8月4日,最高人民法院赔偿委员会决定维持原赔偿决定。

【典型意义】

《国家赔偿法》规定,中级以上人民法院设立赔偿委员会,审理国家赔偿案件。1995年1月,最高人民法院成立了赔偿委员会并设立了赔偿委员会办公室,第一届赔偿委员会主任委员、副主任委员分别由两位副院长兼任,其他委员由本院有关审判庭庭长兼任,负责审理本院受理的国家赔偿案件,指导全国法院国家赔偿审判工作。本案是最高人民法院赔偿委员会成立后审理的首例国家赔偿案件。本案发生在《国家赔偿法》实施初期,错判羁押时间较长,赔偿金额较大。赔偿义务机关通过在赔偿请求人所在地召开会议、公开宣布赔偿决定、当场给付赔偿金的方式,为赔偿请求人恢复名誉、消除影响,最大可能地帮助请求人回归社会,融入社区。最高人民法院赔偿委员会在依法维持原赔偿决定的同时,明确了刑事赔偿案件中侵犯人身自由权、生命健康权的赔偿标准,以及恢复名誉的实施方式,对于《国家赔偿法》实施初期全国法院审理此类案件起到了有力的指导作用。

(案例提供:最高人民法院)

4. 黄彩华等人申请广东省连平县公安局刑讯逼供致死国家赔偿案

【入选理由】

刑事侦查过程中,公安机关审讯犯罪嫌疑人应严格依法进行,在查明案件事实的同时,还应当依法保护犯罪嫌疑人的合法权益,不得刑讯逼供或者变相刑讯逼供,否则应当承担相应的赔偿责任。

【基本案情】

1997年7月30日,韦月新因涉嫌盗窃罪被广东省河源市连平县公安局油溪派出所传唤。自1997年7月30日起至8月1日止,派出所警察黄某浩、黄某文审讯了韦月新3次,长达30多个小时,对其采用体罚、殴打等方式逼取口供。8月1日,韦月新自缢于该派出所留置室。经法医鉴定,韦月新身上多处损伤均系钝器作用所致,属轻微的非致命伤,结论为韦月新系生前缢死。1998年1月7日,广东省河源市中级人民法院认定黄某浩、黄某文构成刑讯逼供罪,依法追究二人刑事责任。1997年12月8日,韦月新的亲属黄彩华等人以刑讯逼供致韦月新死亡为由申请国家赔偿。

【裁判结果】

河源市中级人民法院经审理,决定:连平县公安局赔偿韦月新死亡赔偿金、丧葬费合计149580元;给付韦月新生前抚养的韦鹏锋、韦鹏勇俩人生活费合计为17745元;给付韦月新的父母韦娘金、黄亚田二人每年3120元的生活费,从1997年8月1日起直至死亡时止。

【典型意义】

徒法无以自行,法律的生命在于实践。本案发生于1997年,系全国首例人民法院赔偿委员会审理的刑讯逼供致死国家赔偿案件,司法实践中对如何认定"刑讯逼供造成公民死亡"尚属空白。人民法院通过本案的审理明确,公安机关在刑事侦查过程中存在刑讯逼供,且与受害人自杀身亡具有内在联系,据此就应当认定属于"刑讯逼供造成公民死亡"的情形,赔偿义务机关应当对其违法行使职权的行为承担国家赔偿责任。本案的赔偿决定,让死者的配偶、未成年子女、父母均得到应有的赔偿,最大限度地保障了其权利,案件的审理结果即使在今天看来,依然有借鉴意义。

(案例提供:广东省高级人民法院)

5. 霍娄中、霍一米申请陕西省宝鸡县人民检察院无罪逮捕国家赔偿案

【入选理由】

基于同一案件、同一事实,同案犯罪嫌疑人先被公安机关刑事拘留、收容审查,后经检察机关批准逮捕,检察机关后又以事实不清、证据不足决定不起诉的,原批准逮捕决定应被视为对没有犯罪事实的人错误逮捕,作出逮捕决定的检察机关应当是赔偿义务机关,对全部羁押期间承担赔偿责任。

【基本案情】

1996年8月22日,霍娄中、霍一米、霍如杰与同乡孔某一同外出购买石英

矿石。因孔某早先订购的矿石未交货款,导致货主收取霍如杰2000元货款后不予返还,霍如杰向孔某索要该款被拒。霍娄中、霍一米、霍如杰遂乘孔某熟睡之机采用绳子捆手、毛巾堵嘴等手段,强行从孔某裤兜内掏走现金2000元。陕西省宝鸡县公安局以霍娄中、霍一米、霍如杰(在逃)涉嫌抢劫,于1996年9月将霍娄中、霍一米刑事拘留,6天后转为收容审查。同年12月31日,宝鸡县人民检察院对霍娄中、霍一米批准逮捕。1997年6月16日,宝鸡县人民检察院以该案事实不清、证据不足为由,作出不起诉决定。同年6月24日二人被释放。随后,霍娄中、霍一米提出国家赔偿申请。

【裁判结果】

陕西省宝鸡市中级人民法院赔偿委员会认为,宝鸡县公安局以霍娄中、霍一米涉嫌抢劫对其刑事拘留和收容审查,后经宝鸡县人民检察院批准逮捕。该院后又以事实不清、证据不足为由作出不起诉决定,说明原批准逮捕决定是错误的,宝鸡县人民检察院应为赔偿义务机关。虽然宝鸡县公安局对赔偿请求人采取了刑事拘留和收容审查措施,但宝鸡县人民检察院是基于同一案件、同一事实对二人批准逮捕,故应对刑事拘留和收容审查部分一并承担赔偿责任。据此决定由宝鸡县人民检察院赔偿二请求人侵犯人身自由赔偿金各7948.8元,并为其消除影响、恢复名誉、赔礼道歉。

【典型意义】

本案犯罪嫌疑人先经公安机关刑事拘留、收容审查,后经检察机关批准逮捕,检察机关最终以事实不清、证据不足决定不起诉的,检察机关应当作为赔偿义务机关,对包括此前刑事拘留和收容审查部分的全部羁押期间一并承担赔偿责任。1994年《国家赔偿法》关于侵犯人身自由的刑事赔偿义务机关的规定不明确,导致实践中赔偿义务机关相互推诿的情形时有发生。本案中,人民法院按照赔偿义务机关"后置吸收原则"(即在刑事诉讼过程中,哪一个机关最后作出侵犯受害人合法权益的决定,该机关即为赔偿义务机关),确定检察机关为本案的赔偿义务机关并承担赔偿责任,保障了赔偿请求人及时获得赔偿,避免了程序空转对其权利保护不充分带来的诉累,也厘清了司法实践中的不同认识,推动国家赔偿制度在司法实践中进一步完善。

(案例提供:陕西省高级人民法院)

6. 任庆海申请通辽铁路运输检察院无罪逮捕国家赔偿案

【入选理由】

赔偿请求人被法院判决无罪,获得所在单位足额经济补偿后,申请国家赔偿的,赔偿义务机关仍应给予国家赔偿。国家赔偿与企业补偿性质不同,企业补偿不能代替国家赔偿。

【基本案情】

任庆海(原系通辽铁路分局业务员)因涉嫌贪污犯罪,于1996年4月被辽宁省通辽铁路运输检察院刑事拘留,同月29日被批准逮捕。通辽铁路运输检察院于1996年7月22日向辽宁省通辽铁路运输法院提起公诉。通辽铁路运输法院于1996年8月12日作出刑事判决,认为检察机关指控被告人任庆海犯贪污罪证据不足,指控的犯罪不能成立,宣告任庆海无罪。任庆海于同月14日被释放。通辽铁路分局于1997年4月2日一次性补发任庆海工资、奖金补贴、效益工资共计20526.21元。1998年1月13日,任庆海向通辽铁路运输检察院申请国家赔偿。因不服辽宁省人民检察院沈阳铁路运输分院刑事赔偿复议决定,任庆海向沈阳铁路运输中级法院赔偿委员会申请作出赔偿决定。

【裁判结果】

沈阳铁路运输中级法院赔偿委员会经审理,认为通辽铁路分局给赔偿请求人补发工资、奖金等属于企业补偿,通辽铁路运输检察院赔偿决定以及辽宁省人民检察院沈阳铁路运输分院复议决定不予赔偿的理由不能成立,应予撤销。据此,决定撤销通辽铁路运输检察院赔偿决定和辽宁省人民检察院沈阳铁路运输分院刑事赔偿复议决定关于不予赔偿部分;维持关于"应当在任庆海原单位和现单位公开赔礼道歉、恢复名誉、消除影响"部分;通辽铁路运输检察院支付任庆海被错误羁押赔偿金3878.5元;驳回请求人任庆海的其他赔偿请求。

【典型意义】

赔偿请求人在已经获得单位经济补偿,且数额超过国家赔偿标准的情况下,是否还可以申请国家赔偿,是本案的争议焦点,类案审理中标准也不统一。本案在国家赔偿工作起步阶段中明确,国家赔偿是国家机关和国家机关工作人员因行使职权侵犯公民、法人和其他组织合法权益造成损害的,依照《国家赔偿法》对受害人进行的赔偿,与受害人所在单位给予的补偿性质不同,受害人所在单位的补偿不能代替国家赔偿。本案中人民法院作出的赔偿决定,划清了国家赔偿与善后工作的界限,厘清了国家赔偿和工资补发两者的不同性质,对正确适用《国家赔偿法》,救济赔偿请求人合法权益,实现《国家赔偿法》的立法宗旨起到了积极作用。

(案例提供:辽宁省高级人民法院)

7. 刘姣鸿申请海南省海口市公安局返还追缴财产国家赔偿案

【入选理由】

公安机关工作人员利用职务之便,滥用侦查职权,插手经济纠纷,侵犯他人合法权益并造成损失,属于职务行为的,公安机关应承担国家赔偿责任。

【基本案情】

刘姣鸿原系海南永联药业公司(以下简称永联公司)会计,莫某强系该公司的法定代表人。1998年7月,因莫某强将永联公司转手给韦某涉嫌合同诈骗,同月20日海口市公安局对其二人立案侦查,案件承办人为原海口市公安局经侦支队三大队副大队长赵某某。2000年3月,刘姣鸿受莫某强委托,经周某革介绍,以29.5万元将永联公司转让给金某谊。金某谊又委托周某革将该公司转让给他人。之后,周某革以刘姣鸿非法转让公司使其无法经营为由要求退还转让费,刘姣鸿不同意。2001年1月3日,周某革与刘姣鸿因退款一事发生争执后报警,当晚值班民警赵某某带着干警出警,以办案为由要求周某革、刘姣鸿等人到海口市公安局接受调查。回到公安局后,赵某某对刘姣鸿一方说,莫某强是在逃诈骗犯,刘姣鸿帮其卖公司也属诈骗,刘姣鸿如果不答应退钱,当晚就回不去。刘姣鸿见状表示同意退还20万元,随后分两次在赵某某办公室将20万元交给周某革。后海南省海口市龙华区人民法院作出刑事判决,认定赵某某犯滥用职权罪。刘姣鸿随后提出国家赔偿申请。

【裁判结果】

海南省高级人民法院赔偿委员会经审理认为,赵某某身为公安民警,利用职务之便,滥用侦查职权,插手经济纠纷,构成滥用职权罪。本案从报案、出警、追缴财产的地点及过程,均证明赵某某的行为属于职务行为,符合1994年《国家赔偿法》第16条规定的违法追缴财产情形。海口市公安局应承担其工作人员违法行使职权造成受害人损失的赔偿责任。据此,决定由海口市公安局返还受害人20万元。

【典型意义】

《公安部关于公安机关不得非法越权干预经济纠纷案件处理的通知》规定,严禁公安机关非法干预经济纠纷,在办理涉嫌经济犯罪案件的过程中,必须划清经济犯罪与经济纠纷的界线,不得更不允许以查处诈骗等经济犯罪为名,以收审、扣押人质等非法手段插手经济纠纷,侵犯法人和公民的合法权益。本案中,个别公安干警利用职务之便,滥用侦查职权,对当事人进行传唤,违法介入经济纠纷,构成滥用职权罪,其行为属职务行为,其所在机关应当承担违法行使职权造成公民损失的国家赔偿责任。《国家赔偿法》以及国家赔偿审判实践,通过明确国家机关及其工作人员侵犯公民、法人和其他组织行为的情形及责任,形成了制约和监督公权力运行的倒逼机制,依法维护公民、法人及其他组织的合法权益。

(案例提供:海南省高级人民法院)

8. 佘祥林申请湖北省荆门市中级人民法院再审无罪国家赔偿案

【入选理由】

本案是较早引起社会广泛关注的刑事冤错国家赔偿案件。国家赔偿实行赔偿法定原则,1994年《国家赔偿法》未将精神损害等纳入国家赔偿范围,也没有明确协商解决赔偿争议方面的规定。在国家赔偿案件审理过程中,赔偿请求人与赔偿义务机关之间通过协商解决赔偿争议,做到案结事了,同时协调有关部门在法定人身自由赔偿金之外给予赔偿请求人生活补助,体现了司法的温暖。

【基本案情】

1994年4月11日,湖北省京山县雁门口镇吕冲村水库发现一具无名女尸。经过当地公安机关排查,认为死者为佘祥林妻子张在玉,佘祥林有故意杀人嫌疑。后湖北省京山县人民法院以故意杀人罪判处佘祥林有期徒刑15年,剥夺政治权利5年。佘祥林上诉后,湖北省荆门市中级人民法院裁定驳回上诉,维持原判。之后,佘祥林在湖北省沙洋监狱服刑。2005年3月28日,"死亡"11年的张在玉回到家中。同年4月13日,京山县人民法院重新作出刑事判决,宣告佘祥林无罪。2005年5月10日,佘祥林以再审无罪赔偿为由向荆门市中级人民法院提出国家赔偿申请。

【裁判结果】

荆门市中级人民法院与赔偿请求人佘祥林经协商达成和解协议:荆门市中级人民法院依法支付佘祥林限制人身自由赔偿金255894.47元;赔偿佘祥林家人支付的无名女尸安葬费1100元(应为3600元,扣除京山县公安局已支付的2500元)。此外,京山县雁门口镇人民政府一次性给予佘祥林家庭生活困难补助费20万元。

【典型意义】

法无古今,唯其时之所宜与民之所安。本案是较早引起社会广泛关注的刑事冤错国家赔偿案件,面对申请人的高额赔偿请求以及社会舆论的高度关注,人民法院在司法实践中,灵活适用1994年《国家赔偿法》,率先将协商机制引入国家赔偿案件,并取得圆满成功,为2010年修正《国家赔偿法》引入协商机制提供了成功范例。当地政府给予赔偿请求人的家庭困难生活补助金,也在一定程度上推动了2010年《国家赔偿法》扩大国家赔偿范围、提高赔偿标准、增设赔偿精神损害抚慰金制度。佘祥林国家赔偿案经新闻媒体的连续跟踪报道,加之大批法律界人士参与该案的深刻讨论及评析,为广大人民群众提供了一次深入了解和认识《国家赔偿法》的难得机会,对于宣传贯彻《国家赔偿法》以及随后的《国家赔偿法》修改完善起到积极推动作用。

（案例提供：湖北省高级人民法院）

9. 赵作海申请河南省商丘市中级人民法院再审无罪国家赔偿案

【入选理由】

刑事案件再审改判无罪，原判刑罚实际执行并长期羁押的，应认定为致受害人精神损害并造成严重后果，赔偿义务机关应当赔偿精神损害抚慰金。本案可以认定是国家赔偿领域"精神损害赔偿第一案"。

【基本案情】

1998年2月15日，商丘市柘城县老王集乡赵楼村赵某响失踪4个多月。公安机关调查后怀疑系被同村的赵作海杀害，遂将赵作海作为重大嫌疑人并予以刑事拘留。2002年12月5日，赵作海被河南省商丘市中级人民法院以故意杀人罪判处死刑，缓期二年执行，剥夺政治权利终身，并经河南省高级人民法院裁定核准。2010年4月30日，刑事案件认定的被害人赵某响回村。2010年5月8日，河南省高级人民法院作出刑事再审判决：撤销该院刑事裁定和商丘市中级人民法院刑事判决，宣告赵作海无罪。2010年5月9日，赵作海被依法释放。同月11日，赵作海向商丘市中级人民法院提出国家赔偿申请。

【裁判结果】

在国家赔偿案件处理中，商丘市中级人民法院与赵作海经协商达成赔偿协议：商丘市中级人民法院一次性支付赵作海国家赔偿金50万元，生活困难补助费15万元，两项共计65万元。2010年5月13日，时任商丘市中级人民法院院长亲赴赵作海居住地，将65万元交到赵作海手中。赵作海撤回赔偿申请，并表示以后安心生活。

【典型意义】

国家赔偿中设立精神损害赔偿制度，体现的既是立法对公民人格价值的尊重与保护，也是国家责任的法律归位与担当。2010年修正的《国家赔偿法》，将精神损害赔偿纳入国家赔偿范围，第35条规定"有本法第三条或者第十七条规定情形之一，致人精神损害的，应当在侵权行为范围内，为受害人消除影响，恢复名誉，赔礼道歉；造成严重后果的，应当支付相应的精神损害抚慰金"，这是加强人权保障的重大进步。赵作海案再审改判无罪时，恰逢2010年修正的《国家赔偿法》颁布后、实施前的时间节点，鉴于新法已经明确规定了精神损害抚慰金赔偿内容，本案在依法给予无罪羁押赔偿金的基础上，参照修正后的《国家赔偿法》规定，考虑到赵作海被长期羁押，应视为致其精神损害且后果严重，通过协商以另行支付生活困难补助费的方式弥补其精神损害,及时回应了社会各界对国家赔偿中精神损害抚慰金的广泛关切,取得良好社会效果,具有重要的标杆意义。

(案例提供:河南省高级人民法院)

10. 叶春梅等人申请安徽省巢湖监狱怠于履职国家赔偿案

【入选理由】

监狱管理机关及其工作人员对突发疾病的被羁押罪犯未尽及时救治义务,应认定与其死亡之间具有一定因果关系,监狱管理机关应予赔偿,同时综合考虑该怠于履行职责行为在损害发生过程和结果中所起的作用等因素,适当确定责任承担比例和赔偿数额。

【基本案情】

2001年8月23日,解永明因犯盗窃罪入安徽省巢湖监狱服刑。2011年4月30日7时许,民警巡查发现解永明身体不适,随即安排二名服刑人员送解永明至监内医院治疗。9时40分左右,医院下达病危通知书。5月2日20时许,解永明病情加重,巢湖监狱将解永明送至巢湖市第二人民医院救治。5月3日5时50分,解永明经抢救无效死亡。2011年7月8日,皖南医学院司法鉴定中心对解永明的死亡原因鉴定结论为:解永明符合全身多脏器急性化脓性感染,出现败血症、DIC及中毒性休克;导致急性呼吸功能、心功能、肾功能等多脏器功能衰竭而死亡。解永明的亲属叶春梅等人向巢湖监狱提出国家赔偿申请,因不服安徽省监狱管理局作出的不予赔偿复议决定,向安徽省高级人民法院赔偿委员会申请作出赔偿决定。

【裁判结果】

安徽省高级人民法院赔偿委员会经审理认为,巢湖监狱在解永明生病救治过程中,怠于履行职责,未尽到及时转院救治的义务,与解永明死亡之间存在一定联系,应当承担相应的赔偿责任。承担赔偿责任应综合考虑其怠于履行职责的行为在损害发生过程和结果中所起的作用等因素适当确定赔偿比例和数额。鉴于解永明死亡的直接原因是其患病,巢湖监狱未及时转院救治在导致解永明死亡中起次要作用,应按照40%的比例确定赔偿数额。2012年12月11日,安徽省高级人民法院赔偿委员会作出(2012)皖法委赔字第00001号国家赔偿决定,由巢湖监狱赔偿叶春梅等人死亡赔偿金、丧葬费339616元,精神损害抚慰金32000元。

【典型意义】

本案是2010年《国家赔偿法》修改后,在全国范围内较早认定监狱不及时履行救治义务致羁押人员死亡,应承担国家赔偿责任的案件。2010年《国家赔偿法》第17条第四项规定:看守所、监狱管理机关及其工作人员在行使职权时存在刑讯逼供或者以殴打、虐待等行为造成公民身体伤害或者死亡情形的,受害人有取得赔偿的权利。对于该条文中的"等"字应根据条文本身的价值追求,结合立法本意去理解。监狱管理机关对服刑人员在服刑期间的人身安全、生命健康等依法负有监管和保护的职责,如果监狱管理机关及其工作人员怠于履行监管和保护职责,导致服刑人员人身伤害或者死亡的,应当认定为属于该条文规范的情形。本案中,巢湖监狱未及时履行救治义务是导致解永明死亡的次要原因,与解永明死亡之间具有一定关联,应当承担相应的赔偿责任。同时考虑到解永明死亡的主要原因是其生病,人民法院经审理依法决定巢湖监狱承担一定比例的赔偿责任,体现了司法的客观与公正。

(案例提供:安徽省高级人民法院)

11. 朱红蔚申请广东省人民检察院无罪逮捕国家赔偿案

【入选理由】

2010年修正的《国家赔偿法》规定了精神损害抚慰金制度,本案是首例由最高人民法院决定支付精神损害抚慰金的国家赔偿案件。赔偿决定明确了支付精神损害抚慰金的数额应当结合侵权行为的手段、场合、方式等具体情节,根据侵权行为造成的影响、后果,以及当地居民平均生活水平等因素合理确定。

【基本案情】

朱红蔚因涉嫌合同诈骗罪,于2005年7月被刑事拘留,同年8月被取保候审。2006年5月26日,广东省人民检察院批准逮捕朱红蔚。同年6月1日,朱红蔚被执行逮捕。2008年9月11日,深圳市中级人民法院以指控依据不足为由,判决宣告朱红蔚无罪。同月19日,朱红蔚被释放。2011年3月15日,朱红蔚以无罪逮捕为由申请国家赔偿。

【裁判结果】

最高人民法院赔偿决定认为,朱红蔚于2011年3月15日向广东省人民检察院提出赔偿请求,本案应适用修正后的《国家赔偿法》。朱红蔚被宣告无罪后,广东省人民检察院已决定向朱红蔚以口头方式赔礼道歉,并为其恢复生产提供方便,从而在侵权行为范围内为朱红蔚消除影响、恢复名誉,该项决定应予维持。朱红蔚被羁押875天,正常的家庭生活和公司经营因此受到影响,应认定精神损害后果严重。对朱红蔚主张的精神损害抚慰金,根据自2005年朱红蔚被羁押以来其公司不能正常经营、女儿患病,以及广东省赔偿精神损害抚慰金的参考标准,结合赔偿协商协调情况以及当地平均生活水平等情况,确定为50000元。

【典型意义】

本案是 2010 年《国家赔偿法》实施后,首例由最高人民法院决定支付精神损害抚慰金的国家赔偿案件。本案的审理,明确了国家赔偿案件适用精神损害抚慰金条款应当具体考虑的因素,为以后类似案件的审理提供了参考标准。国家机关及其工作人员行使职权时侵犯公民人身权,严重影响受害人正常的工作、生活,导致其精神极度痛苦,属于致人精神损害造成严重后果。赔偿义务机关除在侵权行为影响范围内为受害人消除影响、恢复名誉、赔礼道歉外,还应当结合侵权行为的手段、场合、方式等具体情节,根据侵权行为造成的影响、后果,以及当地居民平均生活水平等综合因素,支付相应的精神损害抚慰金。本案经最高人民法院审判委员会讨论,被确定为最高人民法院第 42 号指导性案例。

(案例提供:最高人民法院)

12. 绿宝鑫啤酒花有限责任公司申请甘肃省酒泉市中级人民法院违法查封国家赔偿案

【入选理由】

人民法院在民事诉讼中查封易变质商品后,因怠于履行法定职责、处置不当致使被查封物价值贬损的,应当依法予以赔偿。

【基本案情】

2007 年 9 月 6 日,甘肃省酒泉市中级人民法院在审理酒泉市西域绿嘉啤酒花有限公司(以下简称西域公司)与酒泉市绿宝鑫啤酒花有限责任公司(以下简称绿宝鑫公司)买卖合同纠纷一案中,依据西域公司申请,查封了绿宝鑫公司 13.2 吨压缩啤酒花并指定该公司为保管人。后绿宝鑫公司提供房产证作为担保请求解封,酒泉市中级人民法院以西域公司不同意为由不予解封。2008 年 5 月 13 日,西域公司和绿宝鑫公司就双方民事纠纷达成调解协议。后绿宝鑫公司再次申请解除 10 吨压缩啤酒花的查封,酒泉市中级人民法院未予同意。2008 年 8 月 14 日,酒泉市中级人民法院对查封的啤酒花进行了检测,拟抵顶债务,发现该批啤酒花甲酸含量严重降低,抵顶未果。2008 年 9 月 23 日,绿宝鑫公司和执行申请人西域公司达成并履行了执行和解协议,酒泉市中级人民法院于 2008 年 10 月 6 日解除了对绿宝鑫公司压缩啤酒花的查封,但因被长期查封,该压缩啤酒花甲酸含量过低,基本报废。绿宝鑫公司向酒泉市中级人民法院申请国家赔偿被驳回,遂向甘肃省高级人民法院赔偿委员会申请作出赔偿决定。

【裁判结果】

甘肃省高级人民法院赔偿委员会委托兰州市价格认证中心对 13.2 吨压缩啤酒花查封时的市场价格进行鉴定,并以此为依据主持双方协商。绿宝鑫公司与酒泉市中级人民法院达成协议,由酒泉市中级人民法院对因查封造成绿宝鑫公司的财产损失赔偿480000元,甘肃省高级人民法院赔偿委员会决定对协议内容予以确认。

【典型意义】

《国家赔偿法》是一部权利救济法,其重要职能之一就是在人民群众合法权益受到公权力违法侵害时为其提供救济。本案中,被保全人多次申请解封并提供房产作为担保,但赔偿义务机关违反法律规定,对应予解封的不宜长期保存的财产未予解封,又未依法及时处理或变卖查封财产,导致查封财产变质毁损,造成赔偿请求人财产损失,赔偿义务机关应当予以赔偿。人民法院根据《国家赔偿法》的立法精神,将赔偿义务机关怠于履行法定职责的不作为情形界定为违法行使职权,由此造成权利人损害的,赔偿义务机关应予赔偿,体现了国家赔偿审判对权利人财产权利的充分保护。

(案例提供:甘肃省高级人民法院)

13. 陈建阳、田伟冬、王建平、朱又平、田孝平申请浙江省高级人民法院再审无罪国家赔偿案

【入选理由】

刑事再审改判,赔偿请求人在原审认定的主要犯罪事实被否定,而其他犯罪事实仍被认定有罪但减轻刑罚,监禁期限超出再审判决确定刑期的,赔偿请求人有权申请国家赔偿。

【基本案情】

陈建阳、田伟冬、王建平、朱又平、田孝平因涉嫌抢劫、盗窃犯罪,于1997年分别被判决:陈建阳、田伟冬犯抢劫罪、盗窃罪,王建平、朱又平犯抢劫罪,均判处死刑,缓期二年执行;田孝平犯抢劫罪,判处无期徒刑。案经再审,浙江省高级人民法院于2013年7月1日判决撤销原审部分判决内容,宣告王建平、朱又平无罪;陈建阳、田伟冬犯盗窃罪,判处有期徒刑一年;田孝平犯抢劫罪,判处有期徒刑三年。陈建阳等五人以抢劫(杀人)再审改判无罪为由,分别向浙江省高级人民法院申请国家赔偿。

【裁判结果】

浙江省高级人民法院与田伟冬、陈建阳、朱又平、田孝平达成赔偿协议:支付田伟冬人身自由赔偿金、精神损害抚慰金共计182.40415万元;支付陈建阳人身自由赔偿金、精神损害抚慰金共计182.823555万元;支付朱又平人身自由赔偿金、精神损害抚慰金共计192.388155万元;支付田孝平人身自由赔偿金、精神损害抚慰金共计133.51493万元。因未与王建平达成赔偿协议,该院依法决定赔

偿王建平人身自由赔偿金、精神损害抚慰金共计196.01107万元。

【典型意义】

《国家赔偿法》规定的无罪赔偿,应理解为针对具体的个罪。本案中赔偿请求人陈建阳、田伟东经再审判决虽保留了盗窃罪,但抢劫(杀人)部分宣告无罪,且监禁期限超过再审判决确定的刑期,故其享有依法取得国家赔偿的权利。赔偿请求人田孝平的情形比较特殊,原审认定的主要抢劫犯罪事实不存在,因其他抢劫犯罪事实,田孝平仍被再审判处抢劫罪,但减轻了刑罚,致其监禁期限超过刑事再审判决确定的刑期,人民法院仍决定予以赔偿。本案中,考虑到此类重大冤错刑事赔偿案件的赔偿请求人被错判羁押的时间较长,重新融入社会困难重重,人民法院还在案件审理过程中采用非货币化方式给予适当的救助,切实解决请求人养老、住房等实际生活困难,既体现了司法的尺度,也彰显了司法的温度。

(案例提供:浙江省高级人民法院)

14. 张辉、张高平申请浙江省高级人民法院再审无罪国家赔偿案

【入选理由】

对于冤错案件受害人而言,能够及时充分获得赔偿尤为重要。张辉、张高平没有从事违法或犯罪行为,无故被判有罪并被长期羁押,人民法院坚持有错必纠再审改判无罪后,依法及时启动国家赔偿,让人民群众相信,正义不会缺席,也不会迟到。

【基本案情】

张辉、张高平因涉及2003年发生的一起强奸致死案,被判决犯强奸罪并分别被判处死刑缓期二年执行和有期徒刑十五年。案经再审,浙江省高级人民法院于2013年3月26日公开宣判,撤销原一、二审判决,宣告张辉、张高平无罪。2013年5月2日,张辉、张高平分别向浙江省高级人民法院申请国家赔偿。

【裁判结果】

浙江省高级人民法院于再审改判后即向张辉、张高平公开道歉,于收到国家赔偿申请的当日即立案并派人听取请求人的意见,十五日后即作出国家赔偿决定,认为:张辉、张高平自2003年5月23日被刑事拘留至2013年3月26日经再审无罪释放,应由该院按照法定标准赔偿人身自由赔偿金,并综合考虑两人被错误定罪量刑、刑罚执行和工作生活受影响等具体情况,酌定精神损害抚慰金。该院遂于2013年5月17日作出国家赔偿决定,赔偿张辉、张高平人身自由赔偿金和精神损害抚慰金各110余万元。

【典型意义】

本案系 2013 年社会各界高度关注的刑事冤错国家赔偿案件。张辉、张高平无故蒙冤入狱且长期羁押,人民法院坚持有错必纠并依法及时充分赔偿,体现了国家司法公正与司法文明的显著进步。本案中,人民法院坚持"改、赔"紧密衔接,于再审改判后即向张辉、张高平公开道歉,于收到赔偿申请的十五日后即作出国家赔偿决定,被评价为"赔得快也是一种正义""赔得快对蒙冤者也是一种慰藉"。人民法院就受害人提出的赔偿请求,按照法定标准确定限制人身自由赔偿金,并根据当地经济发展水平,综合张辉、张高平被错误定罪量刑、刑罚执行和工作生活受影响等具体情况,酌定精神损害抚慰金。本案的审理,昭示着公平和正义不但要内化于人民法院的司法行为之中,也要让人民群众切切实实感受得到。

(案例提供:浙江省高级人民法院)

15. 呼格吉勒图再审无罪国家赔偿案

【入选理由】

原死刑判决已执行,经再审改判无罪,死亡受害人的继承人有权获得国家赔偿。赔偿项目应当包括死亡赔偿金、生前被羁押期间的限制人身自由赔偿金和精神损害抚慰金。精神损害抚慰金应在死亡赔偿金和限制人身自由赔偿金总额的范围内,采取合理标准确定;被害人父母生活费根据其现实生活状况依法酌定。

【基本案情】

1996 年 6 月,呼格吉勒图因犯故意杀人罪、流氓罪,被判处死刑,并于同月 10 日被执行死刑。2014 年 12 月 13 日,内蒙古自治区高级人民法院作出再审刑事判决:判决呼格吉勒图无罪。呼格吉勒图父母李三仁、尚爱云于 2014 年 12 月 25 日向内蒙古自治区高级人民法院申请国家赔偿。

【裁判结果】

内蒙古自治区高级人民法院于 2014 年 12 月 30 日作出(2014)内法赔字第 00001 号国家赔偿决定,向赔偿请求人李三仁、尚爱云支付死亡赔偿金、丧葬费、呼格吉勒图生前被限制人身自由赔偿金、精神损害抚慰金。赔偿决定书送达后,李三仁、尚爱云在法定期限内未提出异议。

【典型意义】

呼格吉勒图案的再审改判和国家赔偿,在国内外均产生重大影响。受害人死亡的此类国家赔偿案件,在赔偿项目、赔偿标准等问题上,法律规定尚不明晰,亦无经验可资借鉴。人民法院本着充分保护赔偿请求人合法权益的国家赔偿审判理念,认真研判法律难题,合理确定赔偿项目和赔偿标准。赔偿项目包括了死亡赔偿金、生前被羁押期间的限制人身自由赔偿金,以及在死亡赔偿金和限制人身自由赔偿金总额范围内采取合理标准确定的精神损害抚慰金。在确定精神损害抚慰金的标准时,充分考虑侵害受害人生命权以及由此给其父母造成的巨大精神痛苦等因素。生命权无价,国家赔偿虽然不能挽回已经失去的生命,但一定要给受害人亲属一定程度上的精神慰藉。此案的处理,让受害人亲属充分感受到国家对重大刑事冤错案件有错必纠的决心和国家赔偿司法的温暖,取得了较好的政治效果、法律效果和社会效果。本案是落实党的十八届四中全会《决定》"实现公民权利保障法治化"的具体体现,从处理理念、办理程序、法律适用等方面均具有典型示范意义。

(案例提供:内蒙古自治区高级人民法院)

16. 沈阳北鹏房地产开发有限公司申请辽宁省公安厅刑事违法扣押国家赔偿案

【入选理由】

本案是最高人民法院赔偿委员会受理并决定赔偿的首例涉及财产权益的刑事违法扣押赔偿案。《国家赔偿法》没有规定违法扣押金钱应否计息及如何计息,但鉴于刑事扣押与追缴存在密切关系,故从平衡各方利益、完善裁判规则的角度考虑,参照有关违法追缴的计息规定予以计息,并将计息标准进一步细化。

【基本案情】

2005-2006年间,沈阳北鹏房地产开发有限公司(以下简称北鹏公司)在参与兰胜台村村屯改造过程中,擅自扩大占地29.7亩。2008年,辽宁省公安厅在侦办兰胜台村村干部黄某涉黑犯罪案件过程中,发现北鹏公司及其人员涉嫌非法占用农用地等犯罪,遂扣押该公司款项2000万元。案经审理,北鹏公司及实际控制人刘杰、原法定代表人刘华被以非法占用农用地罪定罪免刑,但前述2000万元未被认定为犯罪所得。判决生效后,北鹏公司向辽宁省公安厅申请国家赔偿。因不服公安部复议决定,北鹏公司向最高人民法院赔偿委员会申请作出赔偿决定。

【裁判结果】

本案审理中,北鹏公司与辽宁省公安厅先于证据交换期间达成了返还财务文件的协议并于质证前履行完毕,后于最高人民法院赔偿委员会组织质证期间,经合议庭主持协商,双方自愿达成协议,由辽宁省公安厅于本决定生效后30日内向北鹏公司返还侦查期间扣押的2000万元,并支付相应的利息损失83万元。最高人民法院赔偿委员会审查后依据该协议内容作出赔偿决定并当庭宣布,当日送达且全部履行完毕。

【典型意义】

本案是公正、高效、阳光、便民司法的典范,通过公开质证,敲响了本部大法官到巡回法庭办案的"第一槌",通过听取意见、证据交换、开庭质证、分步协商、远程视频决议、电子签章等,有效促成了协议达成和当庭宣布决定、当日完成送达。本案中隐含的对违法扣押金钱的赔偿应予计息并细化的计息标准的规则,被《最高人民法院、最高人民检察院关于办理刑事赔偿案件适用法律若干问题的解释》所吸收,推动了该解释的顺利出台(第20条第一款规定"返还执行的罚款或者罚金、追缴或者没收的金钱,解除冻结的汇款的,应当支付银行同期存款利息,利率参照赔偿义务机关作出赔偿决定时中国人民银行公布的人民币整存整取定期存款一年期基准利率确定,不计算复利")。本案的顺利审结,也彰显了人民法院充分发挥审判职能作用,通过国家赔偿审判保护企业产权和企业家合法权益的职责担当。

(案例提供:最高人民法院)

17. 郭孝先等人因郭建华死亡申请湖南省郴州监狱国家赔偿案

【入选理由】

审理司法赔偿案件直播公开质证,是国家赔偿审判实践发展和司法公开的必然要求。对于案件事实和因果关系争议较大、不涉及国家秘密和个人隐私的疑难复杂案件,适用质证程序公开直播审理,既有利于查清事实,又能有效化解矛盾纠纷,实现国家赔偿审判的功能作用。本案是首例在"中国庭审公开网"公开直播质证过程的国家赔偿案件。

【基本案情】

郭建华因犯强奸罪于2012年6月28日被送交湖南省郴州监狱服刑。2013年10月24日晚,郭建华出现呕吐和晕厥症状,被送至湘南医院,并被诊断为肺部感染、肾功能不全和酸碱失衡等病因导致感染性休克,建议转ICU治疗。监狱警官建议先观察,暂不转ICU治疗。25日凌晨,郭建华经抢救无效死亡。2014年12月2日,郭建华亲属郭孝先等人向湖南省郴州监狱提出赔偿申请。因赔偿义务机关、复议机关均逾期未作出赔偿决定,郭孝先等人遂向湖南省高级人民法院赔偿委员会申请作出赔偿决定。

【裁判结果】

湖南省高级人民法院赔偿委员会适用质证程序,通过网络庭审直播公开审理了本案。审理期间,赔偿请求人与赔偿义务机关达成和解并撤回国家赔偿申请,该院赔偿委员会依法予以准许。

【典型意义】

公平正义不但要实现,而且要以人民群众可以看得见的方式来实现。2010年修正的《国家赔偿法》第27条规定,人民法院赔偿委员会处理赔偿请求采取书面审查方式,对损害事实及因果关系有争议的可以质证。近年来,随着司法公开不断深入和网络科技发展,庭审直播成为人民法院公开审理案件的主要形式和司法公开的新趋势。本案于2015年9月10日首次在"中国庭审公开网"公开直播质证过程,开创了人民法院通过直播公开质证审理司法赔偿案件的先例,对于推进通过直播公开质证审理国家赔偿案件,起到了示范和引领作用。

(案例提供:湖南省高级人民法院)

18. 菲利浦海运公司申请广东省揭阳市公安局刑事违法扣押国家赔偿案

【入选理由】

公安机关以涉嫌走私为由扣押外籍货船上所载的货物,十六年后撤销刑事侦查案件,对于赔偿请求人财产损失的认定,应当基于违法扣押行为造成的直接损失。被扣押财产无法恢复原状、返还原物的,应当给付相应的赔偿金。

【基本案情】

1997年10月12日,广东省揭阳市公安局以涉嫌走私为由,对菲利浦海运公司(以下简称菲利浦公司)的务萨号集装箱货船(船籍利比里亚共和国,船东新加坡菲利浦公司)立案侦查。随后,揭阳市公安局对航行在广东省惠来县神泉封开海面的务萨号货船进行搜查,并扣押船上38个集装箱及物品。船东菲利浦公司缴纳10万美元担保金后,该船船长和船员被随船押送出境。2014年1月21日,揭阳市公安局决定撤销菲利浦公司集装箱货船涉嫌走私侦查案。2015年10月22日,菲利浦公司以刑事违法扣押造成财产损失为由,向揭阳市公安局申请国家赔偿,后因不服广东省公安厅复议决定,向广东省高级人民法院赔偿委员会申请作出赔偿决定。

【裁判结果】

广东省高级人民法院赔偿委员会经审理认为,根据《最高人民法院、最高人民检察院关于办理刑事赔偿案件适用法律若干问题的解释》第20条第1款"返还执行的罚款或者罚金、追缴或者没收的金钱,解除冻结的汇款的,应当支付银行同期存款利息,利率参照赔偿义务机关作出赔偿决定时中国人民银行公布的人民币整存整取定期存款一年期基准利率确定,不计算复利"的规定,揭阳市公安局除退还10万美元外还应对利息予以赔偿,利息以一年定期存款基准利率1.5%计算至作出复议决定时止;根据《国家赔偿法》第36条第三项侵犯公民、法人和其他组织的财产权造成损害,应当返还的财产损坏的,能够恢复原状的恢复原状,不能恢复原状的,按照损害程度给付相应的赔偿金的规定,对集装箱(货柜)损失应予赔偿。遂决定维持广东省公安厅关于揭阳市公安局赔偿菲利浦公司担保金、船上设备物品损坏修理费等损失及利息、支付30个集装箱相应赔偿金的复议决定,驳回菲利浦公司的其他国家赔偿请求。

【典型意义】

本案系涉外刑事赔偿案件。扣押行为发生在广东沿海地区走私猖獗的上个世纪90年代,公安机关以涉嫌走私为由扣押外籍公司货船上的货物,十六年后才撤销刑事案件,造成外籍公司财产损失,侵害了该公司的财产权,应给予赔偿。对金钱损失,根据《最高人民法院、最高人民检察院关于办理刑事赔偿案件适用法律若干问题的解释》的相关规定,应支付相应利息;对财产损失,根据《国家赔偿法》第36条第三项的规定,不能恢复原状的,以直接损失为标准,按照损害程度给付相应的赔偿金。另外,具有涉外因素的国家赔偿案件审理,应坚持司法对等保护原则,正视本国公安机关侵犯外籍公司财产权的违法事实,平等对待中外主体,适用我国法律保护外籍公司的合法财产权益。通过依法赔偿,提高了外籍主体对我国司法机关公正司法的信心,对发展中外经济交流,营造良好的法治化营商环境具有积极意义。

(案例提供:广东省高级人民法院)

19. 邓永华申请重庆市南川区公安局违法使用武器致伤国家赔偿案

【入选理由】

人民警察在执行职务过程中,当生命安全受到威胁时,可以在必要限度内合理使用武器,对赔偿请求人因此受到的损失,依法不予赔偿。

【基本案情】

2014年6月23日,重庆市南川区公安局接到杨某报警称,邓永华将其烧烤摊掀翻,要求出警。邓永华追砍杨某过程中,民警李某和辅警张某到达现场,看到邓永华持刀向逃跑中摔倒在地的杨某砍去,被杨某躲过,遂喝令邓永华将刀放下,邓永华放弃继续追砍杨某,提刀准备离开案发现场。民警跟上并继续责令将刀放下,但邓永华拒不服从命令。辅警张某上前试图夺刀控制邓永华,邓永华拒绝就擒,民警李某鸣枪示警,邓永华不但未停下,反而提刀逼向民警。民警李某多次警告无效后开枪击伤邓永华。后经司法鉴定,邓永华所持刀具为管制刀具,其伤属十级伤残。后邓永华以民警违法开枪为由向南川区公安局申请国家赔偿。因不服南川区公安局及重庆市公安局作出的不予赔偿决定,邓永华向重庆市第三中级人民法院赔偿委员会申请作出赔偿决定。

【裁判结果】

重庆市第三中级人民法院赔偿委员会认为,邓永华无故寻衅滋事,持刀追砍他人,其行为已严重危及他人生命安全。民警李某和辅警张某到达现场后,喝令邓永华站住并放下刀具,邓永华仅停止了继续追砍杨某的行为,但没有服从警察命令放刀站住,而是提刀准备离开现场。民警李某及辅警张某在履行职责决定将邓永华控制并带到公安机关接受讯问和处理的过程中,邓永华拒不服从命令且在控制无果后,民警李某才鸣枪示警,而鸣枪示警没有达到震慑效果,邓永华反而持刀逼向警察,邓永华持刀拒捕及持刀逼向警察的行为符合《人民警察使用警械和武器条例》第9条第一款第十项"以暴力方法抗拒或者阻碍人民警察依法履行职责或者暴力袭击警察"的情形,警察在警告无效后可以使用武器。遂决定维持重庆市公安局不予赔偿的复议决定。

【典型意义】

本案是入选案例中唯一一件不予国家赔偿的案件。人民警察负有侦查违法犯罪活动、维护社会治安秩序、保障人民生命财产安全等职责,作为其权能体现及实施方式之一的武器使用问题极易引发社会关注。人民警察在与违法犯罪嫌疑人较量博弈的瞬息之间,难以精准确认其武器使用的合法性及适度性,往往不敢使用武器或者使用武器不及时。国家赔偿制度是一个硬币的两面,在平冤理直、扶危济困的同时,又要保护国家机关及其工作人员依法正常履职。人民法院在审理此类国家赔偿案件时,既要注重保障赔偿请求人的合法权益,又要注意维护人民警察的执法权威,对人民警察合法合理使用武器的行为予以支持。本案是构建执法权与公民权平衡发展和良性互动的典型案例,体现了国家赔偿平冤理直与维护公权的双重意义所在。

(案例提供:重庆市高级人民法院)

20. 泸州天新电子科技公司、魏振国申请四川省泸州市人民检察院刑事违法追缴国家赔偿案

【入选理由】

司法机关在刑事诉讼程序中,错误扣押、追缴案外人财产,对造成的损失应予赔偿。本案对于依法保护企业财产权、完善企业产权保护、规范司法机关依法行使权力、丰富国家赔偿司法实践具有示范作用。

【基本案情】

魏振国原系泸州天新电子科技公司(以下简称天新公司)董事长兼总经理。四川省泸州市江阳区人民法院刑事判决认定,魏振国于2004年11月擅自将其

保管的本单位资金20万元借给他人从事房地产开发,其行为已构成挪用资金罪,遂判决:被告人魏振国犯挪用资金罪,判处有期徒刑三年,缓刑四年。在该案侦查过程中,泸州市人民检察院收取了魏振国退交的20万元赃款,另扣押了天新公司资金共计161.2万元。此后,泸州市人民检察院将上述扣押款项以"罚没款"名义上缴至四川省泸州市财政局。天新公司、魏振国于2016年1月18日向泸州市人民检察院申请国家赔偿。后因四川省人民检察院逾期不作复议决定,天新公司、魏振国向四川省高级人民法院赔偿委员会申请作出赔偿决定,请求解除扣押或返还天新公司、魏振国被四川省泸州市人民检察院扣押的企业及个人银行存款、现金181.2万元。

【裁判结果】

四川省高级人民法院赔偿委员会认为,天新公司系魏振国犯挪用资金罪刑事案件的受害人,所涉20万元资金属于天新公司的合法财产,应当及时返还。检察机关扣押天新公司的资金161.2万元,虽然其中包含魏振国个人保管的账外账资金,可能带来违规违法管理资金的相应法律责任,但所保管资金所有权并未转移,仍然属于天新公司所有,故泸州市人民检察院系错误扣押、追缴案外人财产。遂决定:由泸州市人民检察院返还天新公司扣押资金181.2万元及利息180250.48元。

【典型意义】

2016年11月4日,《中共中央、国务院关于完善产权保护制度依法保护产权的意见》出台,提出产权制度是社会主义市场经济的基石,保护产权是坚持社会主义基本经济制度的必然要求,加强产权保护根本之策是全面推进依法治国。最高人民法院充分落实"一个案例胜过一打文件"的要求,通过案例效应增强企业和企业家的人身和财产安全感,稳定社会预期,让产权人安心经营、放心投资、创业发展。本案的审理,对因刑事违法追缴引发的国家赔偿案件的请求权主体、有关违反刑事诉讼"物随案走"原则的相关情形、应追缴财产的范围界定、被追缴人的程序性权利等问题予以明确,属于企业产权保护的典型案例。

(案例提供:四川省高级人民法院)

21. 聂树斌再审无罪国家赔偿案

【入选理由】

最高人民法院于2016年对聂树斌案再审改判无罪后,聂树斌父母向人民法院提出国家赔偿申请,此案成为全社会关注的热点案件。因错误判决被执行死刑引发的国家赔偿案件,如何正确履行国家责任,合理确定赔偿项目、赔偿数额和赔偿方式,充分维护受害人亲属的合法权益,是国家赔偿案件审理中的重点和难点。

【基本案情】

聂树斌因涉嫌强奸、故意杀人被判处死刑,并于 1995 年 4 月 27 日被执行死刑。后经最高人民法院提审,于 2016 年 11 月 30 日作出刑事再审判决,改判聂树斌无罪。同年 12 月 14 日,聂树斌的父母向河北省高级人民法院申请国家赔偿。

【裁判结果】

河北省高级人民法院在办案过程中,经多次与赔偿请求人充分沟通协商,双方在赔偿项目、赔偿数额等方面达成一致意见。根据双方达成的协议内容,河北省高级人民法院作出(2016)冀法赔 1 号决定,向聂树斌父母支付死亡赔偿金、丧葬费、聂树斌生前被侵犯人身自由赔偿金、精神损害抚慰金以及聂树斌母亲张焕枝生活费等费用。

【典型意义】

聂树斌再审改判无罪是我国法治建设进程中具有标志意义的重要事件,其后续引发的国家赔偿案件也是衡量我国人权保障能力和保障水平的标志性案件。人民法院与赔偿请求人在死亡赔偿金、丧葬费和侵犯人身自由赔偿金及聂树斌母亲生活费等方面依法定标准达成一致意见的基础上,通过双方协商确定了精神损害抚慰金,体现了国家对此类情况下受害人亲属的诚意,对其相关权利的全力维护和保障。在重大有影响的国家赔偿案件处理过程中,让赔偿请求人充分表达赔偿意愿,通过协商达成一致意见的方式解决纠纷,有利于全面保障受害人及其亲属的合法权益。

(案例提供:河北省高级人民法院)

22. 丹东益阳投资有限公司申请辽宁省丹东市中级人民法院错误执行国家赔偿案

【入选理由】

本案是最高人民法院赔偿委员会提审的首例错误执行国家赔偿案件,确立了人民法院执行行为确有错误造成申请执行人损害,因被执行人没有清偿能力且不可能再有清偿能力而终结本次执行的案件,不影响申请执行人依法申请国家赔偿的裁判规则。

【基本案情】

在益阳公司诉辽宁省丹东市轮胎厂债权转让合同纠纷一案中,辽宁省丹东市中级人民法院根据益阳公司的财产保全申请,裁定冻结轮胎厂银行存款 1050 万元或查封其相应价值的财产,后查封丹东轮胎厂的 6 宗土地。之后,丹东市中级人民法院判决丹东轮胎厂偿还益阳公司欠款本金422万元及利息6209022.76元。案件执行过程中,上述6宗土地被整体出让,出让款4680万元由轮胎厂用于偿还职工内债等,但没有给付益阳公司。2016年3月1日,丹东市中级人民法院针对益阳公司申请民事执行案,裁定终结本次执行程序。自2009年起,益阳公司多次向丹东市中级人民法院提出国家赔偿申请,该院于2013年8月13日立案受理,但一直未作决定。后益阳公司向辽宁省高级人民法院赔偿委员会申请作出赔偿决定,被以益阳公司应当在执行程序终结后提出赔偿请求为由决定驳回其赔偿申请。益阳公司不服,向最高人民法院赔偿委员会提出申诉。最高人民法院赔偿委员会于2018年3月22日决定提审。

【裁判结果】

最高人民法院赔偿委员会提审认为,丹东市中级人民法院的解封行为属于执行行为,其为配合政府部门出让涉案土地,可以解除对涉案土地的查封,但未有效控制土地出让款并依法予以分配,致使益阳公司的债权未获任何清偿,该行为侵害了益阳公司的合法权益,应认定为错误执行行为。同时,在人民法院执行案件长期无任何进展、也不可能再有进展,被执行人实际上已经彻底丧失清偿能力,申请执行人等已因错误执行行为遭受无法挽回损失的情况下,应当允许其提出国家赔偿申请。本案审理过程中,最高人民法院赔偿委员会组织双方进行协商,当庭达成赔偿协议,丹东市中级人民法院赔偿益阳公司300万元,随后益阳公司向丹东市中级人民法院申请撤回民事案件的执行,由丹东市中级人民法院裁定民事案件执行终结。

【典型意义】

人民法院赔偿委员会对于人民法院在执行工作中存在的问题不推诿、不回避,敢于承担责任,用典型案例的形式对于如何理解和区分"执行程序终结""终结本次执行",以及在执行程序、国家赔偿程序之间如何有机衔接,如何有效地保护和规范赔偿请求人的求偿权利等法律适用问题,进行了富有创造性的探索。本案对于全国法院进一步提升国家赔偿审判工作质效,切实加强产权司法保障,倒逼和规范执行行为,起到助推和促进的作用。本案经最高人民法院审判委员会讨论,被确定为第116号指导性案例。

(案例提供:最高人民法院)

23. 刘守成申请重庆市忠县人民检察院违法刑事拘留国家赔偿案

【入选理由】

刑事侦查机关以询问证人方式变相拘禁犯罪嫌疑人,后终止追究刑事责任的,应视为违法刑事拘留,纳入国家赔偿范围,违法刑事拘留赔偿期间自违法限制人身自由之日起计算。

【基本案情】

重庆市忠县人民检察院办理他案过程中,发现刘守成有涉嫌收受贿赂的线索,于2016年5月以办案需要接触初查对象为由,连续三日在该院办案区对刘守成进行询问,时间均为晚上23时许持续至第二天9时许,白天则送其至他处接受监察部门组织谈话。同月13日,忠县人民检察院以刘守成涉嫌犯受贿罪为由立案侦查,并决定刑事拘留,报请逮捕。重庆市人民检察院第二分院于同月26日以无逮捕必要为由,作出不予逮捕的决定。同月27日,忠县人民检察院对刘守成变更强制措施为取保候审。2018年2月8日,重庆市万州区检察院作出不起诉决定,决定对刘守成不起诉。随后,刘守成提出国家赔偿申请。

【裁判结果】

重庆市第二中级人民法院赔偿委员会认为,根据询问刘守成的同步录音录像,忠县人民检察院于2016年5月连续三个晚上均有近10小时的询问,从询问时间、询问场所、被询问人所坐位置、询问方式以及未保证必要休息时间等综合判断,明显与对待证人的做法不同。故依法认定忠县人民检察院于2016年5月以传唤证人调查为名,实际为变相违法拘禁限制刘守成的人身自由。对于变相拘禁等违法限制人身自由的,从实质结果上看,应视为违法刑事拘留,属于国家赔偿范围。决定由忠县人民检察院赔偿刘守成人身自由赔偿金5125.32元。

【典型意义】

刑事侦查机关以询问证人的方式变相拘禁犯罪嫌疑人的情形偶有发生。从国家赔偿司法实务角度考量,以询问证人的方式变相拘禁犯罪嫌疑人,具备刑事拘留关于"限制人身自由"这一本质特点。且变相拘禁发生的时间往往在刑事立案之前,因而该行为更具有程序违法性以及损害后果的严重性。将该情形认定为违法刑事拘留,纳入国家赔偿范围,既具有法理基础和现实需要,也能够将正式刑事侦查立案前的变相拘禁行为和立案后的刑事强制措施视为一个整体,倒逼刑事侦查机关严格依法开展刑事侦查活动,进一步提高我国刑事诉讼活动中人权保障水平。

(案例提供:重庆市高级人民法院)

24. 王振宏申请河北省秦皇岛市中级人民法院二审无罪国家赔偿案

【入选理由】

因法律的修改致赔偿请求人被宣告无罪,赔偿义务机关依据修改前的法律规定对其进行追诉并采取羁押措施的，属于《国家赔偿法》第 19 条第三项规定的法定免责情形，国家对此不承担赔偿责任；但在法律修改后继续对赔偿请求人限制人身自由则丧失法律依据，赔偿义务机关应对此承担国家赔偿责任。

【基本案情】

王振宏因涉嫌抽逃出资于 2011 年 7 月 9 日被刑事拘留，同年 8 月 16 日被批准逮捕，2014 年 9 月 12 日被取保候审。河北省秦皇岛市中级人民法院于 2013 年 12 月 19 日，判决王振宏犯抽逃出资罪，判处有期徒刑四年，并处罚金 25 万元。王振宏不服上诉后，河北省高级人民法院于 2014 年 9 月 24 日作出判决，认为法律规定发生变化，自 2014 年 3 月 1 日起，王振宏担任法定代表人的公司已不属于注册资本实缴登记制的公司，根据全国人民代表大会常务委员会《关于〈中华人民共和国刑法〉第一百五十八条、第一百五十九条的解释》的规定，判决王振宏无罪。王振宏据此于 2015 年 3 月 25 日向秦皇岛市中级人民法院申请国家赔偿被驳回。王振宏不服，向河北省高级人民法院赔偿委员会申请作出赔偿决定。

【裁判结果】

河北省高级人民法院赔偿委员会认为，赔偿请求人王振宏抽逃出资案二审期间，因全国人大常委会对公司法作出修改，由原来的注册资本实缴登记制改为认缴登记制，导致《刑法》第 195 条抽逃出资罪的含义发生变化，故二审法院认为王振宏的行为不再构成抽逃出资罪，并改判其无罪。修改后的《公司法》于 2014 年 3 月 1 日起施行，此前依据相关法律规定对抽逃出资行为进行追诉并对行为人采取羁押措施的，属于《国家赔偿法》第 19 条第三项和刑事诉讼法规定的法定免责情形，对此国家不承担赔偿责任。虽然《全国人民代表大会常务委员会关于〈中华人民共和国刑法〉第一百五十八条、第一百五十九条的解释》于 2014 年 4 月 24 日发布和实施，但因全国人大常委会在作出修改《公司法》的决定时已经为有关法律规定的实施预留了时间，故对于因《公司法》修改而不再符合抽逃出资罪构成要件的行为人继续羁押的，已经丧失法律依据，属于错误羁押侵犯人身自由的情形。修改后的《公司法》于 2014 年 3 月 1 日施行后，继续对王振宏羁押限制人身自由的行为已属违法，赔偿义务机关应对此承担国家赔偿责任。遂决定，赔偿王振宏人身自由赔偿金 55809.04 元；精神损害抚慰金 10000 元；由秦皇岛市中级人民法院在侵权行为影响的范围内，为王振宏消除影响、恢复名誉、赔礼道歉。

【典型意义】

《国家赔偿法》和《刑事诉讼法》没有就因法律的修改致终止追究刑事责任的情形是否应予国家赔偿的问题作出明确规定。而无罪羁押赔偿原则是《国家赔偿法》确定的刑事赔偿的原则，因相关法律的修改导致赔偿请求人被宣告无罪，应区分对赔偿请求人进行追诉并采取羁押措施所依据的法律适用情形。法律修改前,因法律规定赔偿请求人的行为构成犯罪,对其羁押属于《国家赔偿法》第19条第三项和《刑事诉讼法》规定的法定免责情形,国家对此不承担赔偿责任;法律修改后,赔偿请求人的行为依法已不构成犯罪,仍对赔偿请求人采取羁押措施,构成非法羁押,赔偿义务机关应予以赔偿。本案的审理结果,对于今后同类案件处理具有重要借鉴意义。

(案例提供:河北省高级人民法院)

25. 黄凤亿申请广西壮族自治区平果县公安局违法使用武器致伤国家赔偿案

【入选理由】

赔偿请求人因人身损害致残获得国家赔偿,在残疾赔偿金等费用的给付年限或者期限届满后,再次提起国家赔偿申请的应否予以支持,法律和司法解释对此均无明文规定,致使实践中此类请求难以获得支持。本案通过精细的法律分析,在认可赔偿请求人再次申请的同时,对再次赔偿的请求在法律限度内给予最大程度的积极回应。

【基本案情】

1997年8月,广西壮族自治区平果县公安局民警违法使用武器,开枪击中黄凤亿并致其终身残疾,经鉴定为一级残疾。1998年,广西壮族自治区百色市中级人民法院赔偿委员会作出赔偿决定:由平果县公安局赔偿黄凤亿残疾赔偿金等各种费用近30万元。其中残疾赔偿金按二十年给付年限计算。该决定生效后平果县公安局已全部履行完毕。二十年后的2018年,黄凤亿再次申请国家赔偿,要求平果县公安局支付残疾赔偿金以及护理费、辅助器具费、留置尿管费等各项费用共计150余万元。平果县公安局作出不予受理通知,决定不予受理黄凤亿的申请。百色市公安局复议后维持。黄凤亿仍不服,向百色市中级人民法院赔偿委员会申请作出国家赔偿决定。

【裁判结果】

百色市中级人民法院赔偿委员会受理了黄凤亿再次提出的赔偿请求,并作出(2018)桂10委赔5号国家赔偿决定,认为:依据《国家赔偿法》第34条第一款第二项"残疾赔偿金根据丧失劳动能力的程度,按照国家规定的伤残等级确定,最高不超过国家上年度职工年平均工资的二十倍"的规定,赔偿请求人黄凤亿就同一损害事实再次申请残疾赔偿金,没有法律依据。但黄凤亿二十年后仍生存,且其损害后果持续至今,应视为新的损害发生,依据《最高人民法院、最高人民检察院关于办理刑事赔偿案件适用法律若干问题的解释》第14条第二款"护理期限应当计算至公民恢复生活自理能力时止。公民因残疾不能恢复生活自理能力的,可以根据其年龄、健康状况等因素确定合理的护理期限,一般不超过二十年"和第 15 条第一款"残疾生活辅助器具费赔偿按照普通适用器具的合理费用标准计算。伤情有特殊需要的,可以参照辅助器具配制机构的意见确定"的规定,应予支付其护理费、残疾生活辅助器具费等费用,遂决定在撤销平果县公安局不予受理决定和百色市公安局刑事复议决定的同时,责令平果县公安局继续支付黄凤亿护理费、残疾生活辅助器具费、留置尿管费等各项费用共计 49 万余元,驳回黄凤亿提出的其他国家赔偿请求。

【典型意义】

赔偿请求人在得到国家赔偿后再次申请国家赔偿,审判实务中多以"一事不再理"为由不予受理。本案中,人民法院没有因循守旧,而是基于事理情理提出了新的法律观点,认为残疾赔偿金等赔偿项目的给付年限或者期限过后,申请人继续发生的损害,相对于原赔偿决定指向的损害而言属于新的损害,申请人就此提出的赔偿请求与原赔偿请求并非一事,故"一事不再理"不宜作为否定再次请求赔偿的理由。关于再次请求国家赔偿如何处理的问题,《国家赔偿法》没有规定,该案参照了侵权法及相关规定的立法精神,对给付年限届满后继续发生的必要支出包括护理费、残疾生活辅助器具费、留置尿管费等给予赔偿。但因为《国家赔偿法》对残疾赔偿金设定最高二十年上限的规定属于特别规定,不得突破,故对赔偿请求人再次主张残疾赔偿金的请求未予支持。本案的审理,创造性运用《国家赔偿法》及相关法律规定,打破不合理惯例的束缚,精准诠释了"当赔则赔""把好事办好"国家赔偿审判新理念,表明了人民法院努力打通国家责任制度堵点,畅通国家赔偿渠道的鲜明态度,揭示了新时期国家赔偿审判的新要求:既要能动司法,把法律裁量空间和判断余地转化为权利保障红利,又要守住法律底线。

(案例提供:广西壮族自治区高级人民法院)

主要参考书目

1. 周汉华、何峻:《外国国家赔偿制度比较》,警官教育出版社1992年版。
2. 马怀德:《国家赔偿法的理论与实务》,中国法制出版社1994年版。
3. 肖峋:《中华人民共和国国家赔偿法理论与实用指南》,中国民主法制出版社1994年版。
4. 应松年主编:《国家赔偿法研究》,法律出版社1995年版。
5. 张正钊主编:《国家赔偿制度研究》,中国人民大学出版社1996年版。
6. 薛刚凌:《国家赔偿法教程》,中国政法大学出版社1997年版。
7. 房绍坤等:《国家赔偿法原理与实务》,北京大学出版社1998年版。
8. 皮纯协、何寿生:《比较国家赔偿法》,中国法制出版社1998年版。
9. 杨立新、张步洪:《司法侵权损害赔偿》,人民法院出版社1999年版。
10. 杨临萍主编:《行政损害赔偿》,人民法院出版社1999年版。
11. 胡建淼主编:《行政违法问题探究》,法律出版社2000年版。
12. 张步洪:《国家赔偿法判解与应用》,中国法制出版社2000年版。
13. 高家伟:《国家赔偿法学》,工商出版社2000年版。
14. 徐静村主编:《国家赔偿法实施程序研究》,中国法制出版社2000年版。
15. 刘静仑:《比较国家赔偿法》,群众出版社2001年版。
16. 陈春龙:《中国司法赔偿》,法律出版社2002年版。
17. 张雪林等:《刑事赔偿的原理与执法实务》,北京大学出版社2003年版。
18. 杨小君:《国家赔偿法律问题研究》,北京大学出版社2005年版。
19. 石佑启等:《国家赔偿法新论》,武汉大学出版社2010年版。
20. 皮纯协、冯军:《国家赔偿法释论(第三版)》,中国法制出版社2010年版。
21. 江必新、梁凤云:《国家赔偿法教程》,中国法制出版社2011年版。
22. 张红主编:《国家赔偿法学》,北京师范大学出版社2011年版。
23. 王名扬:《英国行政法、比较行政法》,北京大学出版社2016年版。
24. 王名扬:《法国行政法》,北京大学出版社2016年版。
25. 王名扬:《美国行政法》(上、下),北京大学出版社2016年版。
26. 胡锦光、余凌云、吴鹏主编:《国家赔偿法(第三版)》,中国人民大学出版社2017年版。
27. 沈岿:《国家赔偿法:原理与案例(第二版)》,北京大学出版社2017年版。
28. 上官丕亮主编:《国家赔偿法研究述评》,法律出版社2017年版。
29. 叶百修:《国家赔偿法》,我国台湾地区2017年作者自版。